师道师说

中国文化书院八秩导师文集

名誉主编 汤一介
主　　编 王守常

# 梁从诚卷

梁从诚 著　方晶 编

人民东方出版传媒
東方出版社

图书在版编目（CIP）数据

师道师说．梁从诫卷/梁从诫 著；方晶 编．—北京：东方出版社，2014.11
（中国文化书院八秩导师文集）
ISBN 978－7－5060－7855－9

Ⅰ.①师…　Ⅱ.①梁…　②方…　Ⅲ.①社会科学—文集　②自然科学—文集　③环境保护—文集　Ⅳ.①Z427　②X－53

中国版本图书馆CIP数据核字（2014）第278144号

师道师说：梁从诫卷
（SHIDAO SHISHUO：LIANG CONGJIE JUAN）

作　　者：梁从诫
编　　者：方　晶
责任编辑：王　艳　张　爽　黄　佩
出　　版：东方出版社
发　　行：人民东方出版传媒有限公司
地　　址：北京市东城区朝阳门内大街166号
邮政编码：100706
印　　刷：三河市金泰源印务有限公司
版　　次：2016年1月第1版
印　　次：2016年1月第1次印刷
开　　本：700毫米×960毫米　1/16
印　　张：26.5
字　　数：385千字
书　　号：ISBN 978－7－5060－7855－9
定　　价：53.00元
发行电话：（010）64258117　64258115　64258112

# 《中国文化书院导师文集》
# 编辑出版工作委员会

**名誉主编：** 汤一介
**主　　编：** 王守常
**副 主 编：** 李中华　魏常海　苑天舒　江　力

**编　　委：**（以姓氏笔画为序）

王　尧　王守常　方立天　乐黛云　刘梦溪
江　力　汤一介　孙长江　杜维明　杨　辛
李中华　李学勤　李泽厚　吴良镛　余敦康
张立文　陈越光　苑天舒　林　娅　欧阳中石
庞　朴　谢　龙　戴　逸　魏常海

**组织编辑：** 中国文化书院

## 中国文化书院简介

中国文化书院由著名学者梁漱溟、冯友兰、张岱年、季羡林、朱伯昆、汤一介、庞朴、李泽厚、乐黛云、李中华、魏常海、王守常等共同发起，以及杜维明、傅伟勋、陈鼓应等港台及海外著名学者共同创建，于1984年10月在北京正式成立。

中国文化书院的宗旨：通过对中国传统文化的研究和教学活动，继承和阐扬中国的优秀文化遗产；通过对海外文化的介绍、研究以及国际性学术交流活动，提高对中国传统文化的研究水平，并促进中国文化的现代化，为推动中国文化走向世界、世界文化走向中国作贡献。

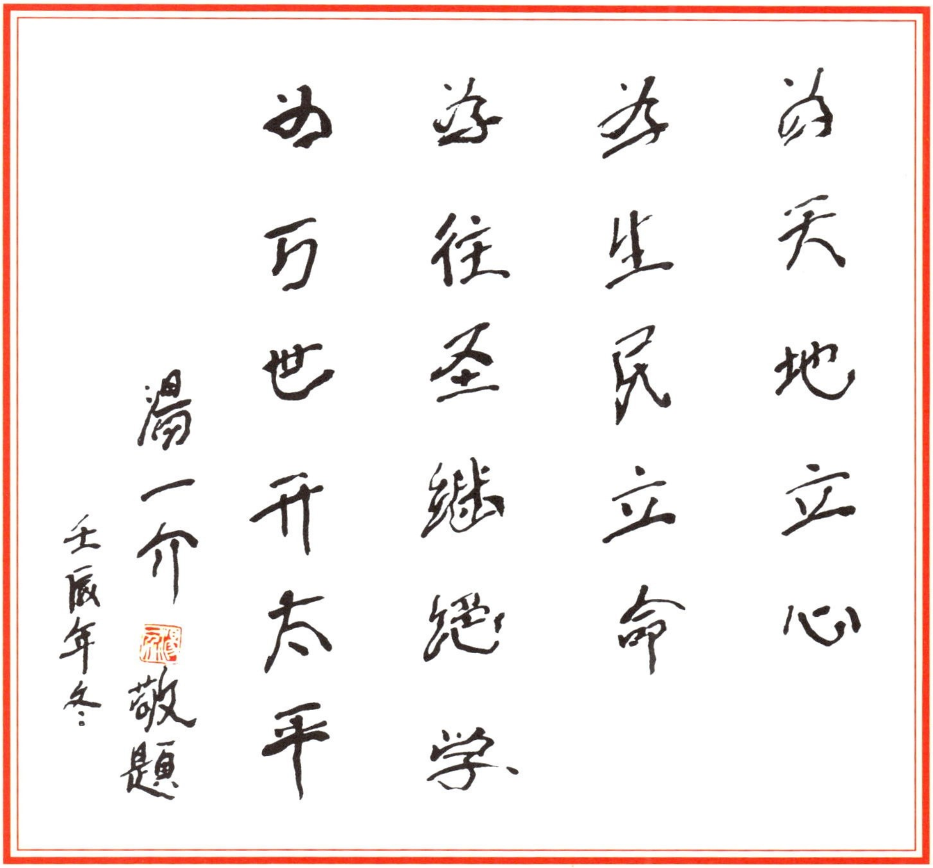


著名学者、北京大学资深教授、中国文化书院创院院长汤一介先生为《中国文化书院导师文集》题词：

北宋张载“横渠四句”——“为天地立心，为生民立命，为往圣继绝学，为万世开太平”。

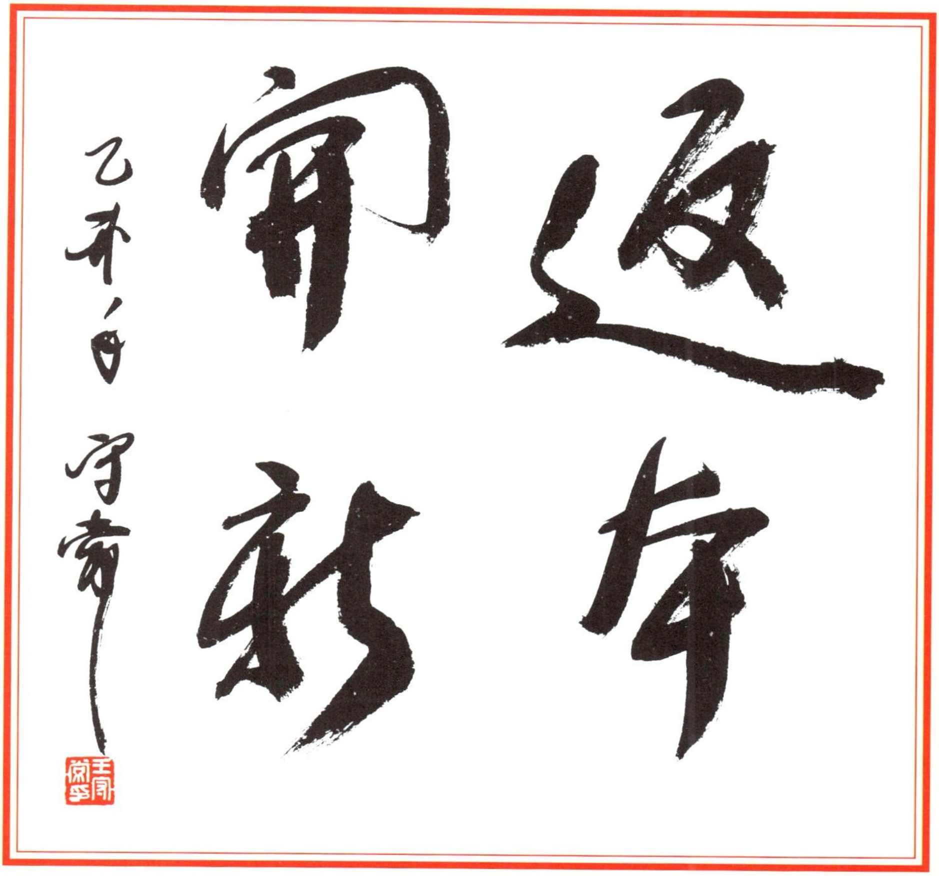


著名学者、北京大学教授、中国文化书院院长王守常先生为《中国文化书院导师文集》题词：

“返本开新”。

# 总序一

中国文化书院创办于1984年，是一所在众多老一代著名学者梁漱溟、冯友兰、张岱年、邓广铭、周一良、任继愈等先生的支持下，由一批中青年学者办起来的民间学术文化团体。到今年（2011）已经有二十七年的历史，一个纯民间的学术团体在艰难的情况下，能坚持下来，而且对推动中国学术文化的建设多多少少出了点力，是可以感到欣慰的。

自1949年后，民办的书院在中国大陆逐渐消失了，1984年中国文化书院的建立也可以算是一件新事物。据我所知，如果说中国文化书院不能算1949年后第一个颇有影响的纯民间学术文化团体，大概也是最早办起来的少数几个中的一个了。自中国文化书院建立后，全国各地出现了众多的新办书院，并恢复了多所在历史上有影响的书院。因此，说中国文化书院对民办书院起了个带头作用，大概也不为过吧！

我认为，对中国文化书院来说，也许最为宝贵的是，书院集合了一批有志发展和创新中国文化的老中青三代学者。老一代学者如梁漱溟、冯友兰、张岱年、邓广铭、周一良、任继愈等，他们的学术风范，无疑是当时维系书院的精神力量。1984年底，文化书院在中国社会科学院近代史所开会，当时我们没有院址，也没有什么经费。任继愈先生说："草棚大学可以办，我们连草棚都没有也要办。"因此，1985年3月中国文化书院借青年干部学院场地举办了第一期"中国传统文化讲习班"。这次讲习班是梁漱溟先生自1953年后的第一次公开演讲，当时梁先生已经88岁了。我们请他坐着讲，而梁先生一定要站着讲，他说这是一种规范。梁先生在演讲中高声地说："我是一个拼命干的人，我一生都是拼命干。”这对在场二百多名听众是极大的鼓舞，也给了中国文化书院在风风雨雨艰难的环境中得以支持下去的一种精神力量。

一个希望在中国发生良好作用的学术团体，应该是一个“思想自由、兼容并包”的开放型群体。中国文化书院在走过的二十多年中虽然存在过这样那样的问题，但它却是一个能容纳不同学术观点，无门户之见，有良好学术风气的团体。例如在中国文化书院中，对中国传统文化，既有持激进批判态度的青年学者，也有被视为致力复兴中国传统文化的大师，还有努力寻求使中国传统文化与西方文化接轨的中坚力量。这些在文化问题上具有不同认识的学者集合在一起，虽然对中国文化发展路向的考虑有所不同，但他们所抱有的一种推动中国文化从传统走向现代、走向世界的愿望则是一致的。在这一时期，中国文化书院也和国内外的许多学术团体和非学术团体建立了良好的合作关系。在中国文化书院导师队伍中不仅有众多的我国第一流学者，而且还聘请了一批美国、加拿大、日本、德国、澳大利亚、新加坡以及中国台湾和中国香港地区的著名学者作为导师。

中国文化书院的“宗旨”是：“通过对中国文化的教学和研究，继承和发扬中国文化的优良传统；通过对海外文化的研究、介绍和学术交流，提高对中国文化的研究水平，促进中国文化的现代化。”我们有一个共同的认识：弘扬中国文化在世界走向全球化的时刻要有一个观照全球的眼光，我们一方面要坚持自身文化的主体性，另一方面我们也要有吸收和融化其他民族文化的开放性。根据这样的认识，中国文化书院一直在努力使它成为一个更加有主体精神、更加开放、能容纳多元趋向的有朝气的学术团体。

回顾中国文化书院二十多年的历史，在它将进入“而立”之年时，我们从2010年起开始筹备编辑出版一套已故去的和现仍在世的九十岁以上导师每人一册的“文集”。在这套“文集”中，收入他们有代表性的论文和他们的子女、学生的纪念文章。这套“文集”不仅为了表示对他们的怀念和尊敬，而且它也从一个侧面反映出现代中国文化走过的历程。

在我们编辑的过程中，江力同志出力颇多，东方出版社的同仁给予大力支持，并由东方出版社出版，特此致谢。

汤一介

2011年12月1日

注：此序为汤一介先生为《中国文化书院九秩导师文集》所作。

# 总序二

星转斗移，历史沧桑，时间过得真快，去年编辑出版了《中国文化书院九秩文集》，而今年就着手编辑《八秩文集》。我们在编辑这两部丛书的时候，似乎在重新认识、理解二十世纪的“学人生活史”。

我曾经多次谈过，中国文化书院已逝去的90岁以上的导师，他们用生命写就了二十世纪中国学术史上最恢弘的著作，指引着后辈学者的学术前行。

我想，如没有这辈学者融会中学与西学，从而在二十世纪三十年代于人文、社会学科建构了中国学术范式，我不知道二十一世纪中国学术该如何发展？

十九世纪末或二十世纪初，在欧风浸荡下的国难中，他们以一己之学术良知与社会担当去拯救中国，他们有过幸福，有过迷茫，有过痛苦，有过期盼，相继于二十世纪的八十年代带着“这个世界还会好吗”的追问，离开了这个让他们梦牵不舍的祖国。

读其书，念其人，思其学，心会痛！

而今编辑《八秩文集》时。我熟悉的这代学者在这寒冷的深夜一一呈现眼前！

他们大多生于二十世纪的三十年代，又在二十一世纪前十年左右相继去世。今天，健在学者已是花果飘零。读这代学人的学术生活史，更令我有扼腕之叹！

他们在中学毕业时代满怀喜悦且自责的心态去迎接新中国的建设。尔后在“左倾”思潮的一浪接一浪中，不断否定自我价值，努力改造自己心中的“小资产阶级王国”。在那求新求变的荒诞年代，没有一座安静书房容纳了他们承接前辈父辈的学业，以便更好地投身于新中国的建设大潮中。纠结且痛苦，让他们在中年时代，荒废了他们的学识智慧。

好在充满“思想启蒙”、“文艺复兴”气象的梦幻般的八十年代，又燃起他们的文化自觉。

他们像孩子般似的夜以继日“补课”。他们在思考西方学术的理论与方法，并理性地批评扬弃；他们在各自的学术领域承继前贤学术成果，且又开创了新的研究课题方向。同时他们针对社会丧失文化的主体性及自我价值的根源，作出深刻反思并发出肺腑之言。

作为学生的我，在课堂、在各讲座中经常听到他们最爱张载的四句教：“为天地立心，为生民立命，为往圣继绝学，为万世开太平。”我们深切地知道，他们矢志不渝地践行他们的人文关怀。

我不禁要问，如果没有这一辈学者，二十一世纪学术如何延续与发展？我开始思考，在今天全球化思潮的中国人，如何“返本开新”，如何做到文化自觉、自信、自强？

在中国文化书院成立三十周年之际，编辑八秩导师文集，每每想到这辈导师的声容与教诲，我不敢懈怠！

唯有坚持，唯有努力，唯有守正，让中国文化书院面向历史，立足现在，走向未来。

谢谢我敬爱的导师！谢谢你们带着我们，带着温暖的光明的信仰，找到自己，“找到了家”。

让我们可以告慰——“这个世界会好起来的！”

王守常

2014年12月10日深夜谨识

# 目　录

**呼 声**

自然与文化保护

**寄语·忠告**

## 回　忆



## 采　访



## 译　文

# 序一　从诫自序

近年来，有时参加一些会议，人们大概由于客气，常尊我为“专家”、“学者”；中国文化书院也曾以历史学教授身份聘我为导师。但我很清楚，这些称号我都没有资格接受。当年从北大历史系毕业，做了几年研究生，正值“反右”、“大跃进”，基本上没正经读书。此后除在云南大学教过四年世界现代史外，再没有从事过与历史直接有关的职业，也没有发表过专著。既无专业又无专著，有什么资格被称为“专家”、“学者”？

“文化大革命”后，社会和学术气氛有了一些改变，才开始学着用自己的脑子想一点问题，写一点文章。忽然发现，过去大凡对主流思潮有所抵触，因而痛苦地自我批判的时候，其实自己的原本反应并没有什么错。并非有多么高明，无非还没有丧失一个正常人本能的善恶、是非感罢了。于是对自己的判断能力也才有了一点自信。对我来说，“文化大革命”结束，才开始了这精神脱愚、脱盲的历程。因为如此，我读顾准的书，总是深感惭愧。

这二十来年，因为懒惰，成文的东西很少，其中大部分又是翻译作品。三部主要译作，按出版顺序，是《太平天国问题通信》（一位19世纪中期的英国商人塞克斯在太平天国地区的旅行书信，据大英博物馆馆藏打字稿译出。《太平天国史译丛》第1辑1980年商务印书馆）、《图像中国建筑史》（梁思成原著1991年建工出版社）和《丹尼·狄德罗的百科全书》（1992年辽宁人民出版社）。三本作品写作的时代、内容和文风，可谓风马牛不相及，专业性又都极强。我在翻译中吃了不少苦头，但知识和精神收获极大。本文集中收了我为后两书写的“译叙”。

其他文章，按内容大体涉及几个领域：社会文化、百科全书、人物回忆、文物和环境保护。在不太长的时间里涉及较为宽泛的领域，当然也就谈不上“专”和“深”，而且自己也发现，近年来文章已越写越少，越写越短了。之所以敢于在原百花文艺出版社编辑董令生女士的鼓励下将这些拉杂的文字结集出版，无非是想使尚能容忍此书的读者看到，一个平常的知识分子对他所接触过的人和事的一点诚实、朴素的思考和回忆，说不上有多少学术意义的。勉强能够自慰的是，这里没有游戏文字，没有无病呻吟、故弄玄虚之作，更没有炒卖“作秀”。它们多数只是反映了我试图回答现实生活提出的问题的某种微弱的努力而已。

集子中有相当部分是近年采从事民间环境活动后所写的。在这方面，我之所以能有一些认识，是与民间环保团体“自然之友”的会员和同仁对我的启发和教育分不开的。为此，我要对他们表示由衷的爱和感激。

在这个集子出版的时候，我要感谢我的妻子方晶，至少有两条明显的理由：第一，她是我大多数文章的第一读者，文章如果尚差强人意，与她的修改意见和建议总是分不开的；其二，人总不能饿着肚子光敲电脑，而她无论自己多忙，也从没让我到时候吃不上饭。我想任何一个有良心的丈夫，都不应当忘记自己妻子的这份恩情。

2001 年 5 月　北京

# 序　二

…………

在这个时刻，特别怀念逝去的梁从诚先生，他安息于昌平的植物园，化为春泥育新苗。两年前，在纪念梁先生80诞辰时，我曾经写下过这样的句子：

> 历史最终是由更为年轻的一代书写的；而且，很大程度上是由“知其不可而为之”的梁启超、梁思成、梁从诚这样的“失败者”所改写的。
>
> 我们重温和坚守这一信念：
>
> 把门打开，让光照进来！
>
> 真心实意，身体力行！

我们将怀着这样的信念、沿着这样的道路继续走下去。

“自然之友”理事长　杨东平

# 编者的话

我最亲的人梁从诫去世已近四年，每次回想起他的言行，再读他的文章，忆起他和告别会和追思会，仍十分伤心和怀念，长夜不能眠。这次受托编辑他的文集，反复再读他的许多文章、讲演、发言以及一些书信，更加深刻地认识了他，他的家庭和家传，他的追求和事业，他的影响和价值，和他真正的平凡与真正的可爱可敬。

从诫聪敏灵慧，对很多事情都有兴趣，喜欢读书，思想敏捷活泼，少儿时机灵顽皮淘气，喜欢古典音乐，滑冰游泳打冰球，自行车远足等，也喜欢自己动手制作点什么，如自己的小玩具。对他看到的多有所思考，写下自己的所见所想。他的作文常被语文老师作为范文读给全班同学，希望大家学习。那位耐心仁慈的老师还常加上一句：你们要学习他的作文，上课淘气可别学他哦！

他考入大学时，正值社会进入新时代。对许多突然的社会变化和从未接触过的国事并不理解。在家庭的影响下，他很关注周围许多新鲜事物，企盼国家的繁荣和强盛。作为思想单纯的年轻学生，他努力聆听并接受学校教育传授的新鲜观点和理念，对国家的远景有乐观的期待。努力认真读书，愿意跟随其后，建设美好的祖国家园。

从诫生前只出版过一本自己的著作，即他的文化随笔《不重合约》。在该书的“自序”中有这样两段话：

> …………
>
> 近年来，有时参加一些会议，人们大概由于客气，常尊我为“专家”、“学者”；中国文化书院也曾以历史教授身份聘我为导师。但我很清楚，这些称号我都没有资格接受。当年从北大历史系毕

业，做了几年研究生，正值“反右”、“大跃进”，基本上没正经读书。此后除在云南大学教过四年世界现代史外，再没有从事过与历史直接有关的职业，也没有发表过专著。既无专业又无专著，有什么资格被称为“专家”、“学者”？

“文化大革命”后，社会和学术气氛有了一些改变，才开始学着用自己的脑子想一点问题，写一点文章。忽然发现，过去大凡对主流思潮有所抵触，因而痛苦地自我批判的时候，其实自己的原本反应并没有什么错。并非有多么高明，无非还没有丧失一个正常人本能的善恶是非感罢了。于是对自己的判断能力才有了一点自信。对我来说，“文化大革命”结束，才开始了这精神脱愚、脱盲的历史。

…………

这两段话，介绍了他“文化大革命”之前的简单经历和突然到来的改革开放带来的思想精神转变的机遇。只有在“文化大革命”之后，人们才有可能没什么顾忌地用自己的头脑思考。由于从诫的聪慧、较好的历史知识基础，以及勤于思想的习惯，他很快对许多问题和现象有了相当清晰深刻的重新认识。当时他有机会结识了一些思想相近的学者，交谈中，大家深感中华民族要真正地摆脱愚昧、盲从、贫困，真正地解放，需要一次严肃有效的普世性的现代文化思想的全民启蒙。国家要真正全面的现代化，这样的启蒙将是长期的，是绝对绕不过去的。不少爱国知识分子已认识到自己努力学习思考，启蒙自己的同时，还应努力提升全民族的公民意识，因为这是爱国知识分子不可推卸的责任。

中国文化书院此时成立了口述历史编译馆，从诫被任为馆长。他们做了些中国著名知识分子的口述历史，出版了一些这些方面的书籍。在此期间，他自己翻译出版了《狄德罗的“百科全书”》，对自己观察和思考的问题，写了些篇幅不长但深刻的随笔，如“经济改革发展与政治民主”、“生物的多样性与人类的抉择”等。他还对中西文化做了研究和初步比较。这些在本文集中都能读到。

在少有的思想自由的春天，他的思想探索不断提高、深入，视野不断扩大延伸，看中国，看世界；从中国看世界，更从世界看中国。改革开放的近三十年，从他的文字、讲演等和言行中，明显体现了他的思维、胸襟已更深更高更加广阔，考虑至更久远。这部分的文章讲话，部分已选入文集。

1989年之后，社会环境遇到意想不到的变化，启蒙的努力日益困难，但经济改革开放仍在继续。很多人看到并感受到，随着我国经济的快速发展，自然环境也在明显地恶化。一些河流被严重污染，人们的饮水发生困难；在农村有些地方，出现了各种“怪病”。已经有人想到，在很少有人关注与过问环境现实的情况下，百姓自己想做点什么来保证自己的生活。从诚和一些关注环境问题的朋友，曾多次议论经济快速发展带来的进步和负面问题及其后果，决心学习许多国外的做法，百姓通过建立民间环境保护团体的形式，为保护家园做出努力。经过一年的努力，1994年春，终于获得政府有关部门的批准，他和几位志同道合的朋友，共同创立了中国第一个民间环境保护团体。得到中国文化书院的支持与同意，团体的注册名为“中国文化书院绿色文化分书院”，这就是后来大家所熟知的“自然之友”，从诚被选为会长。

自此，他几乎将自己全部的时间和精力，投入了“自然之友”的建设和运作。在一个几乎没有民间组织或这种意识的社会里，没有什么经验可以借鉴。他努力学习思考并不断和友人商榷，确定了“自然之友”的任务、目标、方针、工作内容、工作方式、工作原则等等，在艰难中摸索前进。他无暇写出有关环境问题的专门理论的学术专著，但他结合工作中遇到的各种情况，对许多具体问题，多有深入的分析和思索。

从诚是一个负责任、坦诚又勇敢的人，在各种不同的会议上直言，说明自己的看法；在不同的论坛上表示自己的理念或坦率地提出质疑；在政协委员视察的讨论会上，直率地提出批评甚至质问，体现了政协委员对政府工作或干部的负责任的监督；在给不同的会员回信时，他会耐心地讲道理，热心地提出建议和帮助。本集收集了他这方面的文字。

从诚的爱国，还体现在他对祖国传统文化、文物古建的钟爱。读大学时，他曾选修了清华大学营建系（清华大学建筑学院的前身）中国建筑方面的不少基础课程。20 世纪 80 年代中期，他将父亲梁思成在生活十分困难的抗日战争期间用英文写的《图像中国建筑史》译成中文。在建筑专家校阅他的译稿时，意想不到地没有发现关键的重要的学术误解或文字的严重错译。（对译稿校阅过程中亦得到孙增蕃先生和陈明达先生的指导和帮助，使译文质量大有提高。请读本集内他有关此书翻译的“译叙”。）

他告诉我，热爱这些文物、传统建筑，因为它们是中国传统文化的载体，热爱载体，因为热爱载体所载的文化，载体及其所载的文化实际是一体的。如果把我们的古老建筑或其他形式的载体，任意地野蛮地拆毁、焚烧、砸烂，那么我们热爱的文化到哪里去了?！砸烂了载体就是毁灭了文化。一个民族如果无端随意地毁坏自己的文化，“爱国主义”就将是一句空话，一句废话，一句假话。从诫的话对我是极大的启发和教育，他家传的爱国情怀也深深地感染了我。我明白，在保护祖国自然环境的同时，不管有多忙，他总尽力挤出时间，参与保护文物古建筑的活动。在他向全国政协提交的提案中，涉及自然环境保护、文物古建保护的，比重最大，数量最多。

环境保护工作中，从家传与自己的经验理念中，他明确地提出环境保护志愿者做人做事的基本原则：

不唱绿色高调，不做绿色救世主；真心实意，身体力行。

其实他一直是踏踏实实地做事，谦虚低调地做人，实践着家训“只问耕耘，不问收获”，无论在家在外，都坚持做到身体力行，直到患病做不动了……

他的榜样和他的家传，在本书收入的纪念文章和他的童年回忆中，都可以读到。

他的文章、讲演、书序、书信、题词等，有些曾在不同的报刊上刊登转载过。这次由文化书院倡议牵头汇集的文字资料，增加了一些未曾发表过的文字。我期望，这本文集给读者朋友一个机会，全面深入地了解一个平凡人的不平凡的一生，并激励大家更关注我们国家、民族的未来，带着现代国家的公民意识，尽己力所能及，将一个美好的古老中国，建设成为受世界欢迎与值得世界尊重的现代中国。

方　晶

定稿日　2014 年 8 月 4 日

从诚 82 岁诞辰纪念日

# 家　史

# 在新会县纪念梁启超诞辰一百一十周年大会上的讲话*

同志们、来宾们、家乡的父老兄弟姊妹们：

我是一个不会说家乡话的新会人，请大家原谅我今天只能用普通话来发言。但是我深信，我和我的乡亲们是不会找不到共同语言的！

一百一十年前，当老朽的满清封建帝国正一步步陷入全面、深刻的政治、社会危机的时候，当整个中华民族逐渐临近危急存亡关头的时候，就在这里，在我们新会县郊区熊子山下的一个村庄里，诞生了一个婴儿。在家乡乳汁的哺养和父老师长的教育下，他逐渐成长为一个博闻强记、忧国忧民、奋发努力的青年。在他刚刚二十几岁的时候，就和他的老师、同志们一道，发动了一场震撼了整个旧中国封建统治秩序的改革运动。从一定意义上说，揭开了近代中国资产阶级领导的旧民主主义革命的序幕，它对中国近代政治、思想、文化的发展都产生了深远的影响。这个人，就是我的祖父——梁启超。

在当时的历史条件下，我们新会县能够产生我祖父这样的爱国青年，这样立志革新的先进人物，并不是偶然的。这的确是家乡劳动人民培养、教育的结果，是家乡人民革命精神熏陶的结果。

广东是我国近代接触西方资本主义文明，同时受到列强侵犯最早的地区，又是经济、文化比较发达的地区。从鸦片战争以来，这里的人民就有着反帝、爱国、革命的光荣传统。我祖父诞生的时候，距离太平天国运动失败仅仅十年。在太平天国时期，我们这个地区的老百姓反帝的

---

* 就我所知，这是自梁启超逝世半个多世纪以来，第一次在他的家乡为他举行的群众性纪念活动。

斗争是十分激烈的。我没有作过专门研究，手头也没有新会县的有关资料，但我曾在一份史料，即1862年一个英国人从香港发出的一则报道上看到过这样的记载：仅1861年10月中旬的十天之内，在广州、石湾、佛山、雅窑等几个地方，就因为抗交捐税而暴发了多起群众造反事件，石湾的县衙门被烧；佛山的监狱被劫，满清官吏纷纷逃命；雅窑的集市上还树起过“官逼民反”的大红旗。1862年秋，广州城内还发生过未遂的反满暴动。从这些片断的史料中可以看出，在我祖父，特别是康有为先生青少年时代，在他们生活的这个地区，是充满着动荡的革命气氛的，人民群众对于满清政府的腐败统治可以说已达到了忍无可忍的程度了。尽管我祖父在他自述中曾说，在他十八岁拜南海先生为师之前，“蒙蒙然不知天下事”，而且他后来也并不认识这种政治环境对他们的潜在影响，但今天的史学界大概都会同意这样的分析：从戊戌维新到辛亥革命，我国旧民主主义革命阶段几位最杰出、影响最大的全国性领袖人物都产生在广州、南海、新会、中山及其邻近地区，这绝不是一种简单的巧合，而是包括我们家乡在内的这个地区的特殊政治、社会条件和广大人民爱国、革命精神的一个合乎逻辑的发展结果。

因此，尽管我祖父所曾参与领导的维新运动遭到了失败，尽管他本人在后期思想上出现过波折、反复乃至后退，提出过一些违背历史潮流的主张，起过某种消极作用，但是，在19世纪末叶，在中日甲午之战后中国历史上那样一个危急的关头，我们新会县曾出现过像他这样一位爱国的、热情奔放的、勇于探索的改革家和新思想的宣传家，这样一位对中国后来的政治、思想、文化都发生过那样重大影响的启蒙学者，这确实是我们全县人民的一种光荣，是一件值得我们自豪的事。

不仅如此。我认为家乡人民有理由引为自豪的，还在于他们为了支持我祖父所曾参与领导的维新事业，以及后来为了坚持给历史上的进步事业和历史人物以公正的、实事求是的评价以启迪后人这样一种科学原则，曾作出过很大的努力，并付出过沉重的代价。在戊戌变法失败后，家乡人民曾遭到过满清封建政权的残酷迫害，许多父老兄弟不得不远逃他乡以躲避株连。但他们没有怨言，没有责难我的祖父，他们心里一直是爱护和支持他们这位二十五岁的不安分的青年同乡的。这是多么高尚的精神！

这里，我们想表示一下我对我的另外两位祖辈，我的祖母李蕙仙和她的从兄、当时的礼部尚书李端棻的崇敬和纪念。我的祖母，以贵州名门闺秀的身份，嫁给了我那当时尚不出名的祖父，后来，我祖父又惹来了那样一场杀身大祸，但她也没有怨言，后来随我祖父逃亡异国，含辛茹苦，抚育了我的父亲、姑姑和叔叔们，在我祖父最困难的生活中支持了他。而李端棻作为清政府高级官吏，因为参与维新运动，竟被治罪，曾发配新疆伊犁，后来回到内地，死在贵州老家。据说他对于支持维新运动和我的祖父，至死不悔。八十多年前封建时代的妇女和士大夫，对于进步救亡事业能够这样坚定不渝，不能不说也是使人感佩的。

在所谓的“文化大革命”中，家乡人民为了这位“中国头号保皇派”，又无辜地受到了新的株连和迫害，但他们又一次坚持了原则，经受了考验：梁启超的故居未拆，梁启超署名的题刻未毁，这都是不容易做到的。现在，家乡人民又倡议筹备了这次纪念大会，在正确评价历史人物方面，树立了好的榜样。

几十年来，家乡人民始终继承着维新运动先辈们所倡导的爱国、进步、革新的精神。特别是新中国成立以来，在中国共产党领导下，家乡的社会主义建设一日千里，取得了巨大的成就，曾受到过周总理等老一辈革命家的称赞。现在，我们都亲眼看到，新会县不仅工农业生产蓬勃发展，而且还被全县同胞建成了一个美丽的花园城市，表现了高度的精神文明。这些都更是值得乡亲们骄傲的。

作为梁启超的后人，我们感到惭愧，值得向家乡人民汇报的成绩很少。但可以告慰于大家的是：几十年来，我们中的绝大多数，并没有辱没先辈的名声，没有背弃先人的遗志。早在三四十年代，梁启超的子女中就已经有人参加了共产党所领导的革命行列；解放以来，我们又都在各自的岗位上，为祖国的社会主义事业贡献着自己的一份力量。如果祖父地下有灵，看到他们后代的工作和表现，看到祖国和家乡面貌的变化早已超过了他当年未能实现的理想，他也是会含笑于九泉的！

当然，我们也不想讳言，三十多年来，由于极“左”思潮和四人帮之流一时的猖獗，我们梁家的后人，也曾受到许多不公正的对待。而在“十年灾难”中，我们中许多人更受到了残酷的打击、迫害。我的二祖母王桂荃，我的大姑母梁令娴和我的父亲梁思成，当时都已是七八十岁的老人，却都被红卫兵活活折磨致死；我的三姑母梁思庄当时已是六十多岁，竟被毒打，挂着“保皇派梁启超女儿”的牌子被游街示众。仅仅因为是梁启超的后代，我们便被抄家、批斗、劳改，几乎一无幸免。四人帮之流把维新派的后代“斩尽杀绝”，株连九族，这是当年慈禧太后想干都不敢干，也办不到的事，但他们却干了。这些人居然还敢说什么“爱国主义”！我们有权利说，这种人自己才正是慈禧反动卖国事业地地道道的徒子徒孙！

但是，反革命的事业终归是要垮台的。四人帮被粉碎，特别是党的十一届三中全会以后，极“左”路线破产了，戊戌维新运动开始得到了公正的、实事求是的评价，梁家人也得到了公正的对待。也正因这样，今天在我们的家乡能召开这样盛大、隆重的梁启超纪念会，我们家属能受到这样热情的欢迎，不能不使我们感到格外激动。

最后，我们要深切地感谢广东省委、省社会科学联合会、新会县委、县政府和全体同胞们的深情厚意，使我们有机会来参加这个盛会并向家乡人民学习，还受到这样周到的招待，我们也要感谢各位专家、学者、港澳来宾和康南海先生的亲属远道来参加今天的纪念活动，为我们的家乡增添了光彩。

今后，我们只能以更好地为祖国的社会主义事业贡献力量以及更好的工作成绩来报答大家。

祝家乡全体同胞和党政领导同志，身体健康，工作顺利，今后在社会主义两个文明的建设中取得更大的成就！

祝全体来宾健康，愉快！

谢谢大家。

（原载广东省新会县《纪念梁启超先生诞生一百一十周年专刊》1983 年 10 月。）

# 一份值得重视的精神遗产

## ——纪念戊戌维新运动八十五周年

今年是戊戌维新运动八十五周年。我国史学界一些同志为此举行了不止一次的地区性和全国性学术讨论会，广东省南海、新会两县还分别举行了康有为、梁启超诞生一百二十五周年和一百一十周年纪念会。在经过极“左”思潮的多年禁锢和“十年浩劫”的无情摧残之后，学术界能够举办这样的学术和纪念活动，不能不使人一方面感到高兴，同时也深有感触。

尽管在对运动和人物的评价方面，史学界还有着许多分歧的见解，但大多数同志都肯定，从总体上讲，八十五年前的这次维新运动，是一次爱国的、启蒙的、革新的运动。它虽然没有成功，却在我国近代历史上留下了深远的影响，对我国近代社会的前进起过重要的推动作用。

关于包括戊戌维新运动在内的中国旧民主主义革命时期的先进人物，毛泽东虽有过一句著名的、充满了感情的概述：“灾难深重的中华民族，一百年来，其优秀人物奋斗牺牲，前仆后继，摸索救国救民的真理，是可歌可泣的！”然而，在中国共产党领导的人民大革命兴起之前，他们的奋斗都失败了，有的是部分失败，有的如戊戌维新运动那样，是完全地失败了。尽管如此，倡导过维新运动的许多人，在当时的历史条件下，对于自己的事业，是怀着真诚的信念和热忱的，甚至不惜为之英勇献身，如谭嗣同等人那样。对于那样一个特定的时代和环境来说，他们不愧为一批英雄人物，但是是失败了的英雄。他们曾经以自己的呐喊、奋斗唤起过中国人民，曾经以自己摸索的失败教育过中国人民，并为后来的革命开辟了道路，他们在历史上的作用和贡献，是不应也不能抹杀的。应当看到，在中国近代这个半封建半殖民地社会的政治结构内部发生解体的过程中，戊戌维新运动是第一次重大的打击。经过这次巨大的扰动之后，任何人、任何政治势力也无法使这个结构恢复它原来的平衡了，它终于在一次比一次更强烈的震荡中走向了崩溃。从这一点上也可以说，它和辛亥革命、五四运动一样，在中国近代革命史上，有着某种关键的意义。

维新运动失败了，但它却为中国留下了一笔相当丰厚的精神遗产。这笔遗产值得总结和继承的内容很多，这里，只想提出这么几个方面和同志们共同探讨。

第一，是它的代表人物从当时西方资产阶级意识形态中引进的许多政治伦理观念，诸如自由、平等、民主、人权、法制等等。对于中国这样一个延续二千余年，从来就不承认普通人的权利和价值的极端专制主义的封建社会来讲，这些不仅在当时具有振聋发聩的意义，而且，在此后几十年中，在我国以反封建为其基本内容之一的民主主义革命的全过程中，它们始终不失为社会斗争的一个最深刻、最本质的主题。当然，在共产党所领导的新民主主义革命阶段，人们认识这个问题的指导思想和问题本身的阶级内涵已有了重大的发展和变化。在我们这个社会里，反封建的任务是长期的，试问，在维新运动失败的六十年之后，这里居然还会发生“文化大革命”那样的历史悲剧；在经过了辛亥革命、五四运动、共产党新领导的长期革命斗争和建国后十多年的社会主义革命和建设之后，重新冒出来的封建法西斯势力居然还能那样长期肆虐，在全国范围内把亿万人民，包括干部的基本人权和社会主义国家的法制踩在脚下，任意蹂躏，其余毒和创伤至今未能完全消除。这就不能不使人深切地意识到封建主义的意识形态和政治“惯性”在我国的影响竟是何等根深蒂固。几十年前维新运动所提出的某些课题，直到今天恐怕还不能断言已完全失去了其现实意义。

第二，是维新运动失败的教训。维新派企图在专制主义的封建政治体系的框架之内，对当时腐败的政治乃至社会进行改良。他们的本意，是经过有限度的调整和改革来维护并强化这个体系。总的来说，并没有超出要求它进行自我调整的范围。然而，他们的活动却恰恰为这个体系所不容。这样一种历史现象是发人深省的。以清王朝为其外在形式的那样一种专制主义的政治体系，当它已经发展到那样一种全面危机阶段之后，究竟还有没有可能进行有效的自我调节？在其框架之内，究竟还有多少调整和改良的余地？为什么辛亥革命虽然和维新运动一样，并没有能真正改变旧中国的社会性质，但前者在政治革命方面却能够获得一定程度的成功，而后者却必然遭到彻底的失败？在这个领域中找出某些带规律性的因素，应当是有理论价值的。

第三，是维新运动失败后，在立宪派同革命派的那场论战（这当然已超出了维新运动本身的范围）中，所涉及的一系列关系我国当时的国情的重大问题。这些问题，范围广泛，已不限于政治，而触及了社会、经济、民族、文化等等领域，可以说是一场关于中国国情的大辩论。立宪派在其最主要的政治和政策结论上都是错误的，但却不能因此认为他们在论战所涉及的一切课题上都处在错误的一方。政治革命和社会革命本来就是两个有区别的范畴。前者往往只涉及社会的表层，而后者却要触动社会的全部深层结构。立宪派在对于中国社会的认识上，总的来说虽然还很肤浅，但他们在某些问题上，确实也曾提出过一些比较切合中国实际的主张，有过一些有一定预见性的看法。今天，把论战中双方的论点重新加以检讨，把它们放在更长远的历史实践的尺度下来衡量，这也许不仅有着历史研究方面的价值，而且还会有一定的现实意义。

几十年来，维新运动为中国留下的精神遗产，我们是不是认真地给以总结、消化并充分加以利用了呢？大家都会看到，由于极“左”思潮作祟，我们并没有做到这一点。相反，基本上是简单地把它们否定了，摒弃了。毛泽东在40年代曾经号召理论界对中国的历史，包括近百年史好好地加以研究。我们也知道，在俄国革命中，列宁曾认真地研究过俄国近代史，对俄国近代民主主义的先驱人物如赫尔岑、车尔尼雪夫斯基等作过深刻的分析和实事求是的评价，把他们留下的思想财富当成了自己革命思想的渊源之一。我国资产阶级旧民主主义革命时期某些先行人物的思想，就其深度和高度来说，也许不能同俄国民主主义者的优秀代表相比，但他们毕竟也为我们留下过许多有价值的东西。当我们今天进行中国式的社会主义建设并努力去认识中国的国情时，这种历史遗产本来是很有参考和借鉴意义的；在我们对群众进行政治理论和爱国主义教育时，从中本来是可以汲取很多很好的思想材料，古为今用的。遗憾的是，我们在这方面做得太少了，即使是资产阶级革命派的思想，我们总结、继承和宣传时都很少，更何况维新派呢？不重视自己民族精神遗产，两只眼睛只看着外国的态度，也是毛泽东所反对过的。当年，他曾批评某些人“言必称希腊，对于自己的祖宗，则对不住，忘记了”；而今天，在我们的相当一部分干部和青年中，恐怕已不是什么“忘记了”的问题，而是对自己的祖宗和“希腊”都根本“不知道”的问题了。这也许不能完全责怪他们。但无论如何，对于我们这样一个古代和近代都有着值得自豪的历史文化传统的国家来说，这不能不是一种可悲的现象，是我们全民族的一种重大的精神损失。

在党的十一届三中全会之后，当我们深入肃清“左”的思想流毒的时候，回顾“十年灾难”中林彪、“四人帮”那一套荒谬而愚蠢的做法和说法，常常使人感到，那种精神上的极端狭隘性，对于一切看起来异己的事物动辄粗暴地予以排斥否定，甚至恐惧的态度，不论表现在一个人、一个社会集团，或是一个民族身上，都是一种愚昧、落后，乃至野蛮的标志。而一个成熟的，有深厚文化素养的人、社会集团或民族，对于这类事物，当然也要有所取舍臧否，但一般说来，总能持较为宽容的态度。我们中华民族，是一个有着五千年不中断的历史，并曾融合过多种文明的伟大民族，今天我们难道不应当具有比世界上任何其他民族都更加博大的胸怀和更加宽宏的历史尺度吗？

对于一切历史上的运动、人物、学说等等，我们都不能简单地凭其一时一事的成败得失来下结论，而应尽可能地把他（它）们置于人类历史地长河之中，置于最广阔的历史背景上来理解和评价。我们还应看到，人类的历史总是在不断的探索中前进的。而这种探索，不论是在政治领域、社会领域、生产领域还是科学文化领域中，失败的可能总是要比成功的机会大千百倍。因此，在我们回顾前人所走过的艰辛的历程的时候，就不仅要赞颂那些成功了的英雄，而且还应当恰如其分地肯定和纪念那些在诚实的探索中由于种种原因而失败了的人们。我们应当像列宁所提倡的那样，把人类文明的一切积极成果，首先是我们自己民族的一切优秀思想文化遗产，包括成功的经验和失败的教训，都认真地予以总结和继承。把它们视为我们在创造美好未来的斗争中的一笔可贵的财富，作为我们的精神文明的一个重要的源泉。如果我们能坚持这样的态度，我们就有可能从自己的历史中汲取更多可贵的启示和教训，在今后前进的道路上少走一些弯路，我们有什么理由不这样做呢？

（1983 年 10 月在广东省社会科学院举行的纪念《戊戌变法八十五周年学术讨论会》上的发言）

# 梁思成——怀着一个梦的建筑学家

近年访问北京之海外来客，大都对幢幢新建高楼印象深刻，但同时也不免发现传统中北京古雅的屋宇轮廓线正在急剧改变，大有与西方某些城市趋同之势。

我父梁思成生前曾誉北京为中国古代建筑艺术与城市规划之“无比杰作”，梦想将整座古城保存为一处“活的博物馆”，其中任何新造建筑都须与古城谐调。可惜这一梦想终未实现。

然而，北京昔日风貌如尚有所存，仍与他的毕生努力不可分。

梁思成的梦想由来已久，可说始于他的青年时代，与其同窗女友，即后来我的母亲林徽因一道就读于美国宾州大学建筑系和美术系时期。他们二人自幼受我祖父梁启超和外祖父林长民的教诲熏陶，深爱祖国古老文化传统。当时，中国古建筑研究在学术界尚属未拓之荒原，旧时文人学士，多视此道为“匠作之事”而不肖问津。父母于 20 年代末学成归国后，即共同立志，为拓此荒原而贡献毕生精力。他们的志趣，决非只感怀于楼台烟雨，欲发思古之幽情，而旨在使这一领域亦成为现代科学研究之对象，如西方之于希腊罗马古迹然，并进而以古为鉴，在当今技术与材料日新月异之际，试为中国新建筑之民族化问题，探索一条道路。

30 年代初，父母加入了朱启钤先生创办的“中国营造学社”——一个以研究中国古建筑为宗旨的私立学术团体。然而，这方面的研究既属初创，便无现成科学著作或参考书可凭借，唯有宋代李诫编撰的《营造法式》及清代之《清式营造则例》两部古籍。两者都用古代匠师专门术语写成，现代读者常常不知所云。其余典籍，虽于历代宫室名刹亦有所述，但多系文史性质，就建筑学而言，难以之为依据。他们于是认为，最好之入门研究方法，莫过于考察古建筑遗物本身。

为此，他们与“营造学社”同人一道，于数年中遍访大河上下、长江南北共十余省、百余县，在十分艰苦简陋之条件下，对数以千计的古迹遗构进行踏勘实测。一旦在某边城远寨、深山老林中发现有价值之古老建筑，便不顾旅途劳顿，食宿无着，立即进行测绘，作种种科学记录。

他们着重于研究不同时代建筑之结构及其功能特征，以探寻其演化规律。如今，许多已被列为“国宝”，甚至已闻名于世的重要古建遗楼，就是他们在这些野外调查中之发现。

父亲之首次重要调查成果获于1933年。是年，他于北平以东之蓟县（古渔阳）发现建于公元984年的双层木构建筑——独乐寺观音阁。当时，这是国内发现的最古木建筑。1984年，人们会为这座恢宏端庄之佛殿庆祝其千岁大寿。在十个世纪中，这一地区曾记录地震二十八次，而阁却安然无恙，所靠不是菩萨保佑，而是中国古代建筑之巧构精工。

父亲另一重要发现为建于公元1056年之山西省应县佛宫寺木塔。这是中国木构古塔的唯一遗例，塔高六十余米，经九百余年风雨，至今巍然。有趣的是，先父寻访此塔之最初线索，竟是两句北方民谣：“沧州狮子应州塔，正定菩萨赵州桥。”父亲据此民谣，不仅发现了应县木塔，也找到了河北省正定县隆兴寺之铜铸观音。后者亦是宋代遗物。有此两次经验，父亲深信民谣所唱赵州桥亦必大有可观。探寻结果，不出所料，隋代大师李春所建赵州大石桥——安济桥，为国内现存最古最大之单拱石桥，净跨37.5米，主券两肩又各嵌小券两孔，既可减轻主券负荷，洪水季节又可缓解河水对桥身之冲击。桥梁建筑中此种科学设计，在欧洲的首次出现，竟在安济桥之后七百年！

经过数年调查研究，对千百处实例进行系统剖析之后，先父母和同事们终于逐渐解决了中国古建筑之结构原则及其发展演变规律之谜，并总结出其形制变化特点。至此，中国古建筑之研究终得跻身于现代科学之林，上述两部古籍中晦涩难懂之术语也因是而昭然。1937

年6月，父母受一幅描绘五台山唐代寺庙盛况的敦煌壁画之启发，决心往此佛教圣地探访画中的“大佛光之寺”。这座唐代赫赫名刹，不见于晚近记载，寺之存否，已不可考。经过数周艰难跋涉，他们终在五台山深处一僻远小村后，找到了这座古寺。据寺中石幢记载，其大殿建于唐大中祥符十一年，即公元857年。山中或仅七日，世上确已千年矣！

此系30年代国内发现的最古早木构建筑。这一发现，无论在中国建筑史上，或在父母之学术事业中，都不失为一件大事。然而他们竟无暇为此庆祝。正当他们匍匐于古寺的天花板上，在无数蝙蝠的袭扰下悉心测绘，沉湎于庄严的历史氛围之时，时局突变，卢沟桥畔炮声宣告了抗日战争的爆发！

不愿目睹侵略者的旗帜玷污北平古城，父亲率全家匆匆撤往西南大后方，途经长沙时遭日机空袭，全家人仅以身免。以后八年，先后避居昆明及四川李庄。战时学者生活清苦异常，山村起居，近乎原始。母亲体质历来柔弱，不堪颠沛，积劳成疾，局困床褥，少药缺医；父亲亦病脊椎灰质化，坐卧常不能安。然而，面对此种困境，他们仍处之泰然，不以陋巷箪食为忧，却念念不忘将战前考察结果尽早整理成书，以有所贡献于学术。这种坚毅精神，曾使到李庄访问过他们的美国老友费正清感佩不已。先父的重要著作《中国建筑史》和用英文写成并附有大量图解的《图像中国建筑史》就是在此种情况下，在母亲和其他同仁的协助下完成的。

父亲以英文写作，是因为深信中国古代建筑实为全世界人民之共同财富，有必要对西方知识界作系统而科学的介绍。遗憾的是，1947年，当他应邀赴美国耶鲁大学讲学并任联合国总部大楼建筑顾问时，书稿尚未最后完成，未能及时在美国出版。以后中美联系中断，此事亦遭搁置，而且由于种种枝节，竟使先父及其主要助手精心绘制之大批图稿丢失二十余年，直到1980年，才在费正清夫人的热心协助下寻回。父亲遗著始得在美国同读者见面。此时距原稿完成已近四十年，距作者去世也已十三载矣！30年代即同父母结为挚友之费氏夫妇这种深情厚意，父母地下有知，亦必感动不已。

抗战胜利，我们家返回北平，父亲应聘到清华大学创立建筑系。此后多年，他和母亲之主要精力，都奉献于为国家培育年轻建筑人才方面。

1948 年 12 月，位于北平西郊的清华园已经解放，而傅作义将军之部队据守城中，解放大军不得不作攻城之准备。父母见此形势，推想若战火延及城内，不仅数十万百姓将蒙受巨大牺牲，而且无数宫殿古迹也将毁于一旦，不禁忧心如焚。就在此时，突有两位解放军高级干部求见，声称素仰梁教授为古建筑专家，请在军用地图上标出城内各处重要古迹方位，以便大军攻城时尽量予以保护。此后虽因北平之和平解放而使古城免遭此难，解放军这一行动却使父母感动极深。

新中国建立之后，父亲以极大之热忱投身国家之重组，毕生所学，终能用以报国。父亲深以此为荣幸。他曾先后被委任为国徽设计小组以及“人民英雄纪念碑”建筑委员会负责人。此时母亲虽已病笃，仍竭力参与此项工作，直至 1955 年病逝。他们和同仁的设计成果，早已巍然于北京中心之天安门广场，受到人群之瞻仰。

不久，先父又受命为北京市都市计划委员会副主任。在他看来，北京是世所仅见的经过精心规划之古老都城，在建筑及城市规划史上，诚为无价之宝。在研究对比西方工业国家许多著名古城的现代命运之后，他建议在新时期之建设中，北京古城原貌应尽可能予以保留，一切新建筑的形制，都应以同古城保持和谐为原则。考虑到北京旧城格局难以满足现代首都之需要，一方面应改造旧城，使其公用设施及各种居住、使用条件逐步更新，一方面则可在旧城之外另建新区。各类为满足现代首都功能所需要的大型、高层建筑，主要应置于新区，旧城则为文化、教育中心。由是，使古城安静典雅风貌得以保存，并与各处宫殿、寺庙、园囿一道，形成一座举世无双的活的博物馆，以彰我中华文明，传诸子孙后代。但是，他的意见却不为当局所取。不久，北京城墙即以其“妨碍交通”和“象征封建”而被下令拆除。父母都曾竭力劝阻，从城市建设和保护文化传统角度，上书痛陈利弊，他们建议，对于城墙可化

"弊"为利，利用城上驰道，辟为公园，广修花坛藤架，使成为世界独有之环城"城上花园"，供市民休息赏景。可惜此议亦不受听，曾几何时，京都八百岁之古城垣及其雄伟城楼，除东南角楼及德胜门箭楼未及拆除外，竟至荡然。

父亲力主北京新建筑要与旧物和谐，而各地之新建筑亦应考虑民族形式问题。这一原则在实行中曾出现偏差，以致使各地建筑师过分追求形式，宫殿式之大屋顶一时为之风行。50年代，当国家百废待兴，国力尚贫时，这确曾加重了国家财政负担。随之而来的是一场批判"大屋顶"运动，父亲自然首当其冲。

在批判中，父亲的主要罪名是"复古主义"和浪费财力。而事实上，这些从不是他的真正主张。他的理想，在于为中国的建筑乃至一切艺术领域保存并创造一种真正的民族风格，以对抗那弥漫全球的世界主义倾向。50年代初，在他的思想影响下建成的一些建筑物本来带有探索性质，在经济及艺术方面都未必十分成熟，然而这一理想却无可厚非。

这场批判，政治涵义远过于学术，为此，父亲只能三缄其口。他虽然诚恳承认，对于过分追求形式导致财物浪费风气之兴起，他本人不能辞其咎，然而，就文物古迹而言，为我中华数千年文明之见证，既然战时尚知爱护，甚至不惜以鲜血为其代价，何以在和平时代却假建设、现代化之名，必欲毁之而后已？对此，父亲百思不得其解。

父亲既未能保全北京古城，亦从未能保全自己。十年之后，"文化大革命"爆发，他以"反动学术权威"之罪名，再罹迫害，病恨交集，含冤而逝！

"文化大革命"结束，雨霁云消，痛定思痛，对父亲之主张未能实现而深感惋惜者日众，各界有识之士，纷纷呼吁：对幸存之各地古城古建，皆应手下留情，勿使他日再悔。旧物一去，悔亦莫及矣！这一教训之取得，代价不可谓不高。然而，在建筑及各种艺术领域，假"现代化"、"引进"之名而泛滥之浅薄庸俗趣味，如今仍远未匿迹，上下左右，好此道者仍大有人在。依笔者之见，现代化固为中国必由之路，但如何在此浪潮中善存民族之文明故物，使我先人优良传统得以光大，这一课题，尚未真正解决，仍值得全国人民、海外侨胞思之再三。

（原载 1986 年 4 月 18 日《华声报》第 1 版）

# 梁思成在李庄

抗日战争中期，为躲避日机滥炸，梁思成全家于1940年冬随中国营造学社、中央研究院历史语言研究所等单位，由昆明辗转迁来李庄。夫人林徽因携子女、老人于12月13日到达，入住上坝月亮田“大房子”。梁思成因病滞留昆明，于次年3月到达。

战时李庄，不通公路、无电无医，物价一日数涨。梁、林收入微薄，林徽因重病在身，可谓贫病交加，曾到宜宾典卖旧衣物以敷家用，但他们却从未因此中断其古建筑研究工作。陋室青灯之下，共同奋力完成了《图像中国建筑史》（英文稿）等一批重要著作，成为日后这一领域中的学术经典。

1945年抗战胜利。同年夏，林徽因赴重庆就医，次年梁思成等也离开了这江边古镇。历经八年艰辛，全家终得重返北平。

梁氏全家始终不忘当年艰苦岁月中李庄乡亲们的扶助之情！

全国政协委员

梁思成之子梁从诫　谨识

2001年2月

# 倏忽人间四月天

母亲去世已经三十二年了。现在能为她出这么一本小小的文集——她唯一的一本，使我欣慰，也使我感伤。

今天，读书界记得她的人已经不多了。老一辈谈起，总说那是30年代一位多才多艺、美丽的女诗人。但是，对于我来说，她却是一个面容清癯、消瘦的病人，一个忘我的学者，一个用对成年人的平等友谊来代替对孩子的抚爱（有时却是脾气急躁）的母亲。

30年代那位女诗人当然是有过的。可惜我并不认识，不记得。那个时代的母亲，我只可能在后来逐步有所了解。当年的生活和往事，她在我和姐姐再冰长大后曾经同我们谈起过，但也不常讲。母亲的后半生，虽然饱受病痛折磨，但在精神和事业上，她总有新的追求，极少以伤感的情绪单纯地缅怀过去。至今仍被一些文章提到的半个多世纪前的某些文坛旧事，我没有资格评论。但我有责任把母亲当年亲口讲过的，和我自己直接了解的一些情况告诉关心这段文学史的人们。或许它们会比那些传闻和臆测更有意义。

## 早　年

我的外祖父林长民（宗孟）出身仕宦之家，几个姊妹也都能诗文，善书法。外祖父曾留学日本，英文也很好，在当时也是一位新派人物。但是他同外祖母的婚姻却是家庭包办的一个不幸的结合。外祖母虽然容貌端正，却是一位没有受过教育的，不识字的旧式妇女，因为出自有钱的商人家庭，所以也不善女红和持家，因而既得不到丈夫，也得不到婆婆的欢心。婚后八年，才生下第一个孩子—— 一个美丽聪颖的女儿。

这个女儿虽然立即受到全家的珍爱，但外祖母的处境却并未因此改善。外祖父不久又娶了一房夫人，外祖母从此更受冷遇，实际上过着与丈夫分居的孤单的生活。母亲从小生活在这样的家庭矛盾之中，常常使她感到困惑和悲伤。

童年的境遇对母亲后来的性格是有影响的。她爱父亲，却恨他对自己母亲的无情；她爱自己的母亲，却又恨她不争气；她以长姊真挚的感情，爱着几个异母的弟妹，然而，那个半封建家庭中扭曲了的人际关系却在精神上深深地伤害过她。可能是由于这一切，她后来的一生中很少表现出三从四德式的温顺，却不断地在追求人格上的独立和自由。

少女时期，母亲曾经和九位表姊妹一道，在上海和北京的教会女子学校中读过书，并跟着那里的外国教员学会了一口相当流利的英语。1920年，当外祖父在北洋官场中受到排挤而被迫“出国考察”时，决定携带十六岁的母亲同行。关于这次欧洲之旅我所知甚少。只知道他们住在伦敦，同时曾到一些大陆国家游历。母亲还考入了一所伦敦女子学校暂读。

在去英国之前，母亲就已认识了当时刚刚进入“清华学堂”的父亲。从英国回来，他们的来往更多了。在我的祖父梁启超和外祖父看来，这门亲事是颇为相当的。但是两个年轻人此时已经受到过相当多的西方民主思想的熏陶，不是顺从于父辈的意愿，而确是凭彼此的感情而建立起亲密的友谊的。他们之间在对中国传统文化的珍爱和对造型艺术的趣味方面有着高度的一致性，但是在其他方面也有许多差异。父亲喜欢动手，擅长绘画和木工，又酷爱音乐和体育，他生性幽默，做事却喜欢按部就班，有条不紊；母亲富有文学家式的热情，灵感一来，兴之所至，常常可以不顾其他，有时不免受情绪的支配。我的祖母一开始就对这位性格独立不羁的新派的未来儿媳不大看得惯，而两位热恋中的年轻人当时也不懂得照顾和体贴已身患重病的老人的心情，双方关系曾经搞得十分紧张，从而使母亲又逐渐卷入了另一组家庭矛盾之中。这种局面更进一步强化了她内心那种潜在的反抗意识，并在后来的文学作品中有所反映。

父亲在清华学堂时代就表现出相当出众的美术才能，曾经想致力于雕塑艺术，后来决定出国学建筑。母亲则是在英国时就受到一位女同学的影响，早已向往于这门当时在中国学校中还没有的专业。在这方面，她和父亲可以说早就志趣相投了。1923 年 5 月，正当父亲准备赴美留学的前夕，一次车祸使他左腿骨折。这使他的出国推迟了一年，并使他的脊椎受到了影响终生的严重损伤。不久，母亲也考取了半官费留学。

1924 年，他们一同来到美国宾夕法尼亚大学。父亲入建筑系，母亲则因该系当时不收女生而改入美术学院，但选修的都是建筑系的课程，后来被该系聘为“辅导员”。

1925 年底，外祖父在一场军阀混战中死于非命。这使正在留学的母亲精神受到很大打击。

1927 年，父亲获宾州大学建筑系硕士学位，母亲获美术学院学士学位。此后，他们曾一道在一位著名的美国建筑师的事务所里工作过一段。不久，父亲转入哈佛大学研究美术史。母亲则到耶鲁大学戏剧学院随贝克教授学舞台美术。据说，她是中国第一位在国外学习舞台美术的学生，可惜她后来只把这作为业余爱好，没有正式从事过舞台美术活动。母亲始终是一个戏剧爱好者。1924 年，当印度著名诗翁泰戈尔应祖父和外祖父之邀到中国访问时，母亲就曾用英语串演过泰翁名作《吉德拉》；30 年代，她也曾写过独幕和多幕话剧。

关于父母的留学生活，我知道得很少。1928 年 3 月，他们在加拿大渥太华举行了婚礼，当时我的大姑父在那里任中国总领事。母亲不愿意穿西式的白纱婚礼服，但又没有中式“礼服”可穿，她便以构思舞台服装的想象力，自己设计了一套“东方式”带头饰的结婚服装，据说曾使加拿大新闻摄影记者大感兴趣。这可以说是她后来一生所执著追求的“民族形式”的第一次幼稚的创作。婚后，他们到欧洲度蜜月，实际也是他们学习西方建筑史之后的一次见习旅行。欧洲是母亲少女时的旧游之地，婚后的重访使她感到亲切。后来曾写过一篇散文《贡纳达之夜》，以纪念她在这个西班牙小城中的感受。

1928 年 8 月，祖父在国内为父亲联系好到沈阳东北大学创办建筑系，任教授兼系主任。工作要求他立即到职，同时祖父的肾病也日渐严重。为此，父母中断了欧洲之游，取道西伯利亚赶回了国内。本来，祖父也为父亲联系了在清华大学的工作，但后来却力主父亲去沈阳，他在信上说：“（东北）那边建筑事业将来有大发展的机会，比温柔乡的清华园强多了。但现在总比不上在北京舒服……我想有志气的孩子，总应该往吃苦路上走。”父亲和母亲一道在东北大学建筑系的工作进行得很顺利，可惜东北严寒的气候损害了母亲的健康。1929 年 1 月，祖父在北平不幸病逝。同年 8 月，我姐姐在沈阳出生。此后不久，母亲年轻时曾一度患过的肺病复发，不得不回到北京，在香山疗养。

## 北　平

香山的“双清”也许是母亲诗作的发祥之地。她留下来的最早的几首诗都是那时在这里写成的。清静幽深的山林，同大自然的亲近，初次做母亲的快乐，特别是北平朋友们的真挚友情，常使母亲心里充满了宁静的欣悦和温情，也激起了她写诗的灵感。从 1931 年春天，她开始发表自己的诗作。

母亲写作新诗，开始时在一定程度上受到过徐志摩的影响和启蒙。她同徐志摩的交往，是过去文坛上许多人都知道，却又讹传很多的一段旧事。在我和姐姐长大后，母亲曾经断断续续地同我们讲过他们的往事。母亲同徐是 1920 年在伦敦结识的。当时徐是外祖父的年轻朋友，一位二十四岁的已婚者，在美国学过两年经济之后，转到剑桥学文学；而母亲则是一个还未脱离旧式大家庭的十六岁的女中学生。据当年曾同徐志摩一道去过林寓的张奚若伯伯多年以后对我们的说法：“你们的妈妈当时梳着两条小辫子，差一点把我和志摩叫做叔叔！”因此，当徐志摩以西方式诗人的热情突然对母亲表示倾心的时候，母亲无论在精神上、思想上，还是生活体验上都处在与他完全不能对等的地位上，因此也就不可能产生相应的感情。母亲后来说过，那时，像她这么一个在旧伦理教育熏陶下长大的姑娘，竟会像有人传说的那样去同一个比自己大八九岁的已婚男子谈恋爱，简直是不可思议的事。母亲当然知道徐在追求自己，而且也很喜欢和敬佩这位诗人，尊重他所表露的爱情，但是正像她自己后来分析的："徐志摩当时爱的并不是真正的我，而是他用诗人的浪漫情绪想象出来的林徽因，可我其实并不是他心目中所想的那样一个人。"不久，母亲回国，他们便分手了。等到 1922 年徐回到国内时，母亲同父亲的关系已经十分亲密，后来又双双出国留学，和徐志摩更没有了直接联系。父母留学期间，徐志摩的离婚和再娶，成了当时国内文化圈子里几乎人人皆知的事。可惜他的再婚生活后来带给他的痛苦竟多于欢乐。1929 年母亲在北平与他重新相聚时，他正处在那样的心境中，而母亲却满怀美好的憧憬，正迈向新的生活。这时的母亲当然早已不是伦敦时代那个梳小辫子的女孩，她在各方面都已成熟。徐志摩此时对母亲的感情显然也越过了浪漫的幻想，变得沉着而深化了。徐志摩是一个真挚奔放的人，他所有的老朋友都爱他，母亲当然更珍重他的感情。尽管母亲后来也说过，徐志摩的情趣中有时也露出某种俗气，她并不欣赏，但是这没有妨碍他们彼此成为知音，而且徐也一直是我父亲的挚友。母亲告诉过我们，徐志摩那首著名的小诗《偶然》是写给她的，而另一首《你去》，徐也在信中说明是为她而写的，那是他遇难前不久的事。从这前后两首有代表性的诗中，可以体会出他们感情的脉络，比之一般外面的传说，确要崇高许多。

1931 年以后，母亲除诗以外，又陆续发表了一些小说、散文和剧本，很快就受到北方文坛的注意，并成为某些文学活动中的活跃分子。从她早期作品的风格和文笔中，可以看到徐志摩的某种影响，直到她晚年，这种影响也还依稀有着痕迹。但母亲从不屑于模仿，她自己的特色越来越明显。母亲文学活动的另一特点，是热心于扶植比她更年轻的新人。她参加了几个文学刊物或副刊的编辑工作，总是尽量为青年人发表作品提供机会；她还热衷于同他们交谈、鼓励他们创作。她为之铺过路的青年中，有些人后来成了著名作家。关于这些，认识她的文学前辈们大概还能记得。

母亲开始写作时，已是"新月派"活动的晚期，除了徐志摩外，她同“新月派”其他人士的交往并不深。她初期的作品发表在《新月》上的也不很多。虽然她在风格上同“新月派”有不少相同的地方，但她却从不认为自己就是“新月派”，也不喜欢人家称她为“新月派诗人”。徐志摩遇难后，她与其他人的来往更少，不久，这个文学派别也就星散了。这里，还要顺带提到所谓徐志摩遗存的“日记”问题。徐生前是否曾将日记交母亲保存，我从未听母亲讲起过（这类事在我们稍长后，母亲就从不在我们姊弟面前隐讳和保密），但我确知，抗战期间当我们全家颠沛于西南诸省时，父母仅有的几件行李中是没有这份文献的。抗战之后，我家原存放在北平、天津的文物、书信等已大部分在沦陷期间丢失，少量残存中也没有此件。新中国成立初期，母亲曾自己处理过一些旧信、旧稿，其中也肯定不含此件。因此，几位权威人士关于这份“日记”最后去向的种种说法和猜测，我不知道有什么事实根据。特别是几年前一位先生在文章中说，我母亲曾亲口告诉他，徐志摩的两本日记“一直”由她保存着，不禁使我感到惊奇。不知这个“一直”是指到什么时候？我只知道，我们从小在家里从来也没有听到母亲提起这位先生的名字。

文学上的这些最初的成就，其实并没有成为母亲当时生活的主旋律。对她后来一生的道路发生了重大影响的，是另一件事。1931 年 4 月，父亲看到日本侵略势力在东北日趋猖狂，便愤然辞去了东北大学建筑系的职务，放弃了刚刚在沈阳安下的家，回到了北平，应聘来到朱启钤先生创办的一个私立学术机构，专门研究中国古建筑的“中国营造学社”，并担任了“法式部”主任，母亲也在“学社”中任“校理”。以此为发端，开始了他们的学术生涯。

当时，这个领域在我国学术界几乎还是一未经开拓的荒原。国外几部关于中国建筑史的书，还是日本学者的作品，而且语焉不详，埋没多年的我国宋代建筑家李诫（明仲）的《营造法式》，虽经朱桂老热心重印，但当父母在美国收到祖父寄去的这部古书时，这两个建筑学生却对其中术语视若“天书”，几乎完全不知所云。遍布祖国各地无数的宫殿、庙宇、塔幢、园林，中国自己还不曾根据近代的科学技术观念对它们进行过研究。它们结构上的奥秘，造型和布局上的美学原则，在世界学术界面前，还是一个未解之谜。西方学者对于欧洲古建筑的透彻研究，对每一处实例的精确记录、测绘，对于父亲和母亲来说，是一种启发和激励。留学时代，父亲就曾写信给祖父，表示要写成一部《中国宫室史》，祖父鼓励他说："这诚然是一件大事。"可见，父亲进入这个领域，并不是一次偶然的选择。

母亲爱文学，但只是一种业余爱好，往往是灵感来时才欣然命笔，更不会去"为赋新词强说愁"。然而，对于古建筑，她却和父亲一样，一开始就是当作一种近乎神圣的事业来献身的。从 1931 到 1937 年，母亲作为父亲的同事和学术上的密切合作者，曾多次同父亲和其他同事们一道，在河北、山西、山东、浙江等省的广大地区进行古建筑的野外调查和实测。我国许多有价值的，原貌尚存的古代建筑，往往隐没在如今已是人迹罕至的荒郊野谷之中。当年，他们到这些地方去实地考察，常常不得不借助于原始的交通工具，甚至徒步跋涉，"餐风宿雨""艰苦简陋的生活，与寻常都市相较，至少有两世纪的分别"。然而，这也给了他们这样的长久生活于大城市中的知识分子一种难得的机会，去观察和体验偏僻农村中劳动人民艰难的生活和淳朴的作风。这种经验曾使母亲的思想感情发生了很大的震动。

作为一个古建筑学家，母亲有她独特的作风。她把科学家的缜密、史学家的哲思、文艺家的激情融于一身。从她关于古建筑的研究文章，特别是为父亲所编《清式营造则例》撰写的"绪论"中，可以看到她在这门科学上造诣之深。她并不是那种仅会发思古之幽情，感叹于"多少楼台烟雨中"的古董爱好者；但又不是一个仅仅埋头于记录尺寸和方位的建筑技师。在她眼里，古建筑不仅是技术与美的结合，而且是历史和人情的凝聚。一处半圮的古刹，常会给她以深邃的哲理和美感的启示，使她禁不住要创造出"建筑意"这么个"狂妄的"名词来和"诗情"、"画意"并列。好在那个时代他们还真不拘于任何"框框"，使她敢于用那么奔放的文学语言，乃至嬉笑怒骂的杂文笔法来写她的学术报告。母亲在测量、绘图和系统整理资料方面的基本功不如父亲，但在融汇材料方面却充满了灵感，常会从别人所不注意的地方独见精彩，发表极高明的议论。那时期，父亲的论文和调查报告大多经过她的加工润色。父亲后来常常对我们说，他文章的“眼睛”大半是母亲给“点”上去的。这一点在“文化大革命”中却使父亲吃了不少苦头。因为母亲那些“神来之笔”往往正是那些戴红袖章的狂徒们所最不能容忍的段落。

这时期的生活经验，在母亲30年代的文学作品中有着鲜明的反映。这些作品一方面表现出一个在优越的条件下顺利地踏入社会并开始获得成功的青年人充满希望的兴奋心情，另一方面，却又显出她对自己生活意义的怀疑和探索。但这并不似当时某些对象牙之塔厌倦了而又无所归依的“螃蟹似的”文学青年的那种贫乏的彷徨，她的探求是诚实的。正如她在一封信中所说的：在她看来，真诚，即如实地表现自己确有的思想感情，是文学作品的第一要义。她的小说和散文《九十九度中》和《窗子以外》，都是这种真情的流露。在远未受到革命意识熏染之前，能够这样明确地提出知识分子与劳动人民的关系问题，渴望越出那扇阻隔于两者之间的“窗子”，对于像她这样出身和经历的人来说，是很不容易的。

30年代是母亲最好的年华，也是她一生中物质生活最优裕的时期，这使得她有条件充分地表现出自己多方面的爱好和才艺。除了古建筑和文学之外，她还做过装帧设计、服装设计；同父亲一道设计了北京大学的女生宿舍，为王府井“仁立地毯公司”门市部设计过民族形式的店面（可惜他们设计的装修今天被占用着这间店面的某时装公司拆掉了。名家手笔还不如廉价的铝合金装饰板。这就是时下经理们的审美标准和文化追求!），单独设计了北京大学地质馆，据曹禹同志告诉我，母亲还到南开大学帮助他设计过话剧布景，那时他还是个年轻学生。母亲喜欢交朋友，她的热心和健谈是有名的，而又从不以才学傲视于年轻人或有意炫耀，因此，赢得许多忘年之交。母亲活泼好动，和亲戚朋友一道骑毛驴游香山、西山，或到久已冷落的古寺中野餐，都是她最快乐的时光。

母亲不爱做家务事，曾在一封信中抱怨说，这些琐事使她觉得浪费了宝贵的生命，而耽误了本应做的一点对于他人，对于读者更有价值的事情。但实际上，她仍是一位热心的主妇，一个温柔的妈妈。30 年代我家坐落在北平东城北总布胡同，是一座有方砖铺地的四合院，里面有个美丽的垂花门，一株海棠，两株马缨花。中式平房中，几件从旧货店里买来的老式家具，一两尊在野外考察中拾到的残破石雕，还有无数的书，体现了父母的艺术趣味和学术追求。当年，我的姑姑、叔叔、舅舅和姨大多数还是青年学生，他们都爱这位长嫂、长姊，每逢假日，这四合院里就充满了年轻人的高谈阔论，笑语喧声，真是热闹非常。

然而，生活也并不真的那么无忧无虑。30 年代的中国政局，特别是日本侵略的威胁，给父母的精神和生活投下了浓重的阴影。1931 年，曾在美国学习炮兵的四叔在“一·二八”事件中于淞沪前线因病亡故；“一二·九”学生运动时，我们家成了两位姑姑和她们的同学们进城游行时的接待站和避难所，“一二·一六”那一天，姑姑的朋友被宋哲元的“大刀队”砍伤，半夜里血流满面地逃到我们家里急救包扎；不久，一位姑姑上了黑名单，躲到我们家，父母连夜将她打扮成少奶奶模样，送上开往汉口的火车，约定平安到达即发来贺电，发生意外则来唁电。他们焦急地等了三天，终于接到一个“恭贺弄璋之喜”的电报，不禁失笑。当时我已经三岁了。

然而，这样的生活，不久就突然地结束了。

1937 年 6 月，她和父亲再次深入五台山考察，骑着骡子在荒凉的山道上颠簸，去寻访一处曾见诸敦煌壁画，却久已湮没无闻的古庙——佛光寺。7 月初，他们居然在一个偏僻的山村外面找到了它，并确证其大殿仍是建于唐代后期（857 年）的原构，也就是当时所知我国尚存的最古老的木构建筑物（新中国成立后，在同一地区曾发现了另一座很小的庙宇，比佛光寺早七十多年）。这一发现在中国建筑史和他们个人的学术生活中的意义，当然是非同小可的。直到许多年以后，母亲还常向我们谈起当时他们的兴奋心情，讲他们怎样攀上大殿的天花板，在无数蝙蝠扇起的千年尘埃和无孔不入的臭虫堆中摸索着测量，母亲又怎样凭她的一双远视眼，突然发现了大梁下面一行隐隐约约的字迹，就是这些字，成了建筑年代的确凿证据。而对谦逊地隐在大殿角落中本庙施主“女弟子宁公遇”端庄美丽的塑像，母亲更怀有一种近乎崇敬的感情。她曾说，当时恨不能也为自己塑一尊像，让“女弟子林徽因”永远陪伴这位虔诚的唐朝妇女，在肃穆中再盘腿坐上他一千年！

可惜这竟是他们战前事业的最后一个高潮。7 月中旬，当他们从深山中走出时，等着他们的，却是卢沟桥事变的消息！

战争对于父母来说意味着什么，他们当时也许想得不很具体，但对于需要做出的牺牲，他们是有所准备的。这点，在母亲 1937 年 8 月回到北平后给正在北戴河随亲戚度假的八岁的姐姐写的一封（奇迹般地保存了下来的）信里，表达得十分明确。母亲教育姐姐，要勇敢，并告诉她，爸爸妈妈“不怕打仗，更不怕日本人”，因此，她也要“什么都顶有决心才好”。就这样，他们在日军占领北平前夕，抛下了那安逸的生活、舒适的四合院，带着外婆和我们姐弟，几只皮箱，两个铺盖卷，同一批北大、清华的教授们一道，毅然地奔向了那陌生的西南“大后方”，开始了战时半流亡的生活。

## 昆 明

这确是一次历尽艰辛的“逃难”。

1937 年 11 月，我们在长沙首次接受了战争的洗礼。九死一生地逃过了日寇对长沙的第一次轰炸。那情景，在萧乾先生写的《一代才女林徽因》中，曾引用母亲自己的信，做了详尽的描述。

紧接着，在我们从长沙迁往昆明途中，母亲又在湘黔交界的晃县患肺炎病倒。我至今仍依稀记得，那一晚，在雨雪交加中，父亲怎样抱着我们，搀着高烧四十度的母亲，在那只有一条满是泥泞的街道的小县城里，到处寻找客店。最后幸亏遇上一批也是过路的空军航校学员，才匀了一个房间让母亲躺下。这也是战争期间我们家同那些飞行员之间特殊的友谊的开始。旅途中的这次重病对母亲的健康造成了严重损害，埋下了几年后她肺病再次复发的祸根。

1938年1月份，我们终于到达了昆明。在这数千公里的逃难中，做出最大牺牲的是母亲。

三年的昆明生活，是母亲短短一生中作为健康人的最后一个时期。在这里，她开始尝到了战时大后方知识分子生活的艰辛。父亲年轻时车祸受伤的后遗症时时发作，脊椎痛得常不能坐立。母亲也不得不卷起袖子买菜、做饭、洗衣。

然而，母亲的文学、艺术家气质并没有因此而改变。昆明这高原春城绮丽的景色一下子就深深地吸引了她。记得她曾写过几首诗来吟咏那“荒唐的好风景”，一首题为《三月昆明》，可惜诗稿已经找不到了。还有两首《茶铺》和《小楼》，在《林徽因诗集》出版时尚未找到，最近却蒙邵燕祥先生从他保留的旧报上找出（披露在甘肃《女作家》1985年第4期上）。

大约是在1937年冬，由于敌机对昆明的轰炸越来越频繁。我们家从城里又迁到了市郊，先是借住在麦地村一所已没有了尼姑的尼姑庵里，院里还常有虔诚的农妇来对着已改为营造学社办公室的娘娘殿烧香还愿；后来，父亲在龙头村一块借来的地皮上请人用未烧制的土坯砖盖了三间小屋。而这竟是两位建筑师一生中为自己设计建造的唯一一所房子。

离我们家不远，在一条水渠那边，有一个烧制陶器的小村——瓦窑村。母亲经常爱到那半原始的作坊里去看老师傅做陶坯，常常一看就是几个小时。然后沿着长着高高的桉树的长堤，在黄昏中慢慢走回家。她对工艺美术历来十分倾心，我还记得她后来常说起，那老工人的手下曾变化出过多少奇妙的造型，可惜变来变去，最后不是成为瓦盆，就是变做痰盂！

前面曾提到，母亲在昆明时还有一批特别的朋友，就是在晃县与我们邂逅的那些空军航校学员，这是一批抗战前夕沿海大城市中投笔从戎的爱国青年，后来大多数家乡沦陷。在昆明时，每当休息日，他们总爱到我们家来，把母亲当做长姐，对她诉说自己的乡愁和种种苦闷。他们学成时，父亲和母亲曾被邀请做他们全期（第七期）的“名誉家长”出席毕业典礼。但是，政府却只用一些破破烂烂的老式飞机来装备自己的空军，抗战没有结束，他们十来人便全都在一次次与日寇力量悬殊的空战中牺牲了，没有一人幸存！有些死得十分壮烈。因为多数人家在敌占区，他们阵亡后，私人遗物便被寄到我们家里。每一次母亲都要哭一场。

## 李　庄

1940 年冬，由于日寇对昆明的空袭日益加剧，营造学社被迫随中央研究院历史语言研究所再度西迁到四川宜宾附近的一个小江村——李庄。这里距扬子江尽处只有三十公里（宜宾以上即称金沙江），而离重庆却有三天的水路，是个名符其实的穷乡僻壤。我们住进了一处篾条抹灰的简陋农舍。艰苦的生活，旅途的劳顿和四川冬季潮湿、阴冷的气候，终于使母亲的旧病恶性发作，卧床不起。而同时父亲脊椎软组织灰质化的毛病也变得越来越严重。

李庄的生活确实是艰难的。家里唯一能给母亲养病用的“软床”是一张摇摇晃晃的帆布行军床；晚上，为了父亲写书和我们姐弟做功课，全家点两盏菜籽油灯，当时，连煤油灯都是过于“现代化”的奢侈品。记得我在这里读小学时，除了冬天外婆亲手做的一双布鞋外，平时都只能穿草鞋。偶尔有朋友从重庆或昆明带来一小罐奶粉，就算是母亲难得的高级营养品了。父亲爱吃甜食，但这里除了土制红糖之外没有别的。父亲就把土糖蒸熟消毒，当成果酱抹在馒头上，戏称之为“甘蔗酱”。整个李庄没有一所医院，没有一位正式医生，没有任何药品。家里唯一的一支体温计被我失手摔碎，大半年母亲竟无法量体温。就是在这样的条件下，她的病情一天天沉重，却得不到像样的治疗。眼看着她消瘦下去，眼窝深陷，面色苍白，几个月的工夫，母亲就失掉了她那一向焕发美丽的面容，成了一个憔悴、苍老，不停地咳喘的病人。

同他们过去的生活相比，李庄的日子真可以说是贫病交加了。然而，就在这样的境遇之下，母亲和父亲并没有被困难所压倒，而是拼上性命，继续坚持着他们的学术事业。抗战开始以来，辗转几千公里的逃难，我们家几乎把全部“细软”都丢光了。但是，战前父亲和营造学社同人们调查古建筑的原始资料——数以千计的照片、实测草图、记录等等，他们却紧紧地抱在胸前，一张也没有遗失。只有那些无法携带的照相底版，还有一些珍贵的文献，他们在离开北平前，曾经存进了天津一家外国银行的地下保险库，当时以为这是最安全的。不料 1939 年天津大水时，地下室被淹，所存资料几乎全部被毁。这个消息是两年后才传到李庄的。姐姐告诉我，当父亲母亲听到这个不幸的消息时都哭了。就在这几间四面透风的农舍里，父亲同几位共患难的同事，请来当地的木匠，做了几张半原始的白木头绘画桌，摊开了他们的资料，决心着手全面系统地总结整理他们战前的调查成果，开始撰写《中国建筑史》。同时，为了实现他和母亲多年的宿愿，又决定用英文撰写并绘制一部《图像中国建筑史》，以便向西方世界科学地介绍中国古代建筑的奥秘和成就。他和母亲一面讨论，一面用一台古老的、噼啪震响的打字机打出草稿；又和他亲密的助手莫宗江一道，绘制了大量英汉对照注释的精美插图。当时，父亲的颈椎灰质化病常常折磨得他抬不起头来，他就在画板上放一个小花瓶撑住下巴，以便继续工作。而母亲只要稍微好过一点就半坐在床上，翻阅《二十四史》和各种资料典籍，为书稿做种种补充、修改，润色文字。今天，还可以从当年那些用土纸写成的原稿上，看到母亲病中的斑斑字迹。1942 年冬，父亲和母亲的美国老友，当时的美国驻华大使特别助理费正清（John Fairbank）教授来到李庄看望他们，被他们在如此艰苦的环境中仍坚持学术工作的坚毅精神所深深感动。四十年后，他在“自传”中还专门为此写了一段深情的话（见萧乾先生的文章）。

虽然如此，李庄的四年，大概仍是母亲情绪上最抑郁的时期。战争和疾病无情地击倒了她，而这里又是那样一个偏僻、单调的角落。老朋友们天各一方，难得有一两封书信往还。可以想象，她的心境有时是多么悲凉。但病中的母亲这时更勤奋于学习。她在病榻上读了大量的书。

我和姐姐至今还能举出不少当时她读过的书名，这是因为当时她常常读书有感却找不到人交谈，只好对着两只小牛弹她的琴。这时期，她读了许多俄罗斯作家的作品，我记得她非常喜欢屠格涅夫的《猎人笔记》，而且要求我也当成功课去读它（那时我只有十二岁），还要我们一句句地去体味屠格涅夫对自然景色的描写；《米开朗琪罗传》，因为是英文的，我们实在没法子读，她就读一章，给我们讲一章，特别详细地为我们描述了米开朗琪罗为圣彼得教堂穹顶作画时的艰辛。讲的时候很动感情，可能因为米开朗琪罗那种对艺术的执著追求特别引起了她的共鸣。她偶尔也还写诗，但流露的大多是惆怅。在她兴致好的时候，间或喜欢让姐姐和我坐在床前，轻轻地为我们朗读她旧日的诗、文，她的诗本来讲求韵律，比较“上口”，由她自己读出，那声音真是如歌。她也常常读古诗词，并讲给我们听，印象最深的，是她在教我读到杜甫和陆游的“剑外忽传收蓟北”，“家祭无忘告乃翁”，以及“可怜小儿女，未解忆长安”等名句时那种悲愤、忧愁的神情。母亲非常擅长朗诵。我记得，还在昆明时期，我大概只是小学二年级，她教我《唐雎不辱使命》，自己读给我和姐姐听。一篇古文，被她读得绘声绘色：唐雎的英雄胆气，秦王前倨而后恭的窘态，听来简直似一场电影。五十年过去了，我仍觉得声声在耳，历历在目。在李庄时，她从中研院历史语言研究所借到过几张劳伦斯·奥列弗的莎剧台词唱片，非常喜欢，常常模仿这位英国名演员的语调，大声地“耳语”：“to be or not to be，that is the question!”于是父亲、姐姐和我就热烈鼓掌……她这位母亲，几乎从未给我们讲过什么小白兔、大灰狼之类的故事，除了给我们买了大量的书要我们自己去读之外，就是以她自己的作品和对文学的理解来代替稚气的童话，像对成年人一样地来陶冶我们幼小的心灵。

1941年，她非常疼爱的三弟，当时刚从航校毕业不久的空军上尉飞行员林恒，在一次对日机的仓促应战中，牺牲在成都上空。噩耗传到她病榻上的时候，母亲几乎痛不欲生。此后不到两年，昆明那批空军朋友中的最后一名幸存者，也是母亲最喜欢的一个，又在衡阳战役中被击落后失踪了。他们的死在母亲精神上的反响，已不限于对亡故亲人和挚友的怀念感伤。她的悼亡诗《哭三弟恒》可以说不是只给三舅一个人，而是献给抗战前期她所认识的所有那些以身殉国的飞行员朋友的。从中可以看出当时她对民族命运的忧思和对统治当局的责难。

战时“大后方”艰苦、暗淡的生活，腐蚀了许多青年人的意志，使他们动摇、彷徨，想放弃学术事业，有人不想再当穷知识分子，而想走升官发财之路。这一切使母亲写出了她唯一的一首政治诗《刺耳的悲歌》。她在诗中以悲怆的笔调抨击了那些看见别人做了官、发了国难财而眼红的青年人，也抨击了政府骗取青年的爱国热情，征召他们去参加目的可疑的什么“青年军”（抗战后国民党利用“青年军”镇压学生运动、打内战，证明了母亲这个“不问政治”的人政治上的敏感性）。极为可惜的是，那诗稿如今竟已不存！

从母亲1944年留下的几首短诗中可以看出，她在李庄的最后两年中心情是多么恶劣、消沉。但这并不仅仅是自身病痛所致，更多的，也许还是出于“长安不见”的忧愁。她这时爱读杜、陆后期的诗词，不是偶然的。在她和父亲身上，常表现出中国汉族读书人的那种传统的“气节”心理。1946年，抗战已经胜利，有一次我同母亲谈起1944年日军攻占贵州都匀，直逼重庆的危局，我曾问母亲，如果当时日本人真的打进四川，你们打算怎么办？她若有所思地说：“中国念书人总还有一条后路嘛，我们家门口不就是扬子江吗？”我急了，又问：“我一个人在重庆上学，那你们就不管我啦？”病中的母亲深情地握着我的手，仿佛道歉似的小声地说：“真要到了那一步，恐怕就顾不上你了！”听到这个回答，我的眼泪不禁夺眶而出。这不仅是因为感到自己受了“委屈”，更多地，我确是被母亲以最平淡的口吻所表现出来的那种凛然之气震动了。我第一次忽然觉得她好像不再是“妈妈”，而变成了一个“别人”。

抗战胜利那年的冬天，母亲离开了李庄，先在重庆暂住，但她总在想念昆明，特别是那里的老朋友们。1946年春，她终于如愿以偿，带病乘飞机再访昆明，住在圆通山后一座花园里。同老朋友金岳霖、张奚若、钱端升等人的重聚，使她得到了几年来最大的快乐，可惜高原缺氧的昆明对她的肺病却很不利。她在这里，也写了几首小诗。

“一二·一”运动后的昆明，使母亲在政治上有了新的认识。那年3月，我这个初中二年级学生在重庆被哄去参加了反苏游行。母亲知道后，从昆明来信把我狠狠地骂了一顿。说我是上当受骗，当时我还不大服气。这是我们在政治上的第一次交锋。同年8月，我们全家离开了重庆，乘西南联合大学的包机，飞向北平。

九年的战时流亡生活，终于结束了！

## 重回北平

母亲爱北平。她最美好的青春年华都是在这里度过的。她早年的诗歌、文学作品和学术文章，无一不同北平血肉相关。九年的颠沛生活，吞噬了她的青春和健康。如今，她回来了，像个残废人似的贪婪地要重访每一处故地，渴望再次串起记忆里那断了线的珍珠。然而，日寇多年的蹂躏，北平也残破苍老了，虽然古老的城墙下仍是那护城河，蓝天上依旧有白鸽掠过，但母亲知道，生活之水不会倒流，十年前的北平同十年前的自己一样，已经一去不复返了。

胜利后在北平，母亲的生活有了新的内容。父亲应聘筹建清华大学建筑系，但不久他即到美国去讲学。开办新系的许多工作暂时都落到了母亲这个没有任何名义的病人身上。她几乎就在病床上，为创立建筑系做了大量组织工作，同青年教师们建立了亲密的同事情谊，热心地在学术思想上同他们进行了许多毫无保留的探讨和交流。同时，她也交结了复原后清华、北大的许多文学、外语方面的中青年教师，经常兴致勃勃地同他们在广阔的学术领域中进行讨论。从汉武帝到杨小楼，从曼斯斐尔到沃尔夫，她都有浓厚的兴趣和自己的见解。

但是，这几年里，疾病仍在无情地侵蚀着她的生命，肉体正在一步步地辜负着她的精神。她不得不过一种双重的生活：白天，她会见同事、朋友和学生，谈工作、谈建筑、谈文学……有时兴高采烈，滔滔不绝，以至自己和别人都忘记了她是个重病人；可是，到了夜里，却又往往整晚不停地咳喘，在床上辗转呻吟，半夜里一次次地吃药、喝水、咯痰……夜深人静，当她这样孤身承受病痛的折磨时，再没有人能帮助她。她是那样地孤单和无望，有着难以诉说的凄苦。往往越是这样，她白天就越显得兴奋，似乎是想攫取某种精神上的补偿。1947 年前后她的几首病中小诗，对这种难堪的心境作了描述。尽管那调子低沉阴郁得叫人不忍卒读，却把“悲”的美学内涵表达得尽情、贴切。

1947 年冬，结核菌侵入了她的一个肾，必须动大手术切除。母亲带着渺茫的希望入了医院。手术虽然成功了，但她的整个健康状况却又恶化了一大步，因为体质太弱，伤口几个月才勉强愈合。

1948 年的北平，在残破和冷落中期待着。有人来劝父亲和母亲“南迁”，出国，却得不到他们的响应。抗战后期，一位老友全家去了美国，这时有人曾说，“某公是不会回来的了”。母亲却正色厉声地说：“某公一定回来！”这不仅反映了她对朋友的了解，也反映了她自己的心声。那位教授果然在新中国成立前不久举家回到了清华园。

1948 年 12 月 13 日晚上，清华园北面彻夜响起枪炮声。母亲和父亲当时还不知道，这炮声正在预告着包括他们自己在内的中国人民的生活即将掀开新的一页。

解放军包围北平近两个月，守军龟缩城内，清华园门口张贴了解放军四野十三兵团政治部的布告，要求全体军民对这座最高学府严加保护，不得入内骚扰。同时，从北面开来的民工却源源经过清华校园，把云梯、杉篙等攻城器材往城郊方向运去。看来，一场攻坚战落在北平城头已难以避免。忧心忡忡的父亲每天站在门口往南眺望，谛听着远处隐隐的炮声，常常自言自语地说：“这下子完了，全都要完了！”他担心的，不止是城里亲友和数十万百姓的安危，而且还有他和母亲的第二生命——这整座珍贵的古城。中国历史上哪里有那样的军队，打仗还惦记着保护文物古迹？

然而，他们没有想到，当时中国真还有一支这样的军队！就在 1948 年年底，几位头戴大皮帽子的解放军干部坐着吉普来到我们家，向父亲请教一旦被迫攻城时，哪些文物必须设法保护，要父亲把城里最重要的文物古迹一一标在他们带来的军用地图上……父亲和母亲激动了。“这样的党、这样的军队，值得信赖，值得拥护!”从这件事里，他们朴素地得出了这样一个结论。直到他们各自生命结束，对此始终深信不疑。

## 解　放

解放了。

母亲的病没有起色，但她的精神状态和生活方式，却发生了重大的变化。新中国成立初期，姐姐参军南下，我进入大学，都不在家。对于母亲那几年的日常生活和工作，我没有细致的了解。只记得她和父亲突然忙了起来，家里常常来一些新的客人，兴奋地同他们讨论着、筹划着……

过去，他们的活动大半限于营造学社和清华建筑系，限于学术圈子，而现在，新政权突然给了他们机会，来参与具有重大社会、政治意义的实际建设工作，特别是请他们参加并指导北京全市的规划工作。这是新中国成立前做梦也想不到的事。作为建筑师，他们猛然感到实现宏伟抱负，把才能献给祖国、献给人民的时代奇迹般地到来了。对这一切，母亲同父亲一样，兴奋极了。她以主人翁式的激情，恨不能把过去在建筑、文物、美术、教育等等许多领域中积累的知识和多少年的抱负、理想，在一个早晨统统加以实现。只有四十六岁的母亲，病情再重也压不住她那突然迸发出来的工作热情。

母亲有过强烈的解放感。因为新社会确实解放了她，给了她一个前所未有的、新的、崇高的社会地位。在旧时代，她虽然也在大学教过书，写过诗，发表过学术文章，也颇有一点名气，但始终只不过是“梁思成太太”，而没有完全独立的社会身份。现在，她被正式聘为清华大学建筑系的一级教授、北京市都市计划委员会委员、人民英雄纪念碑建筑委员会委员，她还当选为北京市第一届人民代表大会代表、全国文代会代表……她真正是以林徽因自己的身份来担任社会职务，来为人民服务了。这不能不使她对新的政权、新的社会产生感激之情。“士为知己者死”，她当然要鞠躬尽瘁。

那几年，母亲做的事情很多，我并不全都清楚，但有几件我是多少记得的。

1950 年，以父亲为首的一个清华建筑系教师小组，参加了国徽图案的设计工作，母亲是其中一个活跃的成员。为自己的国家设计国徽，这也许是一个美术家所能遇到的最激动人心的课题了。在中国历史上，这也可能是一次空前绝后的机会。她和父亲当时都决心使我们的国徽具有最鲜明的民族特征，不仅要表现革命的内容，还要体现出我们这文明古国悠久的文化传统。他们曾担心：有人会主张像某些东欧“兄弟国家”那样，来一个苏联“老大哥”国徽的“中国版”。在最初的构思中，他们曾设想过以环形的璧，这种中国古老的形式作为基本图案，以象征团结、丰裕与和平。现在的这个图案，是后来经过多次演变、修改之后才成型的。1950 年 6 月全国政协讨论国徽图案的大会，母亲曾以设计小组代表的身份列席，亲眼看到全体委员是怎样在毛主席的提议下，起立通过了国徽图案的。为了这个设计，母亲做了很大贡献，在设计过程中，许多新的构思都是她首先提出并勾画成草图的，她也曾多次亲自带着图版，扶病乘车到中南海，向政府领导人汇报，讲解，听取他们的意见……正因为这样，她才会在毛主席宣布国徽图案已经通过时激动地落了泪。

新中国成立初期她所热心从事的另一件工作，是倡导某些北京传统手工艺品的设计改革。当时有人来向她呼吁，要挽救当时已濒于停顿、失传的北京景泰蓝、烧磁等手工业。她对这件事给予了极大的关注，曾和几位年轻的工艺美术工作者一道，亲自到工场、作坊中去了解景泰蓝等的制作工艺，观看老工人的实际操作。然后她又根据这些工艺特点亲自设计了一批新的构思简洁、色调明快的民族形式图案，还亲自到作坊里去指导工人烧制样品。在这个过程中，她还为工艺美院带出了两名研究生。可惜的是，她的试验在当时的景泰蓝等行业中未能推开，她的设计被采纳的不多，市面上的景泰蓝仍维持着原来那种陈旧的图案。

## 城墙与屋顶

她的主张不邀时赏的，并不仅是这一件。

现在，当我每天早上夹在车和人的洪流中，急着要从阻塞的大街上挤一条路赶去上班的时候，常常不由得回想起50年代初期，母亲和父亲一道，为了保存古城北京的原貌，为了建设一个他们理想中的现代化的首都而进行的那一场徒劳的斗争。

他们在美国留学的时代，城市规划在资本主义世界还是一种难以实现的理想。他们曾经看到，在私有制度之下，所谓城市规划，最后只能屈从于房地产资本家的意志，建筑师们科学的见解、美妙的构思，最后都湮没在现代都市千奇百怪、杂乱无章的建筑物之中。因此，当新中国成立初期，他们参加了为北京市做远景规划的工作时，心情是极为兴奋的。他们曾经认为，只有在社会主义制度下，当城市的一切土地都是公有的，一切建筑活动都要服从统一的计划时，真正科学、合理的城市规划才有可能实现。

对于北京的规划，他们的基本观点是：第一，北京是一座有着八百多年历史，而近五百年来其原貌基本保存完好的文化古城，这在全世界也是绝无仅有的。北京的原貌本身就是历代劳动人民留给我们的无价珍宝。而它又是一座“活的”城市，现代人仍然生活于其中，仍在使用和发展着它，但现代人只负有维护古都原貌，使之传诸久远的义务，而没有“除旧布新”，为了眼前的方便而使珍贵古迹易容湮灭的权力。第二，他们认为，原北京城的整个布局，是作为封建帝都，为满足当时那样的需要而安排的，它当然不能满足一个现代国家首都在功能上的要求。而如果只着眼于对旧城的改建，也难以成功。他们根据国外许多历史名城被毁的教训，预见到如果对北京城“就地改造”，把大量现代高层建筑硬塞进这古城的框框，勉强使它适应现代首都的需要，结果一定是两败俱伤：现代需要既不能充分满足，古城也将面目全非，弄得不伦不类，其弊端不胜枚举。然而，这些意见却遭到了来自上面的批驳。于是，他们只好眼睁睁地看着北京城一步步地重蹈国外那些古城的命运。那些“妨碍”着现代建设的古老建筑物，一座座被铲除了，一处处富有民族特色的优美的王府和充满北京风味的四合院被拆平了，而一幢幢现代建筑，又“中心开花”地在古城中冒了出来。继金水桥前三座门、正阳门牌楼、东西四牌楼、北海“金鳌玉蛛”桥等等被拆除之后，推土机又兵临“城”下，五百年古城墙，包括那被多少诗人画家看作北京象征的角楼和城门，全被判了极刑。母亲几乎急疯了。她到处大声疾呼、苦苦哀求，甚至到了声泪俱下的程度。她和父亲深知，这城墙一旦被毁，就永远不能恢复，于是再三恳请下命令的人高抬贵手，刀下留城，从长计议。然而，得到的回答却是：城墙是封建帝王镇压人民对抗农民起义的象征，是“套在社会主义首都脖子上”的一条“锁链”，一定要推倒！又有人动员三轮车（如此落后的交通工具！）工人在人民代表大会上“控诉”城门、牌楼等等如何阻碍交通、酿成车祸，说什么“城墙欠下了血债！”于是母亲和父亲又提出了修建“城上公园”、多开城门的设想，建议在环城近四十公里的宽阔城墙上面种花植草，放置凉棚长椅，利用城门楼开办展览厅、阅览室、冷饮店，为市区居民开辟一个文化休息的好去处，变“废”为利。然而，据理的争辩也罢，激烈的抗议也罢，苦苦的哀求也罢，统统无济于事。母亲曾在绝望中问道：为什么经历了几百年沧桑，解放前夕还能从炮口下抢救出来的稀世古城，在新中国的和平建设中反而要被毁弃呢？为什么我们在博物馆的玻璃橱里那么精心地保存起几块出土的残砖碎瓦，同时却又要亲手去把保存完好的世界唯一的这处雄伟古建筑拆得片瓦不留呢？

说起母亲和父亲对待古建筑的立场，我便不能不提到对于“大屋顶”的批判问题，这个批判运动虽然是在母亲去世之后，针对父亲的建筑思想开展的，但这种建筑思想历来是他们所共有的，而且那批判的端倪也早已见于解放之初。这表面上虽是由经济问题引出来的，但实质上却是新中国的新建筑要不要继承民族传统，创造出现代的民族形式的问题。对于这个重大课题，母亲和父亲出于他们自幼就怀有的深厚的爱国主义感情，早在留学时期便已开始探索。他们始终认为，现代建筑的材料与结构原则，完全有可能与中国古代建筑的传统结构有机地结合起来，从而创出一种新的，富有中国气派的民族风格。他们经过反复思考，明确否定了几十年来风行于世界各地的“玻璃盒子”式，或所谓“国际式”的建筑，认为它们抹杀了一切民族特征，把所有的城市变得千城一面；他们也反对复古主义，反对造“假古董”。早在30年代初母亲在为《清式营造则例》所写的“绪论”中就已经告诫建筑家们“虽须要明了过去的传统规矩，却不要盲从则例，束缚自己的创造力”。但是在民生凋敝的旧中国，他们一直缺乏实践机会。这方面的摸索，直到新中国成立后才有可能开始。母亲确曾说过，屋顶是中国建筑最具特色的部分，但他们并没有把民族形式简单地归结为“大屋顶”。50年代前期各地出现的建“大屋顶”之风，是对民族形式的一种简单的模式化理解，或者说是一种误解或曲解，决不符合父亲和母亲的真正主张。而且当时那种一哄而起，到处盖房子都要搞个大屋顶的做法，正是四十多年来我们在各个领域都屡见不鲜的一哄而起和攀比作风的早期表现，是不能完全由父亲和母亲这样的学者来负责的。50年代前期，在追求所谓“民族形式”的浪潮中出现的不少建筑，的确不仅在经济上，而且在建筑艺术上都很难说是成功的，然而当时那些不由分说的批判，确实曾深深地伤害了他们从爱国主义立场出发的，科学上和艺术上的探索精神，把他们终身遵循的学术信念和审美原则一下子说得一钱不值，大谬不然，这不能不使他们（母亲去世后，主要是父亲）感到极大的惶惑。继对电影《武训传》的批判之后，对“大屋顶”的批判，在以简单粗暴方式对待学术思想问题方面，也在知识界中开了一个极坏的先例。母亲去世很早，没有来得及看到在批判“大屋顶”的同时北京冒出来的那一批俄罗斯式的“尖屋顶”，更没有看到后来会有这么多他们所最恼火的“国际式”高层玻璃盒子，有些上面还顶着个会转圈的“罐头盒屋顶”，以“锷未残”之势，刺破着碧空下古城原有的和谐的建筑天际线；也没有看到在被拆毁的古城墙遗址边上，又长出了那么一排排玻璃与水泥构筑的灰暗的“新式城墙”，否则，她定会觉得自己作为建筑家而未能尽到对历史的责任，那种痛苦我是完全可以想象的。

## 尽瘁

在新中国成立初期那些年紧张的实际工作中，母亲也没有放松过在古建筑方面的学术研究。其中最重要的一项，就是她和父亲以及莫宗江教授一道，在初步学习了马克思主义的理论之后，将他们多年来对中国建筑发展史的基本观点，做了一次全面的检讨，并在此基础上写出了《中国建筑发展的历史阶段》这篇长文（载 1954 年第 2 期《建筑学报》），第一次尝试着以历史唯物主义作为指导思想，重新回顾从远古直到现代中国建筑发展的整个历程，开始为他们的研究工作探求一个更加科学的理论基础。

在那几年里，母亲还为建筑系研究生开过住宅设计和建筑史方面的专题讲座，每当学生来访，就在床褥之间，“以振奋的心情尽情地为学生讲解，古往今来，对比中外，谑语雄谈，敏思遐想，使初学者思想顿感开阔。学生走后，常气力不支，卧床喘息而不能吐一言”（吴良镛、刘小石：《梁思成文集·序》）。这里我想特别指出，母亲在建筑和美术方面治学态度是十分严谨的，对工作的要求也十分细致严格，而决没有那种大而化之的“顾问”作风。这里，我手头有两页她的残留信稿，可以作为这方面的一个例证。为了不使我的这些记述成为空洞的评议，这里也只好用一点篇幅来引录信的原文，也可以算是她这部文集的一个“补遗”吧。1953 年前后，由北京文物整理委员会编，人民美术出版社出版的《中国建筑彩画图案》，请她审稿并作“序”，她对其中彩图的效果很不满意，写信提出了批评，其最后几段如下：

> …………
>
> （四）青绿的变调和各彩色在应用上改动的结果，在全梁彩色组合上，把主要的对比搅乱了。如将那天你社留给我的那张印好的彩画样子，同清宫中太和门中梁上彩画（庚子年日军侵入北京时，由东京帝国大学建筑专家所测绘的一图，两者正是同一规格）详细

核对，比照着一起看时，问题就很明显。原来的构图是以较黯的青绿为两端箍头藻头的主调，来衬托第一条梁中段以朱为地，以彩色“吉祥草”为纹样的枋心，和第二条梁靠近枋心的左右红地吉祥草的两段藻头。两层梁架上就只点出三块红色的主题，当中再隔开一块长而细的红色垫板，全梁青、绿和朱的对比就清清楚楚，明明白白，一点也不乱。

从花纹的比例上看，原来的纹样细密如锦，给人的感觉非常安静，不像这次所印的那样浑圆粗大，被金和白搅得热闹嘈杂，在效果上有异常不同的表现。青绿两色都是中国的矿质颜料，它们调和相处，不黯也不跳；白色略带蜜黄，不太宽，也不突出。在另外一张彩画上看到，原是细致如少数民族边饰织纹的箍头两旁纹样，在比例上也被你们那里的艺人们在插图时放大了。总而言之，那张印样确是“走了样”的“和玺槐花结带”，与太和门中梁上同一格式的彩画相比，变得五彩缤纷，宾主不分，八仙过海，各显其能；聒噪喧腾，一片热闹而不知所云。从艺术效果上说，确是个失败的例子。

从这段信中，不仅可以看出她对自己的专业的钻研是怎样地深入细致，而且还可以看到，她在用语言准确而生动地表述形象和色彩方面，有着多么独到的功夫（这本大型专业参考工具书后于1955年出版）。

母亲在生命的最后时刻所参与的另一项重要工作，是人民英雄纪念碑的设计和建造。这里，她和父亲一道，也曾为坚持民族形式问题做过一番艰苦的斗争，当时他们最担心的，是天安门前建筑群的和谐，会被某种从苏联“老大哥”那里抄得来的青铜骑士之类的雕像破坏掉。母亲在“碑建会”里，不是动口不动手的顾问，而是实干者。1953年3月她在给父亲的信中写道：

我的工作现时限制在碑建会设计小组的问题上，有时是把几个有限的人力拉在一起组织一下，分配一下工作，做技术方面的讨论，如云纹，如碑的顶部；有时是讨论应如何集体向上级反映一些具体意见，做一两种重要建议。今天就是刚开了一次会，有某某等连我六人前天已开过一次，拟了一信稿呈郑主任和薛秘书长的，今天将所拟稿带来又修正了一次，今晚抄出大家签名明天发出，主要要求：立即通知施工组停扎钢筋；美工合组事虽定了尚未开始，所以趁此时再要求增加技术人员加强设计实力；第三，反映我们认为去掉大台对设计有利（原方案碑座为一高台，里面可容陈列室及附属设施——梁注），可能将塑型改善，而减掉复杂性质的陈列室和厕所设备等等，使碑的思想性明确单纯许多。……

除了组织工作，母亲自己又亲自为碑座和碑身设计了全套饰纹，特别是底座上的一系列花圈。为了这个设计，她曾对世界各地区、各时代的花草图案进行过反复对照、研究，对笔下的每一朵花，每一片叶，都描画过几十次、上百次。我还记得那两年里，我每次回家都可以看到她床边的几乎每一个纸片上，都有她灵感突来时所匆匆勾下的某个图形，就像音乐家们匆匆记下的几个音符、一句旋律。

然而，对于母亲来说，这竟是一支未能完成的乐曲。

从 1954 年入秋以后，她的病情开始急剧恶化，完全不能工作了。每天都在床上艰难地咳着、喘着，常常整夜地不能入睡。她的眼睛虽仍然那样深邃，但眼窝却深深地陷了下去，全身瘦得叫人害怕，脸上见不到一点血色。

大约在 1955 年初，父亲得了重病入院，紧接着母亲也住进了他隔壁的病房。父亲病势稍有好转后，每天都到母亲房中陪伴她，但母亲衰弱得已难于讲话。3 月 31 日深夜，母亲忽然用微弱的声音对护士说，她要见一见父亲。护士回答：夜深了，有话明天再谈吧。然而，年仅五十一岁的母亲已经没有力气等待了，就在第二天黎明到来之前，悄然地离开了人间。那最后的几句话，竟没有机会说出。

北京市人民政府把母亲安葬在八宝山革命烈士公墓，纪念碑建筑委员会决定，把她亲手设计的一方汉白玉花圈刻样移做她的墓碑，墓体则由父亲亲自设计，以最朴实、简洁的造型，体现了他们一生追求的民族形式。

“十年浩劫”中，清华红卫兵也没有放过她。“建筑师林徽因之墓”

几个字被他们砸掉了，至今没有恢复。作为她的后代，我们想，也许就让它作为一座无名者的墓留在那里更好。

母亲的一生中，有过一些神采飞扬的时刻，但总的说来，艰辛却多于顺利。她那过人的才华施展的机会十分短暂，从而使她的成就与能力似不相称。那原因自然不在于她自己。

在现代中国的文化界里，母亲也许可以算得上是一位多少带有一些“文艺复兴色彩”的人，即把多方面的知识与才能——文艺的和科学的、人文学科和工程技术的、东方和西方的、古代和现代的——汇集于一身，并且不限于通常人们所说的“修养”，而是在许多领域都能达到一般专业者难以企及的高度。同时，所有这些在她那里都已自然地融会贯通，被她娴熟自如地运用于解决各式各样的问题，得心应手而绝无矫揉的痕迹。不少了解她的同行们，不论是建筑界、美术界还是文学界的，包括一些外国朋友，在这一点上对她都是钦佩不已的。

谈起外国朋友，那么还应当提到，母亲在英文方面的修养也是她多才多艺的一个突出表现。美国学者费正清夫妇1979年来访时曾对我说：“你妈妈的英文，常常使我们这些以英语为母语的人都感到羡慕。”父亲所写的英文本《图像中国建筑史》的“前言”部分，就大半出自母亲的手笔。我记得50年代初她还试图用英文为汉武帝写一个传，而且已经开了头，但后来大概是一个未能完成的项目。

总之，母亲这样一个人的出现，也可以算是现代中国文化界的一种现象。1958年一些人在批判“大屋顶”时，曾经挖苦地说：“梁思成学贯中西，博古通今……古文好，洋文也好，又古又洋，所谓修养，既能争论魏风唐味，又会鉴赏抽象立体……”这些话，当然也适用于“批判”母亲，如果不嫌其太“轻”了一点的话。20世纪前期，在中西文明的冲突和交汇中，在中国确实产生了相当一批在不同领域中“学贯中西、博古通今”，多少称得上是“文艺复兴式”的人物。他们是中国文化在特定历史条件下的产物。他们的成就，不仅光大了中国的传统文明，也无愧于当时的世界水平。这种人物的出现，难道不是值得我们中国人骄傲的？在我们中华文明重建的时候，难道不是只嫌这样的知识分子太少又太少了吗？对他们的“批判”，本身就表示着文化的倒退。那结果，只能换来几代人的闭塞与无知。

新中国成立后，母亲只生活了短短六年时间，但她的思想感情确实发生了巨大的变化。这是因为，当时的新政权曾以自己的精神和事业，强烈地吸引了她，教育了她。以她那样的出身和经历，那样的生活和思想方式，而能在短短几年里就如此无保留地把自己的全部信任、智慧和精力都奉献给了这新的国家、新的社会，甘愿为之鞠躬尽瘁，又是那样恳切地决心改造自己旧的世界观，这确是一件发人深省的事。许多人曾对我说过：你母亲幸亏去世得早，如果她再多活两年，“反右”那一关她肯定躲不过去。是的，早逝竟成了她的一种幸福。对于她这样一个历来处世真诚不欺，执著于自己信念的人，如果也要去体验一下父亲在后来的十几年中所经历过的一切，那将会是一种什么局面，我简直不敢想象。“文化大革命”期间，父亲是在极度的痛苦和困惑中，顶着全国典型“反动学术权威”的大帽子死去的。我只能感谢命运的仁慈，没有让那样的侮辱和蹂躏也落到我亲爱的母亲身上！

1955 年，在母亲的追悼会上，她的两个几十年的挚友——哲学教授金岳霖和邓以蛰联名给她写了一副挽联：

一身诗意千寻瀑
万古人间四月天

父亲曾告诉我，《你是人间的四月天》这首诗是母亲在我出生后的喜悦中为我而作的，但母亲自己从未对我说起过这件事。无论怎样，今天，我要把这“一句爱的赞颂”重新奉献给她自己。愿她倏然一生的追求和成就，能够通过这本文集，化作中国读书人的共同财富，如四月春风，常驻人间！

1985 年 4 月北京一稿　1986 年 4 月北京二稿　1991 年 4 月北京再改

本文发表时有附题：“回忆我的母亲林徽因”

# 建筑家的眼睛　诗人的心灵*

一座低低的石墓，默默地隐在北京八宝山革命烈士陵园一个僻静的角落里。墓碑上的姓名，在那连死者都不能不呻吟的年月中被人毁去了，只留下一方已经黯淡缺损，但总算幸存下来了的汉白玉，上面镌刻着一簇有着浓厚的民族韵味，丰满而又秀丽的花圈。偶来的凭吊者很少会知道，这花圈原是为天安门前人民英雄纪念碑设计的，是那碑座上雕饰的一个刻样。1955 年，它被移放到这座墓前，作为一篇无言的墓志，纪念着它的创作者，墓的主人：女建筑学家和诗人林徽因。

林徽因（早年写作徽音）1904 年生于福建闽侯一个官僚知识分子家庭。童年时全家迁居北京。当还是一位少女的时候，她在文学和艺术方面的敏感和能力就引起了人们的注意。1920 年，林徽因随父亲去英国。一年后回国时，这个中国女中学生典雅的英语和对英国文学的修养曾使她的英国教师们称赞不已，而她那热情的性格和长于审美的气质也吸引了不少比她年长的新文学界朋友。在英国期间，由于一位同窗英国姑娘的影响，她开始对建筑艺术发生兴趣。

20 年代初，林徽因结识了著名的维新派政论家、学者梁启超先生的长子，当时的清华学生梁思成。在这两个年轻的艺术爱好者之间，很快就建立起了亲密的友情。不久，他们先后来到美国，就读于宾州大学，并共同决定要以建筑学为终生事业。由于当时这所大学的建筑系不收女生，林徽因只得入该校美术学院，但选修的主要的却是建筑系的课程。1927 年，她以学士学位毕业于美术学院；同年，梁思成获得建筑

---

* 本文原载 1983 年第 2 期《读书》杂志，题名为“建筑家的眼睛　诗人的心灵——记林徽因（代序）”。

系硕士学位。此后，她又转入著名的耶鲁大学戏剧学院，在 G. P. 贝克教授的工作室中学习舞台美术设计，成为我国第一位在国外学习舞美的学生。1927 年，这一对新婚同行回到了祖国。

虽然人们常常把林徽因说成是一位诗人、文学家，但实际上，从整个一生来说，文学创作并不是她的主要事业。30 年代，在梁思成作为一个年轻、热情的建筑学家所进行的对中国古代建筑的开创性的科学研究活动中，林徽因始终是他最密切、最得力的合作者之一。她不仅陪同梁思成多次参加了对河北、山西等地古代建筑的野外调查旅行，而且还同梁思成合作或单独撰写了调查报告多篇，发表在专门的学术刊物——《中国营造学社汇刊》上。它们至今仍被这个行业的专家们认为具有很高的学术价值；而她为我国古代建筑技术的重要工具书《清式营造则例》所写的“绪论”，可以说已成为这个领域中所有研究者必读的文献了。

然而，严肃而又十分专门的科学研究工作并没有限制林徽因文学家的气质。相反，这两个方面在她身上总是自然结合、相得益彰的。她所写的学术报告独具一格，不仅有着严谨的科学性和技术性内容，而且总是以多放的热情，把她对祖国古代匠师在建筑技术和艺术方面精湛的创造的敬佩和赞美，用诗一般的语言表达出来，使这些报告的许多段落读起来竟像是充满了诗情画意的散文作品。

也是在 30 年代，林徽因在学术研究活动之外，开始发表了一些文学作品，包括中、短篇小说，剧本，散文和诗。数量虽然不多，却引起了读者相当的反响。

虽然出身于旧式的上层家庭并生活于优裕的环境，但可贵的是，林徽因确实表现出某种突破自身局限的倾向。她早期的几篇文学作品，如小说《九十九度中》，散文《窗子以外》《吉公》和未完成的多幕剧《梅真同他们》等，从一个侧面分明地反映出当时中国社会的阶级分野以及由此而来的各个领域中的矛盾和斗争。尽管她所表现的主题和人物同当时真正严酷的社会现实和矛盾的焦点还有着很大的距离，但从中却可以看出她对自己“窗子”以外的生活的探索和追求。她的感情也是分明的：一切同情都在被迫压、被损害的弱者的一边，而对那些权势者，不论是“旧派”的还是“洋派”的，即或是以“文化人”面目出现的也罢，都投之以直率的敌意和鄙薄。她个人的生活背景，使她对后者的揭露和批判，虽然还谈不上有革命的含义，却表现了一种特有的深刻性和说服力。而且，也许正因为她不是出自对某种政治伦理的概念化的追求，反而使她所表达的爱和憎显得格外真诚而自然。这一切，使她的这一部分作品完全不能同被有些人讥为“客厅文学”的那类东西相提并论。

同样难得的是，以林徽因那样的社会处境，却能够相当清醒地意识到自己同广大劳动人民之间的隔膜，孕育着一种要走向人民的愿望。多次在华北农村地区进行的古建筑野外调查，使她有机会亲眼看到当时那些偏僻农村中困苦的生活，多少体会到劳动者的艰辛、质朴和憨厚。她对他们充满了同情，但又发觉自己同他们之间有着一道她在当时还不能理解也无法逾越的无形的墙，于是写下了以这种矛盾心情为基调的散文《窗子以外》。

林徽因曾以诗闻名于当时的文学界。但她的诗却和上面谈到的其他作品有所不同。如果说，她通过自己的小说、剧本和散文，是有意识地要对当时她所观察到的社会现实有所反映的话，那么，她的早期诗作，除少数几首曾表露了对民族命运所怀的忧患感和深沉的爱国心之外，更多的却是以个人情绪的起伏和波澜为主题的，探索着生活和爱的哲理；是一种恬静生活中内向的精神发掘，因而其社会意义不如前一类作品那样显著，题材也显得比较狭窄。她的诗之所以受到一些读者的赞赏，主要是因为诗中所流露的情感的真挚、细密和纯净，以及在表现形式上和手法上的清新和完美。她在诗中所用的语言，明快而隽永，常能准确、生动地捕捉和描绘出瞬息即逝的意境的幻动和思绪的微妙变化，并有着鲜明的韵律性。特别是在她自己朗读的时候，常常像是一首首隐去了曲谱的动听的歌。她的诗，又长于用写景的手法来抒情。尤其具有特色的是，她对中国古代建筑的了解、热爱和她在美术方面的修养，常常使她的作品中出现对建筑形象和色彩的描绘，或以之作为文学上的比喻。例如，在她的诗《深笑》中，人们就可以读到这样的句子：

是谁笑成这百层塔高耸，
让不知名鸟雀来盘旋？是谁
笑成这万千个风铃的转动，
从每一层琉璃的檐边
　摇上
云天？

在写于抗日战争初期的《昆明即景》（已佚）中，她曾把当地民居底楼高八尺、二层高七尺的典型制式也纳入了自己的诗句：

那上七下八临街的矮楼，
半藏着、半挺着，立在街头，
瓦覆着它，窗开一条缝，
夕阳染红它，如写下古远的梦。
…………

这一切，使她的诗别具一格，在我国白话诗的园地里，走了一条旁人没有走过的路。

同他们那个时代的大多数留学生一样，林徽因虽然在国外留学多年，却有着强烈的民族感情。她和梁思成在美国攻读建筑学期间，读到的是欧洲建筑史：古希腊、罗马建筑的遗迹，西欧哥特式、洛可可式的宫宇、教堂，几乎每一处拱门、每一根石柱，都有着详尽的记载和分析；而中国建筑，那无数古朴的寺庙、辉煌的宫殿，在西方建筑界眼中，却像是不存在一样。对中国古建筑稍微认真一点的论述，甚至要到日本学者的著作中去寻找！这种情况，正是激励他们立志用现代科学技术的观念来系统研究中国古代建筑的一个基本的推动力。然而，当这项事业刚刚开始不久，日本侵略者的铁蹄就踏遍了我国华北的大片土地，他们的研究工作被迫中断了。1937 年 7 月，当日寇的炮火在卢沟桥畔响起的时候，林徽因正和梁思成在山西五台山地区进行野外调查。当他们由于在深山里发现了国内最古老的一座木结构建筑——建于唐代的佛光寺大殿而欣喜万分的时候，却传来了战争爆发的可怕消息。由于正太铁路已不通，他们历尽艰辛才辗转回到日军已兵临城下的北平。这时，林徽因曾用大而整齐的字体给正随亲戚在外地过暑假的八岁的女儿写信说："如果日本人要来占北平，我们都愿意打仗。我觉得现在我们做中国人应该要顶勇敢，什么都不怕，不怕打仗，更不怕日本人，要什么都顶有决心才好。"

此后不久，林徽因、梁思成便全家离开了已经沦陷的北平，跋涉数千里，迁到了昆明。在途经长沙时，日寇的飞机曾把他们的住处炸成一片瓦砾，全家人仅以身免。1941 年冬，他们又从昆明迁到了四川宜宾附近一个偏远的江村。

八年抗战，艰难的生活、飞腾的物价、日寇的空袭、不断的"逃难"、越来越差的生活条件，使林徽因肺病复发。从 1941 年起，她就经常发烧卧床，从此再没有享受过健康人的欢乐。然而这一切，都没有能遏止住她在精神上的创造活动。这个时期，她基本上已经无暇从事认真的文学创作了。在这方面，除了若干诗稿之外，已没有什么重要的作品。但是，战时"大后方"知识分子艰苦的生活，同社会现实更多的接触和更深的了解，对战局的忧虑以及个人的病痛，已使林徽因的精神面貌发生了重大的变化。反映在她的诗稿中，30 年代那种安逸、婉约的格调已不多见，而开始发出某种悲怆、沉郁，甚至是苦涩的音响；诗中也不再限于捉摸个人心绪的沉浮变幻，而渐渐出现了更多尖锐的社会乃至政治主题。为哀悼在与日寇空战中捐躯的弟弟而写的诗稿《哭三弟恒》和鞭笞恶劣的社会风气对年轻知识分子心灵的侵蚀的长诗《刺耳的悲歌》（已佚），表现了她创作思想的这种转变。

这个时期学术上的研究和创作活动在林徽因的生活中有着更加重要的地位。她在疾病的折磨下，在那穷乡僻壤几乎不蔽风雨的几间农舍里，常常是伴着如豆的菜籽油灯光，用了几年时间，帮助梁思成反复修改并最后完成了《中国建筑史》这部重要著作的初稿和用英文撰写的

《中国建筑史图录》稿，初步实现了他们早在学生时代就已怀有的学术宿愿。除了她身边的亲人和最接近的合作者之外也许没有人会知道，林徽因为了这两部著作曾贡献了多少心血，在自己的健康方面，又做出了多大的牺牲。

1946 年夏，梁思成应聘到清华大学主持建筑系的创建工作，林徽因终于回到了她在八年战乱中所日夜思念的北平。然而，她却无可奈何地发现，曾经成为她创作基调的那种战前闲逸的生活，同她自己的青春和健康一道，都已成为往日的回忆而不能再现了。这时，她同中国人民大革命的洪流仍是隔膜的，但对于旧政权的腐败和帝国主义的压迫，却已有了切身的感受。多年忧患的生活和长期卧病，曾使她产生过相当灰暗的情绪，并写了一些调子低沉的短诗。然而，也就是在这个时期，她一再谢绝了外国朋友的邀请，不肯到美国去长期疗养，而宁愿留在国内，同自己的同胞共命运。解放前夕，她曾在朋友们面前激动地表示过：深信一个有爱国心的中国知识分子，是不会也不该选择这样的时机离开祖国的。也许多少有点偏激吧，她对于不信奉这个原则的人，始终是不能理解也不肯原谅的。

1949 年初，林徽因所住的清华园已经解放了，而解放大军对北平的包围正紧。林徽因和梁思成一样，不仅为城内亲友、百姓的安危而日夜担心，而且一想到这座举世无双的文化古都，城内那无数辉煌的古代宫殿庙宇，可能即将毁于攻城的战火时，就忧心如焚，几乎夜不能寐了。就在这时，一天，突然有两位解放军来到家中求见，在大吃一惊的梁思成面前摊开了一幅大比例的北平军用地图，请他用红笔圈出一切重要的文物古迹的位置，以便在大军万一被迫攻城时尽一切可能予以保护……这生平第一次同解放军的直接接触，使这一对以中国古建筑为第二生命的夫妻激动得热泪盈眶，而几乎在一夜之间，就消除了他们对共产党的一切疑虑，从此便把自己的命运同新中国凝在了一起。

解放以后，林徽因的病势虽更加沉重，但她却焕发出前所未有的生命力，以极大的热忱，忘我地投入了人民共和国的经济、文化建设事业。她被聘为清华大学建筑系教授；北京市人民政府任命她为北京市都市计划委员会委员；不久，又被选为北京市第一届人民代表大会代表。她以惊人的毅力，忍受着病痛的折磨，认真地参加了首都的城市规划工作，和清华大学建筑系的同志们一道，提出了很有远见的总体规划草案；她还以极大的科学勇气和对人民、对历史负责的精神，抵制了当时来自各方面，包括来自“外国专家”的许多武断的、错误的意见，力主保存北京古城面貌，反对拆毁城墙、城楼和某些重要古建筑物，提出了修建“城上公园”的新颖设想；她十分关心供普通劳动者居住的小型住宅的合理设计问题，为建筑系研究生开了专题课，亲自做出了多种设计方案；她热心于北京传统手工艺的复兴，应工艺美术界一些同志的邀请，扶病来到当时濒临停业的景泰蓝、烧瓷等工艺工场调查研究，熟悉生产程序，为这些工艺品设计了一批具有民族风格而又便于制作的新式图案并亲自参与试制，同时还热情地为工艺美术学院培养研究生。她还热心于文化普及工作，在百忙中曾为《新观察》等刊物写了一系列介绍我国古建筑的通俗性文章。常常为此在病榻上就着一块小画板写作到深夜。

建国后不久，林徽因和清华大学建筑系的几位教师一道，接受了为中华人民共和国设计国徽图案的光荣任务。连续几个月，她把自己的全部热情都倾入了这件工作，呕心沥血，一次次地参与修改设计，又一次次带病亲自和同事们一起把图纸送到中南海，请周总理等领导同志审查、提意见，直到方案最后确定。在讨论国徽图案的全国政协一届二次会议上，林徽因被特邀列席。当她亲眼看到在毛主席的提议下，全体代表以起立方式一致通过了她所参与设计的五星照耀下的天安门国徽图案时，禁不住流下了激动的热泪。而这时，她已经病弱到几乎不能从座椅上站起来了。

这以后，林徽因又参加了天安门人民英雄纪念碑的设计和修建工作，并承担了为碑座设计饰纹和花圈浮雕图案的任务。她凭自己对中国古代雕刻纹饰方面的深刻了解和工艺美术方面的素养，十分出色地完成了这一创作。同时，她也耗尽了自己的最后一分精力，以致没有能亲眼看到这座历史性建筑物的落成。

熟悉林徽因的人还不会忘记，在从事上述这些工作的同时，她又是一个多么热心于培养引导青年的人。常常一连几个小时为他们讲课，同他们交换意见、谈话，全然不顾自己已是一个多么衰弱的病人。为了启发后学者，她不仅贡献着自己的学识，也贡献了那仅有的一点健康。

1955 年 4 月，林徽因教授终因久病医治无效而与世长辞了，终年只有五十一岁。虽然她参加人民的革命工作只有短短的五年时间，但由于她所做出的重要贡献，人民给了她以很高的荣誉，遗体被安葬在八宝山革命烈士公墓中。

作为一个文学、艺术家，林徽因是勇于探索和创新的。由于她对中国和西方传统文化、艺术的广博知识和深厚的修养，她总是孜孜不倦地探求怎样吸取其中最优秀的成分以表现现代的、民族的题材与风格。她的作品，无论是文学方面的，还是建筑或造型艺术方面的，都明显地表现出她在这种探索中所做出的可贵努力。民族的形式已成为她在艺术风格上的一个鲜明特色。她发表过的文学作品虽然不多，但它们在一个时期中，对于我国白话散文和诗歌，在形式、韵律、风格和技巧方面是有一定影响的。可惜的是，现在所能收集到的，仅是她早期作品中的一个部分，而在她思想和艺术上更为成熟时期的许多诗稿、文稿，却再也没有可能同读者见面了。在那灾难性的十年中，它们也遭到了和她墓碑上的名字相同的噩运，毁失殆尽了。

林徽因的一生，也可以说是不幸的。这样一位具有多方面才能、被誉为“一代才女”的女性，在旧社会，潜力却从来没有得到过真正充分的发挥；而她最好的年华，又大半被消磨在动乱的生活和多病之中了。直到解放后，她的知识和才干才第一次真正找到了施展的天地。时代的需要、对新中国的挚爱，在她身上激发出了令人感佩的创造热情。然而，她心中那曾经炽烈的生命之火，却过早地燃到了尽头，“蜡炬成灰”，无可奈何地熄灭了。这使一切熟悉她、爱慕她的人都不能不感到深深的惋惜和悲哀。

尽管如此，在半个多世纪以来中国白话文学发展的道路上，林徽因毕竟还是留下了自己那明晰、轻盈的足迹；在中国建筑史的研究工作中，她也以开创者之一的身份，做出了重要的贡献。特别是解放以后，她在建筑教育和美术创作中播下的种子和洒下的心血已开花结果，有的更已凝于历史的丰碑，获得了与人民共和国共存的殊荣。对于死者来说，这也应是具有深意的安慰了。

# 空谷回音*

你问黑夜要回
那一句话——你仍得相信
山谷中留着
有那回音!
——林徽因《别丢掉》

热心的或好奇的读者拿起这本集子，是为了要读诗，而不是读史。在集子后面长篇大论地为诗人作传，不明智，更不够浪漫。

但是，如果你真的从不知道林徽因（这里先要交代一下：林徽因原名林徽音，典出《诗经·大雅·思齐》：“大姒嗣徽音，则百斯男。”她早年作品署名都是徽音，直到 1935 年，因为总是被人和一个毫不相干的男作家林微音搞混，才在一气之下改名徽因。在本文中，凡涉及她早年的，一般称她徽音，1935 年以后的，称徽因，两个名字一样）是个什么样的人，那么，也许应当提醒你，她并不是一个专业诗人，甚至也不是一个专业文学家。从一生的主要事业来说，她是位建筑师；从写作成就来说，她当之无愧地是位诗人和文学家；而从所涉猎过的领域和个人气质来说，她又是位艺术家。

## 一

1925 年她去美国留学的时候，入的是宾夕法尼亚大学美术学院。

* 本文是梁从诫为某出版社要出版的《徐志摩林徽因诗集》而写的序。序文原题有附题“关于这本诗集的作者——林徽因”；后因故本诗集未能出版。

一年后，却打破了当时这所大学相当保守的常规：以一名年仅二十二岁的中国女学生，隔系应聘，当上了建筑系设计课的兼职助教，不久又升为兼职讲师。她选择建筑作为专业并非偶然。在她十六岁随父亲林长民暂居英国时，受到一个英国女同学的家长—— 一位建筑师的——启示，就决心要以这个“把艺术创造与人的日常需要结合在一起的工作”作为自己的终身职业，还说服了她后来的丈夫梁思成也学了建筑。1928年回国后，她的第一个职业仍是在原沈阳东北大学建筑系教“雕饰史”和英语课，同时和梁思成一道，对中国古建筑的研究发生了浓厚的兴趣，从此成为其终身事业。在这个领域，她属于开拓者的一代，参与过许多重要的古建野外考察，撰写过很多重要的学术报告和论文。但和梁思成一样，她基本上不是个“开业建筑师”，由她直接设计的建筑不多。其早年的两处作品——北京王府井原仁立地毯公司门市部（亲自爬上脚手架去油过彩画的）以及抗战时在昆明用土坯为云南大学建的庭院式女生宿舍，都已在几年前被拆毁，翻盖成极光鲜的现代门面或时行的大楼了。

应该特别提到的是，30年代林徽因在古建筑方面所写的一些调查报告和研究论文有着鲜明的个人特色。她不像多数学者通常那样，仅仅用准确但往往是枯燥的学术术语对其研究对象作客观的描述和分析。建筑，特别是古建筑，对于她来说不只是一堆木料砖石的构砌，而是有生命的东西，是建造和住用它们的人的生活实录，是多少代人的悲欢荣辱，乃至血和泪的历史的见证。所以，当她描写或论述古建筑的时候，就情不自禁地怀着“一种特殊的性灵的融汇，神志的感触”，笔端充满感情，并用诗一般的语言来歌颂、摩挲那些“美与历史地理之合”了。如她自己所说，在她眼里，“无论哪一个巍峨的古城楼，或一角倾颓的殿堂的灵魂里，无形中都在诉说，乃至于歌唱，时间上漫不可信的变迁；由温雅的儿女佳话，到流血成渠的杀戮”，由之而产生出她所谓诗意、画意之外的“建筑意”来。这就使她的学术文章读起来更像是隽永的文学作品。建筑界老一辈人士中，不只一位曾感叹过：林徽因那样的学术文字，只怕再也没有人能写了。

1949 年以后，林徽因在建筑方面的活动有了更多“实”的内容。她被聘为清华大学建筑系教授、北京市都市规划委员会委员、人民英雄纪念碑建设委员会委员。50 年代初，她在建筑教育以及中华人民共和国国徽和天安门人民英雄纪念碑设计工作方面，都做出过重要的贡献。1955 年她去世时，“碑建会”决定把她亲手设计的纪念碑基座花圈浮雕的刻样作为她自己的墓碑以铭记她的贡献。

然而，在古建筑的研究和保护工作中，人们应当知道的，也许还不只是她的成功而更是她的那些重大的失败。是她，当年和梁思成一道，耗尽了自己最后的心血，想要把北京城，这“都市计划的无比杰作”，作为当时全世界仅存的完整古城保存下来，成为一个“活着的博物馆”留给后人。然而，他们却抵不过当时那种要“从天安门上看下去，到处都是烟囱”以示“现代化”的权威意志，而节节败退。或许林徽因真有预感？早在二十年前，当旧北平刚刚冒出几处烟囱时，她就已经警告过：

时代把握不住时代自己的烦恼——
轻率的不满，就不叫它这时代牢骚——
偏又流成愤怨，聚一堆黑色的浓烟
喷出烟囱，那矗立的新观念，在古城楼对面！

（《古城春景》）

好一个“矗立的新观念”，在后来关于北京古城墙存废问题的争论中，又使他们彻底失败。其结果是，北平解放时炮口下得以幸存的五百年完整的古城墙，却在“和平建设”中被当做封建遗孽而彻底铲除了。当年她在顽强抗争之后留下的一句话：“有一天，他们后悔了，想再盖，也只能盖个假古董了。”如今不是言中了吗？想到前面提到的她对古建筑那种特别的爱，我们也许更能体会到她说这话时内心的困惑和痛苦。现在，我们若站在历史的波峰上，俯瞰建在古墙原址上环绕北京全城的二环路，以及城内那无数拔地而起，傲视着古城原来沉静和谐的天际线的现代乃至“超现代”的高层建筑时，还会不会对中国文明的这种

"失"与"得"再作一点或许是"无补"的思考，并把当年林徽因、梁思成及其同志们徒劳的奋斗，重新放上理性的天平予以衡量呢?

## 二

林徽因什么时候开始其文学活动，这不大容易说得清。她的文艺细胞当然首先来自她的书香世家。她的祖父林孝恂是光绪十五年（1889）己丑科进士，授翰林院编修，后来在浙江做地方官；父亲林长民早年留学日本学习政法，是当时福建籍的颇有名气的诗人并书法家；她的几位姑姑也都有很高的旧学修养，尤善书法。大姑林泽民就是她的启蒙教师。1920 年，当林徽因在伦敦的时候，通过父亲接触了当时英国（也是整个西方世界）最杰出的一批文人，如 H. C. 威尔斯、T. 哈代、A. 威利等，这样一个社交圈子对于林徽因的文学潜能当然有着重要的启迪和熏陶作用，然而，直接把她领入现代文学之门的，却是她前半生一位最亲密的朋友——徐志摩。她和徐也是在伦敦林长民的客厅里相识的。当时的徐志摩，既陶醉于以萧伯纳、哈代、曼斯斐尔德等大师为代表的现代英国文学，又对林长民美丽的女儿一见倾心。这里先不谈后者对他的感情有过什么样的回应，至少，他本人的诗人气质和他对英国文学，特别是英诗的极大热情，确曾深深地感染了这位比他年轻八岁，后来一直是他的忠实听众的"小朋友"。毫无疑问，林徽因后来的文学审美观，她作品的风格，乃至诗的格律，都受过徐志摩的深刻影响，其中有一些大概可以追溯到这伦敦时期。据林徽因的另一位终身好友，美国人费慰梅女士（Wilma Fairbank，美研究中国问题学者费正清 John K. Fairbank 的夫人）回忆，梁思成曾告诉过她：林徽因 1921 年从英国回来之后，便开始自己试着写诗，而她第一次发表的作品（应是在 1923 年），便是翻译的奥·王尔德的散文诗《夜莺与玫瑰》（可惜这译文今天已经找不到了）。[①] 而 1924 年印度诗翁泰戈尔访华时，林徽因与张歆海、徐志

① 现《夜莺与玫瑰》已被曹汛先生找到，收入《林徽因文集·文学卷》。

摩、林长民等同台用英语演出泰翁诗剧《吉德拉》，在当时的北京引起了一阵小小的轰动，也可算是她登上文坛之前的一次即兴的彩排吧。费慰梅认识林徽因时徐志摩刚刚去世。她回忆说，当时林徽因非常思念徐，而“她对徐的回忆，总是和雪莱、济慈、拜伦、曼斯斐尔德、沃尔夫夫人等这样一些文学家的名字联系在一起。这使我意识到，徐在对她的一片深情中，可能已不自觉地扮演了教师和领路人的角色，把林徽因带进了英诗和英国戏剧那种新的美、新的观念和新的感觉的世界，而他自己当时也正陶醉于其中”。

然而，现在我们所能找到的林徽因最早的作品，只是她 1931 年 4 月发表在《诗刊》第二期上的那首诗。从史家的角度说，只好把这算作她文学活动的开始了。林徽因大概只能算是个“低产作家”，她的存世文学作品——几十首诗，几篇散文，三个短篇，再加半出话剧，合在一起也不过十来万字，小小一册而已。然而，使许多人感到惊讶的是，她这仅有的一点东西，尽管略有参差，但总的说来，却几乎是篇篇珠玉。她文学活动的高潮时期实际不过从 1931 年至 1937 年抗战开始，短短六年而已。读者甚至不大可能分辨她作品的所谓“早期”、“晚期”、“成熟”或“不成熟”。好像她一出场，就已是一名老手了。这不仅表现在她的创作上，而且，也许更突出地，还表现在她的文学评论、编辑、评审、组织以及对青年作家的支持和鼓励中。从她极少量的文学评论文章中可以看出，她的创作决不仅是一时的情绪冲动，要借诗文来抒发排遣，更不是某些人所说的，是“太太客厅”里的无病呻吟，附庸风雅。林徽因从一开始就确实有她自己的一套相当系统的创作理论和审美哲学。这不仅是她自己创作的依据和总结，而且她还以之来评议，褒贬和选编他人的作品，组织和参与当时北平文艺界的各种活动。其实，林徽因最反感的，恰恰就是无病呻吟。在她看来，文学活动的意识形态化也是无病呻吟之一种，因此她强调“作品最主要处是诚实”。

文人相轻是中国知识分子传统的心理病态之一，其主要根源是嫉妒，是对他人才能和成就眼红，是一种精神狭隘症。而林徽因无论在文学或其他方面，不仅从不忌才，而且一旦发现她所赏识的人，便总是无私地去鼓励扶植，真诚地希望他们成功，表现出一种与她瘦小的身材颇不相称的宽阔的胸襟。萧乾先生的回忆文章曾生动地刻画了她的这种性格。在林徽因当年为读到这位素不相识的大学生的一篇小说而特地把他请到家里来，在这位自谦为“刚起步（于文坛）的马驹子后腿上，亲切地抽了那么一鞭”的时候，她自己也还不到三十岁呢。1936 年，当《大公报》设年度“文艺奖金”时，她与杨振声、朱自清、叶圣陶、朱光潜、巴金、李健吾、沈从文、靳以等十人一起被聘为裁判委员，可见当时这位“业余”文学家在北方文坛上的威望已是公认的了。

确实，相对于她的潜力来说，林徽因文学作品的数量是太少了。很多人为此感到惋惜。她的剧本《梅真与他们》始终缺最后一幕，不少热心的读者问过她：后来梅真怎么样？她笑着回答：抗战去了。这应该也是林徽因未能继续写作的一个主要原因。自从 1937 年 8 月她和梁思成带着全家老少匆匆逃离日本军队刚刚占领的北平城，整整九年，她和一家人辗转长沙、昆明，最后迁到川西李庄，尝尽了流离颠沛、贫病交加的苦处。那生活是她前半生所绝想不到的。如果说，抗战初期，尽管在长沙挨了日本人的轰炸，在昆明天天“跑警报”，当年文坛上被昵称之为“小姐”的林徽因也要卷起袖子买菜、刷锅、洗被单，而她还能保持乐观欢快的情绪，不时还小有诗兴的话，那么，1940 年冬，在“大西南”崎岖蜿蜒的公路上，冒着寒风苦雨，蜷在卡车槽帮的行李卷上颠簸了五六天。一个人把老太太、两个孩子“背”到了人地两生的李庄，一路还惦记着卧病昆明无法同行的梁思成之后，林徽因却再也支撑不住，一病不起了，从此便再也没有讨回过自己的健康。残留一点文思，与其叫做诗兴，不如叫做诗愁。这在她后期的少量作品中表现得很明显。她那日渐衰减的精力，除了对付自己每日的烧热、头痛、咳嗽、痰喘、无食欲等等的折磨，还有一个家庭主妇，不管有病没病，都无可逃避的打点柴米油盐以及丈夫的衬衫、女儿的鞋子之类的职责之外，剩下的一点点，全投入了对古建筑的研究工作，主要是协助梁思成在外人难以置信的简陋、艰苦的条件下，对他们战前所作的大量野外调查进行总结，并在这个基础上，写成了当时的第一部《中国建筑史》。

所以，若问林徽因后来的文学作品为什么那样少，也只好学着她自己的口吻说，那是因为她“抗战去了”。不同的是，人们说这话时大概笑不出来。

## 三

林徽因留学美国，本来想和梁思成一道学建筑，因为当时宾大建筑系还不收女生，便入了那里的美术学院，毕业后又曾到著名的耶鲁大学戏剧学院，师从 G. P. 贝克教授学习舞台美术。尽管她后来也从来不曾成为专业美术工作者，但她一生的活动几乎都与美术分不开。公平地说，她手底下的功夫并不好，称不上是画家或雕塑家，但是她对于形体、线条、光影、色彩和构图却有着一种特殊的敏感，一种深刻而细腻的理解和把握能力。其实，细心的读者从她的诗中也可以感受到这一点：几乎她的每一首诗中，都有对于形体、色彩等等的细致描述；读她的诗，其中描绘的景色就会像一幅幅清丽的水彩画，生动地呈现在你内在的视野中。

抗战时期有一些小事也可以说明林徽因对美的追求：比如，当时她们一家为躲空袭，住在昆明乡下，附近有个瓦窑村，有许多民间制陶的小手工作坊，林徽因非常喜欢去那里看老师傅在原始的转盘上用手捋制各种器皿的泥坯。当驯服的陶土随着师傅的手不断地变化形状，忽而修长，忽而敦硕时，她简直看入了神，当一个特别漂亮的造型突然在师傅手下出现时，她总是情不自禁地大喊：“快停下，快停下，就要这个！”但是，如她后来总是当笑话讲的那样，老师傅根本不睬这个“外省女人”的大呼小叫，慢条斯理地照老规矩干他的活。

“那么最后呢？”

“最后？”她这时常常是已笑不可支地说：“老师傅两手往外这么一撇，就成了一个——痰盂！”

1949 年以后，林徽因在美术方面曾做过三件大事：

第一是参与国徽设计。建国之初，根据周恩来总理的提议，清华大学营建系以梁思成为首的一个小组参加了为中华人民共和国设计国徽的工作，林徽因是其成员之一。她虽然因重病不大可能亲自动手画图，但却是小组的设计思想和美术灵感的一个主要源泉。尤其重要的是：是她，在反复看了当时中央征集到的大批国徽方案之后，高屋建瓴地提出了“国徽与一般商标或纪念章应当有什么样的区别”这样一个重大原则问题，从而使国徽的美术处理有了明确的方向；也是她，在中央提出要把天安门形象放进国徽的意见之后，首先想到用天安门的正投影来取代别家方案中的透视图，这样，从美术效果上看，一下子就使国徽图案有了一种与商标或纪念章全然不同的庄严感。当年参加过设计的许多位先生都认为，林徽因在几个关键问题上所提出的意见，对于清华营建系国徽方案（就是今天的国徽）的最后设计成功起了重大作用。其实，林徽因对国徽设计有自己的精辟见解，也不是偶然的。前此二十年，她在东北大学建筑系教的就是雕饰史，后来又在该校校徽设计征选中，以其“白山黑水”图案中选，获得头奖；1933 年，她又为《学文》月刊封面设计了极具中国特色的“双鱼抱笔”刊标。可见，在这方面她早就有过认真的思考了。

第二是改造传统景泰蓝。50 年代初，林徽因曾指导过几位工艺美术研究生，其中一位常沙娜女士，后来成了北京工艺美术学院院长；另一位钱美华女士，后来成了景泰蓝设计专家，北京珐琅厂总设计师。当时林徽因对改造传统景泰蓝产生了浓厚的兴趣。她认为传统的色彩和纹样过于呆板、暗淡和繁琐，应当使景泰蓝的设计现代化，同时保持其鲜明的民族风格。为此她抱病带着几位女弟子，亲自跑到当时因为产品无销路而几乎要关门的北京景泰蓝厂和烧瓷厂，到车间里去观察工人们的操作过程以了解其工艺特点（这又使我想起她在瓦窑村的情景），然后提出自己的改造方案，并亲自或指导几位研究生画出设计图，再送到厂里去试制，并反复修改。当年见过她作品的人，几乎没有不绝口称赞那是他们看到过的最美丽的工艺品的——近乎完美的造型，鲜明的民族构图风格，流畅的线条，丰满、和谐的色彩，一扫旧式景泰蓝那种沉郁僵化的模式。然而，不知道为什么这么精彩的设计后来竟然没有能推展开？莫非是曲高和寡？或那年月买得起这玩艺儿的假装内行的老外们只认老古董？

第三是参加天安门人民英雄纪念碑设计。当年她和梁思成参与设计任何项目，考虑的一个大问题就是如何表现中国的民族形式。在他们接受国徽设计任务时，首先想到的是怎样摆脱当时曾以其模式“收拾东欧一片”的原苏联国徽的影响，搞出一个真正能体现出中华民族风格的图案来。后来，在他们和清华营建系几位教师的共同努力下，终于圆满地做到了这一点。而在纪念碑的设计中，他们又遇到了类似的问题。当时有人提出，纪念碑要搞成巨型人物雕像，梁、林很不赞成。主要理由之一就是：这既不符合中国传统民族形式，与天安门广场整个型体环境也不协调。林徽因在纪念碑建设工作中，并不仅仅承担美术设计方面的任务，而是在许多情况下，特别是在梁思成出国时，成了整个设计组的实际领导者，对于纪念碑的整体造型、结构都提出了原则性的意见。她和小组里的同事们当时为了使领导理解他们的设计思路，为了给一些人灌输一点建筑艺术方面的基本常识，竟付出了多少额外的唇舌和精力啊！幸运的是，不像北京城墙，在纪念碑问题上，他们的这些努力总算没有白费。遗憾的只是，林徽因没能看到她为之付出了生命的最后一息的这座建筑物的完成，便在1955年4月1日清晨，经过长达十五年与疾病的顽强斗争之后，与世长辞了。如果你想知道林徽因临终时留下了什么，就请去天安门纪念碑前，看一看那镌刻在花岗石碑座上的装饰花纹和碑心正下方的花圈浮雕吧。如果说，林徽因作为一位美术家也因此而不朽了的话，你会认为这话有溢美之嫌吗？

## 四

这一次，林徽因和徐志摩两人的诗集是一道出版的。

关于林、徐之间的感情关系，几十年来都是社会上一些人喜欢议论的话题。但也可以说，这是一个带有悲剧色彩的故事。其悲剧性就在于：作为诗人，他们在志趣上是那样投合，徐对林又是那样地一往情深，但两人却不仅始终无缘，而且事实表明，他们本来就不可能走上同一条生活道路。可以说，徐志摩的精神追求，林徽因后来是完全理解的，而反过来，林徽因所追求的，却未必都能得到徐的理解，更谈不到专业性的支持。从古建筑研究和美术创作的角度看，林徽因和梁思成是天生的搭档。虽然梁思成不搞文学，但抗战前那几年，林徽因在古建研究方面的成就不仅没有妨碍她的文学活动，而且实际上两者相得益彰，使她在两个方面都得到了相当辉煌的成绩。但如果真是徐志摩和林徽因生活到了一起，那么，我们就肯定不会有——如最后她的墓碑所铭刻的——“建筑师林徽因”了；而生活里没有了建筑和美术活动，又会有我们所认识的这个“诗人林徽因”吗？回顾徐志摩的一生，可以看出，他是一个易受情绪支配，充满幻想，有时甚至放浪形骸之外的浪漫主义者；而林徽因在精神上却比他保守，比他更重务实。她在少年时代就一心要以“把美术创作与日常生活需要结合起来”的“建筑学为自己的终身事业”，说明了她在气质上和徐诗人之不同。

徐志摩的诗人生涯，可以说是伦敦邂逅林徽因之后开始的，在随之经历了巨大的感情波澜和生活挫折之后，他生命之路的终结，竟又是为了赶去听林徽因关于古建筑的一场学术报告。这是不幸的巧合呢，还是天意？

徐志摩对林徽因的爱恋，当然是谁都不隐讳的事，更不要说诗人自己。据说他甚至向印度诗哲泰戈尔倾诉过内心的苦痛，而老诗人也徒劳地替他向林小姐求过情。那么，林徽因究竟对徐是个什么态度，这是几十年来花边新闻的读者和作者最爱编造的题材之一。不少人说，林徽因一直对徐态度暧昧，害得徐志摩苦苦地单恋几年，最后落得一场空，言外多少有点指责林“耍弄”了徐的意思。这太冤枉她了，也太不了解林徽因的为人了。其实，认真的读者只要看看林徽因给徐的先后两篇悼文，事情就已经很清楚了。谁也不会怀疑，在那样悲痛的时刻，她所流露的会不是全部的真情。猥琐的市侩们对那种真纯、高尚的情感不理解、不相信，倒也在意料之中。

但是，这里有两宗难得的史料：一是不久前从某研究机构所珍藏的胡适档案中发现的林徽因二三十年代给胡适的三封旧信原件。胡适是当年林、梁、徐等人同属的那个文化圈子中的一位公认的领袖，又是林长民和梁启超的朋友和弟子，1926 年 10 月，在徐志摩和陆小曼那闹得满城风雨的婚礼上，胡适的身份是“介绍人”。比胡年轻十多岁的林徽因几乎把他当成长辈来看待，对他是非常信赖的。另一是徐志摩 1931 年 7 月 7 日，在为林徽因写了诗《你去》之后给她的一封信。如果再加上过去很少被人注意的，林在徐遇难后立即（不是四年后）写的那篇使人不能不为之动容的伤逝文章（这两件此次都将附在徐的集子后面发表），那么，关于他们之间关系的种种猜测、杜撰，是不是也应该就此稍息了呢？

林致胡旧信有两批：一是 1927 年林留学美国时写的；二是徐志摩去世后，于 1932 年初写的。

林徽因留美期间，1927 年 2 月，胡适到美国访问。2 月 6 日，林徽因写信到纽约，邀请他到费城宾夕法尼亚大学为学生团体“教育会”演讲。

在胡适应邀去作了讲演之后，3 月 14 至 15 日深夜，林又写信去致谢，并再次向胡倾诉衷肠。

1931 年 11 月，徐志摩突遇空难。生前，他曾将一箱日记及书信存放在朋友（一位女士）处，其中包括他初识林徽因时的《康桥日记》。徐遇难后不几天，叶公超告诉林徽因，他刚（准确地说，是 1931 年 1 月 26 日晚）在这位女士处看过这份日记。于是林去向保存者要求借来一看，这位女士先是几次声称“遍找不得”，后来，在她手里保存的这份日记中，与林有关的一部分又神秘地被裁去，以致林徽因本人始终未能看到这件与她的生活有过密切关系的材料。

徐志摩遇难后，舆论对林徽因有过不小的压力，更有原来被她视为朋友的人，显然是出于嫉妒，对她的欺骗和侮弄。虽然她在私事上从不轻易与人计较，这次却被这事“气糊涂了”，于是写下这些平时难得吐露的心声。

这前后几封信对于后人的价值，并不在于它们提供了多少关于这段历史的细节。（当然，这方面也有其意义，比如，关于《康桥日记》的下落问题。）而在它们如实地表达了林徽因当年那种真挚、深沉、坦诚、磊落的情感和胸怀，和她与徐志摩彼此关系的纯情与崇高。这也是值得把它们披露出来的原因。有心的读者如果将两封信与它们写成的时间、事件背景以及两人当时和后来所发表的其他作品等等统统联系起来，是可以从中挖掘出许多值得深思和体味的东西的。如果说它们通过一件偶然的私事，从一个侧面反映了那个时代一部分中国知识分子的精神面貌，该不算言过其实吧？

林徽因在《纪念徐志摩去世四周年》中写道："我们的作品会不会再长存下去，就看它们会不会在那些我们从来不认识的人，我们作品的读者，散在各时、各处互不认识的孤单的人的心里的。"现在，她自己也许应该感到欣慰：这本诗集的出版就足以说明，在她出生九十年后的今天，她的诗也还活在许多与她素不相识，乃至隔了几代的读者心里，也确实还有许多人仍然相信，在她那空灵的山谷中留着，有那回音！

1993 年 4 月　北京

# 思　考

# 不重合的圈

## ——从百科全书看中西文化

百科全书对于文化比较研究来说，有其独特的价值。产生这种涵盖性很高的典籍是一种普遍的文化现象，其比较必然要超出工具书编纂的专业范围而具有某种宏观意义；同时它又是一种具体的作品，因而有着切实的可比性。文化比较研究往往会遇到一个难题：前提的模糊性与比较所要求的明晰性之间的矛盾。百科全书的比较则一般可以不受这种困扰，从而为文化研究提供了一种新的机会。

现代百科全书的编纂，在我国是一项新的事业，尚处在开创和探索的阶段。百科全书的宏观比较研究，过去也还没有来得及引起人们的充分注意。我个人因为工作关系，近年来对这个课题稍有接触，但由于学识浅薄，只能有一点皮毛的认识。真正有价值的研究，恐怕还有待于在这方面确实具备了充分条件的人来完成。既知己之为“砖”，也就不必为其非“玉”而遗憾了。

### 一

在世界上几乎所有得以绵延发展至今的古老文化的历史上，都可以看到一种相似的反复的努力——试图以某种可以使人一目了然的形式，把社会所积累的一切被认为有价值的知识整理汇集在一起。其实质，是企图解决知识的无限性与个人有限的认识能力与阅读范围之间的矛盾。早在西周时代，中国已出现了反映这种努力的作品，而古希腊的哲学家们也为之创造了一个词——*enkyklopaediea*，即“被纳入一个圈子里的各种知识和教化”。今天西方各种文字中的这个词，都来源于此。可见，这种努力确是一个普遍的，“有着可敬的悠久历史的梦”。

在中国的传统词汇中，没有一个与上述概念相当。本世纪初，西方此类工具书传入我国，被人译作“百科全书”，强调了它的外在形式。但如果译作“知识总汇”，也许更能切近原意。在本文中，我将同时使用这两种译法，本质上是同一个涵义。

在西方，希腊的先哲柏拉图、亚里士多德因为他们对知识的整体看法和包容广博的著述而被后人尊为“知识总汇之父”。在早期的罗马文化中，百科全书主要指一种包罗万象的教科书，是供有教养的自由人为增进知识而阅读的。其中比较重要的，可以举公元前一世纪瓦洛的《学科要义九书》（Marcus Terentius Varro：*Disiciplinarum libri* Ⅸ）；公元一世纪罗马著名博物学家普林尼的《自然史》（Pliny the Elder：*Historia Naturalis*）；六世纪罗马官吏兼作家卡西奥多鲁斯的《圣俗经典教范》（Cassiodorus：*Institutiones divinarum et saecularium litterarum*）；七世纪西班牙西维尔地方大主教伊西多尔的《词源二十卷》（St. Isidore：*Etymologiarum*）；12世纪巴黎神学哲学家圣维克多的胡格（Hugh of Saint-Victor）的《箴言集》；13世纪英国教会学者巴塞罗缪·安格利克斯的《物性本源》（Bartholomaeus Anglicus：*De Proprietatibus rerum*）；同一时期法国神父樊尚（又译文岑）的《大宝鉴》（Vincent：*Speculum Majus*）以及17世纪彼提那大主教扎拉的《才智与科学解析》（Atonio Zara：*Anatomia Ingeiorum et Scientiarum*）等作品（此处部分译名参照常政、吕千飞泽：《百科全书》）。自从17世纪初叶“整个现代实验科学的始祖”弗·培根发表了他那著名的《伟大的复兴》（*Insauratio magna*）一文，提出了他的科学分类原则和百科全书编写大纲之后，西方百科全书便迈进了近代的门槛，其性质也从供古代自由人或中世纪修道院教士们阅读的教科书逐渐变为供一般读书人查询检索的参考工具书了。

在古代中国典籍中，最具有知识总汇特征的是各种“兼收”性“类书”。但在正宗类书出现以前很久，已经多少具有这种特征的某些典籍，如《尔雅》《吕氏春秋》《史记》乃至《前汉书》等都可以被认为是它们的某种先型。

宋代辞书家王应麟所说“类事之书”，始于《皇览》，在古籍界已经成为定论。魏文帝敕修《皇览》“时在黄初中”，即公元223年。可惜类书的这部老祖宗早已亡佚了。从那以后，直到18世纪前期清雍正年间《古今图书集成》问世，一千五百年间总共出版过类书五百余种。其中包括“兼收四部”（综合型）的，也包括“专收一事”（专业型）的。据今人张涤华先生统计，现存类书尚有二百种左右。在综合型类书中，完整保存至今，比较重要者有七世纪前期，即隋末唐初虞世南的《北堂书钞》；唐欧阳询等的《艺文类聚》（624年），徐坚等的《初学记》（727年），白居易的《白氏六帖》（八世纪前期）；宋李昉等的《太平御览》（984年），王钦若、杨亿等的《册府元龟》（1013年），高承的《事物纪原》（1085年前后），王应麟的《玉海》（作于南宋末年，刊于作者死后的1351年）；明王圻的《三才图会》（16世纪后期）；清张英、王士祯等的《渊鉴类函》（1710年），陈梦雷（蒋廷锡）等的《古今图书集成》（1726年）等，自《集成》以后，虽然又出版过若干种类书，但无论就编纂学还是实用的意义上讲，都已不甚重要了。

## 二

大体上从亚里士多德时代开始，古代希腊哲学家们对自然和社会的笼统认识便已逐渐被区分为一系列相对独立的学科，出现了诸如哲学、逻辑学、数学、天文学、物理学、气象学、动物学、植物学、医学、政治学、伦理学、美学、修辞学等学科名称，有了学科分类和定义的理论。瓦洛的《学科撮要九书》的主要内容是文法、逻辑学、修辞学、几何学、算术、天文学、音乐、建筑和医学，这些统称为“自由艺术”，公元420年前后，卡佩拉删除后两科，成为传统的“自由七艺”。伊西多尔的《词源》除保留了“自由七艺”之外，在宗教内容方面有圣经、圣职及教阶、教会和异端等，非宗教内容则包括了民族、语言、国事管理、法理学、人、医学、天、大气、海洋、地理学、动物学、地质学、城镇、建筑、农业、园艺、战争、游戏、度量衡、住房、服饰、船、食品、工具、家具，以及世界简史等。

欧洲中世纪影响最大的百科全书，樊尚的《大宝鉴》，分为“自然鉴”“理学鉴”“历史鉴”和后人附加的“道德鉴”四部分，他把上帝、圣徒、天使、魔鬼等同物理、地理、地质、农业、动植物、天文、人——灵魂和肉体一同列入第一部分；将语言、文法、逻辑、修辞、伦理、家政、政治、法、医药、数学、形而上学、神学以及工农业、建筑、航海等内容列入了第二部分；将圣经中的历史和真实的历史作为第三部分。

弗·培根的百科全书编写大纲将知识分为一百三十个门类，其中第一至四十门是“外在的自然界”；第四十一至五十八门是“人”，即生物学意义的人；第五十九至一百三十门是“人加诸自然的行为”，其中包括医学、化学；各种艺术以及人们的创造活动和创造物。狄德罗曾说过，他后来的那部《百科全书》就是以培根的这个分类为蓝本编成的。

中国综合型类书的内容，就现存者而言，自《北堂书钞》以来，基本上大同小异，有一种固定的格局，其中可以举《艺文类聚》作为典型。《类聚》全书共分为四十六“部”，“部”下有“类”，即基本知识单元。其各“部”的名目如下：天、岁时、地、州、郡、山、水、符命、帝王、后妃、储宫、人、礼、乐、职官、封爵、治政、刑法、杂文、武、军器、居处、产业、衣冠、仪饰、服饰、舟车、食物、杂器物、巧艺、方术、内典、灵异、火药香草、宝玉、百谷、布帛、果、木、鸟、兽、鳞介、虫豸、祥瑞、灾异。各部所含类目总计七百二十七个。可以推断，在《类聚》之前，《皇览》《修文殿御览》等已佚名著的基本格局也大体如此。后来的各书，只是继承了它们的传统而已。

## 三

人生活在一个由自然和人所统一构成的世界里，这在地球的任何一个地区原则上都是相同的。"知识总汇"型作品大体上反映了在某一社会文化体系中，人们对世界的全面认识，这一点原则上也是相同的。然而，从以上材料中可以看出，在大体相同的历史时期内，中国和西方"知识总汇"的内容和格局却迥然相异。

**知识"取向"的不同**

面对着原则上同一的世界，不同时代和文化背景的人群的主要关注所在却往往大相异趣；换一种说法：在人群的求知视野中，世界的哪些部分处于中心，哪些处于边缘，还有哪些干脆落到了它的外面，情况常大有不同。我在这里称之为知识"取向"的差异。作为一种群体的表现，它并不依某个个人的偏好为转移。

从百科全书的角度看，西方传统的知识取向，点在自然（包括作为一个自然物的人）。无论是亚里士多德的著述，还是瓦洛或普林尼的总汇型作品，都鲜明地表现了当时人们的主要兴趣所在。在他们那里，天文学、物理学、几何学、逻辑学、算术、人体解剖、动物学、植物学、气象学等等总是处在突出地位，而关于人类社会的记述却相对较少。进入中世纪以后，西方百科全书中开始出现大量宗教性主题，如上帝、天使、魔鬼、灵魂、圣经等等，同时关于社会的内容如政府、国事管理、法、伦理学等也逐渐增多。然而，值得注意的是，按照当时的宗教哲学观念，上帝是被作为一种"超人"的而非人间的事物来看待的；而且，即使在教会统治时代，人们对真正自然事物的关心也并未被完全淹没，在各种百科全书中，仍然有大量关于自然的主题，这在伊西多尔和樊尚等人的作品中都有明显的反映，而且表现了人们对自然的认识的深化和提高。

在中国的类书中，我们看到的却是一幅大不相同的图画。在同型作品中，也许只有其先型，即成书于中国封建大一统局面形成之前的"识字书"《尔雅》，曾经表现过对于自然的较大兴趣（十九门中十二门以自然为主题），所有其余全以人为中心，鲜有例外。这里所说的人，主要指人的社会方面而不是其自然方面。这里还需声明，中国古代典籍中不是没有主要以自然为对象的作品，但本文所要讨论的，只限于"兼收”型类书而暂不及其他。以《类聚》为例，在其中的四十六个“部”里，按字面涵义，只有天、地、山、水、火、木、兽、鸟等十六部以自然为主题，其余都是关系人和人的创造物的。《太平御览》按照《易经》说法，分作五十五部以“合天地之数”，表示“包罗万象”。然而其中以自然为主题的，也只有十七部，相应卷数仅及全书的五分之一强。实际上，即使在字面涵义以自然为对象的主题中，还包括了大量有关人的内容，真正对自然的客观记述只占极小部分。至于专门探索自然的内在本质或其运动规律的，几乎不见。具体例子，将在后面举出。

在涉及人的主题中，记述最详的，是封建大一统社会中的人际关系及其规范即所谓“纲常伦理、典章制度”之类，而较少关于作为自然的、个体的人。例如，在《御览》的五十五部中，仅皇王、皇亲、职官、人事（不含人体及生理部分）、宗亲、礼仪等六部，所含类目，就占了书中自然主题以外各部类目总数的百分之四十以上，占相应部分总篇幅的百分之三十五。

**分类模式的不同**

知识分类绝不是对于内容的一种无原则的偶然安排，而是人们对世界的认识和思维方式的一种体现。美国《观念历史大辞典》说，分类是人类的知识和观念的一幅“时空断面图”，从中可看到人类文明的不同形态。

西方传统知识分类的特征，第一是以自然本身而不是以人作为出发点。这是同古希腊“以自然本身来说明自然”的哲学观点相一致的。因此，他们基本上是以事物的客观本质及其相互关联的逻辑作为分类的主要依据。这在亚里士多德、普林尼和其他人的作品中都可以清楚地看出。前者还在分类和定义问题上有过专门的理论。中世纪教会统治时期，宗教观念曾经严重地干扰了上述分类的传统，然而，由于是把神学理论看作对世界的“自然的”而不是伦理的解释，那种自然本位的分类模式至少在形式上仍然维持了下来，尽管常常“只在表面上是科学的”（《不列颠百科全书》1980 年）。然而这个“表面”也有其意义，它使得文艺复兴之后，西方的知识分类能够顺利摆脱神学干扰逐步回到真正科学的基础上来，这在培根的作品中得到了很好的体现。

第二是分类的结构性。即按事物本身的逻辑关系，依层次解析，成为一种体现其内在关联的“树状结构”。公元三世纪的希腊哲学家波菲利在他为亚里士多德的《范畴篇》所写的引言中，曾把后者的分类原则归结为以下形式：

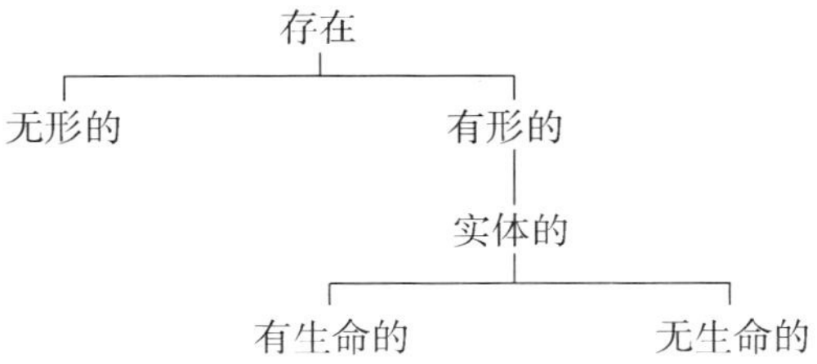


这种分类原则发展到 11 世纪的圣维克多的胡格时，已大大复杂化了。他把一切知识都归结为哲学，并分为如下四大类：

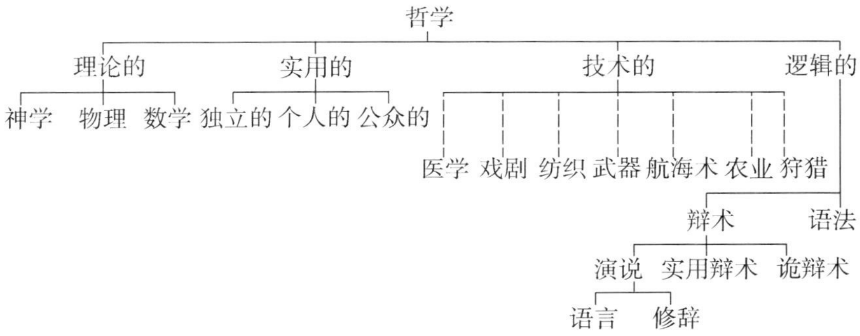


弗·培根的分类法可以图解为一棵更加复杂的“树”。总之，西方任何一部百科全书的内容，都可以遵循一定的逻辑关系被归纳为某种树状层次结构。事实上这也是现代科学分类的基本模式，按照这个模式，人类的一切知识领域都有可能得到合理的覆盖。

中国对于知识分类的重要意义早有认识。所谓“分门别类”、“纲举目张”等等，都表示了中国人对于分类的自觉。中国传统分类模式的特征，第一是以“人”而不以自然作为基本出发点，即以事物相对于

"人"的关系作为区分它们的主要依据。这可以称为"人类本位模式"(人类本位主义——anthropocentrism)。但这里所说的"人",不是个体的、自然的人的抽象,而是中国传统中封建大一统的政治——社会体系内群体的、社会的人的抽象。这个群体是围绕着君——父伦理轴心以严格的规范构建的。

第二是其直观性,即以事物外在的,可以被人所直接感知的形态作为区分的依据。例如将天文与气象知识作为一类,因为直观上它们都发生在"天"上;又如关于人的解剖学、生理学、心理学、人种学、民俗学、伦理学、社会学等的知识统统作为一类——"人",因为它们都表现在人身上。相反,兽、鸟、鱼、虫和木、草、果、卉等等始终没有被归纳为动物、植物这样的大类,只因为它们的外在形态各异,而如果事物在直观上难以区分时,其类别便出现紊乱,例如"桥",《类聚》归于"水"部,《御览》入之"地"部,《渊鉴类函》属之"居处",《集成》又列为"考工"。

第三是其功用性,即按事物对于人的功用(实际的或礼仪性的)来区分。

例如,在《书钞》《类函》和《类聚》中,浑仪、相风和漏刻同玉玺、节钺、绶带等等一道被列为"仪饰"类。因为观天象和授时是天子专有的权力,民间禁习,所以有关的观测工具也就成了皇权的象征物。因此我个人认为,我国词汇中"仪器"一词,其源盖出于此(从"礼仪"出发,"仪"也有"规范"的含义)。又如,金、银、铜、铁、锡以至钱,虽都属于金属,但由于都被视为贵重材料,便与玉、珠、璧、琥珀等非金属类列为一部——"珍宝"。

第四是其信仰和伦理性,即把人的信仰伦理观念外在地同某些事物联系起来,再以之作为区分的依据,从而所谓吉凶、贵贱,都成了分类的原则。例如,在所有类书中,都有专列"征兆性"事物的部,或称"祥瑞"、"灾异",或称"休征"、"咎征"。于是,"蝗"不入虫豸部,"旱"不入岁时部,而被收在"灾异"部内;"白鹿"不入兽部,"甘露",不入天部(同云、雨、雾等),而都进了"祥瑞"部(《类聚》)。

这种做法，后世不仅没有稍息，反而愈加繁琐。《集成》中仅“庶征”一部就有一百八十八卷，连牛羊、草木、房屋、什器都有所谓“异象”，被记录在册。又如，各种事物作为子目排列，讲究尊卑等秩。疾病从头部始，以痔痢、阳痿终；兽类从狮、象始，以鼠、狐终；木部从松、柏始，以荆棘终等等。宋应星在他的《天工开物》（不属于类书）中，甚至连粮食、金玉都予以伦理化，“卷分前后，乃贵五谷而贱金玉之义”（《天工开物序》）。在直接关系人类社会的知识领域中，伦理更是分类的基本原则之一。“伦莫大于君父，化必始自宫闱”（《集成·凡例》），“必首叙帝王以明一统之尊”（《册府元龟·李序》）等等，都是天经地义。

第五是其非结构性。分类的结构性是事物本身逻辑关系的某种反映，不反映事物间逻辑关系的分类，也就无结构性可言。中国传统分类，一般不超过两个层次，在传统分类用语中，也只有“门、类”，“纲、目”这样两个等级，如“天”部下含日、月、星、云、雨、风等，“木”部下含松、柏、槐、柳等。晚近的《集成》在“典”——即其他类书的“部”之上增设“汇编”一层。然而，试看其“博物汇编”之下竟含“艺术”（农、医、算、书画、巫、倡、妓、丐、刺客等）；“神异”（宗教、鬼神、灵异、寺庙、妖邪等）；“虫禽”（即动物）；“草木”（即植物）等四“典”，便可知这种繁复的分类与事物的逻辑关系之间并无严格的同一性。这样的分类中，“门”与“飞”之间以及“门”以下的各“类”之间，基本上是一种平行罗列关系。可以将这种分类称为“平面并列模式”。但如果以事物同“人”（前面已经对于这个概念的特定含义做过分析）的关系的密切程度为标尺，也可将这种分类图解为若干同心圆，与“人”关系密切的事物列在内圈，反之则在外圈。伦理地位高者在上方，反之则在下方。试以《类聚》类目为例，表示如下图，它在本质上仍然是一种“平面并列模式”。古代的类书编者心目中当然未必有这样一个图形，但如果这图形确实可以成立的话，那么，它与中国的八卦图乃至历代帝都以皇宫为中心，“左祖右社，面朝后市”的平面布局之神似，几乎是一望而知的，甚至连为了突出中心而无法顾及各单元之间的横向联系这一点，都几无二致。它们都是中国封建大一统社会中正统思想方法的体现，彼此相似，绝非偶然。

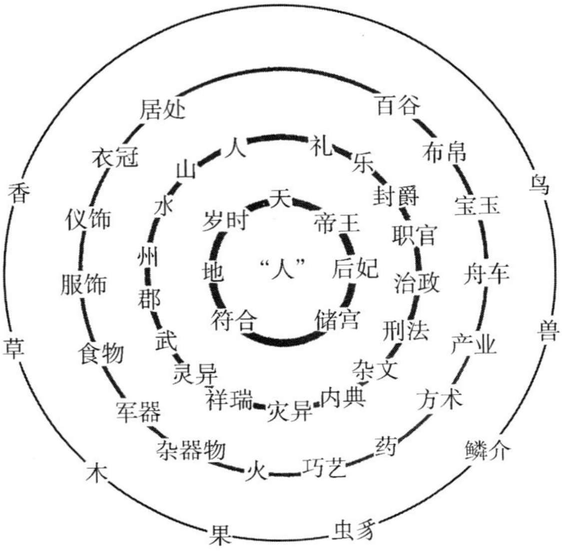


## 知识表述方式的不同

早期的知识总汇，以汇集已有的著述为原则，这在中国和西方都是一样的，但西方百科全书自 16 世纪以后便逐步改变为编撰者的直接陈述，而中国始终未变。

在早期西方百科全书中，征引其他著作目的在于阐述某一事物，虽系引文，但一般保留第一人称语气。如《自然史》中有大量“我观察到……”、“据我所知……”、“我看见……”之类的语句。在一卷之后，再列出被征引者的名字。中国的知识总汇，只有早期的《吕氏春秋》接近于这种形式，后来的类书，一律以征引本身作为目的，强调“综贯群典”，“摭采群书”，以“征引浩博”为善。至于引文的实质性内容如何，引文之间是否重复、冲突，彼此有什么联系，都不是主要考虑。

中国类书也讲纪事“必究其原委”（《格致镜原·凡例》；《事物纪原·自序》）。然而，其所谓“原”，非指事物的原质、原形、原理等等，而是指典籍中最早的记载和解释。因此，所谓“原其始，推其自”便落实到了“须考信于《风》《诗》，期辨形于《尔雅》”（《集成·表》），以古为贵，再回到老祖宗那里去。其结果，所有类书，最终都成了古籍引文大全，而且主要部分彼此都是重复的。

前面提到的信仰和伦理化原则，也同样深刻地影响着类书对征引的选择。入选引文，以具伦理含义的为最大多数，客观记述反而少见。例如，“天”部下，征引了“天……之心，与人相副，以类合之，天人一也”，“天高泽下，圣人法之”等；在“石”类下，征引了“石可破也，不可夺其坚”等（以上《类聚》）；在“雷”类下，征引了“雷于天地为长子……人君之柄也”之类（《集成》）；在“舟”类下，征引了“舟非水不行，水入舟则没，君非民不治，民犯上则君危”等（《御览》）。在《御览》“松”类下，共引文六十四则，一百三十四行，其中无伦理色彩的纯客观记述只有四则，占四行。

这里引用公元1世纪罗马人普林尼的《自然史》中关于天的几个片断，以为对照：“天……肯定是一个神圣的，永恒的，不可度量的存在，以其穹顶包容着整个宇宙，无始无终……有人认为世界有无数个，因此相信也有无数个自然体系；还有人认为，单一的自然已包容了整个世界，因而许多的太阳、月亮和无数其他天体都已蕴涵其中。”（《自然史》卷二Ⅰ）这种解释方式与中国类书之相异，是一望而知的。

## 四

除上述知识取向、分类模式和表述方式之外，中西知识总汇在概念和术语的明晰性与规范性；插图的示意程度；编撰的社会政治背景；作者的身份；作品的社会功用等方面，都有明显差异。但有关的详细阐述，已为本文篇幅所不容。

以上种种，归结到一点，就是中国和西方传统知识观的不同。知识观，指人们对于知识的总的看法，即在最一般的意义上对于知识的本质及其价值的理解与判断。作为群体世界观的一个重要组成部分，它对于一定社会的群体思维方式以至整个文化形态，都有着深刻的影响。对于个人来说，这是一种独立的存在，是对于个人偏好的一种无可逃遁的制约。

综观两千多年来西方百科全书的发展，其所体现的是大体同一的知识观。作品的特色和时代的印痕，恰好表现了知识在西方进步的轨迹，从中不难追溯到今日科学技术最早的萌芽和一步步发展的历程。人类对客观世界认识发展的逻辑，从中清晰可见。

中国传统的知识观在历来知识总汇型典籍中的体现，同样极为明显。从现存类书中，可以看到近两千年来知识在中国曾如何在这种知识观的框架内不断地同态反复，紧紧地围绕着封建大一统政治——社会体系的组织形态和意识形态徘徊，把探求的兴趣集中于“人”，而几乎从不投向真正的自然以及整个客观世界。因而，随着历史的推移，一代代类书所载的有效信息量便呈现一种加速递减的趋势。今天人们所理解的科学和技术，不可能在这种知识观的框架内逻辑地产生，这也是显而易见的。

同样是“被纳入一个圈子里的各种知识和教化”，但是，在中国和西方，却鲜明地表现出它们彼此是多么地不相似。虽都是“圈”，但并不相重合。

知识观是一定社会文化的产物。从历史的角度讲，它们只有是否适应社会需要的问题，而无所谓抽象的优劣。中国传统知识观曾经适应了两千年来封建大一统社会的发展，从一个侧面维持了后者的存在和稳定，这就是这种知识观生存的根据。如果这种大一统的封闭社会今天还在延续，相应的知识观大概也可以继续有效地为之服务。

然而，一百多年来中国毕竟已经向世界打开大门，大一统的政治——社会体系毕竟已经瓦解，这种知识观存在的基础已经逐步消失。有人力图予以保留，想把现代的科学知识同传统的中国知识观“嫁接”在一起，提出种种“体用之说”，其屡屡失败应早在意料之中。

我认为，在现代科学观念的冲击之下，中国传统知识观发生“断裂”现象，是历史的必然。对于一切渴望着中华民族早日全面现代化的人们来说，是不会也不该为之感到惋惜的。

1986 年 7 月　北京<br>原载《走向未来》杂志 1986 年第 4 期

**作者附记：**

80 年代中期，本人曾应邀到杭州和北京一些高校，以及北京的外国人俱乐部，就此主题发表过几次讲演。

# 狄德罗和《百科全书》

提起百科全书，人们自然会想到18世纪中叶法国著名的启蒙学者，杰出的唯物主义哲学家、百科全书派的领袖狄德罗。近代世界第一部重要的百科全书——1751年开始在巴黎出版的35卷本《百科全书》，就是由他主持编写的。

## 启蒙时代的产物

18世纪中叶的欧洲大陆，正是资产阶级革命山雨欲来的时期。资产阶级关于民主、科学的思想正同封建专制主义和教会所推行的宗教蒙昧主义进行着激烈的搏斗。狄德罗的《百科全书》在这场斗争中曾经作出过重大贡献，在百科全书出版史上留下了光辉的一页。

严格说来，近代综合型的百科全书最初并不是在法国、而是在英国出现的。这就是1704年出版的、哈里斯主编的一卷本《技术辞典》和1728年出版的、钱伯斯主编的两卷本《百科全书》。在狄德罗之前，法国也曾出过几种多科性的综合参考工具书。这些书后来对于狄德罗都曾有过重要的启发、参考和借鉴作用。但是，无论是在篇幅、内容、思想性和权威性等方面，还是在所产生的影响方面，这些著作都远不能同狄德罗的《百科全书》相比。因此，人们还是把后者看作近代百科全书的鼻祖。

在那个时代，能够提供多方面知识的综合参考工具书特别受到知识界的重视。钱伯斯的《百科全书》出版之后，很快就再版了多次。1745年，这部书的第五次修订版开始在伦敦发行，引起了欧洲大陆上出版界的注意。这一年的3月，巴黎出版商布列顿获得了在法国翻译出版这部书的许可证。不久，他又进一步打算以钱伯斯和哈里斯的两部书作为蓝本，出版一部新的百科全书。为了编写这部书，他们聘请了一批翻译人才，其中有一位年轻的作家兼翻译家，就是后来成为这部书主编的狄德罗。

## “百科全书派”的领袖

丹尼·狄德罗于1713年生于一个制刀工匠的家庭。青年时代他曾攻读过语言、文学、哲学和高等数学。他深受16至17世纪英国唯物主义哲学家、被马克思誉为“现代实验科学的真正始祖”的弗兰西斯·培根的影响，很早就成了一个唯物主义者。他痛恨封建专制暴政和宗教蒙昧主义，热心于宣传资产阶级民主思想和科学知识。19岁时，他在巴黎大学获得硕士学位，不久，就同卢梭等著名的启蒙学者结识了。

狄德罗最初从事于英文翻译工作，很快就表现出他的翻译才能。1746年，他用假名在海牙发表了第一篇重要的唯物主义哲学论文《哲学思想录》。这篇公开反对宗教的文章立即遭到当时法国御用议会的谴责，被下令焚毁。

由于狄德罗的才能，出版商布列顿决定聘请他担任筹划中的百科全书的编辑，同时被聘的另一位青年学者是法国科学院院士、唯物主义者、数学家达朗贝尔。第二年，他们又被聘为编辑部的主要负责人。这时，他们分别是34岁和30岁。这两个热诚的反封建战士一接手编辑工作，就彻底改变了前任主编的计划，决心突破原定作为蓝本的两部书的框框，把这部新的百科全书变成一个用唯物主义观点来介绍各种科学知识，反对中世纪的宗教蒙昧主义，反对封建专制的工具。

为了这个目的，他们不仅邀集了许多志同道合的启蒙学者如卢梭、孟德斯鸠、伏尔泰、霍尔巴赫等参加编写工作，而且还团结了一大批当时并不出名的文学家、科学家、哲学家以至开明的传教士来为百科全书撰写条目；这批人有着共同的政治和哲学观点，都强烈地主张通过宣传科学知识、扫除愚昧来痛击反动的封建势力和教会势力。这就是历史上著名的“百科全书派”。

## 为编写《百科全书》而战斗

很显然，当时法国的封建统治和教会当局是绝不会容忍百科全书派的活动的。百科全书的整个编写出版过程，就是狄德罗和他的战友们对反动势力的种种迫害进行不断的反抗和斗争的过程。

1749 年，正当百科全书的编写工作全面展开的时候，狄德罗用假名在伦敦发表了《论盲人》一文。他认为人是通过感觉来认识客观世界的，因此可以通过触觉来教盲人读书。文章反对了唯心主义的先验论，坚持了唯物主义。这样一篇文章竟然引起了反动当局和教会方面的极大惊恐。由于有人告密，1749 年 7 月，法国警察竟悍然把狄德罗关进了樊尚监狱的地牢。这件事激起了知识界广泛的抗议。百科全书派的许多人联合给政府首相和警察总监上书请愿，要求立刻释放狄德罗。在舆论的压力下，当局被迫恢复了他的自由。

狄德罗出狱后，以更饱满的热情投入了百科全书的编写工作。1751 年 7 月 1 日，《百科全书》第 1 卷正式出版。在编写中，狄德罗和达朗贝尔始终以唯物主义观点作为指导思想，他们非常重视实际知识。狄德罗常和霍尔巴赫一道，深入到当时的一些手工作坊去向工匠们学习。据狄德罗的朋友萨德的记述，在这些车间里“这位百科全书的编辑站在许多技师和工人之中，记录下各种操作工艺，一面观察各种机器，一面写下有关这些机器的说明”。在狄德罗所写的新书预告中，他高度赞扬了培根，声明这部书就是根据培根关于知识分类的观点来编写的。《百科全书》的问世受到了资产阶级知识界的热烈欢迎。伏尔泰称它为“不朽的巨著”、“人类生活的真正缩影”。订购第 1 卷的有两千多人，这在当时是个不小的数字。

但是，《百科全书》也立即遭到反动势力的围攻和诋毁。他们先是在《百科全书》的一个撰稿人普拉德牧师的一篇学位论文问题上，借题发挥，大作文章，想借此把《百科全书》搞臭；接着，又通过一个耶稣会神父对《百科全书》的分类法大肆攻击，遭到了狄德罗的严正驳斥；于是，他们更无耻地诬蔑《百科全书》剽窃了别人的作品，无理取闹，纠缠不休。1752年，《百科全书》第2卷出版，反动的国务会议竟然下令禁止第1、2卷发行，而且还企图没收原稿。由于统治集团内部的分歧，这个禁令没有能够实行。

狄德罗和他的战友们并没有被反动派其势汹汹的围攻所吓倒。在广大同情者的支持、鼓励之下，他们继续坚持编书。1753年11月，第3卷开始发行。此后四年，每年都完成一卷。到1757年，共出版了七卷，按字母顺序出到了G字，编写工作取得了重大成果。

## 打破封建势力的"围剿"

但是，反动派的迫害也在步步加紧。反动当局坚持要对《百科全书》的内容实行检查，并进行种种刁难。根据出版督察官的命令，第4卷中马勒所写的、具有明显革命倾向的长条目《宪法》被删除了，伏尔泰写的关于教皇训谕的条目被撤换了。1757年出版的第7卷中，达朗贝尔写了一个有关日内瓦的条目，对那里的封建统治者进行了讽刺。这件事引起了一场轩然大波，日内瓦的反动教会发表了强烈抗议，这使百科全书派同某些启蒙学者之间也发生了分歧。曾经为《百科全书》写过不少条目的卢梭竟为此同狄德罗吵翻，断绝了他同《百科全书》的关系。

接着，反动势力又大举围攻唯物主义哲学家爱尔维修的新作《论精神》。爱尔维修并没有给《百科全书》写过稿，但是当时人们认为他同百科全书派观点一致，也是个"百科全书分子"。于是对他的攻击也就成了对《百科全书》的攻击。在围攻中，大主教、教皇都亲自出马，大张挞伐。《论精神》一书被查禁了。在一片鼓噪声中，1759年1月，法国议会对《百科全书》宣布予以"谴责"，下令对已出版的七卷重新进行彻底的审查和修改，如不接受，就不准发行。同时又特别指出，狄德罗的《哲学思维》一文（此时已改写为一个条目）不属修改之例，它要同爱尔维修的书一道，当众撕毁烧掉。随后，又下令禁止以下各卷继续出版，命令出版商将读者预交的订款退还。这一年9月，教皇也宣布谴责《百科全书》。

1759年，出版商设法取得了出版《百科全书》前七卷图版的许可证，在一片攻击《百科全书》的喧嚣声中，狄德罗不避艰险，不辞辛劳，主持了这项工作。他认真审阅每一幅插图，亲自到车间里去熟悉印制图版的工艺，甚至达到自己可以操作的程度。由于他的努力，《百科全书》的图版质量超过了当时所有其他的出版物。

由于反动当局禁止《百科全书》公开发行和预订，使编写工作遇到了极大的经济困难。狄德罗和他的战友们不得不自己出钱充作经费，有的人甚至卖掉房子来贴补编辑费用。这时，普鲁士国王腓特烈二世和俄国女皇叶喀德琳娜二世先后向狄德罗发出邀请，请他到普鲁士或俄国去继续编写《百科全书》，他们之所以要同法国的启蒙学者拉关系，是为了表示自己“开明”，以缓和国内人民的不满。《百科全书》的重要赞助者伏尔泰也主张狄德罗到国外去避避风头。但狄德罗在许多同情者的支持下，谢绝了这些邀请和建议，坚持留在巴黎，继续完成他的事业。这时，他为了编书，已耗尽了自己的全部资财。叶喀德琳娜为了表示她的支持，以购买狄德罗的私人图书馆的名义，给了狄德罗一大笔钱，后来又聘请他为这个图书馆的终身馆长，付给他高薪，这使主张君主立宪制的狄德罗十分感激。此外，法国封建贵族中的少数开明分子，也曾秘密资助过《百科全书》的编写工作。

## 战胜新的困难

1762年，《百科全书》又开始在巴黎秘密印刷。但是不久，狄德罗的事业又遇到了一次新的打击。1764年4月，狄德罗偶然发现，出版商布列顿因为害怕当局的追究迫害，长期以来竟然背着狄德罗，秘密命令校对工人将狄德罗已经审定的大样中的许多他认为“可疑”的内容删掉。因为当时布列顿把原稿都藏起来了，狄德罗无法核对究竟有多少内容曾被删改过，这使他极为愤怒和失望，几乎丧失了信心。

《百科全书》后面几卷，就是在这样困难的条件下，顶着重重压力编写出来的。1765 年，全书的后十卷全部出齐，为了避开当局的迫害，后面十卷的书名、出版商和编辑者都不得不使用假名。全书最后一卷是在这一年的 12 月 12 日完成的，这离开狄德罗和达朗贝尔开始着手编写第 1 卷的时候，已经整整 20 年了！

但是，反动当局对《百科全书》的迫害并没有结束。1766 年 4 月，出版商布列顿因为秘密出版《百科全书》，竟被抓进了巴士底狱。伏尔泰担心狄德罗等人被害，再次请腓特烈二世邀百科全书派的一些人士到普鲁士去。但这时狄德罗正忙于后十卷的图版印制工作，他再次谢绝了腓特烈的邀请，留在巴黎，直到 1772 年最后三卷图版完成。至此，他在《百科全书》上的工作才算全部结束。

1772 年，狄德罗离开法国到俄国，去向叶喀德琳娜当面致谢。他在圣彼得堡住了 15 个月，受到这位伪装开明的女沙皇的礼遇。但是经过一年多的观察，狄德罗却识破了她的真面目，为此写了《对女皇陛下给她的大臣的指示的看法》一文，表明他那种主张限制专制暴政，用君主立宪方式来医治当时封建社会弊病的想法已经改变了。

1773 年，布列顿把《百科全书》的版权卖给了另一个出版商。1780 年，由其他的人编写的补编和索引出齐。这样，整部《百科全书》就包括了由狄德罗主编的正编（文字部分）17 卷、图版 11 卷，由别人编写的补编（文字部分）4 卷、图版 1 卷；另索引 2 卷，共计 35 卷。这是当时欧洲空前的一部巨著。

1783 年 10 月和次年 7 月，狄德罗的老友达朗贝尔和他本人相继病逝。他死后五年，轰轰烈烈的法国大革命就爆发了。

## 重大的历史意义

狄德罗不愧为近代百科全书之父。他的一生，是为反对封建专制，争取资产阶级民主自由，为宣传唯物主义和科学知识，为《百科全书》

的事业英勇奋斗的一生。他所主编的《百科全书》在结束欧洲中世纪的神学统治，发展欧洲近代唯物主义哲学和为1789—1793年的法国资产阶级革命提供思想准备方面都起过重大作用，并成为近代唯物主义哲学发展史上一座战斗的里程碑。对于这一点，马克思和恩格斯曾给予很高的评价，恩格斯指出："法国的唯物主义者没有把他们的批评局限于宗教信仰问题；他们把批评扩大到他们所遇到的每一个科学传统或政治设施；而为了证明他们的学说可以普遍应用，他们选择了最简便的道路；在他们因此得名的巨著《百科全书》中，他们大胆地把这一学说应用于所有的知识对象。这样，唯物主义就以其两种形式中的这种或那种——公开的唯物主义或自然神论，成了法国一切有教养的青年的信条。它的影响是如此巨大，以致在大革命爆发时，这个由英国保皇党孕育出来的学说，竟给了法国共和党人和恐怖主义者一面理论旗帜，并且为《人权宣言》提供了底本。"

原载《百科知识》1979年第2期，署名：从诫

# 我译狄德罗《百科全书》*

1979 年 6 月，笔者曾在当时刚刚创刊的《百科知识》杂志第 2 期上写了一篇短文——《狄德罗和百科全书》，这也可能是 1949 年以来国内刊物上第一篇集中介绍这内容的文字（本世纪初，李石曾编写的《近代世界六十名人》第一次向中国读者介绍狄德罗和他的《百科全书》），但事实上，我那时只见过狄德罗《百科全书》图版卷中的几册，而它的正文却连一个条目也还没有读过。

那是中国大百科全书出版社创立初期，“四人帮”倒台不久，人们还颇有一点“待从头收拾旧山河”的劲头。受命筹办中国大百科全书的正、副总编们，好几位都是在“文化大革命”中蹲了多年大狱，刚刚获得自由的老同志。他们带着几重的兴奋，不仅把编纂中国这第一部现代百科全书看作一项文化壮举，而且也确实把它当成了向被禁锢和愚弄了多年的同胞们进行一次新启蒙的机会；于是很自然地，他们想到了狄德罗，并自诩为他的传人了（姜椿芳：《为什么要出〈中国大百科全书〉》，《百科知识》1979 年第 1 期）。一时间，到那里工作的同志都以当年的“百科全书派”自勉；而我的那篇短文也就奉命而生。其实，当时恐怕大多数人都和我一样，并没有真的读过这部书，因为它还从来没有过中译本，而有机会去啃二百多年前的那十七大卷法文原著的人大概也绝不会多。自 1908 年至 1922 年，有一位杨紫极先生曾译过《百科全书》部分条目，共二百余万字，但未能出版。（见姜椿芳：《狄德罗传·序》，三联书店，1984 年。）其结果，狄德罗的《百科全书》和 18

* 本文原为梁从诫译《丹尼尔·狄德罗的〈百科全书〉选译》（辽宁人民出版社 1992 年版）“译叙”，曾单独刊于《读书》1991 年第 8 期。

世纪法国的“百科全书派”，对于很多同行来说，多半只是有些间接了解，甚至仅仅是个缺少内涵的抽象概念。而我大概也和不少人一样，长期习惯于只重招牌，不究货色的认识方法，对于那究竟是部什么样的书，渐渐也就不大在意了。所以，当后来我偶然在美国一所大学图书馆里读到了一本《百科全书》英文选译本之后，不禁吃了一惊：原来它和我（们）原先所以为的，竟大大地不一样！严格地说，如果拿编纂中的《中国大百科全书》来和它相比，那无论就宗旨、风格，抑或编纂技术而论，两者都是迥然相异的。于是我决心把这个英文选本译成中文，并为此前前后后花费了四年时间。一则是为了把它贡献给我过去在“百科界”的同好们，使大家都有个更方便的机会来具体地了解一下我们曾诚心地奉为鼻祖的这部经典的真实容貌，而更重要的还是，为中国的读书界部分地补上这个缺门，使大家对二百多年前西方那次伟大的思想运动，再多一点真切的了解，从而更好地体味一下，其中有多少值得当代中国人深思的东西。遗憾的是，就前者而言，这件事做得太迟了一点：虽然不过十来年，“大百科”创建时期那些理想主义者却已陆续星散物故，他们的雄心壮志，如今只怕已成了被忘却的童话。如是，则读者眼前的这个译本，就算是对那段值得回忆的时期的一个纪念吧！

我所依据的英文选本，是由美国布兰第斯大学（Brandeis University）比较文学系主任、法国文学教授斯蒂芬·坚吉尔（Stephen Jules Gendzier）于1967年直接根据狄德罗《百科全书》原著选译的。我们的读者根据英译本的《说明》《引言》以及大量的译注，可以看到坚吉尔教授的学术修养和严谨的译风。作为一名读者，我首先要感谢他从《百科全书》浩繁的卷帙中，精选出了这样具有代表性的62条，供现代读者“品尝”，以概括地了解该书的原貌，这功夫就不是一般“业余爱好者”能做到的；其次要感谢他为现代读者所作的注释，没有它们，我们碰上狄德罗及其战友们当年打的许多笔墨官司，所用的许多隐语、影射等等，将如坠五里雾中，不知其所云了。据我所知，坚吉尔的译本是此书目前唯一的英文选译本。在其他英文出版物中，也曾选译过此书的个别条目，如我也参照过的彼得·盖伊（Peter Gay）编的《启蒙运动文选》，但仅此而已。关于坚吉尔选译的原则和他对原著的理解，他已在其《说明》和热情洋溢的《引言》中作了交代，无须别人赘言了。这里我只想着重申明：如果这个中译本还差强人意的话，那首先应归功于这个优秀的英文母体；然而，如果其中有什么问题乃至错误的话，责任却显然只能由中译者来负，虽然他已作了最大的努力。

对于"百科界"的朋友们，我想预先提示一下：狄德罗的《百科全书》基本上并不是按照我们现在的标准可以称之为"百科全书"的那种工具书，而毋宁是一本采用百科形式的，夹叙夹议的思想政治论文集，甚至是一部"杂文集"。

现代百科全书——或任何一种现代参考工具书——的一个最基本的编辑原则，就是只提供数据（data）性事实，不发议论；它要求"客观"，强调所谓"价值中立"，在对事实的任何陈述中，都忌带主观色彩。然而，狄德罗的《百科全书》正好与此相反。在它的几乎所有条目里，都可以读到撰写人的大量议论，从工具书的角度说，它们有时甚至到了"喧宾夺主"的程度；他们不仅毫不隐讳地发表自己对某个问题的见解，而且还批评或抨击别人——主要是保守势力的代表人物或其理论。这种批评和抨击有时是公开而明确的，有时则是隐蔽或影射的。其实，大家都很清楚，在历史上，这部《百科全书》的公认的价值，正在于此。它之所以受到当时欧洲资产阶级开明人士的欢迎，遭到封建和反动教会势力的忌恨；之所以成为18世纪欧洲启蒙运动的号角、法国革命党人有力的思想武器；之所以受到恩格斯如此崇高的评价，原因也正在于此。当年中国大百科全书的奠基者们自勉为狄德罗的传人时，心里想的主要也是这方面，而还不是他的"百科编纂学"，或"知识分类体系"等等。

其次，虽然《百科全书》的另一位主编达朗贝尔在他为本书所写的《绪论》中一再提到培根的知识分类体系，并在文后附上了其图解，但《百科全书》并没有严格遵循这个体系来安排其条目，以致被后来的评论家认为"内容参差不一"。（丹皮尔：《科学史及其与哲学与宗教的关系》，商务，第257页）。特别应当提到的是，从知识分类角度看，这里面有许多条目可以说是不大符合选收原则的，如我们将要读到的《徐西亚羔羊》《圣饼》《嘉布遣僧袍》等等。然而，这正是狄德罗处心积虑的安排。他们正是要通过这许多表面上不引人注目的“小条目”来借题发挥，以达到自己的“宣传”目的。《圣饼》谈的是宗教仪式的浪费；《嘉布遣僧袍》是在嘲弄教会派别之间那些煞有介事的争端，其实不过是为了些鸡毛蒜皮的内部纷争；《鹰》是在揭露迷信，等等。而最有趣的是《徐西亚羔羊》条：狄德罗竟有意把一个莫须有的传闻列作一个条目，然后再来揭穿它，以证明为什么看问题应持科学态度，而不能听信讹传，并由此引出我们究竟应当根据什么原则来判断事实的真伪这样一个科学哲学问题——尽管当时还没有科学哲学这个概念。勒费弗尔把这类条目称之为狄德罗的“诡计”和“陷阱”（勒费弗尔：《狄德罗的思想和著作》，商务，第5章第5节）；而当年专门和狄德罗对着干的保守的《不列颠百科全书》第3版（1800年）主编乔治·格利格（George Gleig）干脆骂它是“斗篷下面暗藏着的毒剑”（Herman Kogan：*The Great EB*：*The Story of the Encyclopaedia Britannica*，The University of Chicago Press，1958）。然而，《百科全书》的许多条目当时之所以那样引起轰动，每卷一出版，读者都以先睹为快，这是个重要原因。看来，敢于向现行权威挑战的文字，任何时代都是最吸引人的，这大概也是人类文明之所以能够不断进步的原因之一吧！

不过，如果站在纯粹编辑匠的立场上看，狄德罗的《百科全书》作为一部政论集的成功之处，也许正表现了它作为一部工具书的失败。正因为它在观念形态上的倾向性和时代感如此鲜明、强烈，就不能不大大削弱其工具书所应具备的那种提供数据性事实的基本功能，而其参考价值也就受到了极大限制。其结果，这样一部群星荟萃的力作，虽然独领风骚几十年，却竟然“无后”——除了在18—19世纪之交曾有过几个重印本和选编本之外，它从未有过一个正式的后续版本。（Robert Collison：*Encyclopedias*：*Their History throughout the Ages*，pp. 132—136，Hafner，1964.）狄德罗和达朗贝尔一生心血，竟成绝唱。对于后世来说，它虽是一部古典学术名著，却早已不是一部“活着”的百科全书了。工具书如果一版而绝，显然是一种悲哀。可是，当年英吉利海峡对岸，立志要反狄德罗之道而行之的保守的《不列颠百科全书》，二百多年来反倒儿孙满堂，如今已出到了第十五版，被译成了包括中文在内的多种文字，成了全世界读书人家喻户晓的百科第一权威。曾以狄德罗自励的中国大百科全书的编辑们，在编纂学上的真正样板，其实正是他当年思想、政治上的敌人！这也可以说是历史对狄德罗——和我们自己——开的一个小小的玩笑，但我以为，此中教训很值得搞百科的人们深思。

关于18世纪欧洲的启蒙运动，以及狄德罗的思想和哲学，理论界已多有论述。尽管有许多经典评价早已为人所熟知，但作为译者，我在翻译的过程中仍常常为当年那些启蒙学者执著的理性主义精神所激动。虽然他们的见解有时已经过时，有的已被历史证明本来就是不正确的，但是，这些毕竟都是他们用自己的脑子清醒地思考过的东西，无论对错，总有个道理可讲，从而根本上不同于中世纪神学统治下那种不准追究前提的所谓学术。按理说，两个多世纪已经过去了，整个人类应该早已摆脱和超越那种精神受禁，“不理解也要执行”的时代，“用自己的头脑”该已是所有正常人的最正常的行为了，但至少是我自己，在读到康德论什么是启蒙运动的那句名言时（“启蒙运动就是把人们从自己造成的蒙昧状态中解放出来；蒙昧就是离开了别人的指导就没有能力运用自己的头脑的那样一种状态。并不缺乏理解力，而就是没有决心和勇气不靠他人的帮助来运用自己的理解力，由是而产生的蒙昧状态就是自己给自己造成的。要大胆地摧毁它！敢于运用自己的头脑，这就是启蒙运动的座右铭。”转引自坚吉尔英译本引言），仍不胜惭愧、羡慕之至。当然应该惭愧，如果至今还不敢承认，更不要说公开剖析一下，自己为什么还常常不“敢于运用自己的头脑”的话。然而，狄德罗们也还是过于天真，竟以为蒙昧主义仅仅是无知的恶果，而一旦被他们用理性的利剑击碎，“幸福的后代们”就永不会再受它的禁锢；他们可能还没认识到，蒙昧常常也是形势的一种需要；在一定的条件下，即使人们已经开始受到启蒙，有人还是会以十分清醒的态度，精心地重新制造出个蒙昧状态来的。然而，无论什么时代，既有蒙昧在，启蒙也就必然发生，这是不可阻挡的历史规律。狄德罗坐过的樊尚城堡的牢房既然没能挡住它，那么，别的什么监狱大概也是挡它不住的。

不过，在人类思想的历程上，从蒙昧到理性的转折毕竟总是艰难的一步。这里除了先行者本身难以彻底摆脱的内在的精神羁绊之外，还有种种有形的和无形的外在限制。我之所以要提到这一点，是希望读者能够从这个角度来理解《百科全书》晦涩的文风。倒不是为了给自己拙劣的译笔开脱：这部书的有些段落，尤其是狄德罗本人的文字，有时实在是弯子绕得叫人生气。除了当时一般的写作习惯之外，我认为有两点解释：第一，显而易见的是为了避开当时的书刊检查和保守势力的攻击而采取的曲笔——含沙射影、旁敲侧击、正话反说，等等，或即后来所谓的“伊索式”语言者。没有尝过言论不自由之苦的后来人，也许容易说风凉话——“怎么就不能直说？”但相信我们的读者是会谅解古人的，因为他们知道那有多么难：坐班房的危险且不说，首先是不准你出版，或关键处予以删除。所以，仅仅勇敢往往是不够的。其次，语言表达能力的不足也是重要原因之一。对任何一种新观念的表述，总要借助于原有文化架构内的现成语言，否则不可理解。“百科全书派”是一批观念上大大超前的人，但他们只能用当时的词汇来阐发也许几代人之后公众才能明白的道理，对于后人来说，这种语言显得晦涩古奥，恐怕是在所难免；但我以为，这还是比生造一些似是而非的新词，或耍弄些自己也未必真正明白的时髦术语要好些。观念和语言毕竟还不完全是一回事。用时髦的语言宣传陈腐的观念，这样的例子不是也常有所见吗？

至于前面所说的内在的精神羁绊，我们似乎也无权苛求于前人。尽管说起来有点可笑：

例如，后人总是把“唯物主义者”作为一顶桂冠奉献给狄德罗们，可当年他们对这顶“帽子”却怕得要死，避之唯恐不及，以至当有人以此来“攻击”他们的时候，竟不得不愤然予以驳斥，努力证明自己对上帝和宗教的忠诚，申明《百科全书》如何地维护了宗教的崇高地位，等等。在这方面，中译本的读者应该比别人更能谅解他们。《皇帝的新衣》这类故事，在童话里可以是喜剧，但是在现实中，古往今来，恐怕还是以悲剧居多。

关于《百科全书》，还有一个重要的方面值得注意，那就是其中收入了大量有关生产技术，特别是工业生产技术，即狄德罗所谓的“机械艺术”的条目。《百科全书》出版的时代，是工业革命已经在西欧一些国家开始，法国虽然落后一步，但工场手工业也已经非常成熟的时代；尽管在理论上，重农主义还有很大影响，但推广先进的工业技术以促进生产，已是新兴的资产者阶级的普遍要求。通过百科全书等工具书来传播技术知识，这不是狄德罗的首创，培根在他的《知识分类体系》中已经提出了这个问题，而在狄德罗之前，英国和欧洲大陆出版的许多百科全书中早已有了这方面的内容（见上引 Collison），实际上狄德罗的《百科全书》在这方面也还是在仿效它的母本——英国的钱伯斯（Ephraim Chambers）于1728年编成出版的《百科全书：或关于各种艺术和科学的综合辞典》。但应当强调的是，狄德罗本人在这方面有他特殊的贡献，并因此使《百科全书》在这方面的水平大大地超越了前人。为了撰写这类条目，他亲自到工场、车间去观察，甚至直接参加劳动，以准确地描述各种机器和工具，解释各种操作程序和工艺（见达朗贝尔的《绪论》和狄德罗本人所写的《艺术》条）。在人类文明史上，这种作法具有重大意义，因为这正是近代技术学（technology）和工程学（engineering）的先声。在以前的时代，一方面，人们还没有掌握对自然界的必要的科学知识，另一方面，传统知识分子往往脱离劳动生产，而直接参与生产的劳动者又大都“没有文化”，“劳心者”和“劳力者”处在相分离、相对立的状态。在这样的历史条件下，劳动者通过生产实践所积累的技术和经验，一般难以得到系统地总结；虽然在某些领域中和某些个别的项目上，前人也曾留下过一些反映当时的生产知识和技术经验的文献，但它们只能属于前科学形态。这种局面，在中国和西方大体是一样的。直到文艺复兴以后，特别是工业革命时代，它才逐渐在欧洲出现了变化——在中国则又是一两百年以后才有的事了：体现着新兴资产阶级要求的知识分子开始将他们的近代科学知识与劳动者的生产技术与经验结合起来，并逐渐把后者与科学（传统意义上的）和文化相提并论，从而大大地促进了工农业生产知识与技术的传播和发展。但常常由于没有现成文献可资参考，就只能像狄德罗那样，先在工匠们的帮助下进行实地观察和记录，再根据一定的科学理论和数学方法来予以整理。以此为发端的近代技术学，与传统的工艺和技术文献，在原则上当然是不同的。可惜的是，坚吉尔教授出于他的考虑，基本上没有选择这类项目，仅有的一条《冶金术》，也将其中纯技术部分删略了。

在此顺便指出，英国著名的科技史家李约瑟博士曾把我国古代《天工开物》（1637 年）一书的作者，明末失意官僚宋应星称为“中国的狄德罗”（转引自潘吉星：《天工开物导读》），但我想这种类比只有很表面的意义。因为，只要将两位作者和两部作品稍许深入地作一点比较，就不难看到：他（它）们实际属于几乎完全不同的历史和哲学范畴。如果我们忽略了这种原则区别，那么，李约瑟博士本人所致力于研究的“文化与文明史中的一个最大的问题”，即“为什么近代科学与技术兴起于欧洲而不是亚洲这个大问题”（《李约瑟文集》第 36 页，辽宁科技版。这个问题，李约瑟博士在各类文章、演讲中曾多次提到），岂不是毫无意义了么？

狄德罗的《百科全书》作为一部古典学术名著，是全人类的共同精神财富，中国的知识界理应得到它的一个准确、优良的译本，因此，读者如果对目前这个译本有任何批评、指教，作为它的译者，除了衷心感谢，认真听取之外，是不可能，也不应该持任何其他态度的。同时，我也衷心期望，在不远的将来，有人能以一个更完备，水平更高，更权威的译本来取代它；如是，则中国的读书人幸甚。

1991 年春节于北京

# 生物的多样性与人类的抉择

联合国把“国际生物多样性日”定在每年岁末，也许有其独特的意义：让人们在圣诞已过，新年将临之际反思一下，在过去的一年里，我们在维护——或者破坏——地球上的生物多样性方面究竟做了些什么，而在新的一年中，我们又应当如何行动?

生物的多样性是自20亿年前地球上开始出现生命现象以来就已存在，而且自有人类以来就被认为“天经地义”的一个古老的事实。老子说：“夫物芸芸，各复归其根”，《抱朴子》说：“万物芸芸，化为埃尘矣”，大概是中国古代思想家对生物多样性最早的朴素表述了。然而，历来人们见到的多是物种外在的多样，它在地球的大气、水、土和生物圈的形成和演化过程中的作用和意义却几乎没有被系统地研究过。“生物多样性”作为一个概念进入科学领域只是最近几年的事。1983年出版的《中国大百科全书·环境科学》卷和1991年出版的世界权威工具书《不列颠百科全书》(简明中文版及其增补卷)中都还找不到这个词。

1992年联合国在里约热内卢召开的世界环境与发展首脑会议上，保护地球上生物多样性第一次成为各国所共同关注的重大课题，也开始成为科学界的一个重要的研究领域。这是因为，直到最近人们才开始注意到，由于人类行为，地球上的生物多样性正在受到巨大的损害和威胁。有人估计，地球上近一百七十多万个已被鉴定的物种中，目前正在以每小时一种，即每年近九千种的速度在消失着。即使这只是个近似的估计，也足以使人震惊。

生物多样性如果以这样的速度大幅度地减少，它将给整个地球带来什么样的影响，人们今天也许还无法预见。有人在回答“生物多样性对人类有什么意义”这个问题时，往往从“利用”的角度出发，强调野生物种是人类赖以生存多种动、植物的天然基因后备，是人类寻找医治各种疾病的天然药物的储备库，甚至是人类审美意识的源泉等等。但是，我认为这样的认识还远远不够。

从地球史的角度看，今天地球的大气、水和土壤的构成和状态都是亿万年来它们与地球生物圈相互作用的结果，因此，有理由认为，生物多样性在短时期内的大幅度减少，在历史的长程中有可能造成某种逆向过程。也就是说，地球上的大气、水和土会逐渐“变坏”，以致不再适合目前大多数地球生物的生存需要。比如，在人类大规模使用化石燃料，向大气大量排放二氧化碳的同时，全球森林，其中包括被称为“地球之肺”的热带雨林，又以每年2000万公顷的速度在消失，还有数百万公顷的草原变为荒漠，使地球上绿色植物总量大大减少。这个过程目前已经影响了大气中氧和其他气体成分的比例关系，再发展下去，必将影响整个生物圈的存在条件。又如，由于在农业中大量使用化学制品，抑制了宜农地区土壤中多种微生物的生存，而后者正是使土壤中为植物所需的矿物质以及动、植物尸体分解的主要因素。土壤微观环境中生物多样性的丧失将对动、植物，特别是已经人类驯化的农作物和牲畜的生活形态、机体构成成分、对病菌及昆虫的反应以及天然分布等产生什么样的后果，而最终又会对人类产生怎样的影响呢？

我们知道，地球上的生命是从低级向高级、从少样性向多样性发展的。生态学家认为，人类的出现是这个进化过程的“顶峰”。也就是说，自大约二百万年前直立人出现后，地球上就不曾有过新的物种出现。也许可以把这比喻为地球已经进入了它的“更年期”，从此再不能孕育新的物种了。而站在生物进化史顶峰上的人类的出现，却是以整个生物圈的多样性为其基础的。多样性本来就是生物圈存在的基本形式和条件。可以认为，生物多样性的任何损坏，必然构成对整个生物圈的损害，而根本上也就是对人类生存基础的损坏。对于人类来说，迟早将引起灾难性的后果。

这样的事例在世界上的局部地区已经多次发生。中亚两河流域和非洲北部由于生态破坏最终导致整个地区文明的衰落，以及我国西北地区许多文明古国、古城的废弃湮没。就是众所周知的例子。眼前的事例也并不少。如中国西部高原牧区由于多年来狼、狐狸等食肉动物和鹰、隼等猛禽被大量消灭，使草原鼠兔失去天敌，数量猛增，后者掘洞的天性又是草原破坏的直接原因之一。这样，物种间数量的失衡就成为近年来西部草原迅速退化的一个重要原因。又如中国三北防护林带，由于树种单一，缺乏多样性，造成爆发式的虫害。几年来因此被迫伐灭的树木达数千万株！再如云南、海南等地大面积砍伐天然林、种植品种单一的所谓经济林如橡胶树、桉树等，造成土壤退化、水土流失，形成生态的恶性循环，直接影响了当地居民的生存环境。这些都是生物多样性受到破坏的明显后果。而我们目前还不知道，许多使人类束手无策的疾病如癌症、艾滋病等的泛滥，乃至近年来肆虐英伦的“疯牛病”和最近在香港爆发的“禽流感”等等“怪病”，究竟和地球上生物多样性的丧失有着什么样的关系。

美国著名生物、生态学家爱德华·威尔逊在其名著《生命的多样性》一书中写道：“提起生命的多样性，经常有人问我：如果有足够数量的物种被灭绝了，某个生态系统会不会因此而崩溃，而大多数其他物种是不是也会很快随之灭绝？对此，任何人能够作出的唯一回答只是：有可能。然而，当我们找到真正的答案时，大概已经太迟了。我们只有一个地球，只能有一次实验。”

尊重和爱护其他生命，这已不再是一句道德口号，而是对人类自身前途至关重要的一种选择。人类可以执迷不悟、我行我素，但应当记住：人也只不过是芸芸众生中的一个物种而已。一旦人类把自己的生存基础破坏殆尽，它也就失去了改正错误的最后机会。

1999 年 12 月为《中国绿色时报》而作

# 中国的环境问题归根到底是个社会问题
## ——谈贵屿及有关环境问题

我在最近几次讲话中都提到过这样一个提法。最近报纸，包括《参考消息》，都用很自满的口吻说中国已成为世界的工厂或车间。我是很久没有出国了，我记得最后一次是2000年还是2001年出去的。确实，中国成了世界的工厂，但是我也有一个提法——中国也成了世界的厨房。

这就是厨房效应——好饭好菜端上桌子，请人家吃，人家也夸你说中国饭好吃！但同时，鸡毛蒜皮、肉骨头、刷锅水、馊菜都留在这个厨房里。就像这个"电子垃圾猛于虎"展览所要展示的，所谓猛于虎的，不仅是自己的厨房里的剩菜剩饭要留在自己厨房里，而且还把别人家的也拉回来。为了一部分劳动者的基本生存我们甘愿做世界的泔水桶。这样一种发展模式，我们还能维持多久？

我看了绿色和平组织赖芸等准备的关于电子垃圾的人类学报告，我很佩服绿色和平所做的这种深入、细致踏实的工作。他们不仅是一般的了解电子垃圾的情况，而是深入的去进行个案与电子垃圾有关问题的访问。不管是贵屿本地人还是外地人，是劳动者还是拆解业老板的具体情况。我得到报告后的第一个感觉就是，这是一个复杂的社会问题，不是简单技术处理就可以解决的问题。

我曾经和国家环保总局的负责人谈过关于贵屿的问题。我知道贵屿也是通过赖芸他们向我反映这个情况，以前我不知道，所有的信息都是赖芸他们提供。但是我没想到的，其实国家环保总局也很了解这个情况，他们也无能为力。想改变贵屿的污染的情况，对于国家环保总局来讲也是一个棘手的问题。

我同时想到我们自然之友的另外一次经历：2002 年 8 月，我们自然之友在内蒙古进行的一次环境教育，流动教学车开到内蒙古的东部。我们在当地发现了一个造纸厂，它的造纸废水直接排出来，排到草原上去。不仅污染草原，而且把附近牧民的牲口都毒死了。我们向国家环保总局汇报有关情况，国家环保总局很快告诉我们：他们调查的结果基本属实。但是，环保总局的一位副局长说：我们也拿他们没有办法。国家环保总局已经下达停厂整顿的指令，但是地方上不听，因为地方政府本身就在这个厂里有投资。

以上这些使我深信中国的环境问题归根到底是个社会问题。不像我们有的志愿者想的那么简单“为什么不把他们关掉？为何不采取新技术？为何不严格执行法令？”说出来容易，但是它牵涉的面很宽。

我还想到，90 年代早期我去三峡视察，看见奉节县下面的江边上一条像酱油一样的黑水流出来。我就问当地的县长：这是不是你们造成的污染？他回答说：是。我就问：那你为什么不装一个废水处理装置？他说：一个废水处理装置的投资要超过我整个厂的固定资产的投资，我装不起。再说，三峡大坝要蓄水，我的整个厂房到时都要被淹在水下，我装他干什么？没几年了。我问：那你为什么不把这个厂关掉，你就看着这个像酱油一样的黑水流到长江里去？他说：我 2000 工人，每个工人四口之家，小一万人，我这整个县城才五六万人，他们占了一万，我把厂关了，谁给我养活这些人？问得我哑口无言。所以我深深地感觉到我们中国的环境问题是一个非常复杂的社会问题。

我们自然之友曾经提出过两个口号。

一个是：不唱绿色高调。我们有的理事不同意这个，说就应该宣传环保。我不是不同意宣传环保，口号永远喊，但换到你头上，你能来解决解决问题？“还我绿水、还我蓝天”，谁都会喊，那你说“怎么还你，天就蓝了？水就绿了？”你也未必拿得出办法！

另一个口号是：不做绿色救世主。好像“舍我其谁”，你就能解决这个问题吗？我们只有靠大家在一起共同努力，提高公众的意识，将来才会有希望。但是不要以为“我就是绿色英雄”，我来了以后，天下山河一片绿，没有那么便宜的事。

我只和大家分享这样一个理念，就是：中国的环境问题是一个复杂的社会问题。归根到底，就是我们的 13 亿人口，而且人人都想吃得更好，且不说还有许多人做梦下个星期成为百万富翁。在这样一个社会大环境下，我们仅有的一点资源，耕地、淡水、森林、草原、矿藏用 13 亿除，一个人还有多少？我们就靠这点资源支撑着这短短的几年内经济的发展速度成为世界第一，我们用什么样的环境资源来支撑这样大规模的人口和经济增长？这就是中国一切环境问题的归结点。

这是一个非常难解决的问题，我曾经和一个计委的高级领导交流过，中国的资源这么紧张，人口这么庞大，我们是不是应该放慢 GDP 的增长，缩小一点规模，要适合我们国家经济资源的支撑能力。他反问我：我一年进入劳动力市场的新劳动力就将近 1500 万，我的经济发展慢了，规模小了，我拿什么养活他们？也问得我哑口无言。不当家不知柴米贵，你要现在当国务院总理，你说这个问题该怎么办，你也未必拿得出一个万全之策。

是不是因此我们就放弃了？如果真的放弃了，那就是真的没希望了。所以我非常感谢绿色和平，感谢赖芸先生、陈美萍女士这样孜孜不倦地还在这里为改善这个环境状况而奋斗。如果我们都放弃了，那么中国将面临一个灾难性的前景。但是，正因为还有这些人在这里，包括我们自然之友的会员，都在努力。所以我们还能够使这个社会看到一线希望。这个努力的方向，我们要进行下去，终将会有成果的。尽管这个成果可能来得比较慢。但是如果我们大家都放弃了，那么中国就没有希望了。

正是因为我们不放弃，所以我们拯救中国的环境还有希望。

2003 年 12 月 3 日

# 中国民间环境运动的困境

今年是人民共和国成立50周年，我是在共和国成立一周年的时候进入大学的。那是中国工业化的起始时期，毛泽东说，中国“一穷二白”，好像一张白纸，好画最新最美的画图。对于这样的未来，人们充满了憧憬，而我们的样板却是前苏联。当时，对工业化的最通俗的描述就是“机器隆隆响，工厂冒黑烟”，几乎没有什么人认为这有什么不好，也从来没有想过工业化对于社会会有什么负面的影响。但也有极少数对于西方社会历史有所了解的专家学者持不同态度，我的父亲，建筑学家和城市规划专家梁思成就是其中的一个。他在北京刚刚被决定为人民共和国首都的时候，就坚决反对在北京发展重工业。但是他的看法被视为一般地反对工业化，而遭到了严厉的批评。20世纪60年代初，一位高级领导曾经在天安门城楼上“教育”他说：“毛主席说过，将来从这里望下去，要处处都是烟囱！”

“处处都是烟囱”，这就是当时中共最高领导心目中的所谓工业化和现代化。

50年代后期到60年代初期，中国人从报纸上开始知道工业化国家有“公害”问题。但是他们认为这是“资本主义的社会弊病”，社会主义国家是不会有类似问题的。这样，在将近一代人的时间里，当西方工业化国家的公众普遍建立起环保意识的时候，中国人仍然盲目地追求“处处都是烟囱”。

虽然中国政府在70年代初期已经承认，在社会主义制度下也同样会有环境问题，但却没有普遍开展面对公众的环境教育，也没有建立起鼓励公众积极参与环境保护的社会机制。环境保护工作基本上只限于政府主管部门，好像和广大群众无关。当60年代初卡尔逊的《寂静的春天》在西方社会中引起巨大反响，70 年代初在美国等许多国家中爆发了大规模的群众性环保运动的时候，中国却正陷在悲剧性的政治动乱之中。她的天空、河湖正在被严重污染、森林在消失、草原在沙化、生物多样性在急剧减少，而中国老百姓对于那日益逼近的危险，却像“泰坦尼克号”上的旅客对于近在咫尺的冰山一样，茫然无知。

中国的公众对于环境问题的警觉和关注可以说始自 80 年代末到 90 年代初，而且仍然限于极少数人。这时中国的环境问题可以说已经积重难返了。而更严重的是，中国的群众性环境教育比起西方许多国家，整整迟了一至两代人的时间。以致到了 90 年代中期，像“自然之友”这样的 NGO 着手进行群众性环境教育的时候，竟不得不从相当于西方五六十年代，甚至更早的起点开始。1995 年，我和山西省一位相当于副省长的官员同去一处风景区，他随手往车窗外丢矿泉水瓶，当我劝阻他并下车把瓶子捡回来时，这位据说也是知识分子出身的官员竟不耐烦地说：“这有什么关系，扔的人多着呢！”在这么简单而明显的问题上，我和他一时竟找不到共同语言。这种现象，是今天使我们这些环保志愿者的工作感到特别困难和吃力的一个重要原因。

80 年代以来，邓小平先生把发展经济作为国家最优先的考虑，提出了“发展是硬道理”的观点，并且提出了著名的“黑猫白猫”理论。无论从理论上，还是从 20 年来的实践中我们都可以看到，这里面原本并没有包括“可持续发展”的思想。环境保护与可持续发展真正受到中国政府的重视，把它们作为一项重要的政策看待，只是最近几年的事。

经过 20 年的快速经济增长，中国今天已逐渐演变成了一个消费型社会。无论是政府、企业和老百姓，都在把扩大需求、提高消费当成一个重要的，甚至是首要的奋斗目标。而这一点也正是西方的金融、企业和商业界所希望的。在后者眼里，中国是一个有 12 亿人口的巨大市场，而中国的领导人也总是用这一点在国际上宣传中国对于世界的重要性。然而，和 150 年前一样，西方的企业界要想使中国成为他们产品的市场，就首先必须使中国人接受并习惯于西方的生活方式。如果中国有更多的人津津乐道于新款式的汽车和手持电话，中国的妇女有更多的人关注时装表演和名牌化妆品，中国的儿童更迷恋于名牌运动鞋和不同口味的冰淇淋，那么对于西方企业界来说就意味着将会在中国市场上有更多的机会。然而，中国是一个按人口平均来说资源相对贫乏的国家，如果近13亿的中国人都追求一种近似于工业发达国家国民的生活方式，那么，中国所需要的能源、资源和所排放的温室气体及其他各类垃圾，将不仅会彻底断送中国的可持续发展，也必将成为整个地球的灾难。于是就出现了这样一种相互矛盾的现象：一方面，一些西方的学者和政治家在担忧“谁来养活中国人”，惊呼中国的二氧化碳排放已仅次于美国，中国应对全球温室效应负责；另一方面，西方的商人又在不遗余力地向中国推销“可口可乐文化”、“汉堡包文化”、“汽车拉力赛文化”和各种各样的“一次性”消费方式。这难道是合理的吗?

当然，中国自己首先应该清醒地选择其发展模式。然而，这方面所出现的许多关于社会发展观念和公众心态方面的干扰和误导，却和西方企业界的全球化战略有着深刻的内在联系。我认为，仅仅从市场的角度看，这种战略也会导致一种不可持续局面的出现。这无论对于中国还是国际大企业来说，都绝不会是一件好事。

然而，这却是现实，是中国绿色运动所面临的另一个困境。

中国民间环保运动任重而道远。我希望不致有人认为，它所面临的仅仅是上述困难而已。

1999年7月24日<br>应美国《时代》周刊之约而作<br>（原稿为英文）

# 经济体制改革与政治民主化

当前，我国进行的以城市为重点的全面经济体制改革，向我们提出了许多重要的理论问题，经济体制改革与政治民主化的关系，就是其中之一。

现在我国广大城乡基层政治的民主制度还有许多不完善的地方。人民群众的民主权利常常得不到充分的保障，“主仆关系”不正常，“干部当家、群众听话”的现象还相当普遍，在有些地区和单位里还很严重。对此，政治学研究工作者进行了多方面的探讨。大家设想了不少改进办法，其中，特别着重于完善规章制度和加强对干部和群众进行民主教育。但这又引导人们去思考一个问题：我们是一个立国三十多年的社会主义国家，消灭了剥削制度，建立了生产资料公有制，人民是国家的主人；另一方面，尽管经历过历史曲折和反复，但我们对包括基层在内的国家政治生活，还是建立了体现民主原则的规章制度，并不断地对干部和群众进行了教育。然而，为什么时至今日，在我们的基层政治生活中，违反民主原则的现象仍然相当普遍和严重呢？症结仅仅在于制度仍不够完善，教育仍不够充分吗？我们究竟应当怎样来认识我国政治生活中的这种消极现象产生、存在和发展的根源，从而探索克服它的必要条件和有效途径呢？

## 一个基本出发点

政治学工作者研究任何一种政治现象都应坚持历史唯物主义的基本观点，主要是社会存在决定社会意识、经济基础决定上层建筑、政治是经济的集中表现，以及社会发展有自己的客观规律性等等观点。现在的问题是，有些人在研究社会主义社会以前的各种社会形态时可以坚持这些观点，而每当问题涉及我们这个社会主义社会的政治现象，特别是那些消极的现象时，却自觉或不自觉地离开了历史唯物主义的基本观点。这种倾向如果不纠正，我们就不能正确地认识我们自己的这个社会，就不能把对社会主义社会的研究，置于真正科学的基础之上。所以在研究我国基层政治生活中的某些消极现象时，如果只停留在分析它们与规章制度、思想作风、传统习惯等因素的联系方面，是十分不够的。建国三十多年来的历史已经证明，由于我们的生产关系和管理体制在许多环节上，相当严重地脱离了我国目前社会生产力发展的客观要求，这不仅削弱了社会主义经济应有的活力，也导致了上层建筑领域的一系列消极后果。从这个意义上可以说，如果不触及生产关系和经济管理体制问题，只是反复地在订立制度、宣传教育等方面作文章，我们就难以真正克服那些消极落后的现象。

因此，历史唯物主义应作为我们研究的一个基本的出发点。

## 一点借鉴

近代民主，作为一种政治制度和社会观念，都是伴随着资本主义生产方式的发展而来的。鸟瞰近代民主政治的发展历程，对于我们分析上述问题，可能起一点借鉴作用。

在漫长的封建时代，与分散的、封闭的自然经济相适应，在政治上实行的是专制等级制度。在封建社会，民主作为一种政治原则，只是在极少数哲学家那里有过某种类似的空想。这种局面，到资本主义发展起来之后，便发生了巨大的变化。

资本主义的经济，是一种社会化和开放性的经济。资产者一方面对自己的经济有充分的自主权，另一方面为了保证资本增殖，又必须不断地扩大其活动的深度和广度。为了保证自身的发展，资产阶级需要有一系列的社会、政治条件。例如，为了获得能自由出卖的劳动力，为了能使商品自由流通，为了保障资产者自由竞争的机会等等，就需要废除封建的人身依附关系，实现法律和关税的统一，以及产生能代表其利益的高效率的社会管理机关。资产阶级革命时期的杰出的政治家和理论家们把争取政治权利的种种要求概括为关于民主政治的各种理论和原则，并赋予它们以“永恒”的、超阶级的和伦理学的含义。这些学说反映了那个时代作为革命力量的资产阶级的根本经济要求，也反映了整个社会发展的客观趋势，因而曾起过伟大的动员作用，激发了千百万人去同封建专制主义进行英勇的斗争。

对于近代民主政治历史的考察，使我们看到这样一个现象：任何争取民主的革命运动，本质上必定是革命群众“自己”的运动，因为所谓争取民主，就意味着广大群众起来反对专制主义，以夺取自己的权利。它必定是一场由多数人发动的，自下而上的斗争，否则就失去了存在的根据。把民主化变成一个自上而下的、少数人教育多数人的运动。然而，恩赐的观念同民主的原则是根本不相容的，这种企图最终必然失败。

## 三十年历程的回顾

中华人民共和国的建立，标志着中国人民在党的领导下反对反动的专制制度，争取人民民主的长期革命斗争取得了伟大的胜利。随着各项民主改革的完成和基本生产资料公有制的建立，专制主义作为反动的剥削阶级对广大人民进行压迫和统治的一种政治制度和社会观念，被彻底地否定了，它所赖以存在的阶级基础也被摧毁了。工人阶级和其他劳动人民成为社会的主人，以民主方式管理社会公共事务的一切权力都归于他们，这已被承认为指导我国政治生活的一条根本原则，并获得了宪法和法律的保证。但是，这并不能说民主的制度、原则、思想和习惯从此便可以自然地贯彻到我们社会的一切方面了。三十多年来，我们仍然不得不面对以上提到的那些消极现象。当然，这些现象并不是根源于社会主义政治制度，更不是阶级压迫的表现，同时，这些现象又不仅仅是旧社会的“残余影响”和新制度的“尚未完善”的产物，它们的产生和存在，同样有着自己现实的经济原因。

50 年代中期以来，在我国的经济生活中，连续发生了一系列重大变化。其中，首先就是农业的合作化、公社化，城市经济中个体经营单位被取消，以及在国民经济中实行全面、集中的计划管理体制。这些变化，就其根本方向来说，是符合社会主义社会发展的客观需要的，因而是正确的。然而，由于在具体的做法上，我们没有遵循客观条件所允许的限度，其综合的社会效果在很大程度上背离了我们的初衷，造成了始料所不及的消极影响。主要表现在：在农村中，农业生产短短几年内，个体经营方式被大规模集体生产、集中经营的方式所取代；全部经济活动都被纳入了国家计划的范围，市场的调节作用降到了最低限度。这样一种转变，要求农业的管理方式和体制也相应地发生一系列变化，但在客观上，我们还不能为适应大规模集体经济的变革培养出具有较高专业知识和管理能力的人员组成的指挥机构。同时，各级领导机关也还没有形成一种有系统的、有充分科学依据的领导原则和方法，使它们在对农业的领导中，既能符合统一经济计划的要求，又能发挥基层单位和广大农民的主动性。其结果，在集体化实现之后，我国农业基层领导机关在权力和能力，职能和工作成效之间，普遍表现出程度不等的不适应状况。在这种条件下，领导者强制地贯彻来自上面的统一的指令，并要求下面机械地予以执行，就成了很自然的事。人民公社政社合一的体制，更从政策和法律上肯定了这种以行政手段管理经济的原则，并把它固定化了。这种管理体制，实际上取消了广大直接生产者对参与决策和实行管理的权力，甚至基层领导机关也只能按上级的指令办事，基本上失去了经营管理上的自主权。这正是 50 年代后期以来的二十多年中，在我国农村出现的领导机关与基层单位、领导干部与群众之间互相脱离倾向的一个重要根源。

在城市中，在基本完成对私人资本主义工商业的改造和开始实行全面计划经济之后，一方面，我国社会主义工商业获得了巨大的发展，另一方面，也出现了与农村性质类似的问题。国家对工商业也是通过行政手段来领导的。国家制定的指令性计划，经过各系统、各地方的行政领导机关，直接下达到全国几乎每一个地区的每一个企业；这些行政领导机关直接掌握着企业的全部经济活动，使后者几乎完全失去了自主和机动的余地。在以往的若干年中，我国工业管理体制虽经几次调整，但那只涉及中央和地方政府在管理权限上的划分，而这种高度集权的、以行政手段为主的排除市场作用的做法却始终没有改变。

对50年代中期以来我国经济管理体制中存在的问题，我们不可能进行全面和准确的概括，但不难看出，它们与我国政治生活中的某些消极现象有着明显的关系。

经济管理体制中的种种问题在我国政治生活中最直接的一个表现，就是干部权力过大，过于集中，因而在不同程度上出现了“干部包办代替”、“一言堂”、“主仆关系”颠倒的现象。在这方面，政治和经济所反映的，是生活中的同一个现实。政治上干部的过分集权和专权，正是经济管理上高度集中体制的合乎逻辑的伴生现象。群众在集体经济生活中既然不能真正当家做主，他们在日常的政治生活中也必定不能充分行使自己的民主权力。

实际上，在这样的体制下，经济管理和政治管理必然是合一的，两者都只能来自同一个权力中心。所以，不仅在农村“政社”是合一的，在工商业中“政企”也必定是合一的。这种管理实施的主要依据，是来自“上面”的授权，而不是来自“下面”的支持。而且，由于上面的意见常常不能反映实际，实行起来难免要遇到种种阻碍，所以领导者的专权不仅是必然的，甚至还是必要的，否则就无法克服来自下面的“抵抗”。这种情况可以简略地概括为：既然经济管理上“一统到底”，政治上就必然“包办代替”；既然经济管理上“一刀切”，政治上就只能是“一言堂”了。

近三十年来我国最基层政治生活民主化问题始终不能彻底解决，其主要症结就在这里。

## 变化的征候

党的十一届三中全会以来，情况开始有了变化。从那时以来我国的经济体制改革一直在稳步进行。

农村改革先走一步，已经取得了一些比较成功的经验。其明显的结果之一，就是否定了管理上的“一统到底”和“一刀切”，恢复了广大农民和某些基层集体经济单位经营上的自主权，给予了他们按各自的条件和意愿发展社会主义商品生产的机会。过去那种“干部吆喝，社员干活”的局面，今天已经基本消失，实行了责任制的农户日常的生产已不需要由上面来安排，他们真的当上自己的家了。

城市中，党的十二届三中全会前后，在那些改革步伐较快的单位里，人们也可以看到：管理上有一定的自主权和机动发展的自由，企业和职工的积极性就大为提高，企业经营就能发挥较大的效益。中央关于经济体制改革的决定公布以后，由于实行政企职责分开、简政放权，各级政府部门原则上不再直接经营管理企业，而把经营管理权交还给企业，这就使我国的经济管理体制开始突破长期形成的僵化和封闭的模式，大大调动了企业和职工的积极性。

随着经济体制改革的深入，人们到处都在议论和探讨政治体制也应作相应改革的问题，诸如党政领导体制、行政管理体制、人事管理体制、政治工作体制，等等。

从城乡的改革中，可以看出变化的征候和前景朝着好的方向发展。对于我国基层政治生活的民主化有着积极的意义，它预示着，我国民主化的进程也将进入一个新的发展时期。

当然，这个进程一定会经历很长的时间。它的发展，不会像人们所期望的那样单纯和顺利，而只能在经济、政治和意识形态的诸种因素的交错影响之下，在不断调整的过程中为自己开辟道路。然而，它既然是社会、经济发展的客观趋势，反映了中国人民对高度社会主义民主的渴望，就一定是不可抑制的。上层建筑毕竟要适应自己的经济基础。

作为政治学研究工作者，要以最大的热情来促进这个变革，使它能更快、更顺利地发展下去。我们首先应当以严格的科学态度，以冷静、彻底唯物主义的眼光，把我国政治生活的发展“作为一个自然历史的进程来研究”，力求从中找出它的不依人的意志为转移的客观的运动规律。

我们要“以群众运动的实际经验为基础，竭力从这个经验中取得实际教训”，把实际生活中群众的创造仔细地加以总结，在理论上给予分析和提高，再回到实践中去接受检验，并指导和推动整个运动。

改革是会有曲折的。那些在改革的旗号下冒出来的形形色色的不正之风，在政治上当然也有其表现。然而，经济领域中的不正之风和搞活经济不是一回事，政治上的不正之风也绝不是我们所要求的民主化，毋宁说那恰好是对民主化的破坏。不正之风一定要克服，但绝不是通过“收”的办法，也不能仅仅依靠中央发布政策法令，更不可能事事处处都由上面来直接干预；无论是经济上的还是政治上的不正之风，归根到底，因为它们损害了群众的利益，所以必须由广大群众自己起来与之斗争，才能真正有效地予以制止和克服。果能如此，这本身也就体现出了政治的民主化。

中国的经济体制改革将是一个不可逆转的长过程，而政治民主化的实现也将是必然的趋势。邓小平同志最近提出，我国社会主义建设的国内政策主要有两条：政治上发展民主，经济上进行改革。我想，这两条政策一定能够实现，其根据也就在这里。

（原载《政治学研究》1985 年第 4 期）

# 再谈环境保护与公民责任

## ——香港凤凰卫视　第33期世纪大讲堂

**主持人：**会当凌绝顶，一览众山小，世纪大讲堂欢迎您。

在我手里有两张名片，一张名片是我自己的，这一盒名片100张，要花20块钱，另外这一张上面写着，中国文化书院　绿色文化分院“自然之友”——梁从诫会长，这张名片如果我给大家打开的话，大家会发现它是一张废纸所做，为什么呢？因为环保，今天我就把梁从诫先生请到我们现场，让他给我们带来一场报告叫做“环境保护与公民责任”。好，有请梁先生。

当我们问一个有艺术天赋的人，比如说会画画的人的时候，我们就会问，你到底是几岁就会画画了，那我问一位环保人士，也会以同样的问题开场，您难道从小的时候就有环保意识吗？

**梁从诫：**没有。我“文化大革命”期间在五七干校的时候，还打过麻雀呢。

**主持人：**那到了什么时候开始不打麻雀，有环保意识呢？

**梁从诫：**麻雀倒是早就不打了。真正的开始自己直接从事于环保是90年代以后的事情。

**主持人：**那究竟是什么促使您从一个打过麻雀的人，转变成为一个有环保意识的这么一位学者呢？

**梁从诫：**80年代初我办一个杂志叫《百科知识》，是大百科全书出版社的一个杂志，当时我收到一位作者给我投来的稿子，里面讲到乡镇企业。那个时候乡镇企业刚刚起步，社会上一片赞扬声，可这位作者当时就指出：乡镇企业有可能成为我们国家环境方面的一个很大的难题，因为星罗棋布的小规模的乡镇企业可能会造成遍地泛滥的环境污染。现在大家已经看到，这已经变成现实了。我就是从读他那篇文稿开始，意识到中国环境问题的严重性。但那时没有想我本人能够参与环保，因为那个时候我们大家都是一样，都是想着环境保护是国家的事情，国家环保局的事情，专家的事情，我们这些外行人能做什么。

**主持人：**我听说是，以您为首的几位学者，有一天在北京的一个已经破旧的塔旁边的草地上席地而坐，然后搞了一个什么谈话会，后来现在的“自然之友”就在那个时候诞生了。

**梁从诫：**对。我们最早是几个朋友在一起谈，提到国外环境保护的一个很重要的经验就是公众的参与，国外有很多的这种非政府组织，英文叫 NGO，non-governmental organization。

**主持人：**最有名的是 Green Peace。

**梁从诫：**Green Peace 是很有名，但它的那种激进的做法，我们很难跟他们一致。但是国外这些非政府组织在推动环保、监督政府，包括监督企业方面，起了很大的作用，但是我们中国没有。我们觉得中国缺了这一块，公众如果不积极参与环保，光是政府在制定政策、法律、罚款、封门，我们觉得这个并不能彻底解决问题，所以我们当时就想到老百姓是不是也可以在中国组织一个环境保护的非政府组织。

**主持人：**这个草坪上的恳谈会过了一年才成立的“自然之友”是吗？

**梁从诫：**是这样，我们几个朋友在一起讨论，能不能在中国也搞这么一个团体，但是我们第一个问题就是，在中国做这么一个非政府组织，能不能被批准。

**主持人：**对呀。

**梁从诫：**而且当时我们觉得做这样的事情，说不定还会有风险，政治上的风险。所以当时我们几个朋友在一起讨论的时候，大家说，我们想试一试，不试怎么知道就一定批不准呢？当时我还问大家，后悔不后悔？万一有政治风险，出点麻烦了，后悔不后悔？大家说不后悔。我们就跟小孩似的，说咱们拉钩，大家不后悔就拉钩。

**主持人：**二十几个人都拉了？

**梁从诫：**没有，开始就四个人。

**主持人：**现在这四位女士和先生还在“自然之友”里吗？还是半途退出？

**梁从诚：**当然都还在，而且都还是那么热心、执著。

**主持人：**现在咱们就言归正传，让梁先生给我们带来精彩的学术报告，叫做“环境保护与公民责任”。有请。

**梁从诚：**今天很高兴能够有这个机会来给同学们，给清华的同学们，也给电视机面前的观众们讲一讲环境保护与公民责任。环境保护不仅仅是政府的事情，也不仅仅是专家的事情，如果作为普通的公民，不参与、不支持、不关注环境保护，仅靠政府和专家，任何国家都是不可能把环境治理好的。那么我今天特别想跟大家讲的，就是我们为什么要参与环境保护，为什么公民要关注环境保护。

首先，我们要有一种危机感，要有一种忧患意识，知道我们国家的环境问题有多么严重，现在我不是给大家讲水怎么污染、空气怎么污染，我不从这个角度讲，我想从一些更根本的方面，和大家交流一下。

在我们中华民族，说三千年也好，说五千年也好的文明史上，人口从来没有像今天这么多。这点是大家的常识，大家都知道的。两汉一直到清朝初叶，我们人口是多少？两汉时期的人口大概只有两千万到五千万上下，当然中间波动得很厉害，大家知道，那是我们非常辉煌的时代，但是那时候全国的人口不过几千万，虽然那个时候国家疆域的概念和现在有很大的不同，但是当时中华民族活动的地域绝对不会比现在更小，甚至更大。到了唐朝的时候，是我们民族另一个特别辉煌的时代，那时候的人口多少？也不过五六千万。所以在长达几千年的中国文明史上，我们的人口不过是几千万，不超过一亿。中国人口什么时候稳定地超过了一亿呢？到了清朝的前期——康熙、乾隆年间，那已经到了 18 世纪初，中国人口第一次超过了一亿，到了 19 世纪的末叶，中国的人口增加了多少呢？四亿到四亿五千万，1900 年义和团失败了，八国联军打败了清政府，索取赔款四万万五千万两白银，这四万万五千万两怎么出来的？当时八国联军说你们中国四万万五千万人口，要每个中国人赔他们一两银子。这说明当时国际上一般认为中国人口是四亿五千万，当时没有那么精确的人口调查。

到了20世纪的中期，1949年、1950年中华人民共和国建国的时候，我们的人口是多少呢？大概是五亿五千万，就在50年中间增加了一亿，这中间当然因为战争，抗日战争对人口的增长有很大的抑制的作用。然后50年来，尽管我们中间有过大跃进，有过饿死人的时代等等，但是就在短短的50年里面，我们的人口一下子从五亿五千万，增长到今天的将近13亿，其实很多的人口学家认为可能实际上还不止，但是我们现在只能够精确到这个程度。专家们说，中国这块土地能够承受的最大人口不超过16亿，我在16亿这儿画了一条线，那么超过16亿将是什么局面呢？专家们说叫做不可逆转的灾难。我不是小说家，不是科幻作家，我没有办法用文学性的语言向大家描述所谓不可逆转的灾难是什么样子的。但是这个话大家可以去好好想一想。不可逆转的灾难：超过16亿人，仍然生活在这片土地上，要争夺这片土地的资源来维持每个人的生存和发展，将造成一个什么样的局面？

中国虽然很大，960万平方公里，但是我们的人口基本上集中在东南沿海一带，道理很简单，大家知道青藏高原很多地方寸草不生，一片黄沙，4000多公尺的海拔、零下四十几度的温度，那地方根本不能活，连野生动物都很难活，不要说人了。所以我们中国的很大一片，西北部、西部和北部的很大一片，实际上是不适合于人类生存的，就是养不住人的地方。当然新疆北部这一带稍微有一点人。但是大家看这张图，这张图是国家公布的中国人口分布图，基本上是集中在这一块，我们的一切吃穿住用，都是靠这一块土地来支撑着。我们中国的人口从来没有像今天这么多，而且集中在这么一片土地上。这是我要讲的第一点。

随之而来的一个逻辑结果就是，我们的资源按人口平均，从来没有像今天这么少。什么东西拿13亿一除，还剩多少？我们的耕地是16亿亩，有的人说是20亿亩，大家拿13亿除一除，还剩多少？现在我们每人平均的耕地已经不到一亩一分地。刚才有位同学讲了，他是苏南来的。在这一带，很多地方基本上农村里面已经很少有耕地了，全盖了工厂，全变成了工业企业，还有住宅区、乡镇的扩展，就是城市化了。

那么我们靠什么活？大家是学工科的，我今天不是来讲石油、天然气，讲什么矿产、铁、稀有金属，我们首先讲一讲维持我们人类生存的最基本的自然资源。你别的都可以没有，你可以不开汽车，你可以不坐火车、不坐飞机，你可以不烧暖气，但是你不能不吃饭、你不能不喝水。那么饭从哪里来？就是从我们的耕地上来，就靠我们的土地，还有我们的草原，还有保护着耕地的森林，就是靠这些，但是现在我们的耕地按人口平均，已经不到一亩一分地。解放初期，50 年代的时候，大概平均是人均三亩耕地，而现在我们下降到了只剩下了一亩一分地，联合国粮农组织规定的危险线，起码的人均耕地是三亩，而我们现在比联合国规定的要低了一半还要多。当然我们很自豪，说我们以全世界七分之一的耕地养活了五分之一的人口，这固然是我们政府和我们的全社会做出了极大的努力，使得我们这一点点耕地居然还能维持着我们现在的 13 亿人口的基本生存。但是这是一种临界的状态，一种边缘状态。稍有闪失，将会造成所谓不可逆转的灾难。这是讲耕地。

再讲我们国家的水资源。水也是不可或缺的，我们哪天也不能没水。你吃不上饭七天还能活着，但是七天不喝水你就不行了。水是一切生命之源。中国的水是多少？中国的人均淡水占有量是世界人均的四分之一，而华北地区是全国的六分之一，六四二十四，那就是说我们华北地区人均的淡水占有量只有全世界人均的二十四分之一。按人均计算，我们在世界上是贫水国家，排序在 100 多位以后，属于严重缺水国家。

我们北京人占有多少水？北京按正常年份，人均淡水占有量大概是 293 立方，一个立方就是自来水表的一个字，就是一吨水。而著名的沙漠国家以色列的人均淡水占有量是 306 立方。我们北京的人均淡水占有量甚至于赶不上著名的沙漠国家以色列，在这样的资源状况下，我们的一切发展都受到了制约。

那么，我们的森林状况怎样？我们的森林按人口来平均的话，大概也是世界人均的六分之一或者七分之一，我们现在全国只剩下了不到 14% 的国土面积是有森林的，我们所有人类经济活动特别密集的地区基本上就没有森林了。大家现在看看山东半岛这个地方（指中国森林分布图），白白的一片，是不属于森林地区，但是人口非常密集。大家记得《水浒传》，著名的打虎英雄武二郎出在哪儿？山东省阳谷县，山东中部阳谷县。就说明在北宋的时候，在山东省中部生态环境还好到那种程度，以至于有可能出老虎，它要没有森林能有老虎吗？没有老虎哪儿来的咱们的武二郎打虎英雄？虽然这是小说，但当年肯定有它的现实生活依据。不用说那个，就是解放初期著名的故事，后来变成京剧的《智取威虎山》，杨子荣怎么上的山？“打虎上山！”你现在再找个杨子荣，上哪儿去找老虎呢？老虎全在公园里头呢，东北虎根本就没有什么野生的了。就是说生态破坏了，不仅是老虎没有了，没有森林了，没有森林、没有野猪，没有草原、没有鹿，也就不可能有老虎，就是说整个生态破坏了，以至于这种标志性的动物，像老虎这些都是所谓标志性的动物，就无法生存。说明这个地方的生态已经破坏到什么程度了。至于讲到草原，我想在北京的同学们就更清楚了，我们的草原退化、沙化，北京一年要来几十次的沙尘暴。“文化大革命”的时候，很多知识青年上山下乡到内蒙古，有人后来回忆，说那个时候的内蒙古牧民的孩子早上骑着马上学，鞋袜竟会被草尖上的露水打湿，所以小孩的鞋老是湿的。那就说明那个时候的草可以高到马的肚皮，会把孩子的脚打湿。现在你去到内蒙古去看看，只要大家有机会去看看，那个草能把马蹄子盖住就算不错了！什么“风吹草低见牛羊”，那绝对已经是过去的神话了，现在已经完全不同了。因为我们的人口历史上从来没有这么多，所以我们的人均资源就从来没有像现在这么少。而这些人均资源是一个国家发展和环境改善的最最根本的条件。如果我们这方面遭到了破坏，变成了很贫瘠的状态，那么就谈不到这个国家会有一个非常繁荣、非常安全的前景，这是第二点。

第三点，在这两个基础之上，我们的经济活动规模却从来没有像今天这么大。这件事情大家可以说是好事，我们经济发展了，现在 GDP 又是多少多少，年生产总值已经是一万亿美元了，国民生产总值每年以百分之多少的速度增长，等等。我们国家公布的数字，我们国家领导人讲话都是以这个作为我们国家成就的一个很重要的标志。这点是事实吗？是事实。是不是我们成就的标志？当然是。我们并不愿意做一个贫穷落后的国家，过去毛主席说“落后就要挨打”，一点也不错。但是大家同时不要忘记，我们所有的 GDP 的增长，国民经济的整个活动规模的增长，全是靠这些资源来支撑的，你没有土地、没有水、没有草原、没有森林、没有矿产，你有可能来支撑这样的经济活动吗？这个经济发展的过程中间造成了多少的污染、排放了多少的废弃物、多少污水、多少化学有毒物质？哪里去了？这些经济活动最后大家都消费，特别是变成了这种日用商品以后，大家消费。消费了以后所造成的垃圾，到处扔的污染物又哪里去了？不还在我们这块土地上吗？所以我们的经济活动规模越大，就意味着我们在环境上的支出越多，资源的支出越多，承受的污染物、排放物也越多，像二氧化碳、温室气体、臭氧层空洞、酸雨等等。我们发电量越多，二氧化硫的排放就越多，因为我们国家的煤是高硫煤，二氧化碳排放越多，酸雨就越多。所以经济活动规模增长，虽然是一件好事，是我们的希望，是国富民强的一个方面；但是大家同时不要忘记，这个国富民强是要靠我们的自然资源和我们这个土地所承受的污染和排放作为代价的。我们怎么样能够找到一个更合理的结合点，而不是单纯地为了追求这个经济规模的扩大而牺牲我们的环境、牺牲我们的资源呢？这是我要讲的第三点。

第四点，就是我们科学技术的力量从来没有像今天这么强，因此我们改造自然的能力和可能性从来没有像今天这么大。各位都是工科的学生，可能体会就更深，而且这也是你们追求的目标。但是我说科学技术是一把双刃刀，两边都有刃，它既可以帮助我们改造自然，帮助我们为人类的幸福谋取更多的可能性，提供更多的资源；但是同时，它也会伤害我们自己，当我们科学技术使用不当的时候，就有可能伤害我们自己。所以我说了一句可能听起来很大逆不道的话，我说科学技术固然是第一生产力，但是我们仔细想一想，难道科学技术同时不也是第一人为破坏力吗？我们现在人类所造成的自然的最大的破坏，比如说臭氧层空洞怎么造成的？科学技术发展造成的。温室气体的排放造成全球气温的升高，以至于大家说海平面会增高，会把沿海的土地都淹没等等。这个温室气体哪里来的？如果我们不是燃烧、使用这么多的化石燃料，汽油、煤等等，怎么可能会有这么多的温室气体？这也是我们人类造成的。那么，我们所知道的除战争以外的最大的人为环境灾难，早期的像50年代日本的“水俣病”、“痛痛症”等，都是工业发展所造成的结果；晚一点的像前苏联的切尔诺贝利核电站的爆炸，前后死了三十几万人，几十万人终身致残，也是科学技术处置不当的结果；印度博帕尔化学农药厂的毒气泄漏，造成那么多人的死亡、失明，甚至殃及大批牲畜，什么原因？科学技术的原因，不是天然的原因。

所以从这个意义上讲，科学技术一方面可以造福于人类，但是如果我们人类在掌握科学技术方面没有足够的智慧来限制它的不利方面，只一味地迷信科学技术可以解决一切问题，一味地追求科学技术的发展的话，那么很有可能科学技术这把刀最后会伤了我们自己。那么，上面我已经讲了四点，中国人口从来没有现在这么多，因此人均资源从来没有像现在这么少、我们经济活动规模从来没有今天这么大、我们的科学技术能力，改造大自然的能力从来没有像今天这么强。再加上最后一点，我们全体中国人，现在都在追求尽快地把自己的物质生活丰富起来，这是很文雅的表述方式；说得难听一点，就是发财的愿望从来没有像今天这么强。

这不是一个两个人的发财愿望，而是13亿人“发财的愿望”。13亿人的国家，个个都想发财，个个都想当大款，那么其结果会是怎么样？我们就这点资源，个个都想成大款，咱们“款”得起来吗？大家都想：美国人的生活多好，很多人很本能的是把美国人或者是西方的那种小别墅、小汽车的生活作为一种理想的好生活。这个也不奇怪，我小时候看外国画报什么的，也觉得外国人怎么那么舒服啊，那么享福啊！人们向往这种生活，我觉得也是人之常情。但是问题是，我们13亿人口，挤在这么一块土地上，有没有条件去过那样的生活？美国930万平方公里，比中国就少30万平方公里，而且大家知道美国的国土基本上是比较均衡的，是很富足的一块土地。它有多少人口？二亿六千万，只有我们的五分之一。美国人在他那块土地上，而且还有将近 40% 的能源是靠进口的。才两亿多人口，却消耗着全世界物资的 34%，咱们都去过美国人那样的日子，这个地球承受得了吗？

大家是工科的学生，知道我们所有的物质生产，最后都可以折合成“能”，最后都可以换算成“能”。据 1990 年中国官方统计数字，美国在 1990 年人均能耗是中国人的 14 倍。有人算过一笔账，如果中国人都达到美国的人均能耗水平的话，还需要另外三个地球，要四个地球才够用。如果全世界的人都达到美国的人均二氧化碳排放水平，而地球还能够吸收这些二氧化碳、能够自净的话，还需要再加上七个地球才够用。所以这是一个不现实的设想。我们中国人，就这块土地，老天爷就给了我们这块地，谁叫我们自己把人口一下子升到了 13 亿，我们现在如果就两三亿人口，我看日子也好过得多。可是现在我们已经 13 亿了，你说这个事情赖谁？这个毕竟是我们民族自己的难题。所以我们不能够单纯地去追求那样一种生活方式。美国现在是平均两个人一部车，大约共有一亿三千万辆汽车，二亿六千万人口有一亿三千万辆汽车。中国如果也要达到两个人一部车的水平，就需要六亿五千万辆汽车。这是什么概念？中国一国的汽车将要超过今天全世界所有汽车的总合。这是不是痴人说梦？全世界的石油都拿来给中国人开汽车，还不够！

这样算下来，如果中国也达到那么高的汽车拥有量的话，那我们这点耕地基本上全都得修成马路。那么我们还吃饭不吃饭？大家能饿着肚子光开汽车吗？

应当承认，我们中国人从来没有过今天这样强烈的物质要求，或物质享受的欲望。这本身并没有什么错。谁不想过好日子呢？但所有这五个因素，人口的因素、人均资源的因素、经济活动总规模的因素、科学技术力量的因素，再加上这种人的物质欲望的因素加在一起，给我们中国这块土地，给我们的环境造成了多大的压力，我们的环境状况是多么的危险，大家可以去想一想。要有一点危机感，要有一点忧患意识。我所讲的这些没有一条是耸人听闻的，都是实实在在的问题，大家想一想，这样发展下去怎么得了？最后的灾难都落到我们自己头上，20 年后就是各位了。或者各位要是轮不上的话，就轮到各位的子孙了。最后如果它造成了这些灾难性后果的话，谁来承受？还不是我们中国老百姓自己来承受！

那么我现在就讲第二方面——公民责任。你说这一切问题是谁造成的？是我们所有的人大家一起造成的，不能只是说政府没搞好，只怪政府环保局不像话。我们作为消费者，对于环境的改善也有一份不可推卸的责任。

我就给大家举一个非常简单的例子，我们现在大家都在抱怨沙尘暴，谁都不高兴。沙尘暴怎么造成的？草原退化、草原的沙漠化是沙尘暴的重要原因，这个大家都知道。那么草原退化的原因之一，是过度放牧，这是第一原因，也是最重要的人为原因之一。牧民为什么要过度放牧？卖羊肉啊！这不是很简单吗？他就是要多卖羊肉嘛，卖给谁呢？就卖给你我啊，就卖给大城市啊！我们消费这些畜产品和草原的退化、和沙尘暴的起因有没有关系？你是无辜的吗？这里头全是别人的责任，你自己一点责任都没有吗？

所以，作为消费者，我们自己是和环境状况的好坏、和资源的消耗的多寡是息息相关的，我们有的人在那儿说要保护森林、保护野生动物，同时家里要豪华装修，而且要实木地板，讲究的木材做地板，你那个地板不是树啊？现在北京市汽车的尾气对空气污染的贡献率已经超过了 50%，我们的空气污染中间一半以上是汽车尾气造成的。大家一方面在骂空气污染，说北京乌烟瘴气，不像话，一方面每个人都想再来一辆车，你说矛盾不矛盾？

当然问题并不那么简单，不是说大家都不吃羊肉、不买汽车问题就解决了。那牧民怎么办，中国的汽车工业怎么办？所以这是个复杂的社会问题。我不过要说明，环境问题的产生与消费者的行为是有关联的。消费者不是无辜的。

比如说，这次我被北京市邀请为奥申委的环保顾问。我的第一条，也是最主要的一条建议就是，在北京要大力建设公共交通系统，特别是轨道交通，你必须有替代方案。好，大家都不坐汽车，大家都回去骑自行车，我看北京现在1000多万人，都骑自行车也不得了。那么，如果北京有很便捷、很安全的公共交通系统，特别是轨道交通，如果我们的地铁四通八达，那么人们为什么非得去坐私人轿车不可呢？所以我向北京市奥申委建议：如果能在2008年以前真正地把北京的公共交通再推进一步，特别是轨道交通和地铁推进一步的话，那真是功德无量。所以，在我们选择我们的消费方式的时候，我们应该想到，我们采取一种什么样的消费方式，才最有利于我们整个国家今后的可持续发展。

我们如果现在这一代人为了满足自己的消费欲望，就把这块土地所有的油水全榨干了，我们给后代留下什么？什么叫做可持续发展？我们还能给后代留什么？我们现在已经在吃着前代的亏了，沙尘暴是几十年、上百年逐渐造成的，现在吹到我们头上来了。当年乾隆还上那儿去射老虎、射鹿呢，乾隆爷还在坝上射过一只老虎呢！可见那时候那里的生态环境有多好。但是这些年逐渐地退化，最后谁倒霉？咱们这一代人倒霉。我们现在再把现有的生态进一步地恶化，将来谁倒霉？我们的子孙后代倒霉，而且过的日子甚至于连我们现在都不如。我们能做这样的事情吗？所以这就是我所讲的公民责任，我没有讲得太具体，但是我希望大家好好地想一个问题，那就是：我能做什么？

谢谢大家。

**主持人：**好，接下来我们来一段简短的现场观众和网上的问题，请梁先生回答。先看一下来自凤凰网站的问题，这位网友叫“氧气泡泡”，他说“我知道梁先生是全国政协委员，听说有一次梁先生骑自行车去政协开会，被门卫拦住，不让进，不知那一刻您是否因为没有汽车而感到过片刻的伤心”。

**梁从诫：**我当时确实被他拦住了，我是去报到，那个警卫问我，你来干什么，我说我来报到。“你给谁报到？”我说我给我自己报到，他好像很吃惊。这说明我们现在这种社会风气的确不好。穿布鞋、骑自行车有什么？在50年代是很正常的，而且我内心并没有一种什么特别——

**主持人：**片刻的伤心。

**梁从诫：**我真的没有，完全没有，而且我觉得很正常。我也不是作秀，故意穿个破布鞋，到那儿去表示我的平民化，我也没有那个意思。大家看我今天这一身也蛮不错的嘛，但是我觉得大家应该使俭朴变成一种很正常的心态。

**主持人：**这位网友是山东费县的赵春娥，她说“自从知道您用废纸做名片，我就开始佩服您，而且学习您，从那时开始我一直是自己在废纸上画名片，从点滴小事做起，我要问您的是：‘自然之友’成立后的七年里，您觉得您取得了您预期的目的了吗?”

**梁从诫：**很多人问过这个问题，说你们“自然之友”最大的成绩是什么？我觉得“自然之友”最大的成就不是说我们保住了哪一座山、保住了哪一种动物。说老实话，作为一个民间组织，我们还真是在这方面很困难，因为有很多事情要政府出面、下命令、颁布法律、颁布条例才能做得到。我们作为民间组织做不到。但是我觉得，我们“自然之友”最大的一个成就，就是为我们社会上许多关注环保的人找到了一个共同发挥作用的可能性，提供了一个组织、提供了一个家园。使得这些关注环保的朋友都可以来参加，大家共同发挥作用，我觉得这是我们最大的成绩。

**主持人：**好，谢谢。

**观众：**我想问一下梁先生，“自然之友”作为中国一个环保组织，我觉得应该是发展很多会员，我想问一下怎么才能加入您的组织呢?

**梁从诫：**加入“自然之友”的条件就八个字“真心实意、身体力行”。你如果不是真心实意，你是想着借着这个机会去干点什么别的，那你何必参加“自然之友”呢？另外，就是说你必须身体力行。你不要说嘴里头说环保，那边做了很多违背环保的事情。我这个所谓违背环保是一个原则，并没有具体地说是什么。当然像吃野生动物这种事是没话可说的，那就没什么可商量的了。但是其他的我们并没有严格的规定，说是不许装修房子、不许买汽车，没有这些规定。但是这个标准应该在你自己心里，你自己觉得什么事情有利于环保，什么事情不利于环保，你尽量地不去做你自己认识到不利于环保的事情就可以了。

**主持人：**我给这位同学一个建议，我知道大学学校里经常停水的时候，把水龙头都打开了，渴望水流出来，但是没有水。然后睡觉时候，水流头没有关，哗哗地在流，你起来把它关上，这样就比加入一个组织，成为它的一个会员还要重要。

**梁从诫：**水的问题确实很重要，就是说我们一方面讲节约水、水资源紧缺，但是大家要想一想，这个水真是来之不易。我喝这一杯水，这是宝贵的资源，我把它喝下去，喝完了我上一趟厕所，它就成了污染了，这两头都是问题。比如说洗澡，到澡堂去洗澡，你头上淋下来的是干净的水，从你脚底下流出去就是污水，干净水得来不易，经过处理等等，然后才能到你这儿来，污水也要经过处理，不然就污染江河，所以大家要想，怎么节约一点一滴的资源，减少一点一滴的污染，都对环境会有一点一滴的贡献。

**观众：**请问梁先生两个问题：第一是“自然之友”协会从成立以来，整个咱们协会积极地开展一些活动，肯定也遇到了一些困难和问题，这个您刚才的谈话中也流露出来了，那我想问这个主要是因为咱们的公众环保意识的淡漠呢？还是说因为作为一个非政府组织，在中国现在这个特殊的社会环境中遇到的各种利益主体之间的牵制，就是这方面引起的一些无奈呢？就这个意思我不知道您是不是理解了，这是一个问题。另外一个就是…

**梁从诫：**你让我先回答你的第一个问题好吗？

**提问：**好的。

**梁从诫：**你说得很对，我们确实遇到过很多的困难。这个困难里面相当重要的一个，就是说非政府组织这种形式、民间这个形式，50年来在我们国家是太稀少了，我们国家这五十年来习惯于政府什么事情都包了，所以留下的这种非政府组织的社会活动空间是非常狭窄的。我们很多事情推不动，有两个方面：一方面是来自政府的不理解和不给我们留出足够的活动余地，觉得好像这种事情不归你们管，你们起不了什么作用，这个事儿我们都管不了，你们还管得了吗？有这样一种心态，使得我们很难开展活动。另外，就是说来自民间的不理解，民间有的时候也很困难。什么“自然之友”，什么民间组织？你们是干什么的？你们可别上我们这儿来推销产品啊！这种种，就是说民间也是不理解，所以我觉得我们遇到的最大的困难不在别处，而在这种社会到现在对于民间组织能够起多大的作用还不够理解，这个造成了我们活动的很多障碍。

我们最大的资源就是我们的会员的热情，我们就是靠我们会员的热情和献身精神，一步一步去克服这些困难，去感动这些政府官员、感动这些老百姓。使得他们觉得，哎呀，这个社会真不容易，还有这么一帮不图什么回报、不图什么利益，辛辛苦苦在这儿为了宣传环保做事的人。这一点常常就会赢得很多老百姓对我们的支持。

**观众：**我想再问您的一个问题就是，环保是一个系统工程，它是一个很大的系统工程，涉及的问题肯定包括政治、经济、社会意识、文化各个方面，包括像您刚才提到的环保局，其实我们国家说起来应该对——说具体一点，某一方面的环境恶化负首要责任的，恐怕除了环保局还有其他的很多部门牵扯进来，那么，我觉得作为“自然之友”这样一个团体，它首要的一个功能，提高公民的环保意识、普及这种行为方式，这当然毋庸置疑的，肯定是重要功能之一。那么从另一个方面来讲，就从系统的角度，在其他的社会部门和社会力量中间去发挥一些作用，我不知道“自然之友”有一些什么常规性的做法？

**梁从诚：**这方面我们力所能及地、努力地做一点。但是我们很自觉，就是说自己知道我们的影响是有限的。所以我们在“自然之友”提了两个口号，一个是“不唱绿色高调”。因为有很多事情，你去做做试试看？我说我今天在这儿讲话，可能也很慷慨激昂，但是如果我是国家环保局局长，或者北京市环保局局长，我可能就“慷慨激昂”不起来了，因为有很多非常现实的问题要你解决，你怎么解决？我们作为民间环保团体，可以不承担这个解决的责任。我就呼吁这个问题怎么重要、怎么严重，这个我也没说错，我也应该呼吁，但是毕竟解决的责任不在我身上。我可以给你举个例子，那年我到三峡工程去视察，是作为政协委员去视察的。路过了一个县，那个县江边上一条像酱油一样的黑汤沿着江水往下流，半里路宽，流下去几十公里长的那么一条黑水。到了那个县里，我就问那位县长，我说这个是不是你们的污染？他说：是，一个造纸厂。我说这个造纸厂为什么不装处理污水的装置？他说这个造纸厂是 1958 年“大跃进”的时候，所谓“两口大锅起家”、因陋就简的这种厂，现在要装一台废水处理装置，整个投资就要超过这个厂的全部固定资产；再说水库修好了以后，这个厂子在淹没线以下，就几年了，我何必去治理？装好了以后马上就被水淹了。那我就问他，为什么不把它停产了，你看看把长江污染成这个样子。他说我 2000 工人，如果算三口之家的话就是 6000 人，一个小县城只有几万人，这 6000 人谁给我养活啊？问得我哑口无言。这就是很现实的问题。所以这种事情，我们光唱绿色高调——“还我蓝天、还我青山、还我绿水”，是喊不出结果来的，你必须有一个方案来解决实际问题。

第二，我们“自然之友”还提了一个口号，“不当绿色救世主”。不要以为自己有那么大的本领，舍我其谁？我来了！你来了又怎么样？我们哪有那么大的能力、那么大的野心？我只是说从我们自己、从我们大家，从有机会交流的朋友、同学们，大家一起一点一点做，那么才有可能影响整个社会风气的改变。社会风气的改变谈何容易啊？同学们，不用说别的，就一条“不要随地吐痰”，喊了多少年了？100 年了！孙中山就喊起，喊到蒋介石，一直喊到共产党，结果怎么样？不是照样在大街上随地吐痰吗？所以这么一件小小的事情都那么难改变，如果我们自己不从自身做起，而且总是希望借助一个什么奇迹般的力量一下子把这个社会全改了，是做不到的。

所以我觉得最合理的、最现实的做法，是从你自己做起。连自己你都管不住，你还管别人？那是做不到的！这就是我的答复。

**主持人：**在我们的节目每次结束之前，我有一句话的问答，你也只能用一句话回答我，环保和公民责任是什么关系？

**梁从诫：**那我就用“自然之友”的入会条件来回答：“真心实意、

身体力行。”

**主持人：**好，真心实意，身体力行，谢谢梁先生，谢谢大家。

**梁从诫附识：**这是一次即席讲演，事先事后都没有形成讲稿。本篇文字是组织者根据现场录音整理而成的。我在审阅时对个别词句做了适当的修饰和补充，以弥补原来口语的缺陷，因此与原始记录略有出入。特此说明。

2001 年 6 月 2 日在清华大学图书馆录制
2001 年 9 月 1 日在香港凤凰卫视台播出

# 用节俭的方式来创造小康生活*

## ——论公众消费与环境保护

我不长篇大论，就举一个例子。几年前，在全国政协的一次会上，一位来自西部的全国政协委员提出，为了拉动内需、创造国内市场，应该批判勤俭的观念。这是我有生以来第一次听见人家要批判勤俭，吓了一跳。我发现，他很有一套理论。他说，勤俭这个观念是中国人民在贫困的时期形成的一种道德原则，现在我们富裕了，我们就要批判这个“勤俭”，这样人们才舍得花钱。大把地花钱才能拉动内需，才能创造国内市场。他说得振振有词。很多人小时候都读过一首诗，“锄禾日当午，汗滴禾下土，谁知盘中餐，粒粒皆辛苦”。这就是讲我们在消费的时候，要尊重劳动者的劳动。还有一句诗是“朱门酒肉臭，路有冻死骨”，这是讲什么呢？你过度的消费就意味着有人消费不了，就是社会的不公平。所以在我们国家的历史上，从来都是把个人的消费行为和某种道德原则联系在一起的。但是古代的时候，有一点是人们没有认识到的，就是中国的资源问题。我们的资源能够允许我们大把大把地花钱买东西，用最豪华的方式来消费吗？并且我们13亿人口都能够有同等机会来这样消费吗？众所周知，我国现在人均资源量非常紧张。我们不妨回过头看看，300年前中国的人口刚刚超过1亿人；100年前，中国人口约为4.5亿；50年前，大概是5亿多一点；到了1956年，毛主席写了一首诗《重上井冈山》，诗里有两句话，“春风杨柳万千条，六亿神州尽舜尧”。大家算算，1956年到现在还不到50年，我们的人口从6亿，一下子窜到了13亿。13亿人要吃、要穿、要住，我们的国家支撑

---

* 此文为梁先生在环境文化促进会“神农架论坛”上的发言。

得起吗？在我们人均资源空前短缺的情况下，我们的市场经济以从来没有的速度和规模发展着，这就是中国的现实。我们做环境保护的就是要在这个两难之间找到一条出路。大家知道，人们的物质消费欲望从来没有像今天这样强烈。解放初期，我们有一个字是贬义词——“豪”字。“土豪劣绅”、“巧取豪夺”都是坏字眼。今天可不了，倒过来了，豪宅、豪车、豪饮、豪宴、豪华装修，什么都是“豪”，好像用那个“豪”字，你就真“豪”了，我看也未必真“豪”起来。但是这种追求，这种心态对我们的威胁是非常大的。我国人均资源本来就是处在世界排名100多位以后，水、耕地、森林、草原、矿产和能源等排名非常落后。在这种情况下，我们13亿人都要过豪华生活，我们“豪”得起来吗？那么怎么办？我觉得，我们要以人为本，尊重每一个中华人民共和国的公民。我们希望他们都有幸福的、适当的生活方式。我们的出路就在于调整我们每个人的行为。你能不能节约用水、节约用电、节约纸张，节约一般消费品？我们不可能有一个人一挥手，天下就一片绿，没有那回事，谁也没有那个本事。但是我们可以管住自己，我们如果连我们自己都管不住，连我们自己的消费行为都管不住，我们又怎么能够改变中国的现状呢？所以我认为从消费的角度看环境保护，最根本的一条是改变我们自己，约束我们自己的消费行为，从我们自己做起，从节约、节省、节俭做起。因此我从根本上不赞成那位政协委员所说的要批判勤俭的观念，以便拉动内需。我们要用节俭的形式来创造一个小康的生活。

原载《自然之友通讯》2005年第2期

# 最后的湿地

《中国青年报》2002 年 5 月 29 日“绿版”上，刊登了记者张可佳写的一篇文章《精心梳理北京第一湿地》，报道了 5 月中旬我们一道前往顺义杨镇“汉石桥水库”湿地考察的情景和心情。其实，一个月来我心里一直记挂着这片目前北京仅存的自然湿地，也就是尚未被大规模人工改造过的野生芦苇荡。

久居闹市，突然在一个早晨能在野塘岸边，咫尺之内，听到蒲苇中叽叽喳喳的鸟叫，真是好生快乐！鱼塘主是个知情达理的中年汉子，但他可能会背地里感慨：这些城里人真可怜，听几声鸟叫就那么兴奋！

遗憾的是，从与镇领导的交谈中可以感到，有人从本地甚至个人的利益出发，是恨不能早日把这片芦苇荡“开发”出来，高尔夫球场也好，游乐园、度假村、钓鱼池也好，只要能赚来城里人的钱，怎么都行。虽然有我们苦口婆心的说服劝阻，但看到那不阴不阳的反应，我对这片湿地的前景却并不乐观。到那时，芦苇荡那可贵的“野”味将会消失，而谁又会稀罕北京是不是再多一处游客本已寥寥的高尔夫球场，或千篇一律儿童积木式的游乐园呢？

可佳的报道把这里叫做“北京第一湿地”，我却不甚赞成，而宁愿称之为北京“最后的湿地”！须知，历史上北京曾经到处都是湿地。甚至要说今日北京城近郊区原本就是一片大沼泽，也不算过分。汉石桥水库这片芦苇荡，也许只是硕果仅存而已。

笔者不是水利专家，对北京历史地理，特别是水利史知之甚少。写这篇文章，不是要来考证水源、水道、水体的变迁或名称更迭，而仅是试图从隔行视角，粗略地勾画出北京水环境（未包括洪水）的历史，以便和现状相比较。让关心这个问题的当代北京人知道，在这段水的历史中，我们有哪些得与失。

## 一

从战国时的幽、蓟，到辽的南京，金的中都，元代的大都，直到明清的帝都和中华人民共和国的首都，北京一直是中国北方乃至全国的政治中心。这里北有潮白河、西有永定河、南有大清河，三个水系周边环绕。大体说来，在一定的社会、人口条件下，是个水资源相对丰富的地方。北京周边曾有过大片的湿地，其面积、水量和形态都远远超过今天。

历史上北京城址一再迁移，但都以今北京的某处水体为其中心。如金中都之于西湖（今莲花池），元大都之于北海，明清之于北海和中、南海。

然而，北京缺的却是一条水量充沛，能够常年通航的大河。清末以前，为满足粮食供应，必须依靠漕运。这也就是以元代郭守敬为代表的历代朝臣谋士，煞费苦心，设计了种种方案，在北京周边无数次开挖修筑沟渠、涵闸、运河，耗尽了不知多少苦役者的膏血性命，却始终未能彻底解决的问题。直到上世纪初北京有了铁路，这才不再是个问题。留下的，只是一些当年与航运和仓储有关的地名，如东城的南河沿、北河沿，崇文门内外的船板胡同、缆杆市，以及沿东城小街一线的禄米仓、海运仓、南门仓、北门仓等。还有史书上关于运粮的记载："一夫日运四百余石，肩背成疮，憔悴如鬼"，"驴畜死者不可胜计"，以至"昼夜奔驰，犹不能给"，民不堪命，只能"累岁逃亡"，连明御史王思诚也感叹其"甚可哀也"，等等。

那么古代北京周边水环境究竟如何？

据《水经注》，北京城西北曾有大片水面。其源一为古永定河（称湿水或芦沟）之一支，从石景山北麓注入京西北山前平原。北京地形西北高，东南低，今颐和园昆明湖东堤海拔约 50 米，东郊海拔约 30 米，通州一带则低于 20 米，比降约千分之一。因此，源于京西北诸水自然流注东南。

三国时刘靖镇蓟州，曾引湿水灌蓟北、东、东南，《水经·鲍丘水注》：“自蓟西，北径昌平，东尽渔阳潞县，凡所润含四五百里，所灌田万有余顷”；《册府元龟》：唐永徽年间（7 世纪中叶）“幽州都督引芦沟水（永定河）广开稻田数千顷，百姓赖以丰给”。[转引自蔡蕃：《北京古运河与城市供水研究》，北京出版社 1987 年版（以下简称“蔡著”），页 13，16，19。] 元代以后永定河故道堙塞，改出石景山南麓，不再注入京西北部。

京西北另一水源是西部山区（燕山余脉）地下水自然涌出形成的诸泉。泉名见于记载者的不下十余。最著者有今昌平县附近的白浮泉和颐和园西北的玉泉。（玉泉山由此得名。清代以前为皇家园林，民国后辟为公园，1949 年以前笔者尝游，后不再对外开放。）

历史上诸泉出水量曾经很大，多数在 $1m^3$/秒以上。如玉泉，据 1928 年实测，冬季出水量为 $1.41m^3$/秒，到 1951 年降为 $1.0m^3$/秒，古代出水可能更旺。（蔡著页 87）笔者 50 年代初亲见玉泉山前碧水滔滔，注颐和园西湖，再经玉带桥入昆明湖。据称夏季出水可高达 $3m^3$/秒。当年在湖中游泳，至玉带桥下便觉水温骤降。今玉泉干涸，昆明湖已改由京密引水补给。

历史上京西泉水汇集，形成所谓巴沟，涵养了海淀湿地。“海淀”之名，明末刘侗等著《帝京景物略》已有记载。据《日下旧闻考》[北京古籍出版社 2000 年版（以下简称《考》）卷七十九，页 1316]：“淀，泊属，浅泉也。今京师有南（海）淀、北（海）淀，近畿则有方淀、三角淀、大淀、小淀……凡九十九淀。”（共记具体淀名 45 处，本文从略。）北京及其近郊以“淀”为名的水面曾经如此众多，亦可见当年湿地范围之广。

海淀下游为高梁河，至今白石桥一带。元代经人工疏引，分两股：一南下，入今市区，形成所谓“三海大河”，南出左安门，入永定河；另一向东，沿今北护城河，经德胜门注入坝河，至今通州区入温榆河（古名潞水）。当时引水一是为了漕运，二是为兴建皇室宫殿，从京西山区运石、木建材。

自永定河改道后，高梁河只是京西一条“断头”小河（蔡著语），但却曾有过超出其自然规模的赫赫名声。金元以来历代王公贵戚、骚人墨客，常沿河游京郊，留下不少咏景抒怀的诗文，如元马祖常《西山》诗：“凤城西去玉泉山，杨柳长堤马上游”，《元史》纪文宗皇帝出游“泛舟于西山高梁河，调卫士三百挽舟”之类（蔡著，页77）；另则是北宋太宗赵炅于太平兴国四年（公元979年）御驾征辽，先胜后败，在辽“南京”高梁河畔，遭辽将耶律休哥痛击，太宗本人仅以身免，逃到涿州才“窃乘驴车遁去”（《考》卷三，页49）。北宋从此国势日衰，终至亡灭于金。而“高梁河之役”也因此名载史册。今天人们来到西直门外白石桥，谁又能想象千多年前，这里曾经铁马金戈，有过如此一场殊死厮杀呢？

## 二

如果历史上北京西北郊的湿地可统称之为海淀的话，其中最大水面则是元代所称的西湖，俗名瓮山泊，即今颐和园昆明湖的前身。从地理上讲，它是海淀湿地的重要组成部分。据金代碑记：“燕城西北三十里有玉泉，自山而出，泓澄百顷。及其放乎长川，浑浩流转，莫知其涯”；元末记载：“西湖景在……玉泉山东，其湖广袤约一顷余。旧有桥梁、水阁、湖船、市肆，蒲茭莲芡，拟江浙西湖之盛，故名”（蔡著页76）。乾隆时改称西湖为昆明湖，建清漪园；光绪末年慈禧太后又扩建并改称颐和园。

成书于明末的《帝京景物略》“海淀”条称：“水所聚曰淀。高梁桥西北十里，平地出泉焉……为十余奠潴。北曰北海淀，南曰南海淀。或曰巴沟水也……自青龙桥，东南入于淀。淀南五里，丹陵沜，沜南，陂者六，连白石桥，与高梁水并。沜而西，广可舟矣。武清侯李皇亲园之，方十里……”（《帝京景物略》北京古籍出版社2000年版，卷之五，页217）。《日下旧闻考》载康熙御制《畅春园记》：“都城西直门外十二里曰海淀，淀有南有北。自万泉庄平地涌泉……汇于丹陵沜，沜之大，以百顷”（《考》卷七十六，页1268）。所谓丹陵沜及其南面的“陂”（即水塘），应在今六郎庄、蓝靛厂一带，即原京西稻产地。京西稻由昆明湖南溢出水灌溉，因水温低，生长期长，含糖量高，旧时历来为宫廷专用。二十世纪六七十年代尚有，今已不产。

过蓝靛厂往南，是紫竹院和西直门外北京动物园，皆有大片水面。（据《考》：北京动物园应即清初的“善乐园”，清末称“三贝子花园”。卷七十七，页1286。）

颐和园迤东，原“北海淀”一带，即今圆明园遗址，其中有福海等多个湖泊。圆明园被毁后，水面荒芜多年，一度重新“野化”，成为候鸟途中觅食栖息的苇塘；再往东南，则是今清华大学所在的清华园和北京大学（旧燕京大学校址）所包括的朗润、镜春、蔚秀、勺、承泽诸园。北京大学未名湖及其中石舫，便是当年遗物。其中勺园一带即明代“武清侯李皇亲（李伟）”和水曹郎米仲诏（米万钟）的园林旧址。据史籍记载，其中水面都极广阔，甚至可“船行数十里”。天然沼泽被圈为私家园林，也算是当年的一种“旅游开发”吧！至今这一带除零星小池外，几乎已片水不见。

## 三

源于京西北的湿地，经白石桥过善乐园（今动物园）后，仍在向南延伸。近西直门关厢，则北有太平湖，即老舍先生“文化大革命”中投水自尽处（今已被填），南有今已名存实亡的积水潭。积水潭金代称白莲潭，元代称西海或海子，是原北京城西北角一处沼泽。水面曾经很大。古人曾形容为“鹜雁之地，水草丰茂”，其中一部分可能即今城内西海的前身。再往南，便是后海和前海。所谓什刹海，即此三海之统称，因旧时周边有十座寺庙而得名。什刹海紧邻北海、中海和南海，水皆相通。

今二环路以西，由北往南依次有玉渊潭、莲花池、陶然亭等水面，和现已干涸的宣武区青年湖。钓鱼台和玉渊潭本为一体，台在潭中。据《帝京景物略》，为金代王郁所建，元代称丁家潭，明代被李伟据为别墅。莲花池曾是金代“西湖”，据《水经注》：其水面应比今大数倍。（蔡著，页 174）原宣武区青年湖则应是金中都皇宫内鱼藻池遗址。（据新华社记者王军。蔡著则认为可能是金皇城同乐园内西华潭遗址。）

今北郊至东郊，水面依次有柳荫公园、团结湖（旧称水碓湖，现仅余地名水碓子）、朝阳公园、红领巾公园和龙潭湖等（各处旧名未及考证。城北青年湖及人定湖系 50 年代人工开掘，不入此列）。

北京南郊，到大兴县界，今麋鹿苑所在地，原来也有大片湿地（团河在内），旧名南海子。元代名飞放泊，属永定河流域。据《日下旧闻考》：“有泉百余”（《考》卷七十四，页 1235）。曾是麋鹿养殖场，从辽代开始便被圈为皇家猎苑。有记载：元、明时曾“周垣百六十里”。今南郊“大红门”、“小红门”、“旧宫”等地名，都是当年皇猎苑入口或建筑的遗迹。

综上所述，足以说明北京自古以来，东西南北中，都有大片湿地沼泽。以致时至今日，城内外都还留有如此多的水面。这就是本文开始所谓“北京城近郊区原本就是一片大沼泽”的根据。

由于历代不断的垦殖，引水漕运和修建园林，“沧海”逐渐变为“桑田”。城内和京郊各水渐次萎缩乃至干涸。少数幸存下来的，无论其补水水源、水体形态，特别是其生态功能，已今非昔比。

## 四

现在大家都在为北京缺水而焦急。据官方数字，北京在正常来水年份，人均淡水占有量不足 300 立方，低于以色列的 306 立方。

北京是怎样从一个历史上的丰水城市变成了一个缺水城市的呢？

原因很清楚：北京境内毕竟没有大江大河。年均降水仅六百多毫米，而蒸发量却近五百。过去北京用水主要靠西北面几条不大且径流极不稳定的河流和地下水。尽管涵养了一连串湿地，其可供水量却有其天然限度。一旦人口增加，工农业用水过度，缺水问题便立刻凸显出来。

其实，早在明、清时期，北京内城因人口密集，水质性缺水已见端倪。旧时城内居民用水来源只能是浅井。北京“胡同”之名兴于元代，即蒙古语的“井”，北京胡同之多，也表明水井之多。由于缺乏有效的排水系统，以粪便为主的居民生活污水长期潴积，污染了浅层地下水。所谓“腐秽渗漉之余……水率咸苦”，多数井水受污染水质变坏。“井而得美泉者，百一、二数”（蔡著，页186）。以致掘到一口好井便会远近闻名，如今之王府井及其西侧的大、小甜水井。

皇宫当然不能用苦水。元代靠引京西水入大内。为防止污染，引水水道严禁百姓利用：“敢有浴者、浣衣者、弃土瓴商瓦者、驱马牛往饮者，皆执而笞之”（蔡著，页225）。不知从何时起，宫里改用玉泉山水，由手推木制水车直接送到宫里。据说在北京有自来水厂之前，每天四更时分西直门城门开启，第一拨进城的，就是给宫里送水的车队。（参见溥仪：《我的前半生》）

历史上北京人口基本上是一直增长的。

金代北京（包括近郊区）人口近100万，元末约110万，清末仅市区为284万，解放前夕市区约200万。1949年，中华人民共和国首都北京——包括郊区县，人口约414万。1953年增长为600万，60年再增为700万，1973年为800万，1981年900万，1988年超过了1000万。（据《北京通史》中国书店1994年版，第十卷页445—446）目前全市人口已超过1400万，其中77.5%为城镇人口（2001年）。

根据北京人口与环境容量（其中包括水资源）的关系以及其他原因，解放初期，建筑及城市规划专家曾提出：市区人口不可过分密集，北京地区更不宜发展耗水和污染型重、化工业。然而，在“把北京从消费城市变成生产城市”的口号下，这种建议却遭到了否定和批判。领导人期望的是：“从天安门城楼望下去，要处处都是烟囱!”

此后，北京人口和工农业生产便迅速增长，人民生活水平也逐步提高，同时人均用水量也急剧增加：

1949年前后，北京市人均日用水量仅7升；1958年增至75升；

1981 年为 235 升；1995 年为 285 升。50 年中增长了 40 倍，若再乘以人口增加数，其总量增长之巨，可想而知。

同期，工业用水从 0.3 亿 $m^3$/年，增长为 10 亿 $m^3$/年。农业灌溉面积从 21 万亩增加到 1984 年的 514 万亩，1986 年农业用水近 32 亿 $m^3$/年。到 1995 年由于减少了水稻种植面积，农业用水减少了 1/3 左右。（《水惠京华》水利水电出版社 1999 年版，页 14—15）

与此形成鲜明对比的是，到 90 年代，北京市环境用水平均只有 0.4 亿 $m^3$/年，仅占总用水量的 1%。而上文所提到的北京各处湿地，其天然功能本来都属环境用水。

在这种形势下，北京市只能靠越来越多的水库和地下水。过度提取必然导致地下水位下降。以 1976 年、1959 年相比，北京西郊一带水位下降了 14—21 米，东郊工业区下降了 25—30 米。（同上书，页 203）目前市区形成的地下水漏斗区已超过 2300 平方公里；而周边河道也已统统闸住，成了水库。其中有的也因上游来水污染导致水质恶化，以致不得不退出北京生活用水供水系统，如著名的官厅水库。京郊各水库的修建，固然在防洪方面有重要作用，但干旱和半干旱地区修水库都会使下游地区失去天然水源并阻隔地下水的补给，从而进一步导致干旱化。

我们这次所去的汉石桥水库，原来是潮白河下游的一片天然溢洪区。自密云水库建成后，便失去了补水来源，只能靠雨水和少量渗水来维持。除非靠抽地下水饮鸩止渴，其逐渐萎缩的前景似已难以逃脱。

北京地区在逐渐干旱化，这是不争的事实。其中固然有气候的原因，但更多的，还是人类过度开发的结果。遗憾的是，时至今日，有人还把我们欠下的这笔“水债”当成功绩来歌颂：“战天斗地数十年，喜看京郊换新颜。水库八十如棋布，机井四万如繁星。…旱涝洪碱千载事，降龙伏虎在今天。”（同上书·序）这种文字，出在大跃进年代尚可理解，发表在建国 50 周年的纪念册里，就不免让人有“曾不知有汉，无论魏晋”之感了。

## 五

在几千年的北京文明史上，在这里生活过的人或以亿计。他们中的每一个，都在为自己的生存谋取更多的资源。分别来看，谁也无可厚非。但总体上看，却陷入了一个巨大的误区：大自然毕竟不是一头不用吃草，却永远可以让人挤奶的牛！

北京的大地，可以用她的乳汁抚育从山顶洞人到 2008 年奥运会的文明，但长久地过度奉献，毕竟会使她衰老、枯竭。

以水而言，我们也许有能力调用千里之外的长江水来滋润干渴的北京。但在大自然和历史面前，我们真的那么心安理得吗？在当今这个不太平的世界上，靠高科技维持一个上千万人口大都市居民的基本需求，天天像打吊针那样过日子，有安全感吗？

人们能不能像要求自然那样地来要求自己：崇尚朴素节俭，要求得更少，却创造得更多？今天已经可以隐约可见自然的底线，而作为“人”，我们的潜力又发挥了多少？

50 年代，秘鲁诗人聂鲁达曾写过一首长诗《让那伐木者醒来》，诗的内容早已忘掉，却记住了这名字。今天，面对大自然，我们也许都早该醒来！

从这个角度看，保住汉石桥这片沼泽，或将有其重要的象征意义。

2002 年 6 月
“世界环境日”后一周

# 真心实意、身体力行
## ——再谈中国的环境状况与公民责任

中国环境的日益恶化已是一个不争的事实，面对这种现实，许多人可能会说，环境保护是政府的事情，与一介百姓何干！诚然，环境保护主要要依靠政府的力量，然而全世界的经验都证明了，如果没有公众的参与与监管，纵然政策法律制定得非常完善，政府的作用也将极其有限。从这个意义上说，提高环保意识，身体力行保护环境是每个公民不可推卸的责任。

### 与中国环境恶化相关的“五个从未有过”

我从非技术的角度总结了与我国环境恶化密切相关的“五个从未有过”。

其一，中华民族上下五千年，人口从未像今天这样多。说到底，环境问题的根源是人的问题。我国幅员辽阔，如果人口稀少，则不会出现当前严峻的环境问题。我国人口第一次超过一亿是在清康乾年间，建国初期也只有五亿五千万，而从那时到现在的短短 50 年间，人口已突破 13 亿，其速度让人惊愕。

据专家介绍，中国最多能够承受 16 亿人口的负荷。从区域分布上看，我国人口现基本集中在东南沿海一带，西北部、西部和北部等广漠的土地基本上是不适合人居的地区。试想，如果超过 16 亿人生活在这片土地上，并且以相当不均衡的状态分布，共同争夺这片土地上的资源，将会是一个怎样的局面？

其二，中国的人均资源从来没有像今天这么少。虽然中国地大物博，但若按人口平均，我国人均资源占有量在世界的排名非常低。

耕地是人类生存的最基本的自然资源，而我国的人均耕地面积已从解放初期的三亩下降到一亩一分，比联合国粮农组织规定的危险线（人均三亩耕地）低一半还多。随着城市化的进程，耕地面积还会更少。这是一种临界状态，稍有闪失将会造成不可逆转的灾难。

中国人均淡水占有量是世界平均水平的四分之一，而华北地区是全国的六分之一，北京按正常年份人均淡水占有量（293 立方）甚至赶不上著名的沙漠国家以色列的人均淡水占有量（306 立方）。

中国是贫林大国，人均森林面积为全世界的 1/6 或 1/7，而且森林资源锐减趋势十分明显，人类经济活动密集的地区基本没有森林了。以山东为例，当年武松是在阳谷县的景阳冈上打死老虎，这说明北宋时期山东中部地区的生态环境很不错，起码还有老虎这样的标志性动物出没其中，可现在怎会有老虎的藏身之处？

中国还是贫草大国，长期重用轻养，超载放牧，盲目开垦草原，退化草原已达可利用草场的 1/3，“风吹草低见牛羊”的草原风光已是今天的神话。今年早春的沙尘暴，据说都漂洋过海到了日本和韩国，内蒙古自治区一些旗的牧民每天早上起来先要清除压在羊身上七八斤沙土。在“文化大革命”期间上山下乡到内蒙古的知青都还记得，当时的草到马肚皮那么高，骑马上学的小孩早上总被草尖上的露水打湿鞋袜。

人均资源是一个国家发展和环境改善的最根本的条件，如果这方面遭到了破坏，呈现出贫瘠的状态，那么国家繁荣和安全的前提就无从保障。

其三，在前两点的基础上，中国的经济活动规模从来没有像今天这么大。中国的 GDP 已超过一万亿美元，2001 年国民生产总值以百分之 7.8% 的速度增长，这是值得我们骄傲的。但是大家不要忘记，GDP 的增长，国民经济的整个活动规模的增长，全依靠资源的支撑。在这块土地上，经济活动规模越大，我们在环境上的支出就越多，我们的资源支出越多，我们承受的污染物、排放物也越多。我们必须找到一个更合理的结合点，不能牺牲我们的环境、牺牲我们的资源，来单纯追求经济规模的扩大。

经济的可持续发展问题早在1992年第二届世界环发大会上就已深入人心。然而10年过去了，我们依然是任重道远。拥有丰富的廉价劳动力、上百万有才华的工程师和良好基础设施的中国，已成为新一代的“世界工厂”，许多人都为此自豪，可我却不那么乐观。工厂，顾名思义就是消耗资源和能源的场所，而在中国设厂就意味着要消耗中国的资源和能源，其所排放的废物也都留在了中国。用一个形象的比喻，中国更像餐厅的厨房，在提高美食的同时，也产生了许多垃圾。随着中国加入WTO，我们在承诺承担义务的同时，也必须认清自己的位置和角色，争取应有的权利。

其四，中国科学技术的力量从来没有像今天这么强大。

科学技术是一把双刃刀，既可以帮助我们改造自然，为人类的幸福谋取更多的可能性，但使用不当的话又有可能伤害我们自己。50年代日本的“水俣病”、“痛痛症”，都是工业发展所造成的结果；前苏联的切尔诺贝利核电站的爆炸是科学技术处置不当的结果；印度博帕尔化学农药厂的毒气泄漏，都是科学技术的原因。

2001年10月，我有幸应邀以“环境使者”身份与其他几位知名人士赴三峡地区了解库区环境问题。我们了解到，重庆以下沿江城镇目前竟然没有一座大型城市污水处理厂，上千万人口的工农业和生活污水90%以上直接排入长江及其支流；加之沿江城镇淹没线以下工业和生活垃圾堆存近2000万吨，也没有一座达到国家标准的生活垃圾处理厂，另有淹没线以下城镇中大量的坟墓、厕所和医院污物堆存，以及原来的各类矿场及矿渣等等，所有这些如不能在蓄水前得到妥善清运和安全处理，蓄水后将成为水下污染源，其中大量有害物质将被浸出并扩散到水体中。蓄水后长江干流流速减缓，自净能力降低，污水和垃圾叠加，今后三峡水库水质如何保证？

所以从这个意义上讲，科学技术一方面可以造福于人类，但是如果人类在掌握科学技术上没有一个足够的智慧来限制它的不利方面，而一味地迷信科学技术可以解决一切问题，一味地追求科学技术的发展，那么科学技术这把快刀很有可能伤了我们自己。

其五，中国人追求物质丰富的愿望从未像今天这么强烈。追逐财富的心态和“豪”字当头的消费方式已对环境保护造成很大的压力。

许多人都很羡慕美国人的生活方式，可美国国土面积虽然比中国少30万平方公里，却只养育了2,600万人口，消耗着全世界34%的物资。如果全中国人都达到美国人的能耗水平的话，要四个地球才够用。美国人平均两人一部车，如果中国也要达到这个水平，就需要六亿五千万辆汽车，超过世界汽车保有量的总和。

由此看来，如果我们都像美国人那样生活，这个地球是承受不了的。这是一个不现实的前提，我们不能单纯追求这样的生活方式。

## 从我做起，加强公民责任

上述五个因素加在一起给我们的土地和环境造成巨大的压力。所以，当务之急是必须从自身做起，树立环境保护意识，加强公民责任感，以切实的行动来为国家的发展和环境的改善贡献自己的力量。在这里，我想谈一谈消费观的问题。

作为消费者，对于环境的改善人人都有一份不可推卸的责任。举一个简单的例子，现在大家都在抱怨沙尘暴。沙尘暴的重要原因是草原退化、草原的沙漠化，而草原退化的主要原因之一是过度放牧，而过度放牧的原因是为了提供畜产品，所以说，消费对沙尘暴是负有间接责任的，我们和环境状况、资源的消耗息息相关。

有人说要保护森林、保护野生动物，同时家里要豪华装修，而且要实木地板。现在北京市汽车的尾气对空气污染的贡献率已经超过了50%，我们的空气污染中间一半以上是汽车尾气造成的，大家一方面在骂空气污染，一方面都想买车。有些人把占有生活资料的能力视为衡量成功的标准，凡事以昂贵、豪华为美。其实，一个真正成功的人必定是具有高尚精神品质的人，他们不追求占有，只追求贡献。所以，人们应该想想，选择采取怎样的消费方式才有利于整个国家的可持续发展。

中华民族是个有底蕴的民族，自古以来就有“由俭入奢易，由奢入俭难”的教训，这句话在今天依然具有时代意义。在环境保护上，我们现在已经在吃前代的亏了，所以不能再使现有的生态进一步地恶化，让子孙后代遭殃。我想，大家一定会认真想一想“真心实意，身体力行”这八个字，至少可以从自己做起。

# 小耗子　上灯台

“自然之友”会员王丽是一位中学语文老师。她在读了最近报载我的一篇旧作后，执意要我写篇东西，谈谈自己当年是怎样学语文、学写作的。我不是什么专业作家，文字平平，有什么资格来谈学写作？为此推辞再三。

然而，在读了她所编选的《语文教学忧思录》一书之后，我真觉得有必要说几句话了。我不是中小学老师，儿女早已成人，因此没有机会得知我国的中小学语文教学目前竟然存在着这么严重的问题。那不仅是在压制和摧残青少年用汉语这种精深、优美的语言表达自己的思想感情的能力，而且简直连他们的思想感情也一并给扼杀了！说得重一点，这种语文教学体系的形成，和按照这种体系来进行课堂教学（也许很多人是被迫的），简直是对有几千年不间断光辉传统的中国语言、文化的犯罪！科举时代曾有过八股文，后来毛泽东又严厉地批判过“党八股”，还有所谓“假、大、空、套”，我不知道现在中小学课堂里教的这种东西应该叫什么。

我小时学习读和写的经历，主要不是通过课堂和课本，而是父母的直接教导和家庭环境的熏陶。然而，这对于我的汉语表达能力的形成，乃至我的整个为人都曾起过某种决定性的影响。

从我的个人经历出发，我以为，对更完美的汉语表达能力的追求，首先来自对这种语文（包括口语及其书面表述方式）的欣赏能力的培养。只有爱这种语文，知道欣赏它，才会产生要用好这种语文的愿望。只把语言当成交流工具，看不出它的美，体会不到它的韵味，对之没有感情，也就谈不到对完美的追求。

回忆起来，我自己对汉语作为一种语言的欣赏，竟始自幼年时我那不识字的保姆教我的北京“土”儿歌。什么“小耗子，上灯台。偷油吃，下不来，叽呱叽呱叫奶奶……”什么“上轱轳台，下轱轳台，张家妈妈倒茶来，茶也香，酒也香，十八个骆驼驮衣裳……”还有“槐，槐，槐树槐！槐树底下搭戏台，人家的姑娘都来了，就是俺们家姑娘还不来……”等等，至今我还能背诵如流，而且还传给了我的女儿。如果说幼儿也会被语言的魅力征服的话，我在近七十年前就被这些数百年传唱于民间，而今却几乎失传了的民谣对事物传神的描述，它们的韵律，特别是其幽默感征服了。

稍长大一些，启蒙我欣赏中国文字的老师是我的父母，尤其是我的母亲。我记得最清楚的一件事，是在我六七岁的时候，母亲怎样把《战国策》中“唐雎不辱使命”一篇教给我和姐姐。当时抗战刚开始，我们一家逃难到昆明，为躲避日本飞机轰炸，住在城郊一座尼姑庵破败的厢房里。我刚上小学二年级，识字不多。母亲是通过朗读来教的。首先是她自己对文章的欣赏感染了我们。有过演员经历的她，几乎是边读边表演，声音抑扬顿挫。当她读到唐雎正告秦王：“若士必怒，伏尸二人，流血五步，天下缟素，今日是也。挺剑而起”时，那激越昂扬的声调和随后“秦王色挠，长跪而谢之曰：‘先生坐，何至于此，寡人谕矣！’……”时的声调和表情，我至今不忘。这大概是我学习欣赏古文的开端。

此后，我们家又迁到了四川宜宾一个更偏僻的小镇——李庄。父亲开始教我背唐诗和《左传》。我不是个勤奋的孩子，背诵的功夫不深，但居然也常常读得津津有味。特别是，当年父母体会最深的某些李杜诗句，正好与我们生活的时代背景吻合——战时后方生活的艰辛和对胜利返乡的渴望。“剑外忽闻收蓟北，初闻涕泪满衣裳”、“可怜小儿女，未解忆长安”，这些名句对于我，已不是遥远的古诗文，而也表达了战争时期我自己的全部情感。它们使我从小就开始感受古人在国难期间的那种忧患意识，并在我心底植下了对这个灾难深重的民族永不磨灭的爱。

小学时代，我的乐趣在读各种课外书——《西游记》《水浒》《说岳传》、老舍的《小坡的生日》、张天翼的《秃秃大王》等等。战时后方很难得到适合儿童读的书，我当时是抓到什么读什么。但不爱读《三国》，《红楼梦》更是连瞄都不瞄。同时，父母也给姐姐和我买了许多当时能得到的英美文学经典的中译本，如《鲁滨逊漂流记》《爱丽丝漫游奇境记》《金银岛》《罗宾汉》《萨克逊劫后英雄略》（今译《艾凡荷》）、《人猿泰山》等等，母亲甚至要我们读屠格涅夫的《猎人笔记》。其中我最不喜欢的大概是《木偶奇遇记》，整篇都是教训小孩要孝敬父母的说教。现在想来，实际上这些书不仅是我的文学启蒙课本，也是我的人生观和审美观的启蒙课本。我对美、丑；善、恶；诚实、虚伪；高尚、猥琐；君子、市侩等等的判断标准，就是在那个时候开始奠下基础的。记得当年最喜欢《西游记》里孙猴子和妖怪比挖心的故事：孙猴子剖开自己的胸膛，呼啦啦掉出一堆心来。八戒在一旁说风凉话：好个多心的猴子！大圣问妖怪：你要什么心？妖怪说：要你的黑心！大圣翻来翻去，什么忌妒心、贪婪心、好胜心、虚荣心……都有，唯独没有黑心！这个故事的寓意，我从小学四年级直记到七十岁的今天。

也许有人会问：我少年时读过多少祖父的文章？说来惭愧，因为那里面尽是政论、学术和对青年的训谕，又多是文言，我读不懂，也不爱读，甚至有点“逆反心理”。父母倒也不强求。其结果，直到今天，祖父的文章我读得也不多。他的文风对我大概没有多少直接影响吧。

母亲也教我英语。她常给姐姐和我用英语读诗，特别是像《爱丽丝游记》和英国儿童文学作家 A. A. 米尔恩作品中那些韵律性特别强，又富于孩子所能理解的幽默感的儿童诗。父亲则给我们补充语言学家赵元任对这些儿诗的别出心裁的精彩中译。战时物质生活极端匮乏，但我们家精神生活却特别丰富。简陋农舍里，病中的母亲蜷在床上，就着一盏菜籽油灯教我们姐弟读书。回忆中的那种情景至今仍觉得温馨。因为当时也在读《左传》，记得有一次问母亲，英语 typical（典型）的意思是不是和《左传》里常出现的“其是之谓乎”差不多？惹得她笑了一场。

妈妈试图用写日记来培养我的文字表达能力。这是我小时候一大“苦难”：因为大多数时候我都在尽力逃避这门功课。等妈妈喊一声：

“小弟！让我看看你的日记”时，常常只得临时“补记”上三五天，其结果，每篇都是“早上我起来了，就去刷牙了，后来就吃早饭了。吃完就去上学了……”这种“作品”在妈妈那里会遭到什么样的“嘉奖”，自不待言。

我第一次真正感到需要运用文字作为工具来表达自己的感情和描述事物，是在我十二岁离家独自到重庆上初中时。由于当时从李庄到重庆要坐三天江轮，我一学期只能回一趟家。这样的学生，全年级五个班二百五十人只我一个。学校规定所有学生都必须住校。周末眼看同学全都回了家，偌大一间宿舍只剩我一人时，泪汪汪地坐在空荡荡的教室里给妈妈写信成了我唯一的安慰。于是我想尽办法要通过文字让妈妈知道我“多么可怜”、“多么孤独”，把我一个人“扔”在重庆是多么残忍！然后又泪汪汪地盼着、读着妈妈充满爱意的回信。这种“写作训练”可比记录“刷牙，吃饭”的“日记”有效多了。但是中学功课紧了，读的课外书也少多了。

抗战胜利，全家回到北平。当年北平的蓝天、白鸽、古城下的驼铃和宫殿半圮的屋檐……这一切使我觉得自己一下子就领悟了自小就很熟悉的母亲的诗的意境。她的作品不仅深深地影响了我的写作甚至影响了我的为人。

在学校的作文课上，我也开始有意识地通过文字来表述外在景物在自己心里引发的感受。中小学语文老师中，我特别怀念燕京大学附中的张茵陈老师。她鼓励我自由发挥。当时我在班上调皮捣蛋，常被她厉声训斥，叫同学“别跟梁从诫学！”但是到发作文本时，却常得到她的嘉奖。母亲从小要我“be yourself”（按自己的本色做人），她自己也特别强调写作心态的诚实。我在作文中也总是力图体现出这种精神——尽力不去做廉价的模仿。这点常能得到张老师的理解和鼓励，从不强迫我按现成的模式写作。这使我从小就没有受“八股”习气约束，最腻烦套话、空话。

在我离开这所学校时，班上一位同学要走了我的作文本留作纪念。

多年后又见面时，才知道那个我自己用大针和棉线装订的作文本竟被他保存二十多年，直到“文化大革命”中才被人家当做“四旧”烧掉了！

大约在高中毕业后，刻意学习和练习使用汉语的意识，逐渐淡化，尽管直到今天，这个过程事实上一天也没有停止过。我懂一点英语，也为英语所具有的魅力而倾倒。但汉语作为我的母语，不仅是我思维、表达和交流的基本工具和载体，而且从幼儿、成人到老年，它所传达给我的文化信息，成了我整个精神世界的根基。

其实，学习母语的过程对任何人来说，不管从正面还是负面来看都起着相同的作用，无论有着什么样的家庭背景和社会环境或受过多少正规教育。我和那些有天赋、写作有成的人当然无法相比。然而有一点很清楚：如果我今天尚能写出像样的中文，首先是因为我爱这个语言和文字，爱它所体现的文化传统。

本文刚刚完稿，看到报载对台湾著名作家龙应台的采访。其中写道：“龙应台说，她对华文世界的忠实爱情，源于她对汉语语言和文字的热爱。”真是知音啊！怪不得去年访台时，和她竟是一见如故。这种对同一语言、同一文化的爱是任何政治、年龄的分野都无法隔断的。我想，我国的每一位小学语文老师都应当认识到培养孩子们的对母语的这种感情，应是自己的首要天职！

2001 年岁末

# 从《万历十五年》的书名想到的

一位美籍华人历史学家黄仁宇先生曾写过一本在国际史学界很有影响的著作——《万历十五年》。

我对中国古代史的知识很浅薄，却被黄教授这本书独特的叙述方法所深深吸引。他有意地避开了那些重大的历史事件和风云变幻的年代，而选取了明万历十五年这么一个“无关紧要”的年头，用近乎平铺直叙而又娓娓动听的笔法，把步入晚期的中国传统社会的形态与病态勾勒得准确生动，从而为黄先生的“大历史”观作了一个有力的映证。

读这本书的时候，首先吸引了我的还是那英文原著的书名：《1587，*A Year of No Significance*》（《1587，无关紧要的一年》）。这中文书名是黄先生自己译的，当然准确无误，但是读来却总觉没有英文原名那种难以言传的俏皮味儿。一个历史学家，写书不写轰轰烈烈、危急存亡或至少是个多事之秋，偏要找个“无关宏旨之秋”，这本身就非同一般，使我非要把它看完不可。本能地认为：这“无关紧要”之中或之后，必有点至关紧要的什么，否则黄先生岂不真是“有病”？叫我说，黄先生此书后来在西方走俏，光这书名的魅力大概就占了三成功劳。果然，黄先生正是要从那平淡中见冲突、见非常、见那“大历史”不由自主的走向。不说史学界的同行们赞同黄先生的观点与否，他的写作意图肯定是圆满地实现了。

自己写回忆录为什么要扯到《万历十五年》？就为了这书名。我这么个人，活了六十多岁，确实也经历过一些事，见到过一些人，但多半不是我自己使然。只不过因为生在这么个家庭里，这么个圈子里，“赶上”罢了。闲时偶尔也讲点老故事给亲朋后辈们听，“效果”倒总是不错。于是便不断有人怂恿：“干吗不写下来？”我确实也觉得，有些过去的事，经历过的人也不多了，不留下个记录，等自己入了什么什么“山”，这点历史片断岂不也就“失传”了？从文明传递的角度说，也可以算得上是一种损失吧。

可自己又有什么资格写回忆录呢？也许在国外，什么阿猫阿狗都可以写回忆录，顶多没有人给你出版，或出了书没什么人看。至少不会有人气势汹汹来质问：“你算个老几”，“是不是想靠祖上招牌过日子”？可在咱们这个讲究“礼仪”、讲究论资排辈的“文明古国”，猫狗们若不先想好怎么自我保护，就最好别去找这份麻烦。于是自然地就想起了黄先生这极妙的书名。我不也就是个“无关紧要”的人，却正好生逢其世吗？无关紧要的人不也有可能为至关紧要的历史作个见证吗？如果此说可以成立，那么，记点往事也就心安理得，甚至还有点“理直气壮”的感觉了。

另外还有一本书对我也颇有启发：英文书名是 *Golden Inches*（此书没有中译本，却有个中译名：《一寸光阴一寸金》），是抗战时期美国驻重庆使馆外交官谢伟思先生的母亲 Grace Service 于 1906 年随传教士的丈夫来中国后，二十多年的私人日记。在她死后多年，经谢伟思整理编辑出版（谢伟思本人出生于成都，几年前也故去了）。

日记的作者不过是一位普通传教士的妻子，一个在华洋人家庭妇女。而这本来是她的私人日记，写的时候大概从来也没想到过要向社会公开的。人们可以认为这是一个“无关紧要”的人的一份“无关紧要”的文字。但是，它所记录的却是 20 世纪初叶，即刚闹完义和团，清政府被八国联军打败，不久第一次世界大战爆发的时代的在华外国人，特别是生活在成都这样的中国内地的外国人的日常社区生活。对于对那个时代，并对当时在中国内地长住的洋人与中国人的关系，以及当时中国内地的一般社情民情感兴趣的人来说，这却是一份难得的史料。这本书也表明，“无关紧要”的人是可以为“至关重要”的历史作证的。

马克思主义唯物史观重视人民群众在历史发展中的作用。毛泽东更说过“人民，只有人民，才是创造历史的真正动力”。可是，几十年来，我们又读过几本那些自命为马克思主义者所写的历史著作，是真正把人民放在主角地位的呢？在他们的笔下，群众仍然不过是帝王将相的工具，不同的也许只是某些“农民起义领袖”也取得了与帝王将相同等的荣耀而已。所谓“群众”不过是一个空洞而抽象的概念，一片给“英雄”们的表演作陪衬的不可缺少的布景罢了。至于他们个人的欢乐和痛苦、牺牲和期待，某些“马克思主义者”们是并不在意的，就像他们不在意几十年来在历次“伟大的政治运动”中千百万普通百姓的血泪和苦难一样。“人”是历史的灵魂，讲历史不讲“人”，就像河流没有了水，只剩下一条干涸而怪诞的河床。

难怪现在的学生居然会把历史课看成最让他们厌恶的课程之一！

1996 年

# 读报与防伪

近几年参与了一点民间环保活动，形成一种心理：看见有人在公共场所乱扔垃圾，总想过去制止，但又怕引起冲突。有时就悄悄代人捡起，投进垃圾箱了事。却又认为这无助于教育“肇事者”。你捡他扔，岂不是没完没了？总之，遇上这种事，心里总不大痛快，要嘀咕好一阵子。

然而，这种心情在读报（不仅是报，也包括各种书刊、传媒）时每每也会产生。其实这也不怪。因为这些也是一种“公共场所”。看到有人在此信口开河，弄些假冒伪劣来蒙骗不大懂行、不明真相的读者，也常想揭露它一下，也是因为怕得罪人，就忍了。这和见人扔垃圾、卖假货不去制止一样，多少缺乏点社会责任感。

偶翻旧报，见 1996 年 10 月 24 日《光明日报》“文艺观察”副刊上一位颇有点知名度的作家写了一篇题为《小写的文字》的小品，主要是指出当时长篇小说太滥，不如多写点有分量的短篇云云。本人不懂文学，也不知三年前此文所批评的现象如今是否依旧。它引起我注意的却是前面一段类似引子的开场白。文曰：“曾有一个洋人，写过一本美学小册子，题为《小的是美好的》，译介过来后，在 80 年代文坛一度颇讨读者欢心，但现在仿佛早已被忘掉。‘小的是美好的’这句话，倘以我看，作为严格的美学命题恐怕站不住脚……然而，‘小的是美好的’这句话从他们西方美学家口里说出，却不曾被我们东方人想到，原是极合适的。……”且不论作者后面的议论如何，总之，根据作者所述，《小的是美好的》是本美学著作，是西方美学家的一个“郑重”的“美学命题”是无疑的了。

果真如此？幸亏此书“80 年代”就被不属文坛的本人读过，而且也还没有“被忘记”。所以略知此书与“美学”风马牛不相及。它是一位著名英国经济学家E. F. 舒马赫的经济学著作，是继罗马俱乐部《增长的极限》之后又一部重新审视传统发展道路和发展战略的作品，在探讨新的发展战略与模式方面，也具有里程碑的意义。出版后几年中曾重印十二次，曾是备受读者关注的一本畅销书。“小的是美好的”这一命题，是作者针对长期以来西方资本密集、技术密集、专业化、大型化、高消耗、高污染的发展模式提出的，认为发展中国家在发展经济时不应像西方国家那样一味求大、求高，而应采用一种适合本国国情的“中间技术”（又译“适用技术”）。这些，对于稍为涉猎过一点当代社会科学的读者来说，都是常识。

我们当然并不要求这篇小品文的作者一定要去读这本经济学小册子，尽管它曾是本畅销的通俗读物，但我们至少可以要求他（她?）不要对自己根本没有读过，也完全不懂的作品信口雌黄。自己伪装博学倒也罢了，要紧的是可能因此贻误了他人。

《小写的文字》一文结尾处有一段话说得好：“其实痛感今下文人的通病……其三是：学者无文，只会端起架子空谈国学、西学、大文化之类，无力写出前辈学者笔下那种见识、笔墨俱佳的小品文。”《小》文作者何妨以此自省?

就我来说，这不过是把眼见丢在公共场所的废物捡起来，扔进垃圾桶而已。尽管这也多少需要一点良心和勇气。

1999年12月14日

**后记**

果然仍旧缺乏这点良心和勇气，此文到底也没有送出去发表。

# 给女儿的信

1993年1月27日

我虽然是一个有着许多弱点和缺陷的人，但这些年来，我的确是一直十分自觉地想把我所能给予你的，我所最引以为荣的家族的优良传统，以及一切我以为最可贵的性灵和素养，最大限度地传递给你（包括故意在你面前和那个不让我们从外交公寓门前的人行道上通过的大兵干仗等等，那时你大概才五六岁，你还记得吗？）——在这些我自己也并不能真正具备的品质中，我以为最重要的，也许应是：第一，对人的同情和爱（记得我曾经多次对你讲过，同情心应是人作为社会动物的第一基本品质，人类失去同情心，社会也就不再成其为社会了，而中国人对与自己无关的人的冷漠，却是这个民族缺乏同情心的最可悲的证据之一）；第二，对知识和美的赏识和追求（圆满的知识本身就是美）；第三，对民族文化（尽管其中不全都是美的）的由衷的眷恋和对自己故国的真诚的爱；第四，对低级趣味的名利和权欲的真正超脱。

呼　声

# 我完全拥护政府提出的“建设节约型社会”的号召

我完全拥护政府提出的“建设节约型社会”的号召。

中国是世界第一人口大国，因而也是人均资源相对小国。目前我国经济发展的规模和速度都是空前的。如果我们不重视节约，中国的发展将不可持续。节约要从每个人做起。如果我们能经常注意从身边小事做起，从节约一张纸、一盏灯、一盆水开始，大家一起坚持下去，节约型社会才有可能出现。

2005 年 11 月 30 日

# 关于尽快建立健全环保公益诉讼制度的提案

四川沱江重大污染事件虽然已经过去，有关责任人员也得到了应有的法律制裁，但由这种恶性污染事件给人民群众造成的重大损失又应该由谁来负责？造纸厂将污水排入青衣江，乐山市25万人喝不到干净水这样的现象还时见报端，在基层普遍存在环保“违法成本低、守法成本高”的现象，现行的环境法律对污染者惩罚太轻，治理污染的投入比行政罚款高数倍甚至几十倍，在经济利益的驱动下，污染制造者宁愿认罚也不守法。一些污染企业在当地是英雄，是政府的红人，在发展经济的口号声中，以牺牲环境为代价，走“先污染后治理”、“先发展再保护”的弯路。如果长期在这样的社会环境中，环境污染就不是偶然而是必然现象了。为此，我们迫切地呼吁尽快着手建立环境民事公益诉讼制度，形成民事责任、行政责任、刑事责任“三责并举”的环境违法制裁机制，以便更加有效地保障公众的环境权利，维护社会公共利益和国家利益。

所谓环境公益诉讼，是指任何公民、社会团体、国家机关为了社会公共利益，都可以以自己的名义，向国家司法机关提起诉讼。而我国现行的环境诉讼法律规定中，唯有直接受害人才有权提起民事诉讼，最后被归于民事法律管辖范畴。由于环境权益不仅仅属于私人权益，更属于社会公益，所以在欧美各国的环境法中，都普遍采用了环境公益诉讼制度。由于环境诉讼涉及许多十分专业的技术问题，为减轻公众在环境诉讼中的成本，弥补其专业知识，各国都为公众环境诉讼创造了便利的司法条件。在我国，为加大对环境污染和生态破坏的惩治力度，司法应当逐步扩大环境诉讼的主体范围，从环境问题的直接受害者扩大到政府环境保护部门，扩大到具有专业资质的其他环保组织，再扩大到更广阔的公众主体，将公众日趋增长的环境权益要求，纳入规范有序的管理。

在此，我们提出以下建议：

一、在《环境保护法》中进一步明确有关主体对侵犯公益的行为提起诉讼的权利，因为诉讼权是一项公民的基本权利，保护环境公益的诉讼权利应当得到环境基本法的肯定。

二、用法律形式赋予一切单位和个人以诉讼权。不论国家机关，还是公民个人或其他组织均为公益诉讼的原告主体。因为根据《中华人民共和国环境保护法》第六条的规定，一切单位和个人都有保护环境的义务，并有权对污染和破坏环境单位和个人进行检举和控告。

三、环境公益诉讼不应受诉讼时效的限制。我国现行三大诉讼均有关于诉讼时效的规定，要求出现纠纷必须在一定的期限内提起诉讼，否则将丧失胜诉的权利，但在《民法通则》的有关司法解释中规定“未授权给公民、法人经营、管理的国家财产受到侵害的，不受诉讼时效期间的限制”。我们认为，这一规定是出于保护国家利益所需，而公益诉讼同样是保护国家利益和社会公共利益的救济渠道，也应当不受诉讼时效的限制，使侵犯国家利益和社会公共利益的违法行为在任何时候均能受到法律追究。

四、举证责任应区别诉讼主体而定。在民事诉讼中，作为提出诉讼主张的民事诉讼主体，应当为自己的主张提供证据证明。在环境公益诉讼中，举证责任应根据环境法和民事程序法中有关举证责任的原则及公益诉讼的特殊性，来解决环境公益诉讼的举证责任问题，应区别诉讼主体而定。

五、诉讼请求应包括赔偿金。提起环境公益诉讼主要在于制止环境污染和生态破坏的危害和获得损害赔偿。无论谁作为原告，如提出停止侵害、排除妨害、消除危险的诉讼主张，应该很容易得到法院的支持获得胜诉。至于损害赔偿，则比较复杂，这类案件，受害人众多，受害情况不一，最终损害结果可能一时难以确定，特别是对国家和公共利益的损害目前还难以计算，存在不少法律和技术上的障碍，但是，违法者应当对造成的损害承担赔偿责任作为一项法律原则，应予确认。

（此项提案已在2005年3月召开的全国政协十届三次会议上提交）

# 关于尽早修订现行《野生动物保护法》的政协提案

当前，在我国全民动员防治“非典型性肺炎”的时刻，许多专家高度怀疑“非典”病毒源自野生动物。此说虽未经证实，但从常识判断，其可能性很大。

最近在网上看到香港全国人大代表朱幼麟先生向人大提出立法禁猎禁食野生动物的建议；同时获知，国家林业局和工商总局已通知全国范围内暂停一切猎捕、出售、收购、运输、进出口和在市场上摆卖野生动物活体、死体。对这两项，本人都十分赞同。

为防止各类原附着于野生动物躯体的已知或未知病毒、细菌和寄生虫通过人与野生动物的直接接触传给人类，同时也为保持自然界原有的生态平衡，防止因生态失衡引发物种变异，从而产生目前还无法逆料的，对人类生存可能造成巨大影响的后果。

本人建议：根据目前国内实际情况，应尽早对现行《野生动物保护法》进行修订。

本人认为，此次修订应着眼于杜绝（而不仅是“暂停”）我国少数消费者和某些行业通过大量捕猎，“吃、用、养”野生动物的陋习；扩大野生动物保护范围，明令禁止为商业或“利用”目的捕猎任何种类的野生动物（包括目前尚未列入保护范围的物种）；禁绝任何种类的野生动物（活体、死体）及其制品进入市场；在餐馆中禁止以任何种类的野生动物做成食品供顾客消费；对所谓“野生动物园”的建立和畜养野生动物，也要有严格限制。

本人建议：在修订《野生动物保护法》时，第一，要从保护自然生态平衡的科学高度出发，突破长期以来野生动物保护工作所遵循的

“保护为了利用”的观念，突出“保护第一”、“维护生态平衡第一”的认识（确为科学实验所需者除外）；

第二，要打破目前保护只限于珍稀动物的局限性，要把保护扩大到目前不属保护范围的一般野生物种（如麻雀、青蛙、目前未列入保护范围内的某些龟、蛇，等等）；可以继续保留保护级别，但将只和违反者的处罚轻重相联系，而不再与“可利用程度”相联系；

第三，要严格确定“野生”与“非野生”的界限，防止从野外抓捕后经短期饲养，即冒充“人工饲养物”出售的做法；

第四，要科学、严格地确定野生动物中“有害”和“非有害”物种的界限；

第五，要在立法前举行听证会，广泛征求并认真听取专家、学者、政府职能部门和社会环保人士的意见。

我希望全国政协能尽快将这份提案转交全国人大资源、环境委员会，供他们参考。

2003 年 4 月 28 日

（注：本提案向传媒提供时文字上略有改动和补充）

# 全国政协九届一次会议大会联合发言稿高峡出平湖，神女应无恙

## ——三峡库区文物保护工作严重滞后，亟待加强

各位委员：

三峡工程的论证和上马举世瞩目。近年来政协历次会议上也曾有过涉及三峡工程的多种提案和专题发言，还组织过多次相关的视察和调查——包括对库区文物保护情况的专题调查。1997 年三峡工程实现大江截流，在国内外引起强烈反响，也将各界人士对三峡建设中文物保护的关注引向一个新的高潮。

长江是我国的第一大河，也是中华民族的摇篮之一。最近，江泽民总书记在三峡大江截流仪式上的讲话中指出："长江流域是中华文明的发祥地之一，在库区留下了丰富灿烂的文化遗产。要按照'重点保护、重点发掘'的原则，认真做好库区文物保护工作。"根据《长江三峡工程淹没及迁建区文物古迹保护规划报告》，三峡工程库区因淹没及移民迁建所涉及的文物约 1200 余处，其中如先秦时期的巴人大型聚落遗址和墓群、白鹤梁等沿江水文题刻、石宝寨和张飞庙等反映三峡文化的系列古迹，以及峡江地区独有的传统民居建筑等都是三峡库区所特有的。它们使雄伟、绮丽的三峡自然景观更具有了深厚的人文内涵。保护好祖先和大自然赠给我们的这份绝世遗产，是当代中国人不可推卸的义务。

为保护好三峡文物，1997 年 11 月 7 日，李鹏总理在国务院三峡工程移民暨对口支援工作会议上指示："要做好文物保护工作，有关部门要尽快审批文物保护规划，按照'重点发掘、重点保护'的原则，把文物保护工作做好。"然而，据我们了解到的一些情况，三峡文物保护

工作的深入、全面开展仍举步维艰，困难重重。江主席和李鹏总理的重要指示至今并未很好落实。

由中国历史博物馆和中国文物研究所牵头，动员了全国 30 个科研、高教和文物单位制定的《长江三峡工程淹没及迁建区文物古迹保护规划报告》及所附的分省、分县（市、区）和专题项目的保护规划已于 1996 年 6 月之前全部提交有关移民管理机构，但时至今日，仍未得到验收和审批。连“规划”都没有被认可，何谈保护工作的全面展开？然而，时不待人，大江实现截流后，工程进度十分迅速。文物保护本是顺利完成蓄水和移民工作的前提之一，现在却已远远滞后。文物保护工作有其自身的规律和要求，三峡库区这样大的文物保护工作量，在整个人类历史上也可以说是空前的，必须协调全国的文物保护力量，统一安排，分工合作，才有可能把文物的损失减到最小。一些面积巨大的古代聚落遗址和墓葬群的发掘还必须有相当长的时间作保障，否则即使有经费，也将因时间不足而造成无可弥补的损失。目前，因规划迟迟未获批准，工作衔接脱节已达一年半。而且现行移民经费管理办法难以按照文物工作的特点和实际需求来安排，只能暂时按年度审批项目，加之经费严重不足，使本已十分困难的文物保护工作陷入更加窘迫的境地。据了解，1997 年度由移民局安排的文物保护经费迄今也未能完全到位，如湖北省和重庆市此项经费计划额度为 4000 万元，实际上才安排了 2300 余万元，致使本应在 1997 年完成的大多数工作不得不拖延到 1998 年。

由于历史的原因，三峡库区文物管理与保护工作长期处在较低的水平上。在工程论证中，库区文物的价值和保护工作的体量又被严重低估。在工程建设大张旗鼓地展开后，文物保护就不可避免地被置于一种极为被动的境地之中：作为省级文物保护单位的沿江题刻因公路施工而被炸毁，传统民居由于保护经费不到位而遭拆毁等事件已多次发生；因迁建而造成的大批古墓被毁，文物遭哄抢流失，已使三峡地区成为文物贩子的一个热点，更刺激了不法分子对古墓的大规模盗掘，以致有人形容三峡库区文物保护是“与盗掘和推土机赛跑”。

三峡库区文物是我们祖先为中华子孙留下的宝贵遗产，是海内外华夏儿女共同的骄傲。文物是不可再生的，一旦失去则无论用什么代价也换不回来。在这方面我们已有过太多的教训：建设了可以计算的物质财富，却由于无知和失误而毁弃了多少无价的精神宝藏。如果后代子孙就此质问我们，其将何词以对？

第二次世界大战后期，在华美军曾专门请我国古建专家梁思成在地图上标出中国沦陷区需要保护的重要文物古迹，以免在反攻作战中遭到轰炸破坏；同时还接受了他关于在反攻中应保护日本古都京都和奈良的建议，以至今天还有日本朋友称梁思成为日本古都的恩人。1948 年底，解放军包围北平时，也曾专程到清华大学向梁先生请教：城内有哪些文物古建需要保护？这使我们想到：在决定世界和中国人民命运的战争状态中，为保护人类文化遗产，正义的力量尚且不惜付出鲜血和生命的代价，而在人类能力已有了巨大发展的今天，正当中国共产党号召全国人民高扬爱国主义旗帜的时候，在由我国政府主动筹划、建设的三峡工程中，又有什么理由不多投入一点力量，来保护好全国和全世界人民都关心的库区文物呢？

我们还了解到，香港、台湾地区以及国外不少机构和人士曾多次表示，愿意在三峡文物保护方面向我们提供帮助，其中也包括日本政府。我们认为，三峡文物本来就具有全民族、全世界意义，接受各方面的技术和财政援助合情合理，没有必要推辞。特别是日本政府，更有义务来回报战争期间中国人民为保护日本文物所表现出的伟大胸襟和崇高的人道精神。

为了反映众多文化、学术界人士的呼声，我们特作此联合发言，郑重吁请三峡工程建设委员会：再次全面考虑三峡文物保护工作目前的实际状况，拓展思路，采取果断措施，认真落实江主席和李鹏总理的重要指示，使这项关系重大、影响深远的精神文明工程尽快摆脱被动局面，出现一个良好的转折。

梁从诫　中国文化书院　导师　（无党派组）

毕克官　中国艺术研究院　研究员　（文艺组）

陈高华　中国社会科学院历史所　研究员　（无党派组）

靳尚谊　中央美术学院　教授、院长　（文艺组）

李学勤　中国社会科学院历史所　研究员、所长　（社科组）

闫立中　中国科学院文献情报中心　研究员　（无党派组）

詹建俊　中央美术学院　教授　（文艺组）

1998 年 3 月

# 关于噪音污染问题给北京市环保局的信

北京市环保局负责同志：

我是全国政协委员、民间环保组织“自然之友”的会长梁从诫。

两年前，我曾以政协提案的形式给你局提出过一个建议：应当控制北京市的商业噪音污染。具体内容不再重复。

这份提案曾得到你局一个答复，大意是：噪音方面的问题不归环保局管理，由城市管理大队负责，此后再无下文。

我始终认为，北京市的商业噪音问题越来越严重，你局作为北京市环境主管部门，噪声污染当然是你们的职责，应当管，至少应将我的提案转给相关机构。

现在中央明确提出：要以人为本，建立和谐社会。而我认为，商业噪音是不符合一个和谐社会的宗旨的。我最近去美国，特别观察了一下这个问题，注意到那里城乡都很安静，人们从不大声喧哗，更未听到大街上有商店为给自己做广告而各自在门前放个大喇叭，高声招揽顾客的。

现在我市音响广告成风，不仅大商店要装扩音喇叭，小商小贩也装，连报摊也弄个小喇叭。整天喊个不停，特别在商店集中的地方（王府井除外），为了招徕顾客，一家比一家的声音大，更是吵闹不堪，或播放音乐，或一再重复同一句广告词，令人厌烦。而且几乎全国都是如此。我认为，这不是讲文明、懂礼貌的表现。

一个适合人居的城市，应当是一个安静、安宁、安详的城市。要在大城市中也能听到风声、鸟鸣，该有多好啊。

为此，我建议：北京市经过调查研究、民意测验（需特别征求靠近商业区住户的意见）等各种准备，应在全国率先制定一项地方法规：

1. 禁止在公共场所使用音响广告（包括放送为吸引人们注意的音乐）；

2. 大型商店内部导购，原则上以不影响商店外行人为度；

3. 小商小店及报摊等一律不准使用音响广告；

4. 违者第一次警告，第二次没收音响设备；

5. 被发现违法三次以上者要处以罚款。视情节轻重而定。最高不超过______元。

这次希望你局能认真考虑我这个建议，并给予一个能令人满意的答复。

全国政协委员

2006 年 5 月 6 日

# 为《人民政协报》关于北京某古迹保护区被开发商非法占用兴建高档楼房的报道给该报的一封信

《人民政协报》负责同志：

贵报1997年4月14日头版头条新闻《力阻毁文物　三呼保古都》发得好，给那些唯利是图，无法无天的人一个当头棒喝，为热爱古都的广大北京市民讨回了一点公道。

但是，你们仍然“欲说还羞”。只在文章末尾处说了一句局外人看不懂的“难道不令人深思吗”？你们为什么不再勇敢一点，把这件“令人深思”的丑事彻底曝曝光？

你我都知道，这件明摆着违法、违纪的事本应不难得到纠正，却居然要惊动众位市政协、全国政协委员三顾工地，上下奔走呼号，“三呼”、“力阻”之后，才算有了点效果。其原因无非是违法者为一位高级领导的子弟，而这位高级领导在事发之后又利用职权，企图包庇其亲属的违法行为，直接干预新闻、宣传部门工作，为调查、报道此事设置种种障碍，致使违法当事人有恃无恐，甚至对记者进行威胁。

在党中央刚刚公布对党员的纪律处分条例的时候，一位党内高级领导干部就在中央“眼皮底下”如此明目张胆地包庇、掩盖其亲属触犯众怒的违法行为，这件事还不应当由政协来监督监督吗？

如果你们不便在报上公开披露此事全部真相，也不妨将我这封信作为内参上报中央，以帮助中央整顿党纪。但各家都有自己的难处，我并不强求你们这样做。我写此信，不过是凭着一点公民的良心和政协委员的政治责任感罢了。

敬礼！

1997年4月14日

# 为环保现状大声疾呼

## ——1996 年 3 月政协八届四次会议大会发言

大会主席，各位委员：

政协无党派组委员虽然来自不同的工作领域，但大家在议政中普遍关注我国的环境保护问题，我们认为：我国的环境形势正日趋严峻，直接危及经济的持续发展和社会的稳定，这种局面应当引起全社会的高度警觉。根据江泽民主席和李鹏总理最近两次讲话的精神，有必要就这个问题向全社会，特别是各级领导干部再次大声疾呼。

改革开放以来，我国国民经济迅速发展，国民生产总值比以 1980 年翻两番的任务已于 1995 年提前完成。由于中央和国务院高度重视环境保护，加强了环境管理，在经济高速发展的同时，环境质量总体上没有相应地急剧恶化，但是，污染物排放总量还在不断增加，生态破坏范围正在继续扩大，我国环境恶化的趋势仍在加剧，也是不容讳言的事实。

城市的环境问题日益严重，全国城市大气中总悬浮微粒含量的全年日平均值超过世界卫生组织的健康标准值近三倍。参加联合国全球监测网络统计的北京、上海、沈阳、西安、广州五市落在全球污染指数最高的十个城市之列。城市基础设施严重滞后，垃圾围城的现象普遍，生活污水绝大部分未经处理直接排放，使 50% 以上的城市地下水受到污染。2/3 的城市居民生活在噪声超标的环境中。近年来，城市餐饮、娱乐业和集市贸易大量发展，更加剧了居民小区废水、废气、废渣和噪声的污染，引起居民极大不满。

污染正在加快向农村蔓延。小造纸、印染、化工、冶炼、土焦、酿造等污染严重的企业在一些省的乡镇中星罗棋布，其废水污染已占全国总量的50%。一个小厂污染一条河，一群小土焦污染一个乡的现象比比皆是。

水污染严重，全国七大水系中，松花江、辽河、淮河、海河、黄河40%~70%的水体已降至最差的4类和5类标准；淮河流域191条支流中，80%的水呈黑绿色，一般上的河段丧失了使用价值；全国的淡水湖泊富营养化，太湖的水质不到七年下降了一个等级。江河湖泊水质的严重污染，导致不少工厂停工和一些农作物绝收，影响到流域几百万人民的生活，威胁人民的健康，制约了经济的发展。目前水污染事故引起的纠纷事件逐年增多，有些甚至出了人命官司，影响社会的安定。

我国已成为世界三大酸雨区之一。目前我国年排放二氧化硫约2000万吨，造成严重的酸雨污染。随着能源消耗量的增加，近十年来全国酸雨区几乎增加了三分之二，达到了国土总面积的近30%。目前酸雨的范围仍在扩展，引起邻近国家的关注。

自然生态恶化问题突出，在环境污染加剧的同时，由于森林的滥伐、土地的不合理开发，植被受到破坏，致使水土流失面积逐年增加，我国水土流失面积已达国土总面积的38%，沙漠和沙化面积占国土面积近16%，严重退化的草场约100万平方公里，超过可用面积的2/3，生物多样性也受到严重威胁，多种珍稀动物由于偷猎严重和栖息地遭到破坏而面临生存危机。

我国环境问题的严重性还在于人口基数庞大并持续增长，我国水、森林、耕地和矿产资源的人均占有量分别仅是世界平均量的1/4、1/6、1/3和1/2；在经济高速发展的情况下，这种局面必然对环境和资源造成巨大压力。另一方面，传统的增长方式又是重量不重质；加以工业生产技术和装备总体水平落后，这就是我国能源和资源利用率低，浪费严重，污染物产生量大，这些都加重了这种压力。据粗略估计，全国每年由于资源浪费、环境污染和生态破坏而造成的损失竟高达4000亿元，其中还不包括污染引起的疾病所造成的社会损失。

造成目前这种环境状况的原因很多，有些历史的或客观的因素难以控制，但就主观原因而论，我们认为以下几个方面具有关键意义：

## 一、干部的环境意识

中央和国务院历来非常重视环保，把环保定为我国的基本国策之一。但也确有相当数量的负责干部，特别是地方和部门主管经济的干部，环保观念淡薄，片面理解“发展是硬道理”的含义，为了追求一时的经济利益，不惜以牺牲环境为代价。这其实不是真正意义上的发展。从几年来发生的各种环境事件来看，有关领导在其中负有重大责任是显而易见的，有的事件甚至本身就是政府行为造成的。然而，至今有的地方领导还在扬言：“工资都发不出了，谁要我们保护环境谁拿钱来”，“治理环境没有资金，等经济上去，有了钱再说吧”！不久前某省一位县长居然在一份关于环境的报告上批示：“环境问题，小事一桩!”但同样明显的是，凡环保搞得好的地方，其主要领导干部必定都有较强的环境意识。由此可见，首先必须大大强化干部——尤其是各级领导干部——的环境意识，否则谁来贯彻执行环境保护这个基本国策呢？为此我们建议：要建立一整套明确、具体，可以操作的规章和措施，把环境保护纳入干部的培养、任用、考核、选拔、奖惩制度，奖优汰劣。对那种认为环保是小事或有类似观念的人，经过再教育，如不能以实际行动证明已有改正，就没有资格被继续任用。

## 二、环保监督与执法

我国在环境管理方面，已经建立起相当的法律和政策体系，如果能够贯彻执行，环境形势还是可以得到比较有效的控制的。现在的问题是，监督和执法的力度却很不够。这里虽然也有环保部门自身的问题，但更普遍的，则是地方或部门领导以言代法、以权压法，有法不依，以致违法难究。这种领导，出于地方乃至个人利益，有的成了环境破坏者的庇护人，有的干脆自己就是破坏的直接责任者。某省一位县级领导是一起重大环境破坏事件的直接责任人，在事件全国曝光之后，不仅没有收到任何惩处，反而升了官，甚至成了省环境委员会成员，真是对环保法律和舆论监督的公开嘲弄。环保机构是地方政府下属机构，而且往往是权力最小、最穷、最不健全的机构之一。他们不仅顶不过地方首长，多半也惹不起其他行政部门和有钱有势的大小企业。环保管理干部在执行公务中挨打，甚至被无理关押的事件多有发生，因坚持原则而丢官、调职的也不少。为此，我们建议：立法机关进一步研究完善环保法规及相应的实施细则，从法律上创造条件，使环保监督、管理机构和人员在执行公务时拥有更大的权威。考虑到在我国现行体制下地方各级政府及其所属机构本身常常即是经济活动的主体，从而直接违反环保法或阻碍执法的可能性极大，针对这一情况，应在环保法律体系中设专门条款，使政府违法或阻碍执法的行为能得到有效制止。

同时，现行环保处罚条例过宽，排污费标准过低，与治理所需不成比例，致使许多企业宁愿挨罚也不去治理。此外，受害人对环境破坏者的责任认定和索赔也没有形成法律制度，使许多企业得以逃避责任，把它推给社会，这种状况也应该通过立法手段逐步解决。

## 三、环保资金的投入

环境保护是花钱的事。环保技术、设备的研制、购置和运行，污染，特别是大范围、大规模污染的治理，自然生态的保护和恢复，以及环保机构的设置、维持和运行，这些都要花钱。环保投入的效益是长期的、社会性的，往往并不表现为对投入者短期内的直接回报，因此，首先应由国家承担。然而，我国长期以来环保投入过低、欠账太多。工业化国家环保投入一般约占国民生产总值的1.5%～3%，而我国自“六五”以来，只有0.7%左右，无论是同实际需要，还是同国外相比，都低得不合理。

为此，我们建议：今后在制定国民经济和社会发展计划时，环境指标都必须落实到项目和资金上，否则指标就会流为空谈；同时，应建立专项环保基金，用于重大环境工程和解决流域性、区域性环境问题；应规定一切固定资产都必须包括环保投资在内，要保证国家对环保的总投入不低于国民生产总值的1.5%。但也不能把环境保护的全部责任都加在政府身上，因此，应考虑提高对破坏环境的处罚标准和排污费标准，城市居民和单位也应适当分担垃圾和污水处理设施的营运费用。

环境保护是社会公益事业，对一切有利环保的经济活动，如废品回收和再生利用，“绿色产品”的研制推广，环保教育作品、用品的引进、出版发行等，国家都应给予扶植，在税收、关税等政策上予以优惠。

## 四、提高全民环境意识

从一定意义上说，全体人民都是环境行为的参与者，同时又是其后果的承受者。没有广大群众的理解、支持、参与与监督，任何政府都不可能真正搞好环境保护。因此全民环境意识的强弱，对于一个国家环境状况的好坏有着直接影响。对全民进行环境教育应当是社会所有部门，而不仅是环保部门的事。国家应大力提倡、鼓励各行各业，首先是教育、宣传部门加强对公众，尤其是青少年的环境教育，鼓励公众参与环保活动，鼓励传媒加强对环境问题的关注和监督。

大会主席，各位委员：

我国是一个人均资源占有率不高，环境容量小，而人口基数又极大的国家。因此，全社会都应有意识地提倡有益于环境保护的生活方式，即节约资源、节约能源、减少排放、适度消费的现代文明生活方式；警惕和抵制目前商业活动中那种鼓吹高消费，诱使人们一味追求享乐，不惜暴殄天物的陈腐而庸俗的物质主义倾向，应当把保护环境、爱惜自然作为一项新型的社会公德和风尚，纳入精神文明建设的范围，从国家主席、政府总理、人大代表、政协委员开始，全体国家干部，宣传、教育工作者，人人都身体力行，从而带动全社会，使之蔚然成风。只有这样，才能保证我中华民族在这个日益拥挤、资源日益匮乏的地球上长久、健康地生存和发展下去！

# 在全国政协人口、资源、环境委员会“西部大开发与水资源座谈会”上的发言

我是民间环保团体“自然之友”的会长，但过去做的是文化、教育工作，对环境问题，特别是水资源问题了解得很少。我是赞成开发西部的。中国如果只是沿海地区发展，而广大西部内地仍然落后，会对整个国家的经济、社会，乃至政治的健康发展形成严重制约。西部不是要不要开发的问题，而是怎样开发的问题。这里发表一点外行意见，请专家们指教。

一、谈到西部开发，我想应当记取两个时期的历史经验和教训。一是古代的历史经验教训，一是当代的经验教训。

中国中原地区的人去开发西部，少说也有两千年了。张骞通西域、诸葛亮七擒孟获，都是为了要开发西部。唐诗“年年战骨埋荒外，空见葡萄入汉家”讲的是西北，滇池大观楼长联“汉习楼船、唐标铁柱……”讲的是西南，都是对当年开发西部事业的描述。

但是古代开发西部，特别是开发西北部的主要结果是什么呢？是一个个的绿洲沦为沙漠，丝绸之路上一座座名城成了沙漠中的废墟。而在此之前，西北地区更有不止一个的古代文明已被埋没在大漠深处，只留下神秘的古城和佉卢、吐火罗，乃至西夏等死文字。丝绸之路和更古老的楼兰等等历史上的辉煌，说明那里曾经有过多么良好的生态环境，否则不可能养育出这么灿烂的文明。而它们的衰落的主要原因也只有一个——过度垦殖而导致的生态环境恶化，以致无法继续支持原有居民的生存。今天，在塔里木河干涸下游的茫茫沙海中，有谁能想到不过一百年前，罗布泊边老阿不旦村的百姓会是以打鱼为主要生计的呢？而今，却连那村子都不存在了。

再看看当代的历史。五十年间，高原明珠“五百里滇池”已沦为一个不折不扣的臭水塘；铜都东川因为森林的过度砍伐造成频繁的大规模的泥石流，以致整个城市有可能被放弃；而长江上游森林的过度砍伐使金沙江上游已浑黄得如同黄河。

西北地区，许多专家都提到塔里木河的萎缩。新疆曾有多少农垦单位最后因为大规模破坏原始植被，过度开发地下水，致使水源枯竭、土地沙化、胡杨林枯死、绿洲消失而不得不放弃，而使原来居民也难以继续在那里生存下去。由于黑河上游修建了水库，致使东西居延海在短短三四十年间彻底干涸，历史上著名的“居延大粮仓”竟沦为北方沙尘暴的主要沙源之一。

以上不过是举例而已。所有这些难以逆转的生态悲剧的起因，无非都是为了“开发”。尽管今天的开发不致再以原始的农垦业为主，而将转向能源、交通、高科技类型产业，但后者也离不开居民对基本生存条件的需求，从而同样会对生态环境造成越来越大的压力。因此，这样的历史教训，仍然值得我们深思。

总之，西部开发，不能简单地重复东部的路子，而必须另辟蹊径。必须以水为度，以生态的支持能力为度。要慎之又慎，否则将有可能造成新一轮的生态灾难。这样我们不仅不能给子孙后代带来福祉，反而将成为千古罪人！

正是在这个意义上，我不赞成“西部大开发”的提法。因为望文生义，一个“大”字，很容易使人理解为“大规模”、“大范围”、“大项目”、“大投资”、“大搞群众运动”等等。而五十年来，凡带“大”字头的运动，诸如“大跃进”、“大战钢铁”、“大搞农田水利”，以及各种名目的“大会战”等等，更不要说“文化大革命”，最后带来的都是大灾难。而且在实际上，我们也不是对西部全面“大开发”，有些地区要大开发，有的则只能是中开发、小开发，有的地区甚至是刻意地封育起来“不开发”。“大开发”的提法，会使人误以为凡属西部地区统统都要大开发，在群众、基层干部和传媒中会造成一哄而上的心理。总之，一个“大”字不足以表达有关西部开发的全部内涵和理念。倒是应当下“大”力气来思考西部应如何开发的问题。

二、如果真的要在西部开发中体现“以水为度”的观念的话，就必须在一切新项目的审批中有一套严格的，可以计算的指标体系，来计算项目的产值/水耗比。凡单位产值耗水量超过一定限度的，严格不准立项。而且还应对原有企业重新审查，超标的，要在一定时限内进行技术改造，到期仍不达标者，要予以关闭。对于缺水地区历史上形成的明显的耗水产业，应下决心关闭或搬迁。

三、要对西部广大干部、群众进行生态保护教育、特别是节水教育。保护环境、保护生态，不能只是政府行为和专家行为。没有广大公众的理解、支持和自觉行动，保护常常会流于号召、文件，而不能落实，更难以坚持。

两年前我到河西走廊某著名工业城市，在参观其主要工业基地时，厕所的水龙头坏了，大水哗哗地流了一地，有人居然从院里找来砖头垫脚，让大家“踩着砖头过河”，却无人通报厂部派人来修，就那样眼睁睁地看着“贵比黄金”的净水滚滚流进下水道！我当着市长的面发了火。在水甚至比生命还要宝贵的西北，这种对水的浪费，是可忍，孰不可忍？可见在这个厂里，没有对工人、干部进行过起码的节水教育，而在市长等人向我们介绍当地缺水情况时，也缺乏起码的责任感。

在那次考察中，我们还到了敦煌市。市里负责人向我们介绍其发展规划，说今后还要大力发展旅游业，要使每年游客人数再增加多少多少。当我问：接待一个游客，特别是西方游客，每天平均要耗用多少水、敦煌的水资源能够为旅游业保证提供多少水时，当场竟无一位领导说得上来。可见这里的干部心里并没有这个“水”字。

如果西部的干部群众就以这种心态来迎接西部大开发的话，我们所担心和讨论的生态保护、水资源保护等等，能够在开发中得到切实保证吗？如果得不到保证，那么从长远来看，这种开发的后果，是有史可鉴的。

2000 年 7 月 30 日

# 在北京市《绿色奥运行动计划》发布会上的讲话

今天，北京市“奥申委”、北京市环保局和首都20家环保团体和民间组织在这里共同签署和发布北京市《绿色奥运行动计划》，是一件有深远意义的事。这个行动计划是在上述几方代表经过连续几周反复认真的讨论后形成的，是一个为大家所共同认可的行动计划。

我们这些团体和组织都从事于环境领域的活动。由于社团和民间组织的多样性，我们各自的理念、宗旨和关注重点也许不完全相同。然而，在北京申办2008年奥运会的问题上，我们和北京市奥申委以及市政府环保部门却有着一个明确的共识，那就是，要把2008年的北京奥运会办成一个特别重视环境保护的奥运会，也就是一个“绿色奥运会”。

我所代表的非政府组织“自然之友”认为，“绿色奥运”这个概念，应当包括几重含义：第一，这个运动会应当是突出环保的。这样一个世界超级运动会，要在短短几周内集中接待几万运动员和各国来宾，要为他们提供良好的住宿、交通条件，要为运动员提供种类繁多、要求极高的训练和比赛场馆，还要为客人们提供最佳参观、购物、游览服务。所有这些都不能不构成对举办城市的巨大环境压力。但我们北京人要在充分满足这些要求的前提下，采取一切办法，尽可能地把它办成一届注重节约资源、节约能源，废弃物最少、对环境污染最小的奥运会。我们一定要在运动会的过程中充分体现出环保精神，并让各国运动员、来宾和北京老百姓一道分享和分担这种绿色观念和绿色行动，而坚决不要“开会皆大欢喜，闭会一片狼藉”！

第二，不仅是运动会期间，而且从现在起，在整个申办奥运的过程中，都要体现出这种“绿色”精神。把争办奥运作为一个巨大的动力，把北京市的环保工作大大提高一步、甚至几步。把申办奥运当成一个难得的机会，上下齐努力，认真解决几个长期困扰着北京人的环境问题，使北京市在八年之后，能以崭新的环境面貌来迎接来自世界五大洲的客人。而在运动会之后，甚至在申办不利的情况下，也仍然能使全市人民得到申办奥运给大家带来的实际好处。这样，全市乃至全国人民才会更诚心地支持奥运会的申办工作。

第三，办“绿色奥运”绝不是“奥申委”或市政府一家的事，也不仅是政府环保部门的事。它必须，也只能是申办机构、政府、企业，以及由我们这些社团和民间组织所代表的广大公众共同的事。只有当我们大家都按照今天发布的这个行动计划，各自努力完成自己所承诺的任务，并互相支持和监督，北京承办“绿色奥运”之梦才能够实现。

申办奥运这样一件大事，由政府、各团体和非政府组织一道制订行动计划、各自作出承诺并共同向社会发布，这在首都北京五十年的历史上还是头一次。它体现了一种新的思路、一种新的工作模式。我们衷心希望北京市今后在一切重大问题上都采取类似的办法，这样才能获得公众的支持和参与。而公众的支持和参与，正是我们申办 2008 年奥运和在一切工作中获得成功的根本保证！

2000 年 8 月 24 日

# 在全国青少年环境道德教育座谈会上的讲话

保护母亲河行动领导小组成员单位的各位领导，出席今天活动的各位贵宾们，朋友们：

全国政协人口、资源、环境委员会和全国人大环资委、团中央等单位一道，是全国保护母亲河行动的发起单位之一。今天，这一行动已获得显著成效。我作为全国政协人、资、环委委员出席今天的活动，感到非常高兴，并对这一活动成功举行表示祝贺。

各位专家，朋友们：

针对今天座谈会的主题，我谈一点个人看法。

我认为，对我国亿万青少年进行生态环境道德教育，对于人口已近13亿并仍将继续增长的我国，在这个新的世纪中能否可持续地发展下去，对于在未来的几十年中，中国人能否健康、安全、免于匮乏地在这片土地上生活下去，具有极其重大的战略意义。要让我们的青少年明白：由于人口太多，致使我国的许多基本自然资源——耕地、淡水、森林、草原、矿藏等，按人均水平，都在国际公认的警戒标准以下。如果我们再不高度重视、认真保护、节约使用，将直接危及我们自己和我们后代的基本生存需要。黄河的断流、三湖三河的严重污染、长江的连年洪灾、华北地区日益频繁的沙尘暴、城市大气污染，从粮食到蔬菜、瓜果，乃至畜产品等大量农产品中化学有害物质含量严重超标，直接危害人群的健康，等等，所有这些，都已经不是教科书上抽象的概念，而是我们——无论城市的还是农村的居民——日常生活中无可回避的严峻现实。也是我们许多人近年来只顾追求经济发展，只想到要尽快“先富起来”，而不惜牺牲资源与环境，置环境生态保护于不顾所必然造成的恶果。如果这种恶性循环继续下去，不仅我们每个人的日常生活会直接受到影响，而且几年来我们共同努力创造的经济增长，也将由于环境状况恶化所造成的损失而被大幅度地抵消。

要让我们的青少年懂得：环境保护当然要靠完善的制度和严密的法律，要依靠高科技，但却不能只寄希望于法制和科技。如果13亿人个个都热衷于无止境地追求物质上的高消费、高享受，甚至是豪华型的生活，那么这种追求和生活方式所必然带来的巨大的资源消耗和污染排放将是我们的国土所承受不起的，它同时也是目前败坏我国社会道德的重要根源。再好的制度、法律和技术也不可能从本质上弥补这种局面所带来的环境压力。长期以来，我国都是一个贫困国家，社会分配在低水平上相对平等。改革开放至今不过20年，一部分人刚刚“先富起来”，奢侈甚至奢靡之风就已在社会上泛滥成灾，而且常常是干部带头。我们“自然之友”的会员到西部某地去作环境教育，发现在一个极端贫困的县里，县委和县政府的两栋办公大楼竟豪华得让他们难以相信自己的眼睛。这种消费方式和奢侈风气所造成的资源无谓的消耗和浪费正在侵蚀着我们的国家，不仅使我国更难以保证巨大的人口今后顺利地实现共同富裕，而且人为地加剧了贫富两极分化，成为社会不稳定的一个重要因素，也违背了一个社会主义国家所应追求的社会正义原则。因此，我认为，对青少年的生态环境道德教育，不能只停留在不乱丢垃圾，不捕猎野生动物，不滥砍滥伐林木这样的层次上，也不仅是节水节电、废纸回收、植树种草。这些当然都是重要的，必须做到的，但是还不够。更重要的是要从小培养青少年建立一种有别于一味追求物质享受的，健康、朴实的生活方式和消费习惯，一种崇尚适度物质生活和丰富的精神追求的人生观、价值观。

古人说：由俭入奢易，由奢入俭难。我们正在为创造一个富裕的社会而努力。但贫富和俭奢却是两个不同的范畴。前者指物资丰歉的程度，后者则是一种生活方式，甚至是一种精神品质。我们到处可见贫而不俭的现象，也许前面举的那个贫困县就是一例；但我们也完全可以做到富而不奢。物质生活的充裕并不必然导致奢侈乃至奢靡的生活方式。

还应当指出，环境保护的伦理学基础应当是利他主义，是对他人和社会福祉的关怀和责任感。真心地为保护环境做奉献的人，首先不是为了自己的利益。一个自私自利，只要自己能享乐，天塌了也不管的人，是不大可能关心环境保护的。正因为这样，把培养环境意识纳入道德教育的范畴，是十分正确，十分必要的。

我认为，这将是在今天中国市场经济占主导地位，人们生活逐步提高的历史条件下的一次社会观念革命。应当深刻地认识到其必要性和艰巨性。无论从政治上还是经济上看，这种观念的转变将是中国可持续发展的基本条件之一。

我个人所在的非政府环保组织“自然之友”正在朝这个方向努力。我们有两辆流动环境教学车——羚羊车和野马车，已经到北京和全国许多省份，特别是西部穷困地区的数百所学校中去给孩子们上过环保启蒙课；我们的会员作为培训者在青海、重庆、云南等地为数百位当地的教师作过环境教育培训；我们和青基会合作，开展了“绿色希望行动”，从2000年开始，选派经过培训的志愿者到贫困地区的近30所希望小学去作环境启蒙教育，我本人上周刚从张北地区一所希望小学教学回来。明年在这方面我们还准备扩大规模和力度。此外，我们的会员还给北京和外地上万的大学生做过环保讲演和培训。本月22日，也就是下周四，我们将第四次邀请世界著名动物行为学家、在非洲丛林里作了三十多年黑猩猩观察研究的珍·古道尔博士到北大，为北京所有高校的两千名大学生和环保志愿者作环保讲演。

我们知道自己在这方面做的事还太少。相对于我国面临的环境形势，我们所做的可以说是杯水车薪、微不足道。我们是本着只问耕耘，不问收获的态度去做的。我们只是在努力播撒绿色的种子，因为我们深信，如果不能在亿万中国青少年的心中培植起绿色，中国也就难以有一个绿色的未来！

以上这些只是我个人几年来从事环境意识普及活动的体会。说得不对，请各位贵宾、各位专家多多指教。

谢谢！

2001年11月18日

# 在第三届中国国际民间环境组织合作论坛上的致词

大会主席，各位专家、教授和NGO的朋友们：

我谨代表民间环保组织“自然之友”，对“第三届中国国际民间环境组织合作论坛”的开幕表示衷心的祝贺。

会议议程上说由我代表中国的环境NGO致词，但我想我的讲话最多只能代表“自然之友”。目前在中国新成立的NGO很多，听说仅注册这次论坛的NGO就有150多家，我的发言没有得到他们的授权，更没有经过NGO代表的讨论。说我代表大家，不符合民主程序，也不敢当。

中国的环境问题，归根到底，是一个深刻的社会问题。而这个问题的症结，就在于中国的人口。在中华民族迄今为止的几千年的文明史上，直到这最后的三百年，我们的人口才从几千万猛增到13亿，而且还在继续增长；因此，我们的人均资源占有量——耕地、淡水、森林、草原、矿藏，还包括污染物承载量——也降到了历史的最低点。而就在这个历史时刻，中国的经济获得了前所未有的快速而巨大的发展。不错，中国人的总体生活水平比过去要高多了。但中国人传统的勤俭持家的消费习惯却正在让位于奢侈浪费，甚至是炫耀性消费的风气。这些都是以我国资源的快速消耗和环境的急剧恶化为代价的。请问大家：仅仅GDP的增长，就能反映中国13亿人丰足、健康、与环境和谐发展的幸福而稳定的生活吗？

我们在中国的媒体上经常可以看到“中国已成为世界工厂（或车间）”的提法，而且还常带有一种自鸣得意的口气。而在我看来，中国正在变成“世界的厨房”——好饭好菜送到国际大餐桌上去请别人享用，剩菜剩饭、鸡骨头肉皮子、菜帮子刷锅水，留在自己的厨房里，甚至还有人把别人厨房里的馊饭剩菜往自己家里运，心甘情愿地充当世界的泔水桶！请问这就是成为“世界的工厂”应付的代价吗？

试问中国现在还有几处没有污染过的河流、湖泊；还有多少没有因为过量使用化肥、农药而退化的耕地；还有多少没有受到沙化威胁的草原，多少没有被过度采伐的森林？还有几座没有被垃圾包围的城市？请看看杨利伟从卫星上拍摄的中国的全景照片吧！神州大地，还有几处依旧水秀山青？给子孙留下一片生态百孔千疮，资源榨干耗尽的土地，难道这就是我们所期待的可持续发展吗？

我想，我们大家都会同意：中国不发展不行，不发展就不可能解决十几亿中国人今天的生计问题；而中国的发展又必须是可持续的，否则就会断绝中国人未来的生计。十几亿，而且还在增长的人口是中国不可改变的现实。我们可以，而且需要改变和调整的只能是中国目前这种以 GDP 的增长为首要目标的发展战略，改变中国公众日趋铺张奢靡的消费心态，尽最大努力节约资源、减少废弃物，过一种与我们的资源和环境容量相适应的生活。和西方某些发达国家，特别是像美国这样的国家比较起来，这种生活可能不够“豪华”，但 13 亿中国人靠自己这点资源，“豪华”得起吗？

本月 10 号晚上，我在一个为欢迎欧盟环境部部长 Margot Wallström 女士访华的宴会上，有幸见到了 1972 年首次召开的联合国人类环境会议，也就是著名的斯德哥尔摩会议的发起人和大会秘书长莫里斯·斯特朗先生和他的夫人。斯特朗夫人是一位世界知名的环境教育家。她在晚宴的即席讲话中，特别强调了为了人类家园的可持续发展，应当教育青少年选择一种珍惜地球资源的俭朴的生活方式。如果西方国家的人都强调要过节俭的生活，我们作为资源有限的，世界第一人口大国的国民，又有什么资本和资格来追求奢华呢？

这正是中国的环境 NGO 可以，而且应当发挥作用的地方。我希望中国的环境 NGO 能够在这个领域里共同合作，取长补短，携手倡导，为我们的子孙后代留下一片能让十几亿中国人都有平等的机会健康、适度、和谐地共同生活下去的净土。

# 第四届国际民间组织合作论坛开幕式讲话

参加第四届国际民间合作论坛的各国际组织和中国民间环保组织的代表们：

我很荣幸地代表参加这次论坛的中国各民间环保组织，来向这次论坛的顺利举行表示热烈的祝贺，并对论坛的主办方和协办方表示感谢。

在过去的两天中，我们开展了主要由美国赛拉俱乐部进行的关于民间环保活动的战略和策略等方面的培训，相信大家都获益匪浅。

在中国，民间环保组织的历史很短。成立最早的自然之友至今也不过十年，而赛拉俱乐部成立至今已经113年，成员超过百万。这是我们和西方某些国家的民间环境运动所无法相比的。

西方国家公众大都具有很明确，很强烈的环保意识，他们的民选政府要向选民负责，体现选民的意志。这些都使中国和一些西方国家的民间环境运动的社会环境和政治环境有很大的不同。西方国家的经验是我们很好的借鉴，但我们不可能照搬。中国的民间环保运动必须走出一条自己的路，创造出自己的成功经验来。

这次论坛涉及面很广，从生物多样性保护、环境教育，到流域水资源保护，几乎涵盖了今天中国环境方面的大部分问题。

根据自然之友的经验，环境意识的普及，环境教育的开展，在保护环境的斗争中具有关键性意义。中国环境状况如能有所改善，归根到底，要靠亿万公众自己起来保护自己的家园，为子孙后代留下一片适宜人类生存的净土。在这方面，不是几个，几十个“绿色领袖”，“绿色精英”，振臂一呼，就可以包打天下的。这就要唤起民众。只有当千百万公众都有了较强的环境觉悟，每个人都能从自身做起，中国的环境状况才有可能逐步好转。

在这方面，我们这个论坛只是一个开始，一个动员，一个号召。

希望我们这个论坛能开个好头，使春城昆明这次盛会能成为一个新的起点，使中国的民间环境运动能够进一步发扬光大，在保护我国的环境，为我们的子孙后代留下一片绿水蓝天方面，发挥更大，更有影响力的作用！

谢谢大家。

2005 年 11 月　昆明

# 我的忧虑
## ——逆耳的新春寄语

北京申奥成功，举国欣喜若狂。

我却忧心忡忡。人们每天都看见，学生们还在弥漫着汽车尾气的大街上跑步。用办奥运的钱为中国青少年多修一点基本的体育设施，是不是更有利于全民体质的提高？

中国加入了WTO，有的报纸兴奋地写道：中国将成为“世界的车间”！

我却忧心忡忡。“世界的车间”，意味着中国将向世界市场大量出口制成品，为此却将更多地消耗自己宝贵的资源，排放更多的污染。我们当然要发展经济、扩大出口，但却不能不同时算一算这笔账。

一部分人先富了起来。“豪宅”、“豪车”、“豪宴”、“豪华家装”、“豪华消费”……成了最流行的广告语。

我却忧心忡忡。中国古训：“由俭入奢易，由奢入俭难。”贫与富和俭与奢是两个不同的范畴。人们完全可能贫而不俭，贫困地区的贪官照样可以大吃大喝，建豪宅、置豪车；人们也完全可以富而不奢，收入虽丰却仍然安于朴实的生活。奢靡的风气不仅将无谓地消耗我们的资源、恶化我们的环境，而且也将毁掉一个民族的精神。

温饱、体面的生活是人类的正常要求，而无止境的物欲却是人类的精神溃疡。

2001年岁末为《中国质量报》作

# 换个活法
## ——给《中国青年报》新世纪寄语

回顾20世纪，谁也不能否认，这个地球上部分人生活的富裕化，正是用全球环境生态的贫瘠化换来的。21世纪还照这条路走下去，我们的地球还能支撑多久？

温饱当然是人类生存的基本要求。但是“小康”和“富裕”讲的仅仅是物质享受吗？

追求“成功”的人们，能不能换个思路？即便“箪食瓢饮”，只要有充实的社会、精神生活，不是照样可以“不改其乐”么？

让地球多少缓口气吧！

“新世纪寄语”——2000年年末，应《中国青年报》之约而作

# 自然与文化保护

# 丽江、三峡、浦东

## ——关于环境、生态、文化保护的思考片断

1999年9月下旬，我开了一连串会议，为此走了大半个中国，也不免想到了大半个世纪以来中国所走过的和她今后要走的路。

### 丽　江

山城丽江，是当今国内旅游热点。50年代末60年代初我在昆明工作，却从未去过。那正是“困难时期”，一月工资50来块，口粮24斤，哪有条件出去游览？

这次是云南省在那里召开“云南民族文化、生态环境及经济协调发展国际研讨会”，我也有幸参加，才得以亲身领略了那雪山下的古朴小城，青石板路边，碧水黄花的情趣。

会议是国际性的，有近两百位环境生态、民俗文化保护专家与会，中外约各占一半。专家们谈到保护的重要意义和国内外的经验，从森林到湖泊、从建筑到舞蹈、从服饰到音乐都有所涉及，讨论颇为热烈。然而在会场上，却见不到一位本地少数民族居民的代表，当然，也听不到他们的声音。使我感到一点震动的，是一位北京中年学者康晓光一针见血的提问：“这里大家都在谈保护，但请问一、为谁保护？二、谁来保护？”与会者一时哑然。

这使我想起80年代初我陪一位美国著名汉学家到昆明，夕阳中她看到城郊绿荫环绕中的土坯农舍，星星点点散布在田野里，不禁惊呼：太美了！你们可千万要把它们保下来，不要拆掉啊！我虽然也和她一样为眼前的美景着迷，但却回答：“你如果哪怕只在这种农舍中住过一夜，

大概就不会说这种话了!”60 年代初我在昆明时曾下过乡，住过这种既无窗子也无烟囱、中间一个火塘、火燎烟熏、猪钻狗跑的茅屋，知道那是一种什么样的生活。对于居住者来说，哪怕是一栋最丑陋的红砖营房也要比它舒适得多。

理论上也许不会有人反对保护某一地方固有的生态环境和文化传统，问题在于在经济社会发展的进程中，这种保护有多少历史的合理性与可能性？如果是合理而且可能的，那为什么首都北京的古城风貌也在“现代化”的过程中荡然无存了呢？几十年前，人们在昆明近郊乃至市内就可以看到古朴的小街小巷，为什么现在只能跑到丽江来？如果边远地方的居民问：你们这些大城市的人自己都没能保住的东西，凭什么要求我们来保？我们又将何词以对？

在会上侃侃而谈的朋友们或许还应当扪心自问：当我们一面享受着五星级宾馆的招待（是的，我们在丽江住的就是当地唯一一家五星级饭店），在摆放着高级木质家具的会议室里（这不幸也是事实）高谈阔论的时候，保护森林、保护生态的口号是不是多少有点虚伪？当我们利用假日，不远千里万里来观看一场民俗舞蹈表演时，除了满足自己的怀旧和猎奇心理外，对那些一天要表演四五场的村民的心理，又有多少理解和同情呢？过去，这种舞蹈或其他民俗活动一年里也许只在新年、秋收等节日里作为自娱活动有那么几回，而现在一天就要演上三五场。对于当地居民来说，其“文化”意义又在哪里？商品化了的“民俗”，还谈得上文化内涵吗？

如果本地公众自己不珍视自己的文化传统、缺乏保护的使命感和自豪感，没有发自内心的行动愿望和自觉参与，如果找不到原有文化传统与现代生活的合理契合点，那么，“外面的”人所要求的保护，多半将流于形式，最多不过留下昔日的外表，而失掉了那活的灵魂。仅有外来人的鼓吹，而缺少本地文化精英的长期积累，这种使命感又从何而来？

在为会议举行的闭幕晚宴上，金匙银箸、觥筹交错之间，一批肤色黧黑、表情木然、穿着敝旧（显然不是“演出服”）、缠头跣足的布朗族中年男子伴着铜锣木鼓的单调节拍在一旁为我们跳舞，继而向大家展示他们的“民族日用品”—— 一个个举着乌黑破旧的篾筐、竹筒、葫芦、灯盏甚至烟袋、卧席等等从餐桌旁鱼贯而过，一望而知那些确曾是真家伙而非道具，从而与宴会厅内豪华的装修摆设、五光十色的餐具佳肴形成令人难堪的对比。表演者博得礼貌的掌声后悄然退场。嘉宾们则继续敬酒、劝菜。宾主尽欢而散。

我不知道这些外表木讷的表演者对这种酒肉朱门的氛围有什么反应，但如果我们所追求的民族文化保护就是为了类似的效果，那岂不是侮弄了我们高尚的文化追求和我们少数民族同胞的自尊心？

想到这里不禁使我黯然神伤。

## 三　峡

回到北京不过两天，又应邀赶往三峡去和即将在上海召开《财富》论坛的“时代华纳集团”董事们谈环保。行前在美读书的女儿来伊美尔质问：“请问有什么必要去见这些超级富豪？”我诚惶诚恐地回答：他们也该听听中国老百姓的声音吧？总算得到了女儿的谅解。

在五星级豪华游轮上度中秋，江风明月或与李太白时代无大差异，但两岸石山峋嶙，夹一江东流浊水，那猿声显然已绝唱多年了。

既在三峡，话题难免从三峡工程开始。有人问：你对三峡工程怎么看？答：不赞成。又问：什么理由？答：我不是水利或生态专家，专业性的理由提不出。但我知道，早在三四十年代，真正的专家们就已开始就三峡工程的利弊问题进行辩论，这个辩论不仅持续到工程动工，而且持续到今日。赞成与反对双方各有重大理由，却谁也说服不了谁。七届政协时，一位姓陆的委员是老水利专家，他曾说过：称三峡工程为世界第一，其实不然。就坝高、库容、装机容量而言，都有其他水利工程超过，唯独一件确是世无其双，即出门就是中国人口最密集的地区——江汉平原。若有半分差池，后果不堪设想。照他说，因为问题太多，无事则已，有事就很有可能是空前的，无论如何，其最终利害，多半要到工程彻底完成后多少年才能完全显现出来。到那时，如今的赞成派也罢、反对派也罢，已统统不在人世。如果不幸真是大灾大难，那也只好由后代们去承受了。

想到这种可能，我这个外行难免不寒而栗。既然专家们都不能彼此说服，普通百姓又有什么根据来投信任票？进一步讲，谁又在道义上有此权力，把一把达摩克利斯剑悬到我们子孙后代的头上去呢？而事实上，一些问题，如库区水土流失、生态破坏、移民生存条件恶化，甚至因工程质量达不到要求而造成的隐患等等，目前已经初露端倪，说明专家们并非杞人忧天。

当着老外的面，我不能、也没有隐瞒自己的忧虑。我们这艘以“东方皇帝”命名的游轮缓缓驶过大坝工地，船舷上，人们的表情显得多少有些凝重。我以为，这或许是社会责任心的表现。乘客中尽管有世界级大款，但毕竟不会再有“皇帝”。

我想起了人称原子弹之父的奥本海默，也想起那个向费曼传授“社会不负责任感”的冯诺曼。

## 浦　东

24 日，我和老伴经武汉飞到上海，住进目前浦东最高的楼房，88 层的凯悦饭店。饭店当然是十足的“现代化”，以致两个“刘姥姥”摸索了半天还闹不明白房灯究竟该怎么开！眼见进进出出都是“全球五百强”的老总，觉得一介草民混迹其间有些怪异。

在专为这次《财富论坛》修建的会议中心里熙熙攘攘。我们不知道与会的其他同胞都是为了什么——向外国展示中国市场的“美好前景”？建立伙伴关系？向洋老板取经？但我心里清楚，我到这里来的使命，仍然是让他们在这个干脆以“财富”命名的场合听到一点不同的声音，知道中国还有很多人认为有比挣钱更重要的事。

我被邀作为以“能源和环境”为题的全体大会的发言者之一，与我同台发言的还有世界最大的综合天然气及电力公司——安隆公司（总部在美国，1998 年年终资产为 300 亿美元）的董事长兼首席执行官肯尼斯·莱（Kenneth L. Lay）和拥有16万员工、业务遍及世界一百多个国家的ABB集团（国际科技工程公司，总部在苏黎世）总裁兼首席执行官林道（Goran Lindahl）。

我的讲话大意是：现在，西方许多人在埋怨中国排放了太多的温室气体，在担心下个世纪“谁来养活中国人”，但是与会的各大公司都想在中国推销各自的产品，想在中国市场上占有更大的份额。中国也有人在尽力用这一点刺激他们。为了做到这一点，就必须使中国人更习惯于西方的消费方式。但是人们是否想过，一旦12亿乃至13亿中国人真的追随西方发达国家的生活模式，把中国也变成一个消费社会，中国将需要多少资源、多少能源来支撑？那她还有什么“可持续发展”可言？而如果中国的发展不可持续，世界又将如何？当西方有识之士已经开始反省消费主义的危害时，向中国灌输“消费主义文化”意味着什么？

掌声寥寥。但后来倒有不少人同我握手，包括坐在下面的通用汽车公司的总裁。是赞成我的观点，还是出于礼貌？不得而知。

是的，中国消费水平低是其整个社会经济发展水平不高的一种反映。随着中国的发展，我国资源和能源消费的总量和人均水平都必然要逐步提高。但如果我们仍以西方发展道路为模式，那只能是一条死胡同。1995年由国家计委组织编写的《中国自然资源丛书·综合卷》，在关于能源的一章里谈到我国消费不足时，便是以美国作为参照的。它指出：1990年，美国能源消费总量大约是中国的3倍，因为美国人口只有中国的1/5左右，美国的人均能源消耗是中国人的13.5倍。言外之意是，中国太落后了，应当赶上去。但我们也可以算另外一笔账：1990年，美国的能源消费总量约占世界的1/4，它所消费的石油也占世界石油总产量的1/4。设想中国人均能源消费真的达到美国的水平，其总量就将接近于美国的5倍，那么仅中国一家的能源消费就将超过1990年世界能源消费总量，也就是说，当年全世界消费的全部能源，生产的全部石油都用来供应中国都还不够。这种设想岂非近乎梦呓？

其实，上述看法并无新意，不过是几年来我国国情研究的学者们一再重复的论点而已。然而遗憾的是，在上海《财富》论坛中我还看不出有多少人真正认识到了这种警告的现实意义。从我的发言所得到的冷淡反应中也可以感到这一点。

如果我们不想重复当年泰坦尼克号盲目而自负地撞向冰山的悲剧，那么，如世界观察研究所所长莱斯特·布朗先生所指出的，我们就“非得开拓一条全新的航道不可”。

离开了88层的凯悦饭店，我们老两口总算松了一口气。多少怀着点阿Q心理，我觉得至少自己在努力拯救着自己的灵魂。如此而已。

1999年11月

# 三峡看水

2001年10月上、中旬，国家环保总局委托中国环境新闻工作者协会组织了几位“环境使者”赴三峡地区了解库区环境问题。最后成行的“使者”有徐祝庆（中青报社长）、雷晓路（法制报总编）、徐刚、李皓、汪永晨、关牧村和我。由环境记协秘书长许正隆带队。先到重庆，再乘游轮顺江而下，至三斗坪上岸，在三峡总公司听介绍，再到秭归和宜昌市夷陵区考察移民和水污染情况。中途曾作为“游客”，与同船旅游者到“鬼城”丰都和秭归神农溪登岸一游。我本人行程共五日。去时因北京大雾，起飞延误三个半小时，从宜昌回京，因飞机故障，又延误三小时！前后在机场干“戳”了近一个工作日！

## 一

重庆市环保局的同志对三峡蓄水后的水污染问题，看来十分忧虑。重庆以下沿江城镇目前几乎没有一处像样的污水处理厂，近两千万人口的工农业和生活污水基本直接排入长江；加之沿江城镇淹没线以下的积年垃圾估计有350万吨之巨，包含近年来工业生产和居民消费中产生的高有害垃圾，另有淹没线以下原来的各类矿，特别是金、磷矿等，和这些矿多年的尾矿和矿渣堆积，以及城镇中大量的坟墓、厕所和医院垃圾场等等，如不能在蓄水前得到妥善清运和处理，蓄水后将成为水下污染源，其中大量有害物质将被浸出并扩散到水体中。以上两类污染叠加，加以蓄水后长江干流流速减缓，自净能力降低，今后三峡水库水质如何保证？而清理如此大量的垃圾、建立如此众多的污水处理厂，其工作量之大、技术之难、需要资金之巨，是难以想象的。更令人着急的是，时至今日，这件事竟然还没有启动。

我带着重重疑虑登上了“扬子江乐园”号豪华游轮，隔着舷窗凝视浑浊的江水滔滔东去，为水库的前景担忧。回想80年代后期和90年代初，三峡工程正式上马之前，这些问题都有人反复地提出过。为什么时至今日，离一期蓄水只剩两年了，问题却仍没有一个明确的解决方案呢？

眼前两岸许多城镇已在原居民区后面高处矗起了一排排耀眼的高层建筑，与原来旧市镇低矮、灰蒙的建筑群形成鲜明对照。山坡高处，指明今后蓄水高程的“135米”、“175米”标牌赫然在目。我不由得在想：沿江居民迁入陡峭山坡上的新居，迎接他们的，将是美好的新生活，还是另一种不可预见的艰辛？

长江汛期已过，仍是黄褐色的江水在舷外波涛不兴。回想抗战时期我在扬子江畔度过的童年时代，秋季来临，江水该已是青绿色了。有人说，长江要变“黄江”了。根据手头资料：解放初，四川的森林覆盖率是22%，而80年代已下降为11%左右，其中有的沿江县甚至不到1%！我手头没有最新数据，但根据“自然之友”会员这几年在四川和重庆的实地考察，和他们为保护四川及重庆的天然林所做的种种艰辛努力来判断，近年情况只可能比80年代更加严峻，否则朱镕基总理也不会恰好是在四川视察时发出了“天然林一棵也不准再砍了”的指示的。

看船外江水，涌起一股无奈的惆怅。

## 二

然而也有安慰。

与1993、1999年两次到三峡时的情况相比，发现江面上的漂浮物，特别是那让人恶心的泡沫塑料垃圾明显地减少了。江水虽然浑浊，江面却比前几年干净许多。在葛洲坝发电站的拦污栅前，也没有见到预期中那种“无边污物汹汹下”的可怕景象。电厂负责人介绍：近年来，拦污栅前的漂浮物在汛期主要是洪水冲下来的两岸树木枝杈、秸秆和木质建筑构件等，塑料垃圾已经不多。据了解，这除了沿江城镇加强了对垃圾的管理外，一个相当重要的原因是船只已不准往水中倾倒垃圾。据游轮经理介绍：船只往水里倒垃圾，最高罚款可达两万元；而游客往江里丢垃圾，最高可罚500元。游船的全部废弃物，包括粪便，都不准排入江中。到终点时要交码头专业部门处理。如果按游客人均计算被认为数量不足，还要付高额罚款。因此船只再不敢乱丢垃圾。

我们毕竟有了进步。

## 三

被迫随着船上游客（三个热热闹闹的台湾旅行团和一个法国团，及若干“散客”，近三百人）再到“鬼城”丰都游览。1993年来此，正是县领导提出什么“以鬼搭台，经济唱戏”时期，满城大街小巷，到处装神弄鬼，“血雨腥风”，令人不忍卒看。这次我没有再去平都山上访鬼，而是独自到街上转悠，并到山后一农户家里聊天。发现市面上“鬼气”少了，人情多了。以“鬼”招徕顾客的做法似乎已不那么行时。也可能库区蓄水后县城大半将被淹没，人们要顾水，也就顾不得什么“鬼”了。而后山那户菜农根本就不关心什么“鬼”，因为不属淹没区移民，似乎也不太关心三峡水库所带来的问题。他关心的只是，未来县城要迁到对岸，卖菜将会遇到新困难。

当年我访丰都后，曾写过一篇批评性文章《话说“鬼城”》，刊于《东方》和四川《文史资料》。其中特别揭露了平都山“鬼城”大门口一副用篡改过的李白诗句拼成的对联。李白原诗后两句为：“下笑世上士，沉魂北罗酆。”“罗酆”是道教的冥界所在，犹如佛教的阴曹地府，并非指阳界一个实有的地方。而丰都县却有人将此诗下句改为“沉魂北酆都”，企图借唐代大诗人之口来证明酆都县由来已久。其实李白从未为丰都写过什么诗，他的时代丰都的丰字也还没有加那个耳朵旁呢，那是几百年后明太祖干的事。造假竟造到古人头上去了，实在可悲。而这次来，发现对联仍在，却换了装修，把原来“李白诗句”等字去掉了，成了一副无名联。我想：这总比把李大诗人强扯进贩假团伙要强一点，也算是一点小小的改进吧！

## 四

在三斗坪登岸，到三峡总公司听介绍。“使者”们最关心的当然还是环境与污染问题。公司负责人一再强调：问题不大。一是两岸污染源将很快得到治理，二是长江流量那么大，三峡水库只能拦住其中很小一部分，大部分水仍然会顺流而下，所以库区主流流速不会降低多少，江水仍将保留相当的自净能力。对此，负责人显得信心十足，和我前几年来时所见所闻基本一致。听了介绍，我这个外行不禁在想：难道最近报上对三峡水库污染问题的众多报道，其中有的甚至用了“十万火急”这样的形容词，都是无中生有，哗众取宠，至多也不过是杞人忧天之语吗？再加上在葛洲坝电站进水口确实没有见到大量漂浮物，从 80 年代起就关注三峡问题的我，开始对自己历来的想法产生了疑问。

第二天，我们到宜昌市夷陵区（原宜昌县）考察黄柏河口污染状况。

黄柏河是宜昌以上长江左岸的一条小支流，注入电站以上的葛洲坝库区。是一条发源于湖北北部山区的原本清澈的小河，夷陵区河段水质曾为二类，是夷陵区居民的唯一水源。

自 70 年代末葛洲坝水利枢纽工程建成后，由于库区江水流速减缓，黄柏河已不能如原来那样畅流入江，致使河口以上 7 公里河道成为实际上的“静水”。加以夷陵区城镇工业的发展和居民生活污水排放，河口段水质逐步恶化。据当地有关同志介绍，80 年代中期以前，那里河水清澈见底，河床上落了一块砖都看得见；80 年代中以后，河水逐步由清变绿，90 年代后又逐步由绿变黑、变臭，长出了水葫芦和水浮莲，真正成了“一沟绝望的死水”。这次我们亲眼看到，这河口黑水里的水浮莲甚至漂进了葛洲坝水库，堂堂扬子江宽阔的江面上，竟然星星点点地漂着这种污水塘里的典型植物，而且还居然活得不错！河口内外水质如何，也就可想而知了。几年来当地政府下大力治理本地污染，关停了多家污染企业，但因为河口段是“静水”，仍无法彻底治理。当地同志说，葛洲坝建成之初，大家都满心喜悦，把一泓清水的河口当成休恬的好去处，曾几何时，这里却成了百姓的一大心病，前后不过 20 年。他说，如果不能彻底解决库区上游沿岸的污染问题，这里也许就预示着三峡水库的未来。只不过长江水量和三峡库容要大得多，变化的过程会更长久罢了。

根据我的理解，三峡水库蓄水后，原来注入库区的众多支流会发生比黄柏河更为严重的问题。由于库区水位大幅度抬高，水库尾水将深入各支流，使各支流下游河段成为水库的一部分。由于远离长江主流，这些枝蔓出来的港汊状小水库的水体与外界交流一次的时间将变得非常之长，基本上都将成为像黄柏河口或昆明滇池那样的静水区。而这些支流源远流长，流域都有大量人口聚集的城镇和村落。如果对这些地方的工业及生活排放物（包括污水）不能及时予以永久性处理，随着这些地区经济、社会的发展和人民生活水平的提高，若干年后，其环境状况将不堪设想。首先就是百姓很可能会面临如今日武汉那样的无净水可用的局面。我不知道哪一位专家能用科学的数据向我们证明：黄柏河的悲剧不会在这些地方重演。

人的认识是要有一个过程的。20 年前，在黄柏河还清澈见底的那个时代，要人们认识到水库对水环境将带来多么严重的负面后果，也许不够现实。然而到了 80 年代末，在黄柏河已经开始由绿变黑的时候，在论证中还把“对水污染的影响”列为“影响较小，采取有效措施后可减小危害”的一类；甚至时至今日，还在说三峡水库污染“问题不大”，就很难被认为是对历史负责的态度了。当然，理论的探讨和追究都已不是今天的当务之急。

现在离一期蓄水只剩两年，要解决所有这些问题，时间会站在我们这一边吗？

船在微微晃动，江水轻拍船舷。遥想当年，李白遇赦，从奉节东下，一路神采飞扬，留下“轻舟已过万重山”的不朽名句。而我身在豪华游轮，却为水库前景长夜难眠。人是要对历史负责的。

若诗仙再世，与我辈同行，又将写下怎样的诗篇，留给千年后人？

历史的冷眼将始终注视着三峡，注视着长江，注视着我们！

2001 年 10 月 21 日

# 三峡访古杂谈

1993 年中秋前后，笔者参加了全国政协教育文化委员会组织的“三峡文物考察团”，到当地做了半个月考察。考察团的目的，是通过实地调查，进一步弄清在三峡工程建设中，应怎样更好地抢救淹没和安置区内地面、地下文物，并予这一工作以推动。我个人作为外行，经过考察和同行学者专家的指点，认识上收获很多，略记以下几点，以请教于读者。

## “‘北京人’祖先的故乡”

早在 50 年代，我国著名的史前考古学家，“北京人”第一个完整头盖骨的发现者裴文中教授在当时刚刚开办的“长办”考古训练班上曾经预言“‘北京人’的祖先在三峡”。30 年后，1985—1989 年，考古学家在三峡深处的巫山县境内，果然发现了直立人的牙齿和下颌骨化石，经测定，时间大约距今二百万年，比“北京人”早一百三十万年以上，比此前我国境内发现的最早人类化石——元谋人也早三十万年。著名考古学家贾兰坡先生认为：“在巫山发现二百万年前的原始人化石，在学术上是件大事。”裴文中教授的科学预言得到了初步证实。

目前，巫山猿人遗址的发掘和研究工作还有待进一步展开和深入。如果今后的发掘能为裴老的预言提供更多的证据的话，那么，巫山猿人将取代元谋人，成为我国境内发现的最古老的人类化石；考古学家们也将有可能证实，欧亚大陆东端最早的直立人，是出现在扬子江流域上游。这对于研究这一地区的古地理、古气候、古生物、古环境等学科都有重要意义，对于全世界的学术界来说，当然是一件大事。

## 解开巴人历史的钥匙

长江上游，重庆以东，巫峡以西，是古代巴文化的中心地区，又是巴文化与长江中游的楚文化的结合区。巴文化最初大约发源于川、鄂、陕、黔交界地带并有其相对独立的形态，在原始社会后期形成政权，即巴国，都城先后在今重庆、丰都等地。春秋时期，巴在中原地带的民族交往中曾经崭露头角。相传曾参加了周武王伐纣的战争，并以勇武善战著称；以后又有巴国将军巴曼子与楚交涉，“割头不割城”的故事。战国时巴先为楚所灭，在“秦王扫六合”的战争中，又和蜀一道被纳入了秦的统一版图。从此，巴文化便湮没无闻，成了中国传统文化史上的一个空白点，只留下了像“下里巴人”这样谜一般流传民间的古代成语，和小三峡河谷峭壁上同样像谜一样的巴人悬棺。显然，要弄清古代巴人的历史文化发展情况把我国南方远古文化史上的这个缺憾补上，主要须倚靠考古发掘提供的实物史料。

50年代，在巫峡大溪村发现并经过初发掘的新石器时代遗址（大溪文化）为研究这里的原始文化提供了重要的考古学依据。但还有大量发掘工作，包括其他多处散布在三峡水库淹没区内的古文化遗址的发掘工作，过去几十年没来得及，也没有条件进行；同一地区大批秦、汉和更晚时期的墓葬也未经系统发掘。大溪村和类似的遗址，如忠县井沟文化遗址，大都位于江边近水台地上，从高程来说，都在水库淹没线之下。如果文物的抢救工作不能在水库蓄水之前完成（从现在算起还有十年左右），那么，这把解开古代巴人历史之谜的唯一钥匙，将永远被淹没水底而不可复得。

长久以来讲中国古代文化，都以黄河流域为其发祥地。大约自商周以来，黄河流域古代居民就认为自己所在是四方的中心，是谓“中国”（实际指“中原”），自称华夏，而把当时较落后的周边各族称为“蛮”、“戎”、“夷”等等。中原古居民的这种地区优越感从此成了中国文化的一种传统。然而，从近年来黄河中游以外地区（三峡也是其中重要的一处）大量发现的史前文化遗址来看，在漫长的原始社会时期，后者的发展并不落后于中原民族同期的水平。而且，如湖北发现的战国墓中的出土文物，更证明在中国形成统一国家之前，南方的楚文化在许多方面实际比中原文化的发展水平还要高。由此可见，把黄河流域视为中华民族古代文明的唯一摇篮，把最先居住在那里的古华夏族视为整个中国古代文明的唯一创造者，是不符合历史实际的。对于黄河流域以外地区史前文明的了解越多，就越能证明中国古代文明是今天中国境内各原始民族多元文化相互融合的结果；而且，后来所谓的汉民族本身，也是在这种融合的过程中形成的，实际上，其构成早已不限于单一的古华夏族了。抢救性地发掘和研究三峡地区史前文化遗址的深远意义，正在于此。

## 沿江古代水文题刻

四川境内长江上游，历史上就是经济文化发达地区。江水的丰枯，与当地人民生活息息相关。因此，自古以来，沿江人民就形成了刻石记水的传统。江岸岩壁高处，有洪水题刻；枯水季节才得显露的江心石梁上，则有枯水题刻。据长办考古专家们多年调查，现在已知的川江两岸洪水题刻便有 180 多处，其中最早年代是宋绍兴二十三年（1153 年），而记录了 1870 年洪水的题刻有 92 处之多；枯水题刻共有 11 处，其中最著名的是涪陵江心的白鹤梁。这段水底岩石，大约每十年出露一次，上面有自唐代广德二年（764 年）至今一千二百多年间 72 个年份的枯水水位刻记。从刻记上可知近千年来此段长江的极枯水位出现在南宋绍兴十年（1140 年）。像这样延续千年以上大量的水文题刻，全世界绝无仅有。它们不仅有重大的历史文化意义，而且也有着十分现实的科学意义，可以无愧地称之为全世界文化、科学之宝。但是，所有的枯水题刻，在三峡工程建成后，都将永不再见天日。如何保护这些无比珍贵的水下文物，是学术界和工程技术界都十分关心的问题。

## 少为人知的地面古建与古迹

三峡有闻名遐迩的“名胜”，也还有一些古迹，知名度虽不高，历史文化价值却在某些“名胜”之上。

忠县境内，有两处（共三座）汉代石阙——忠州镇的“丁房阙”和佑溪村的“无名阙”，是经历了两千多年风雨的原物。阙在古代，是王宫入口处的标志性、礼仪性建筑物，即在入口通道两侧筑成高台，台上建楼，君王可以登楼望远或扬威，类似后来的城楼。所以在后来的古汉语中，“阙”也成了皇宫宫门的代称。但这样的阙，早已不存了。现存的汉代石阙，据我个人的看法，是对更古时代的阙的一种模仿，以石仿木，以小得多的比例，雕出屋顶、檐椽、柱枋、斗拱等等，仍然作为重要建筑或场所入口处的标志。我国古代以砖石仿造木建筑，特别是高层礼仪、纪念性建筑（如塔）的做法，是非常普遍的，这显然是因为木构易毁，而砖石建筑可以长久保存的缘故。

忠县的石阙，都位于穷乡僻壤，一般旅客、游人很少光顾。在这个今天相当贫困的地区，有不只一处汉阙遗存至今，由此可以推断，古忠州的经济、政治、文化，曾有过高度的发展。其中曾有过怎样的变化、起落，对于地方史的研究来说，当是一个有意义的课题。

巫山大宁河“小三峡”深处的大昌镇，已有千年以上历史，目前还基本保留了明、清的建筑风貌与格局。保存得这样完整，古色古香的古老村镇，全国都已罕见。因位于“小三峡”观光河段以上，一般游人少至。她虽已被列为四川省重点保护文物，但也处在水库淹没区内。如果不能将全村原样搬迁，将来也只能葬身水底了。

另一处饶有古风的建筑，是筑于明成化年间，距今已有五百余年的奉节县城。其大、小南门取当年杜甫在此地所咏诗句“夔府孤城落日斜，每依南斗望京华”和“两朝开济老臣心”之意，名为“依斗门”和“开济门”。在全国无数城门中，有如此诗意的名字，而解放后还没有被改掉的，实属罕见。可惜水库修成后，这座古城也将部分被淹没；人们也将再不会有机会站在依斗门上，俯瞰下面那“众水会涪万，瞿塘争一门”的壮观江景了。

瞿塘峡西口即著名的夔门。夔门南岸那雄伟的石壁，是多少人从图片上早就熟悉的景色。在这片被称为“粉壁墙”的峭壁上，留下了不少历代题刻。其中1939年冯玉祥将军所题“踏出夔巫，打走倭寇”八个大字，表达了八年抗日战争期间西南大后方亿万“不愿做奴隶的人们”的强烈心声，是近代以来我们这个民族的苦难和奋斗的又一个历史见证。相信每一位经历过抗战时期“大后方”艰苦生活的老人，在看到这幅题刻时都会深有感慨的。可惜的是，这些题刻也位于淹没线以下，将来只能复制保存了。

三峡地区还有许多其他名胜，如白帝城、张飞庙、石宝寨、屈原祠、丰都“鬼城”等等，因为都是旅游热点，介绍很多，广为人知，个别还是近年重修乃至新建的拟古仿古之作，其文化、学术价值不及前述几处，这里就不赘述了。

经过考察，考察团形成了一种共识：三峡是中国古代文化遗产蕴含丰富的地区。在这次考察中，据沿江各县市的初步调查统计，仅水库淹没区（未包括安置区）内的文物点就有八百余处，其中多数还未经系统研究、整理、发掘，因而是一座尚未向世人充分展示其真容的地上、地下文化博物馆。

中国传统文化，是形成中华民族凝聚力的心理基因。海内外的中国人的民族认同感，首先来自对中国传统文化共同的感情与承袭。因此，抢救、保护三峡文物，就是维护中华民族凝聚力的具体行动。现在离预计的水库蓄水时间还有十年左右。在这样短的时间内有组织地抢救三峡文物，这不仅是我国文物、考古工作者面临的一项极为艰巨的任务，从一定意义上说，也是海内外全体中国人所共同面对的一个挑战。

原载《百科知识》1994年第2期

# 关于水电建坝问题研讨会上的发言提纲

一、本人不是水利工程方面专家，对大型水利工程没有发言权。但我支持呼吁怒江电站缓建，主要是再听一听不同的意见和建议，取更加慎重的态度。

二、为什么应再听听不同意见？因为我们五十多年来在建水坝的问题上教训太多。据了解，建国以来，我们总共兴建了八万六千多座水坝，其中近半数已经报废；当年黄万里教授警告建三门峡水电站会出大问题，没人听，还把黄教授打成右派。以致直到今年，黄河汛期还在危及渭河上游城市的安危。这样的教训不能重演。

三、就我所知，在六届、七届政协会上，多数委员希望三峡工程缓建，为此，以当时的政协副主席、流体力学权威周培源为领队，一百八十多位政协委员曾专门到三峡库区去考察，回来后周培源写信给中央，也是建议再听听不同意见，却遭到当时国务院某领导的批判和嘲弄。结果三峡工程如期上马。但是其消极后果，如航运阻塞、库水污染、移民安置不当、大量回迁等等，正在逐步显示。

四、怒江地区是国际公认的物种多样性地区，被划为国际性自然保护区。有人说，实际上那里 2000 米以下已经遭到破坏，没有保护价值了。那么，我们是应当努力去恢复原有的生态面貌，还是应当破罐破摔呢？

五、有人强调，云南是个贫困省，修水电站可以致富。确实，修水电站是可以致富，问题是谁可以致富？是当地的原住民，还是电力公司老板和地方政府？

六、50 年来，中国的江河已经几乎没有没修过水坝、水电站的了。就我所知，怒江已是仅有的两条还保持原生态的大河之一，另一条则是雅鲁藏布江。从某种意义上说，我们应不应当给我们的子孙后代留一条仍然是自然的河流，让他们知道天然江河原本是什么样的呢？

七、据我所知，任何水坝都是有寿命的。一个水坝，寿命也许不过几百年。等它们的使用年限到期，我们将留给后代一条条什么样的“江河”呢？如果子孙们问：太爷爷、爷爷，你们有什么权利把所有的江河都用水泥大坝切成一截一截的，让我们都不知道什么是一条天然的河？我们将怎样回答？

# 自然之友第一次组织会员赴内蒙古恩格贝沙漠植树后致女儿*

眉毛：

回来两周了。此刻心情自己也说不上是什么。也许还是当年鲁迅说的“心事浩茫连广宇”，但并不期待“于无声处听惊雷”。这种“惊雷”这几十年也听得不少了，既不会再惊，更不会因此而喜。中国现代化的这个怪胎究竟会长成个什么东西，谁说得明白？一个社会，就算物质生产能有所发展，如果大家精神上总感到压抑，它又能给人们带来什么快乐？

8月1日北京站前广场，“自然之友”（及家属）七十余人（最小的七岁）冒雨在双叶会旗下集合，奔赴内蒙古包头附近的恩格贝沙漠。还有一位家住太原的68岁的老大姐，从报上获知我们要去种树，竟带着两个孙子、一把铁锹从太原赶赴包头与我们会合。我们分乘两辆大轿车从包头出发，过黄河，进沙漠。越往北走景色越荒凉。虽是8月盛夏，眼前却是黄的多，绿的少。土坡上本地人的小泥屋，大概不比半坡时代强多少。而且四周竟往往不见一片树荫。一片村庄就那样在毒日头底下干晒，人们似乎只能躲进半地下的洞穴。大人孩子光着头，咧着嘴，呆呆地望着我们一行，目光呆滞，形容枯槁。可别以为他们真的与当代文明无缘。当我们开到一处山洪冲毁的河沟边时，却正是这些“纯朴”的农民们用手扶拖拉机把唯一的一条通路堵住，不给钱不让路。这还不是因为“此路是我开”，而是“此路是我堵”。真是天生的梁山好

---

* 自然之友分别于1996年、1997年、1999年组织会员赴内蒙古恩格贝沙漠植树。

汉、农民起义领袖。早生五百年，闹好了没准能混个开国皇帝当当！这地方既没有法律，也没有官员，“自然之友”们也只能乖乖地留下买路钱走人！

再往前，上一道山梁，全车人呀的一声。眼前竟是一望无际的黄沙。就连刚才那点绿色也没有了。这就是黄河河套顶端，阴山南麓，鄂尔多斯高原边缘的库布齐沙漠！

城里人来沙漠，毕竟还是把沙漠当成“自然公园”。头一天下午，大家就在这沙上跑啊跳啊打滚啊！孩子们更是高兴得不知所以了。看见我们“自然之友”的双叶旗在沙漠上飘扬，我也确实很自豪。种树只有两天，其实没什么。但我和妈妈都是带病坚持。我们俩出来前都重感冒。感冒又引发了我的哮喘，晚上睡觉时很难受。但我们不能让大家知道。我作为领队，不能躺倒。就这样，也挺下来了。但确实很累。除了那位老大姐，我和妈妈是全团年纪最长的。我想我们还是作了一个比较好的榜样。我们两天中午都在沙漠上吃饭——大锅熬菜，馒头，米饭。第二天正吃饭时，忽然一群孩子围着我唱起了生日歌。才想起那是8月4号。没有蛋糕，用西瓜代替，还有人送了我一筒“雪碧”。我和大家都非常高兴，许多人要求和我照相。这也许是我一生中最难忘的一次生日。最后我们一共种了两千七百多棵树。如果能大部成活，将俨然一个小树林！我在总结时说：我们学到的最重要一课，是懂得了“改造自然”如果真的变成行动，将是多么艰苦，多么困难的一件事。因此我们无权坐在沙发上唱绿色高调！

这片沙漠植树已经六年。是日本的治沙专家90高龄的远山先生开始搞起来的。他每年带领成百日本志愿者来种树，已经种了一百万棵，而我们却是中国的第一个志愿植树团。我去年10月在东京曾和远山同台领1995年亚洲环境奖，今年在恩格贝又和他一同种树。算是有缘吧。他在会见我们全体团员时为日本发动侵华战争谢罪，脱了帽子给大家深深鞠了一躬。当时我很意外，又不能不对这个问题表态。于是我就在答词中说：中日战争爆发时我五岁，远山先生31岁。战争留给他这个当年的日本成年人和我这个中国孩子的，同样都是痛苦的回忆。我们家的房子在日军第一次轰炸长沙时就被炸塌了，我不得不随父母到瓦砾中去捡我的玩具。但当时我们谁也不可能想到，60 年后的今天，我们会一同在中国内蒙古为改造中国的沙漠而并肩种树。这说明：时代进步了，人民进步了，人民不要战争，不要破坏，而要和平，要发展，要造福后代。远山给我又鞠了一躬。大家后来说，我的答词很得体，有理，有礼，有节。事后我听说远山当年曾在包头一带打过仗，可能有负罪感。但一个日本老人，到此高龄，有家有产，还是好几所日本大学的教授，却愿意成年住在这异国荒凉的沙漠里，吃大锅菜，住简陋的房子，每天栽树不止，总是值得人敬佩的。

1996 年 8 月 14 日

# 再到恩格贝

1997年7月末，“自然之友”的绿色双叶旗再次飘进了内蒙古恩格贝沙漠。

也许多了几分绿色、几幢新房，但恩格贝依旧，沙漠依旧。去年来种过树的朋友觉得仍那么熟悉、那么亲切。清晨，远山先生仍穿着那身卡其布工作服默默地在路边拾垃圾，整理花圃。可惜91高龄的老人已记不得我们。但他必定会知道这是又一批中国的沙漠植树志愿者。

茫茫沙海中，我们终于找到了去年的那片小树林：多数名牌已经不见，但中学生王蓓的名字仍款款地挂在一株绿意盎然的幼树上。数一数，去年的辛苦大约换得一半成活，瘦瘦的树苗上绽出了嫩叶。也许这就是希望、明天的绿洲？

去年，我们在大雨中离开北京，在骄阳下进入沙漠。今年正好相反，在北京站上车时闷热难忍，进入恩格贝时却遇上今年沙漠中第一场大雨。自然之友们也第一次领教了“乡亲”们的厉害：每隔七八公里路上就横着一根大木头。说是雨天车会压坏他们承包的路段，要交“养路费”。开口三五百，多则一千！淋着雨和这些幸灾乐祸的“老百姓”讨价还价，说我们是来义务植树的，那反应，似乎和说来淘金挖宝也没有什么两样。连哄带求，花了五个多小时和数百买路钱，总算在天黑前走完了这段本来只需要两个半小时的路，面对这些本应是我们要依靠的基本群众，不由得使人更深地体会到在中国搞环保之难。

和我们同去植树的，还有“自然之友”团体会员，林业大学“山诺会”的二十多位同学。他们晚上在基地自搭帐篷过夜。这些纯朴、能干、活泼而守纪律的年轻人给大家作了很好的榜样。

由于树苗供应不足，今年大家只种了一千六百多株杨树，外加谢定淑老人自费购置的百余株针叶树。但因为赶上几场沙漠中罕见的甘雨，树苗成活的希望比去年大。

在基地，正好遇上一个主要由中老年人组成的日本义务植树团。晚上，在恩格贝明亮的星空下，自然之友们在梁晓燕的带领下纵情地唱了起来：中国民歌、俄罗斯民歌，甚至日本歌，一首接一首，整齐而欢乐。日本客人不由得鼓起掌来，也许他们没有想到会遇到这样一群中国的志愿者吧？

基地里，屋檐下有好多处燕窝。大家常常驻足观看母燕给那些"黄口小儿"喂食的有趣情景。一位本地工人不以为然地嘟囔："这些城里人，看个鸟儿也觉着新鲜。"但恰恰就是本地职工的一个孩子，第二天竟把一个燕窝捅破，把跌落的小燕捡去玩。这下子激怒了"自然之友"的一群孩子。小家伙们纷纷"严厉指责"这个十岁左右的"肇事者"，并把小燕儿抢救回来，放回破碎的窝里。那孩子和他妈妈一声不吭地听着"自然之子"的声讨，看着他们的救鸟行动。

然而，第二天却发生了一件出人意料的事：在我们沙漠植树队伍后面，多了个"尾巴"——那孩子和他妈妈！他们静静地坐在一旁看我们种树、浇水，也间或找个人说话。后来，这位母亲怯生生地来对梁从诫说："能不能也让我们孩子入你们的'自然之友'？让他也有个机会听听你们讲的道理。在这儿没人给我们讲这些"；又问靳旭："这孩子能不能入你们观鸟小组？"知道的人都被感动了。虽然我们没有可能满足他的这个请求，但"自然之友"的行动显然已经在这孩子和他妈妈的心里留下了一棵小小的绿色种子。这也许比我们种下的那些树苗更有意义。

种完树的那天下午，大家一起到沙漠中一个小水库去观光。归途中山诺会的同学们发现路旁草丛里有一只从树梢巢中跌落的小隼。观鸟小组的靳旭心疼地把小隼拾起。一位山诺会的"攀援能手"背着装有小隼的布袋，迅速地攀到了十几米高的树梢，小心翼翼地把这个羽毛未丰的小冒失鬼放回了巢中。当他顺利地从树上下来时，一阵发自内心的热烈掌声和欢呼，既表示了对山诺会员的赞扬，也是大家对这个野生的小生命的衷心祝福。一位搭车的旅行社翻译不禁感动地说："真没想到今天还会有这样的大学生，还有'自然之友'这样的团体！"当场询问怎样才能加入"自然之友"。

临行前夜，"山诺会"会员和"自然之友"的一些成员在营地前座谈，像一家人一样促膝谈心。谈环保，谈人生。那位翻译也来参加，感慨地说，"我觉得自己自从上了大学就'堕落'了，看到周围许多同学也在堕落。可今天我在你们身上看到了一种新型的大学生，这是我们社会新的希望"。

中学生程慰回忆这次沙漠之旅时写出了大家的心情："我们看到了真正的沙漠。满眼都是黄沙，没有边际。光脚踩在沙上，有一种异样的感觉。我们在沙上写下了'自然之友'四个大字。是的！我们是大自然的朋友，我们都热爱大自然。中午过后，大家踏上了归途。就要离开这片美丽的工地了，每人都有一份不舍。再见了，恩格贝，再见！"

"火车一声汽笛，宣告了这次活动的结束。然而我们每个人都不会忘记这次沙漠之行，不会忘记我们亲手在这里种下的树。相信有一天我们还会回来看望它们的。"

1997 年 9 月

原载《自然之友通讯》

# 可可西里的一把火

1999年5月23日，自然之友梁从诫、张继莲、胡佳、方晶等和国际爱护动物基金葛芮女士，会同北京电视台颜莹、北京人民广播电台康雪、《北京青年报》严峻、钱冰戈、《中国绿色时报》康勇军、《精品购物报》徐安等多家传媒记者，前往可可西里索南达杰自然保护站，去销毁野牦牛队几个月来从盗猎分子手中缴获的近四百张藏羚羊皮，此前并到格尔木治多县西部工委所在地去看望了野牦牛队队员们，同时补行了自然之友所赠两辆警车的赠车仪式。

## 一

23日清晨四时，车子穿过夜幕从格尔木向可可西里进发。四周伸手不见五指，初到昆仑的我也不知外面是山、是谷，还是水。直到天色渐白，才隐隐见着那一望无垠的莽原，中间一条公路，直通天际。过去曾多次出入云贵高原，海拔不过两千上下，却是山高谷深，车在山头盘桓，窗外云山雾罩、“下临无地”，一条条曲曲弯弯的河川在谷底奔流，看着叫人心悸。这里离天这么近，却一马平川，才突然明白高原的“原”字是什么意思。

荒野、灰暗、粗犷、寂寞，似乎没有一点生意。雄伟，却显得单调。但天色再亮，无意间却发现一片片紫色，雾一般淡淡地缀在莽原中间，竟是一些不知名的小花！野驴！谁的一声惊呼：远处山冈边，两只藏野驴头也不回地在吃草，全然不把这山下往来奔驰的汽车放在眼里。荒野自有荒野的生机。大惊小怪的只是我们这些有眼不识“泰山”的城里人！

海拔已超过了四千五，过了昆仑山口，就算是进入可可西里了。

可可西里，五年前我还从来没听说过这个名字，这几年却与之结下了不解之缘，几乎到了魂牵梦绕的程度：多少次陪着杨欣、扎巴多杰在北京给大学生讲演，讲她的美丽、她的噩运，号召人们为救助她捐款。今天，我们几乎是带着朝圣的心情来到这里：这儿不仅曾是藏羚羊、野牦牛等高原野生动物神话般的家园，而且是索南达杰、扎巴多杰战斗过的地方，是我们这些远在北京的自然之友们一心想保护、想留住她蛮荒之美的地方。她已成了一个战斗的象征。如果英雄们为之流过血的地方最终仍是盗猎分子横行，藏羚羊最终仍归于灭绝，我们将何以向世人交代，向后人交代，向先烈交代？

昆仑山口，标高 4767 米。对于常在青藏高原上跑的人来说，根本算不了什么，却是我和方晶老两口生平到过的最高海拔。向索南达杰纪念碑献上一条哈达，代表着全体自然之友的一片真情。这位五年前在太阳湖畔用最后一滴血捍卫着可可西里，捍卫着藏羚羊的藏族干部生前曾经说过：他的事业需要有人牺牲；而历史已经证明，他重于昆仑的死竟唤醒了万千中华儿女，成了他事业无怨无悔的继承者，其中也包括我们这两个老人。或许，每一位途经这碑下的过客都该想一想，究竟什么叫“生命的价值”。

高原的阳光，晃得我们睁不开眼。

## 二

再走 140 公里，车子开进了杨欣的索南达杰自然保护站。我们这些一直关注、支持杨欣的人，对这个站也太熟悉了。从示意图到建成后的照片就不知看过多少。听建站志愿者对高原反应描述得那么邪火，总以为自己今生是无缘到此了。今天居然能直接来到它的面前，真有一种异样的感觉，一种赢得挑战的感觉。虽然脚下越来越像是踩着棉花，但毕竟“味道好极了”。

跟上来的野牦牛队的大卡车把他们去年年底以来缴获的 373 张藏羚

羊皮和几张沙狐皮拉来堆放到保护站前空地上。队员们往皮子上泼汽油，点火即将开始。我们——自然之友们和国际爱护动物基金（IFAW）的葛芮（也是一位真诚的“自然之友”）——从北京不远千里赶到这里，就是为了这一刻。野牦牛队的梁银权书记、葛芮和我各持一根火炬，“一、二、三!”同时抛向皮堆，刹那间轰的一声，一团烈焰腾空而起，价值几十万元的藏羚羊皮顷刻被熊熊大火吞没！记者们的镜头、话筒及时地记录下这激动人心的一瞬。

“有人说西部工委是在烧钱，您怎么看这次销毁藏羚羊皮的行动?”记者的话筒突然伸向了我。“哦!”对于这突如其来的不是问题的问题，我愣了一下：“是的，可以说这确是在烧钱。但这是以盗猎国家一级保护动物换来的‘钱’，是以破坏可可西里生态环境换来的‘钱’，是完全非法的不义之财。不烧掉这些皮子，让它们一张也进不了非法市场，就堵不住这条伤天害理的生财之道，就没法向全国、全世界证明：中国政府和中国人民坚决不允许受国际非法贸易驱动的盗猎活动在中国的土地上横行!”

（回到北京，见晚报上有人批评说，这么贵重的皮子不应该烧，应该由国家来卖。真是奇谈怪论！我国法律规定：藏羚羊为一级保护动物，任何猎杀或买卖与之有关的物品的行为都要受到法律制裁。难道国家应该自己带头违法？国家卖藏羚羊皮，客观上岂不成了盗猎活动的同谋?)

皮子仍在燃烧，梁书记见我神色不对，有“倒也”之虞，急忙派车把我和方老师以及要赶往西宁的葛芮和小康送回格尔木。我最后望了一眼保护站，只见胡佳、颜莹、严峻等年轻人正活蹦乱跳地在营地里跑上跑下。胡佳一身迷彩服，手持冲锋枪，爬上了高高的瞭望塔，兴奋得像个孩子。他们要在保护站过夜，真让我羡慕啊！但愿有一天我还能再来。

## 三

几年来，凡是深入报道过藏羚羊问题的传媒界朋友，先后不下十几人，都在异口同声地赞扬野牦牛队。多年来，这是可可西里唯一的一支反盗猎武装。

熟悉基层情况的朋友们，你们曾接触过像野牦牛队这样的一支执法队伍吗？曾想象过在今天的社会中能够存在着这样一支队伍吗？多次在听到小奚、小康、丁品他们对野牦牛队的赞誉时我也曾暗想，会不会掺有偏爱的溢美之词？然而，当我第一眼看到这些脸色黝黑、衣着俭朴、目光热烈却又不善言词的藏族小伙子时，就确信一切都是真的，相信这就是顶着社会上的压力，吃着糠和草，却无悔地挤着自己鲜血的人们。

在格尔木第一次聚餐见面，我刚说一句："我们像是回家了"，这帮剽悍的康巴大小伙子竟然哇地哭成一片，看着这些在可可西里弹雨酷寒中眉都不皱的汉子们泪流满面，有谁能不动情？而座中泣下最多的，竟是他们的"长嫂"，梁书记的妻子黄晓虹。正是这位默默无闻的汉族中年妇女，在扎书记殒命玉树，支撑野牦牛队的重担突然落到了梁书记一个人肩上的时候，在背后苦苦地支持着他，安抚着备受悲痛和误解折磨的年轻的队员们。今天终于见到了久盼的"亲人"，怎不泪飞顿作倾盆雨！而当天晚上，当我们向大家分送杨苹老师洗印的扎书记在北京的照片时，他们对着照片唤着"扎书记啊，扎书记!"，又一次哭得死去活来。这时不知是谁冲破压抑，喊了一声"别哭了，咱们唱吧"！出乎我们预料地，这些藏族小伙子突然扬起头，竟带着眼泪齐声高唱了起来，一首接一首，全是"扎书记生前最爱的歌"！他们不愧是天生的歌手，粗犷的男声齐唱，高亢、深沉、饱含感情。我生平从未在任何场合被一种歌声如此强烈地震撼过！

作为一种社会现象，野牦牛队与人们所憎恶的公务员队伍中那种十分普遍的怠惰、低效以至腐败之风形成鲜明反差，是一个罕例。须知她并不是一个精选出来受特别培植的"橱窗"集体，而只是扎书记前几年从社会上招来的一支"杂牌军"，其中一些人原来甚至可称之为"社会闲散人员"，个别人生活中还有过遗憾的经历，西部工委过去在工作中也犯过错误、有过不少失误，个别队员甚至还有过偷卖缴获赃物的不光彩的违法行为。但是在索书记、扎书记的教育、感召下，他们找到了生活的目标和事业的价值，找到了精神的依托，在保卫可可西里的艰苦斗争中，逐渐锻炼成了这样一支特别能吃苦、特别能战斗、特别有献身精神的队伍。这次我们无意中亲眼看到了他们那种“啃冷馍、喝雪水、干咽方便面”的巡逻生活，看到了他们为了争着进山，只好用“幼儿园猜崩猜”的方式决定谁去谁留的感人场面。从培养人的角度说，这本身就是一件了不起的成就。社会本来应当特别爱护和支持他们。然而令人不解的却是，野牦牛队几年来竟处处受到冷遇、排挤、压制甚至诬陷。扎书记的突然去世，更使他们陷于灾难性的困境几至无力自拔。自然之友和 IFAW 及时伸出的声援之手使悲痛中的队员们第一次尝到社会的温暖和友爱，使他们真正相信：为人民做了好事的人，人民是不会忘记的。而他们的第一个回应，就是进山加强巡逻。“哀兵必胜”，扎书记去世后，他们巡逻的次数比以往更勤，战果比以往更大。

然而，他们和我们一样明白，在上级调整机构，加强保护的说法之下，这支“灰姑娘”队伍很难有什么前途。我想这就是为什么他们的歌声豪放却又透出悲凉而令人泫然的缘故。

我们要离开格尔木了。车窗里我被一种挥之不去的思绪困惑着：可可西里、藏羚羊、野牦牛队啊，我们深深地牵挂着你们，但我们还能为你们做什么？

1999 年 5 月 28 日

【后记】

我们一行离西宁准备飞回北京，但就在去机场途中，不幸发生车祸。梁从诫、方晶、张继莲和康雪同坐的三菱越野车因车速太快与迎面驶来的一辆重载东风大卡车相撞，坐在前座的梁右肩脱臼、胸部挫伤，张继莲左肩胛骨破裂、颈椎严重挫伤，康雪左臂挠骨骨折、头部外伤（缝合八针）、脑震荡（两人当场失去知觉），方晶左肩锁骨轻伤、身体多处挫伤，司机、野牦牛队队员日尕多处挫伤。伤者被立即送往附近的解放军第四医院抢救。按医院标准，都属“轻伤”（可不是“创可贴”水平!!）。经通知“自然之友”办公室，刘兵立即前往西宁照应，张、康的家人、同事也先后赶到西宁。经五天救治后，一行回到北京，分别继续治疗。目前已大体痊愈，但受伤部位功能尚需逐渐锻炼恢复。

部分会员在获知这一消息后，纷纷以各种方式向我们表示慰问，谨向大家表示深切的感谢。环保行动也会有风险，虽然不希望发生，但赶上了也只能算是为绿色事业付出的代价吧！我们并不因此而感到后悔。

在我们离开格尔木后的两个多月中，野牦牛队又进山进行了两次大规模巡逻，先后抓获三十余个盗猎分子，缴获一千多张藏羚羊皮（一部分盗猎分子利用大雨陷车机会逃脱）。可见目前盗猎活动比“一号行动”之前还要猖狂。但青海省却在此时正式宣布撤销西部工委，将原野牦牛队大部分队员作为“临时工”遣散。为此，梁从诫和曾经采访过野牦牛队的十几位记者联名向国务院有关领导反映情况，建议保留这支难得的执法队伍。结果如何，尚不得而知。

大家从中央电视台《经济半小时》记者陈响园拍回的镜头中可以看到，当野牦牛队队员听到他们被解散的消息后竟噙着泪说：解散了我们也不走，一定要把索书记、扎书记的事业继承下去，坚持到底！5月16日，在他们忍着三天的饥饿冲出大雨后浊水横流的可可西里，把这最后一次巡逻中缴获的藏羚羊皮和犯罪分子押回格尔木时，泥浆四溢的警车里又一次响起了小伙子们悲壮的歌声……

1999年8月

# 为保护藏羚羊、禁止藏羚绒非法贸易梁从诫致函英国首相布莱尔并获复函

**【编者按】** 在英国首相布莱尔于1998年10月上旬访华前不久，“自然之友”会长梁从诫在一次与英国驻华大使见面时谈起了藏羚羊的保护和藏羚羊绒在英国的非法市场问题。深表同情的高德年大使当即建议，“自然之友”应利用英首相访华机会给他写一封公开信，请求他设法制止英国的藏羚羊绒非法贸易，以支持中国反盗猎藏羚羊的斗争。受到大使的启发，梁从诫以“自然之友”会长身份写了一封公开信，附以一组以《藏羚绒贸易真相》为题的反映藏羚羊被大批猎杀的照片，委托大使转交。10月7日，梁从诫先生在应邀和布莱尔首相会见时，又当面和他谈了这个问题。首相说，他已经看到了信，并询问藏羚羊现存数量和被盗猎情况，表示了关心，当天便给梁从诫写了回信（10月15日送到“自然之友”）。以下是梁从诫的公开信和布莱尔的复信。

联合王国政府首相托尼·布莱尔阁下：

我谨代表中国一家最有影响的非政府环保组织“自然之友”，欢迎您到中国访问。

“自然之友”十分赞赏您个人对环境问题的关注以及英国政府对于处理国内和全球环境问题的重视。我愿利用您访问中国的机会，提请您注意藏羚羊的悲惨处境，并请求您对我们保护这种濒危物种的努力给予支持。

藏羚羊是中国的特有动物，生活于中国西部海拔4,500米以上的高原。1979年，它被列入《国际野生濒危动植物贸易公约》（CITES）严禁贸易物种名录。然而，尽管有这样的国际禁令，自80年代中期开始，藏羚羊绒制品在国际市场上却十分走红。它们可以在欧洲许多国家和其

他国家的市场上买到，而这些都是 CITES 的签字国。1996 年，在伦敦一条藏羚羊绒披肩售价可达 3,500 英镑。欧洲市场上的高价又使从中国非法出口到印度进行加工的藏羚羊绒原料价格随之上涨。

商人们编造神话，说绒是藏羚羊换季时自然脱落后，由牧民们从草原上一点一点捡来的。事实是：这些绒都是从被盗猎者打死的藏羚羊皮上摘取的，而从每只羊身上只能取绒 125～150 克。过去几年中，中国政府曾抓获了上百起盗猎团伙，缴获了上万张藏羚羊皮，一位警察并为此牺牲。1997 年西藏林业厅收缴了准备走私出口的 1,000 公斤藏羚羊绒。由于藏羚羊活动地区极广，被抓住的只是盗猎分子中的一小部分。

由于盗猎，藏羚羊的数量正在急剧减少。目前只有 75,000～100,000 只左右，仅为 100 年前的十分之一。按照在印度加工的藏羚羊绒的数量估算，每年当有 20,000 只以上的藏羚羊被猎杀取绒。如果盗猎以这样的规模进行下去，20 年内藏羚羊将有可能被灭绝。

“自然之友”正在开展一场救护这种珍贵而稀有的动物的运动。我们正在敦促并支持政府加强对藏羚羊的保护和对盗猎活动的打击。与此同时，我们也吁请全世界珍爱野生动物，关注环境的人们来共同制止藏羚羊绒及其制品的贸易。因为，只要有利可图，盗猎就难以禁绝。英国非常重视保护野生动物，这使她在国际上享有崇高荣誉。我相信，一旦英国人知道了有关藏羚羊绒问题的真相，也一定会高度关注。我请求您，运用您个人在国内和在你们的欧洲同事中的影响，使公众更好地了解藏羚羊悲惨的处境，并和我们一道，来防止这种珍稀动物因“致命的时尚”而被灭绝。我真诚地希望，在这场根除藏羚羊绒贸易的国际努力中，英国能够站在前列。

“自然之友”会长　梁从诫（签名）

1998 年 10 月 6 日

（原文为英文）

附：

## 布莱尔首相给梁从诫的复信

## 伦敦唐宁街10号　首相

亲爱的从诫教授：

谢谢你10月6日关于藏羚羊保护和藏羚绒贸易问题的来信。

你对非法猎杀藏羚羊的憎恶和你对这一物种前景的忧虑，我深怀同感。我一定会把你的要求转告给联合王国和欧洲联盟的环境主管当局。我希望将有可能终止这种非法贸易。

祝你在保护中国环境的重要工作中获得成功。

你忠实的

托尼·布莱尔（签名）

1998年10月7日

# 金丝猴，“那是我表亲!”

## ——与克林顿总统会见记

6 月 22 日，克林顿总统抵达中国前两天，美国驻华使馆紧急电传梁从诫，邀请他出席 7 月 2 日将在桂林举行的总统与中国民间人士关于环境问题的圆桌讨论会。

梁通过电子邮件与杨东平、王力雄等进行了磋商：作为非政府环保组织代表，见美国总统应该谈什么？在接待德国 S. O. F 的朋友以及闻讯前来采访的多位外国记者，同时准备北京广播电台“自然之友”环保专栏开播的繁忙日程中，梁从诫赶紧搜集材料，准备发言。起程飞桂前两天，忽然想起该送总统个什么礼物？办公室同仁们一致认为，奚志农的金丝猴照片最合适。来不及征得出差在外的小奚夫妇同意，就以梁、奚二人名义制作了赠签。匆匆打点好包装，7 月 1 日便带着“金丝猴母子”一道上了飞机。

应邀参加会见的还有北京地球村环境文化中心的廖晓义、北京能源效率中心周大地主任、北京儿童医院丁宗一教授、全国人大环资委法律专家张红军先生、桂林漓泉啤酒厂孔繁健总经理和桂林环境监测站吕维礼站长。

这是克林顿此次访问在内地的最后一站，圆桌讨论和随后关于环保的讲演是他在桂的唯一公事活动。为了给总统作准备，美国驻广州总领馆几乎倾巢出动，足足干了好几个星期。而中方在警卫、安全、接待等方面投入的人力物力就更无法计算了。然而，给我们七个人发言加上总统预计 15 分钟插话的全部时间却只有 45 分钟！给克林顿打前站的白宫环境助理大卫·山德鲁先生一再请求我们，每个人发言务请不超过 3 分钟。为此，头一天晚上还进行了预演。山德鲁先生说：不是因为我是他的助手而故意说总统的好话，我认为他真的很关心环境，而且很懂行；他的第二届任期还剩两年，不需要故做什么政治姿态。因此，他关注环保是真心的。我自己后来的印象和他的这番话相当吻合。

和克林顿的会面是在桂林市内怪石峋嶙、青翠如碧的七星公园里。经过三道彻底的安检，我们七个身无任何标志的平头百姓总算在中方警卫警惕的注视下（只在见到当地啤酒厂老板时绽出了半丝笑意）得以登堂入室。一位中国警官问我手里一大包是什么，我说是送总统的礼物。警官大愕：礼物?！外交部批准了吗，个人怎么可以送礼？我说“自然之友”是非政府组织，没有经过外交部。警官斥曰：“非政府也不能无政府！”一顶帽子堵得我哑口无言。经美方保卫人员一再解释，说这件东西和梁先生将与总统的谈话密切相关，警官仍然说“不”！至少要看内容。打开包装，金丝猴母子正憨态可掬地从照片上望着大家。所有在场的人都笑了起来，警官的表情也有所松动，终于一挥手：进去吧！

圆桌会议在一个新改装的凉亭里举行。一张小小的椭圆桌，我们七人加克林顿可谓“促膝”。另一侧则是25张旁听席，坐着美国务卿奥尔布莱特、六位美参议员、中国驻美大使李肇星和美驻华大使尚慕杰、中国外交部杨洁篪副部长等高级官员。这算是一次非公开交流，除白宫和新华社各两名记者外，其他传媒一律不得入内。

恰如头一天白宫官员向我们介绍的，克林顿穿着绿色“环保”T衫来到我们中间，看来，美方特意安排我和廖晓义分坐总统两侧，是为了突出对NGO的重视。应总统之请，我首先发言。在我极简要地介绍了“自然之友”的宗旨和主要活动，包括植树活动后，克林顿插话说，城市植树特别重要，在城市一棵树所吸收的二氧化碳可以比郊区高10倍。在我指着金丝猴照片讲到猴子的栖息地遭到砍伐时，克林顿问：“什么人在经营木材厂?”我答：“主要是政府。”他似乎很有感慨地说：“是呀，总是这样！”我讲到，当地很贫困，主要收入靠木材。我们呼吁他们停止砍伐，但设身处地，如果我们生活在那里，是不是也会去砍树呢？这是一种典型困境，不仅国内发达和贫困地区之间有这个问题，发达国家和发展中国家间也存在这类问题。克林顿插话说：几年前美国政府曾下令禁止砍伐美国西海岸的原始森林，当时也很担心会对当地经济造成什么影响。但几年后，那里的就业率上升了，说明他们找到了其他出路。当我把猴子的照片递给克林顿，告诉他这是“自然之友”全体成员、摄影者奚志农和我本人赠给他的礼物后，总统问：金丝猴还有多少？我说大约不足1200只，还补充说：据我们所知，这是灵长类中除了人类之外唯一的红唇动物。总统望着照片说，“哦，那是我的表亲”！全场大笑，气氛顿时活跃。

随后，丁宗一大夫谈到儿童铅中毒问题，克林顿插话：最重要的是禁用含铅汽油。在周大地先生谈到中国能源效率问题时，总统说：中国经济发展很快，但是发展得晚，因此可以吸收我们的教训和经验。目前美空气污染三分之一来自交通，三分之一来自房屋，三分之一来自工业生产。现在美国提倡新式保温房屋以减少能耗；节能灯泡虽然价格比传统灯泡贵一倍，但使用寿命一般长五倍，主要是降低了能耗。总统说：这次我到了上海一个咖啡馆（?），看见墙上有一张迈克尔·乔丹的大照片，我告诉他们，乔丹打球的那个体育馆是用回收余热来供暖的，这也是一种节能的办法。在谈到中国的环境法时，张红军说：比起美的法律，中国的环境法太笼统、太简单了，不容易执行。克林顿笑了起来，说：美国的环境法太具体、太复杂了，一般人都看不懂，也不容易执行！引起在场美国朋友的一片笑声。克林顿说，我已下令修改，要让法律简明一些，让普通人都明白。漓泉啤酒厂孔老板谈到他看见自己的啤酒一车车出厂，而污水却一吨吨排入漓江时，心里老有负罪感，所以下决心自行投资治理。克林顿笑着打断他说：我现在最想的，是什么时候能喝上你的啤酒？老板笑答：“那还不好办！”

廖晓义发言中批评了美国生活方式给全世界造成不好榜样。她说：你们有那么多汽车，那么多空调，冬天把房子烧得像夏天，夏天把房子弄得像冬天，要耗费多少能源？她还批评说：欧洲和日本在环保方面和中国有许多合作项目，而美国却说得多，做得少。美国要不想在这个领域里落后，应当扩大环保方面同中国人合作。克林顿笑着对旁听的参议员们说："你们都听到了？"参议员们和其他美国高级官员都鼓起掌来表示赞同。

在总统即将离座时，我请他在"自然之友"会旗上签名，克林顿热心地为我和其他朋友一一签名，大家站起来围在一起。这时座谈早已超过了一个小时，急得掌管日程的白宫官员一个劲地看表。

所谓克林顿桂林"凉亭环保座谈会"就在这种友好、轻松，最后多少有点乱哄哄的气氛中结束了。就我个人而言，觉得这位超级大国元首和我会见过的许多西方朋友也差不多，同样的直率、平易，富于幽默感，没有"官僚"架子。

接下来是克林顿在公园中一片绿茵上向约两百位中外听众发表有关环境的讲演。内容已经见报，不再赘述。讲演前，他请坐在前面的我们七人站起来，介绍给大家。草地上，无遮无盖，骄阳似火。克林顿见坐在前排的李肇星大使手持中式折扇，便从讲台上伸手向他要，李大使忙把扇子递过去。克林顿自己到台口上接，并笑道："谢谢大使给了我一个不用能源的空调"，巧妙地回应了廖晓义刚才的批评。

克林顿讲演之后，美方邀我们游漓江，和参议员们同乘一船。桂林山水虽甲天下，此刻江上却因贵客光临而空无一舟，连典型的渔筏也不得见，显得过分寂寞。几位中方高级官员与我们同船三个多小时，对民间环保活动竟只字不问，与上午会谈的气氛形成强烈反差，使人深感困惑。看来，要让中国官员们认识到 NGO 在社会管理中的重要作用，学会尊重老百姓的主动性和创造力，还有很长的路要走呢。

夜晚 11 时，就在桂林宾馆客房里，通过两部电话，北京电台"人生热线·自然之友"环保节目按原定计划准时开播。嘉宾廖晓义、周大地分别坐定，梁从诚生平第一次拿起了主持人话筒（其实是一部长途电话），话题自然便从七星公园的凉亭开始……

原载《自然之友通讯》1998 年第 2 期

# 为无告的大自然请命

## ——序沈孝辉《雪山寻梦》

这书里写的是“96 大学生绿色营”的一个“梦”。那不是一次普通的夏令营，也不是一般的科学考察、探险。几十位志愿者，千里跋涉到滇西北横断山脉深处，去为一片原始森林和一群猴子争生存权，去为无告的大自然孑遗请命！

如此“绿色行动”，中国历史上未曾有过。

中国人称赞自己的国土为“锦绣河山”。可惜，列祖列宗和我们自己并没有对这片土地表现出足够的爱和珍重。几千年来，人口的增长，贫者的生存和富者的奢靡，以及由此引发的无数天灾人祸，最后都成为对自然环境和资源的摧残劫掠。以最具标志意义的森林为例，据推算，三四千年前，当祖先们开始认识到“春三月，山林不登斧，以成草木之长……”的时候，按今日疆域，我国森林覆盖率应在 70% 以上，东北和西南还高达 80% ~90%，甚至西北黄土高原也不低于 50%。宋、元时代，中原和西北森林已大减，但全国覆盖率仍在 50% 左右。到了 20 世纪中叶，中国工业化过程全面开始前夕，这一数字急剧下降到 13%；又过了半个世纪，据政府公布，仍为此数。但若刨去 50 年来好不容易栽下的人工林，所剩原始森林面积大概已不过国土的 6% ~7%。神州大地原始森林十去其九，这就是五千年中华文明发展的代价！

佛家讲“众生平等”，基督讲一切生命同为上帝所造，宗教理念薄弱的中国人不信这些，人为万物之灵，其他不足挂齿。骂人“畜生”、“禽兽”，以喻卑贱凶残，动物的价值大概只在可以“食肉寝皮”、脏器入药。儒家虽也有“君子有好生之德”之类的论说，但“食不厌精”的圣人并不避讳对熊掌之偏爱（那是要从活熊身上剁下才好吃的）。古有记载，中华美食珍品竟是猩唇、猴脑、豹胎、熊掌、驼峰、野驼蹄之类！这种“传统”无须“弘扬”自会光大。可惜祖先们已把此类珍馐赶尽杀绝，如今半地下的“野味餐厅”们只好降格以求，用穿山甲、果子狸、猫头鹰之辈来顶替了！

我国环境生态恶化之势由来已久。如今更达到了历史上最严重的关头。这是因为我国人口从来没有目前这么多，自然资源——耕地、草原、淡水、森林、生物多样性的总量和人均占有量从来没有这么少，经济活动规模从来没有这么大，影响和破坏环境的能力从来没有这么强，而人群所表现出的发财和享乐的欲望也从来没有这么强烈。我们有限的资源和脆弱的环境生态还经受得起这样的重负吗？从这个意义上说，神州陆沉该已不是什么危言耸听。

就在这样的社会历史背景下，时近世纪之交，中国居然出现了这样一批为森林、为野生动物请命的志愿者，顶着社会上的误解、嘲讽和压力，进行了这样一次历史性的绿色远征。它标志着中国公众环境意识的开始觉醒，代表着中国社会今后走上可持续发展之路的希望。他们的“梦”，也应是我们大家的梦。

作者把本书归为纪实文学一类，但它和通常所说的文学作品大不相同，是把旅行纪实、调查报告、环保科普、问题研究、人物刻画和个人感受集于一体，和不久前出版的唐锡阳先生的《环球绿色行》一书相仿，又是一部百科全书式的绿色读物。在这里，作者首先不是一位——即使是充满同情的——旁观者，而是自己全身心投入的志愿兵。干林业出身的沈孝辉曾在这条艰难的道路上奋斗多年，他的观察、思索和忧虑，即便只是实话实说，已足以使人警觉、深省。何况其文字之优美。

“雪山之梦”未圆，森林、猴子和营员们自己的故事也远没有终结。中国的绿色运动任重而道远。但愿本书在读者心中引起的反响，会成为一个或一批新的故事的开端！

1998 年 2 月 25 日　深夜

# 为保护孟端胡同45号致刘淇副市长信

北京市委刘淇同志：

我是连续四届全国政协委员、民间环保组织“自然之友”会长、市奥组委环境顾问，另兼中国文物学会副会长。我的父母是建筑学家梁思成和林徽因。

我给您写这封信，是应几位热爱古都北京的市民之托，恳请您关注西城孟端胡同45号院（及其旁门）这处保存完好，有悠久历史的多进大四合院的状况。希望能使它免于被拆毁的命运。

近几年来，随着“危改”和拓路，北京的古都风貌正在迅速消失，已引起国内外许多朋友的关注和批评。虽然部分居民的居住条件有所改善，但很多老居民对于北京“变味了”却很不以为然。

当然，根据目前的实际状况，要想重新实现我父母在建国初期将北京城整体保护下来的设想已没有可能，也无此必要，但在目前状态下，尽可能多地将北京一些有传统特色的民居——特别是完整的四合院——和街区保护下来，使古都风貌不要遭受进一步的伤害，却已是当务之急。这不仅是文化上的需要，也是政治上的需要，甚至还有其潜在的经济意义。

我深信您是认同这一理念的。问题是目前在“拆”字盛行的北京，对那些有较高保留价值的老宅院和街区，只能采取抢救的办法，见一处保一处了。唯利是图的开发商和他们背后的少数腐败分子是决不会手下留情的。

我本人没有去过孟端胡同45号院。给我写信的一位是45号院目前住户，她眼看着这么古老、完整的大四合院将被拆毁，十分焦急（这家本身住房是没有问题的）；另一位是位业余画家，这些年一直在用他的画笔“保存”着老北京，听说哪里要拆，他就赶到哪里去把它“抢画”下来。他们呼吁抢救，都是出以公心，十分可敬。

现将两位市民的信附上。深望您能运用您崇高的威望，使他们的——我相信也是众多北京市民的——这一愿望能够得以实现。

谨祝您

身体健康　工作顺利！

2003 年 4 月 6 日

# 保护北京孟端胡同45号再致刘淇副市长

北京市委刘淇书记钧鉴：

我是全国政协委员梁从诫。

今年4月，我曾为了保护本市西城区孟端胡同45号院（包括其旁门和甲45号）免于被拆给您写过一封呼吁信。承蒙您批给了西城区金融街开发公司负责人，要他们和我“沟通”。7月下旬，他们和我“沟通”了一次，但实质上是要我同意他们拆除这个精美而古老的四合院的计划。他们说，这不是拆，而是迁建到“历代帝王庙”旁，以替代那里原有的北京量具刃具厂厂房。

我没有表示同意。因为孟端胡同这处大四合院本是一处“活”的文物，里面有上百年的古树，是真古物。如果它被“迁建”，那将成为一处只有躯壳，没有灵魂的典型的假古董。

于是，这次见面便以“沟”而不“通”而结束。

国家文物局单纪翔局长后来也到这个四合院去查看过，并认为在他曾看过的那么多的四合院中，这一处也是属于“上乘”的。

此后，我在国家文物局读到了胡锦涛和温家宝同志在谢辰生老先生呼吁保护古都风貌的信上的批示。我曾庆幸地认为，有了总书记和总理的批示，北京的大部分四合院应能得到保护了，更何况孟端胡同45号那样精美的院落呢。

殊不知，最近又接到孟端胡同45号院住户（曾涌泉和陈再道同志的遗属）打来的电话，说有关部门正在催促他们搬家，看来院子还是要拆。他们非常着急。他们自己的住房都有妥善的安排，并不是为自家的住房问题，而是为保护这处四合院的问题着急。

我个人认为，在总书记和总理有了批示，您又为落实两位领导的批示专门召开过会议的情况下，如果仍然坚持要拆毁，或迁建这样有代表性的古老四合院，就是和中央、市委，以及热衷于维护古都风貌广大群众对着干了。那将是一种不可原谅的野蛮行径！

我敢于代表首都文物界的专家、学者，以及无数珍惜古都风貌的群众，再次请求您以您崇高的威望，出面阻止这种可能发生的野蛮行径，责令北京西城区金融街开发公司立即停止拆毁或迁建孟端胡同45号院（包括其旁门和甲45号）的计划，以落实胡锦涛总书记和温家宝总理的批示。如是，则北京城幸甚，古都幸甚！

我和关心这处四合院命运的朋友们都将翘首以待。

谨致以

崇高的敬礼！

全国政协委员

中国文物学会名誉会长

谨启

2003年10月20日

# 为保护米兰遗址致国家文物局

国家文物局负责同志：

我是梁从诫，全国政协委员，中国文物学会名誉会长。

最近看到10月1日《北京晚报》以“本报记者跟踪报道平民‘壮举’普通游客今起穿越罗布泊”为标题的消息，报道称：由中旅国际新疆旅行社和北京户外运动俱乐部共同举办的探险性旅游在“专业向导”带领下穿越罗布泊到达米兰古城遗址。

这条新闻使我感到震惊。我曾于2003年和一批专业人士到过楼兰和米兰遗址，深知那里对我国考古学术研究的极端重要性，同时那里的生态又极端脆弱；遗址没有（且不可能有）长年的人员巡护。一旦成为吸引游客的旅游点，不要很久，楼兰和米兰遗址将被旅游者彻底毁掉，其学术价值将荡然无存。试想：只要每个游客在遗址中捡一小块残片作“纪念”，几年后，那里还能剩下什么？

为此，我建议由国家文物局，甚至国务院，尽快发布通告，宣布楼兰和米兰遗址为国家级文物保护地，不准开展任何商业性旅游活动，任何旅行社都不准在该两地组织旅游；任何导游未得特别批准，也不得带领游人进入该地区。否则以触犯法律问罪。

同时，鉴于该地区在学术上的特殊重要性，建议中央军委特批新疆军区在旅游季节定期派出直升机巡逻。如发现有非法进入者，要当即用低飞、空中喊话等方式予以制止。

楼兰和米兰不仅是中国的国宝，也是世界级的古迹宝藏。我们决不能让它们毁在我们这一代人的手中。

以上意见，是否有当，还望示下。

2004年10月7日

# 《北京的古树》序

日本前任驻华大使阿南惟茂先生和他的夫人阿南史代女士，都热爱中国传统文化，因此成了我和老伴方晶的挚友。这次，大使夫人在中国出版她积多年奔波、辛劳拍摄得来的几百张北京古树的照片及说明，嘱我为她作序。我从未参与过她的拍摄活动，在大使夫人经多年辛劳积成的作品上作序，让我难以为情。

阿南史代女士（原籍美国，英文名 Virginia）对中国传统文化的挚爱有一种独特的方式，她不仅广泛阅读古书文献，而且迈开双脚，去调查、去寻访。这本《北京的古树》就是她遍访北京远近郊区，亲自搜寻北京各处的古树，并拍摄下来的。这种研究、寻访方式，很值得我们学习。

正如史代女士所说：这并不单纯是一本记录北京古树的图片册，而是和北京城久远的历史紧密相连。北京大多数古树，都和某处古庙或古村落有联系，诚如史代女士在她为本书所写的引言中所说：这“更是一次穿越历史年轮的时光之旅，散落在北京市区和郊区的古树，勾勒出北京的过去”。

这句话，让我们深思。大家读这本《北京的古树》，该不仅是欣赏那拍摄精美的古树照片，更要从中体会那北京“历史的年轮”。如是，才不辜负史代女士寻访、拍摄这些已成为老北京地标的古树的初衷。

史代女士从来有着深刻的人文情怀。她的照片，从不是只见物而不见人的。就我所知，她还拍过北京的许多古井和古庙，这也是一种和人类居住有密切关系的场所。有井的地方，肯定有人居住过——或是荒废的村落，或是某个湮灭的古刹，在在都体现出史代女士的情怀。

作为读者，我热烈祝贺《北京的古树》的出版，并希望读者能从这本精美的图册中，更多地了解北京这座古城久远的过去。

2006 年 8 月

# 看，它们在飞！*

每年4月的第一周是北京市的“爱鸟周”。1996年4月初，“自然之友”和其他单位联合举办了一个“还鸟于蓝天”的活动。我们到远郊一处有树有水的地方，把几只刚从鸟市上买来的鸟放飞，意在昭示公众：为了保护生态、保护鸟类资源，不要再笼养野生鸟。然而，出乎这些缺乏经验的志愿者意料的是，三只鸟儿，一只从笼内取出时已经气绝，另一只放飞时跌伤，后来也死了；只有一只勉强飞走，但似乎没多远也停了下来。类似的事故后来又发生过一次，受到了人们的批评，也为组织者留下了深刻的教训和伤心的回忆。

于是一些热衷于笼养野生鸟的人说，这样还不如笼养鸟，笼养鸟也是爱鸟，是为了接近自然。

我们当然相信养鸟者大多爱鸟。但也许有些善良的人还没有意识到，除了人工繁殖的某些观赏鸟之外，大多数笼中鸟，特别是那些婉转善唱的，都直接捕自野外。我们从自己的教训中知道，这些生而自由的动物一旦成为人类的囚徒，其生命会是多么脆弱。而由于贩鸟者的滥捕乱捉和野蛮贩运，鸟市上每售出一只野生鸟，往往要以近20只各类野鸟的死亡为其代价！20∶1，这不仅不人道，而且是对我国野生鸟类资源的严重摧残。而从生态的角度看，即使这幸存的一只，也同样失去了其生存的意义。

所以，我们向所有爱鸟、关心鸟的人建议：“天空任鸟飞”，还是让我们回到大自然——山林、草原、田野、沼泽等等中去观察、去认识

---

* 本文是高武教授主编，“自然之友”观鸟小组集体编写的《北京野鸟》一书所写前言。

它们吧。那里才是它们真正的家，在那里鸟儿才是自然的、自由的、欢乐的。不带任何伤害意图的观鸟活动，也许是人类和这些会飞的朋友交往的最佳方式。而捕鸟，不论是让它们在笼中活着，还是在笼外死去，对这个物种来说，都意味着摧残。这也就是自然之友观鸟小组建立的由来和宗旨。

两年多来，观鸟小组在高武教授的带领下，成了“自然之友”最活跃、最欢乐的一个小集体。他们不仅经常外出观鸟，而且学会了挂巢箱、做环志，还“顺带”学习到许多有关自然和环境的知识。而他们的成果之一，就是这本《北京野鸟》。其中不仅体现着高武教授的学识和多年实地调查的成果，也表现了他的“徒弟”们——自然之友观鸟小组各位成员的心得。是一本对在北京地区开展观鸟活动十分有用的手册。

1998 年 5 月，美国“世界自然协会”主席，鸟类学家梅适时博士（Dr. Donald Messersmith）在北京为自然之友讲演时说，美国目前参加业余观鸟活动的人数高达六千万，比参加狩猎、钓鱼和打高尔夫的人加在一起的还要多几倍！而这种趋势是在 30 年代初开始的，“因为当时美国出版了一本通俗的北美观鸟手册，使许多业余爱好者可以看图识鸟，从而兴趣大增”。在场的观鸟小组成员和高老师大概也因为这句话而萌生或坚定了他们编写这本书的愿望。

我想，人们不会指望这本手册在北京也能有如此巨大的影响。然而，只要它有助于业余观鸟者，使他们在现场有所参考，从而能提高他们的兴趣和信心并吸引更多的人来参加，也就无负于编写者的初衷了。

热爱大自然的朋友们，到野外观鸟去吧。

看，辽阔的天空下，它们在飞！

1998 年 11 月

# 《寂静的春天》新版序

上海译文出版社决定要重新出版蕾切尔·卡逊的名著《寂静的春天》，并嘱我为这个新版作序，使我十分惶恐。

卡逊的这部名著，我在中译本出来后就读过。早在1962年，它就为人类用现代科技手段破坏自己的生存环境发出了第一声警报。但是在当年的美国，却遭到与农药相关企业的猛烈抨击和某些舆论的嘲弄。我佩服卡逊女士的科学精神、远见和胆识。历史最终证明，尽管当时她是极少数，真理却在她的一边。

本来，按一般常识来说，后发展国家理应避免走别人已付出过代价的弯路，但是，中国却重复了，并仍在重复着发达国家已经走过的“先污染，再治理”的路，而且，污染后肯不肯治理，能不能治理，也还是个问题。

卡逊的书是1962年出版的，那时中国刚刚经历过所谓的“大跃进”的年代，“战天斗地”的口号还在喊得震天价响，并为此付出了全国数千万人“非正常死亡”的代价。而人类第一次专门为环境问题而举行的国际大会——斯德哥尔摩会议是《寂静的春天》初版十年后的1972年召开的。那时中国刚刚恢复联合国席位，收到了这次会议的邀请。而当时国内的宣传口径是：环境问题是资本主义典型的社会弊病，社会主义国家怎么能够承认也有环境污染问题呢？以至当时中国政府甚至还虑过是否派团出席。[①] 由此可见，在当时的中国，甚至连政府中不少高级领导人也还浑然不知环保为何事，更何况普通百姓？

① 这是我在上世纪末一次环保聚会上，亲耳听到当年出席斯德哥尔摩会议的中国代表团团长讲的。

中国的环境问题，说到底，还不仅是个技术或政策问题，而是一个复杂的社会问题。而其根本症结，就在于上世纪中期中国人口的急剧膨胀，使中国人口与生存资源和环境容量的比例迅速失衡。而在上世纪八九十年代，由于中国特殊的政治历史条件，在人口/资源比最紧张的情况下，中国经济发展的规模和速度却迎来了其最大、最快的时期。这就使中国的环境问题显得空前尖锐。

卡逊在她的书里，着重讲了化学制剂，主要是农药，特别是杀虫剂对环境的污染问题。但是环顾今天中国，污染环境的岂止是一般化学制剂，而是整座整座的工厂，尤其是设备简陋，缺乏起码的环境保护措施和意识的乡镇企业，将自己的未经处理的生产污水和工业废弃物直接排放到自然环境、天然河流中去，把天然河流干脆当成下水道、垃圾坑来使用，以致沿着这些污水河，出现了大量的癌症村、“怪病村”等等，村子里得癌症、“怪病”而死亡的人数的比例高得让人揪心。

其实，中国今天面临的环境问题，要比20世纪60年代卡逊笔下所描述的情景不知要严重多少倍。仅举一例：卡逊将自己的这本著作起名为“寂静的春天”，对于普通的美国人来说，在自家后院里听不到鸟鸣，是件会使人猛然吃惊的大事。可是请大家回忆一下，我们中国城市居民，什么年代曾在自家后院或附近听到过鸟鸣呢？对于中国人来说，环境问题已远远不止是什么听不听得见鸟叫，而是人能不能正常地生存的问题了！

《寂静的春天》的中译者告诉我们，正是卡逊这本书的出版，促成了美国第一个民间环保团体的建立。而在中国，第一个真正意义上的民间环保团体的出现，却是在整整30年之后，即90年代初。由于中国的特殊历史条件，多数成立不超过十年的中国民间环保组织，在各方面还是软弱、幼稚、经验不足的。它们刚刚尝试着为社会大众的环境利益而呐喊。这种呐喊，遭到了那些靠牺牲环境赚取利润的企业的反抗也是逆料中事，但是令人不解的是，有一些所谓的学者，居然也公然站出来为那些一心只想着利润和GDP的增长，而根本无视环境和生态保护的企业和地方政府辩解，甚至恶言诋毁初生的民间环保组织。这说明，在中国这个缺乏 NGO 传统的社会中，要使人们普遍认识到非政府组织是老百姓表达意见的一种渠道，是创建一个民主、和谐的社会的必要因素，还有一段很长的路要走。我作为投身于这个事业的一名志愿者，愿为此继续贡献自己的一份微薄的力量。

中国人民希望实现“小康社会”，希望多数人都能过上富裕生活，这种追求是很正常的，完全无可厚非。但我们也不能忘记，追求富裕是要付出代价的，其代价之一就是自然资源的消耗和环境负荷的增加。中国人必须学会在这两者之间找到一个平衡点，而决不能以预支我们子孙后代生存环境，来换取当代人的“美好生活”。

在中国，非政府环保组织的一个重要任务，是努力提高亿万普通中国人的环境意识。因为我们深信，只有当多数中国人懂得了环境保护对自己和子孙后代的重要意义时，中国才有可能期盼一个绿色的明天。而在这方面，卡逊女士的《寂静的春天》将是我们向公众普及环境意识的一个最有力的、经典的读本。我们欢迎这部名著的再次出版。

2005 年 8 月 27 日　于北京

# 为珍·古道尔《和黑猩猩在一起》中译本所写前言

## 致这本书的小读者们

1998年10月，世界著名的动物行为学家珍·古道尔博士第一次来到北京，给一批关心环境和生态保护的志愿者作了一场讲演。珍一生花了近40年时间“猫”在潮湿、闷热、充满危险的非洲大森林里，面对面地观察和记录黑猩猩的行为和习性。她在讲演开始和结束的时候，都用猩猩的“语言”，呜呜呜地向大家“问候”和“告别”。全场为之轰动。在将近三个小时的讲演中，她不仅告诉我们许多关于动物的有趣的科学知识，而更重要的，是用她自己的亲身经验和感受告诉我们，这个世界有多么奇妙，我们应当怎样虚心而且耐心地去观察、去冷静地认识这个多彩的世界，而不只是听信一些似是而非的传言和迷信。现在我们有很多青少年都想当“科学家”，可是珍的经验却告诉我们，当科学家是要付出许多代价，要多年持之以恒，还会遇到许多意想不到的困难甚至危险的。天下没有不费力就能随便“捡”来的廉价“科学家”。而珍最希望告诉大家的还有：今天的地球已经被我们人类糟蹋得不成样子了，因为人类侵犯、破坏了许多珍稀动物，包括黑猩猩的栖息地，甚至为了赚钱而大肆捕猎他们，致使他们，包括黑猩猩这种智慧仅次于人类的高级灵长类动物，濒临灭绝。她的讲演深深地感动了大家，结束后很久，许多人还舍不得离开，有无数的问题想问。

是的，也许等到今天的青年学生做了爸爸、妈妈的时候，他们的孩子已经不知道地球上曾经有过黑猩猩、金丝猴、长臂猿、藏羚羊、棕熊、狼、雪豹、黑颈鹤、蓝鲸、东北虎等等野生动物了。而这个地球本来是我们人类和它们共同的家，人和它们本来是邻居和亲戚。如果我们把邻居和亲戚的家都给占了、拆了、烧了，种上了庄稼，盖上了大楼、工厂、公路，如果它们都让我们打光了、赶走了、逼得无处栖身了，那孤零零的我们还能平安地在这个地球上活下去吗？

1999 年 11 月，珍又一次到北京，来看望她的“精神兄弟姊妹”们——这是她对世界各地环保志愿者的爱称。她这次给北京各大学学生讲演时，三百多座位的报告厅里挤了足有五百多人，连讲台地上都坐了人（作者注：2000 年珍第三次来北京为大学生讲演时，听众爆满的情况甚至超过了前一年）。大家问得最多的问题是：“你怎么会有那么大的决心，在充满危险的丛林里待了那么多年？”“你第一次接近黑猩猩时怕不怕？”“你认为动物是不是也有感情，它们的生存权和感情是不是应该得到人类的尊重？”“你对地球环境的恢复有信心吗？我们应当做什么才能使环境改善？”……

今天的珍是一位瘦小的，满头白发的老太太，可你真看不出在她那瘦小的身躯里竟有着那么坚毅的精神，那么长远的眼光和宏大的抱负。在珍讲演的时候，我作为接待她的主人兼翻译，心里一直在想，要是我国千百万的孩子们都能听到她的报告，亲自感受一下她那种科学家兼环保战士的精神和风采，该有多好啊！

请珍给中国所有的孩子讲演，当然是办不到的。但今天我们却有了她专门为孩子写的这本书的中译本，是由一位也是特别关心环保，而且非常爱孩子的年轻母亲翻译的。这本书讲到的甚至比珍本人的那次讲演还要多，还要细。现在，我们就把这本凝聚着珍对黑猩猩的爱、对大自然的爱和对你们的爱的书交给你们。希望你们能从中学到更多平时在课堂上、在家里，乃至在野外都学不到、感觉不到，甚至想不到的东西，并化作你们日常的行动。让我们大家都来保护地球和自然中的一切野生动物和植物，让地球真正成为人类和各种生命共同的家，以不辜负珍对她所热爱的中国青少年殷切的期望。

我们当然还要感谢北京环境教育影视中心的朋友们和本书的译者，因为他们的努力，才使这本书能顺利地在中国出版，并来到许多小朋友的手中。

2000 年 10 月 1 日

# 不止是“卡”

近来一家传媒要我谈谈对当前在许多学校中开展的“减卡护树”活动的看法。我当然衷心支持。

学生们开始认识到大家已经习以为常的寄贺卡行为与砍伐树木有密切关联，为了保护森林，提倡以后少寄贺卡。这是一件非常值得高兴的事。它至少说明两个问题：一、我们手中一张小小贺卡，竟是和某种重要的，却可能是离我们生活的地方非常遥远的资源——森林联系在一起的；二、为了保护这种对人类不可或缺，但又正在日益减少的资源，我们应当从身边一些“不起眼”的小事做起。

然而，与森林资源联系在一起的，仅仅是贺卡吗？

有人说，几千张贺卡就意味着砍掉一棵树，因为纸张是用木浆制成的。说得很好。但是，我们的生活中不是还有其他许许多多无谓地消耗和浪费掉的纸制品吗？请想想近来每天随着报纸送来的大叠纸张考究、五颜六色、印制精美的广告吧，一般人们看一眼就扔，甚至（像我这种人）连看都不看就扔了；还有各种越来越豪华和铺张的包装盒、包装袋，一个足能装下二十块月饼的盒子，却只装五块；买两条牙膏，也要装个大纸袋让你拎着；什么单位开个座谈会，送个小笔记本，也给个大纸袋；办公室里，只用过一面的上好的复印纸、打印纸被成叠地扔进废纸筐……这样的事，每个人都可以想出很多很多。这些最终不也是树吗？我们为什么不给它们也算一笔账呢？就以我家来说，每天光随着《北京青年报》强“塞”给我的广告，其用纸大概就不下于十几个贺卡；我不是一个爱逛商场的人，但家里积攒的纸制“购物袋”、包装盒大概也够做几百个贺卡了。它们又该折算成多少棵树呢？该不该也呼吁那些厂家、商家单位，为了护树也减一减呢？

如果要从身边“不起眼”的事做起，那么，一双一次性筷子、一个滴滴答答漏水的龙头、一盏大白天无谓地亮着的灯……不也都是和我们的资源、污染、垃圾等密切相关吗？

“减卡”是一个可贵的开端。但我想提醒大家特别是青少年朋友的是：这仅仅是个开端而已！

原载《自然之友通讯》1999 年第 1 期

# 《动物解放》出版者的话

中国民间环保团体“自然之友”荣幸地得到《动物解放》（*Animal Liberation*）一书作者，澳大利亚的彼得·辛格（Peter Singer）教授的同意，在中国出版本书；作者还特地为中国读者撰写了前言，在此我们谨对辛格教授表示衷心的感谢。

《动物解放》一书在当前国际绿色思潮中有很大影响。其中的基本论点对于经历着经济快速发展，目前又面临“扩大内需”压力的中国消费者来说，当然有着重要的思考价值。

正如作者在其《致中国读者》中所指出的，当西方人开始认识到素食的价值的时候，中国的肉、蛋、奶类食品消费量却在猛增。在中国经济发达地区和部分富裕人口中，肉食（含蛋、乳制品）过度消费现象肯定存在，“减肥”之风的兴起可说是一个旁证。然而问题还不止于此，当前与腐败俱来的吃喝风还造成了肉食和其他食品的大量浪费：人们用宝贵的资源和能源换得的食物甚至还没有被吃就被扔掉了，饭店中每一张杯盘狼藉的餐桌几乎都是一个证明。如果对全国餐饮业每年直接抛弃的食物作个统计，其结果一定极其惊人。更有甚者，某些人已不满足于常规的肉食，而更钟情于“野味”，从而导致农村中对各种野生动物灭绝性的捕杀。总之，在今日中国，很有必要以环境和生态的眼光，对“食不厌精”以至“脑满肠肥”者和“朱门酒肉臭”现象另作一种评议。

然而，作者引用对中国农村人口饮食结构与健康状况的一项调查来证明素食对人体的好处，却不免使人存疑。人们都知道，在中国的广大贫困地区，还有上亿人口目前未能解决温饱问题，长年累月只能靠糠菜糊口，食物中几乎见不到荤腥。他们也许少有城市中的“富贵病”，但来自或下过农村的人都知道，由于饮食中缺乏必要的动物蛋白和脂肪，他们中的许多人——特别是儿童——的体质，都有缺乏营养的症状：发育不良、体型矮小、智力障碍、关节炎、皮肤病、妇女病、早衰等等。把他们当成因“素食”而保持“健康”的榜样，从而证明“不吃肉”的好处，听起来有点像是“何不吃肉糜”的另一种版本，不够公允，也难以让人信服。

食物链的形成是自然法则，灵长类在自然状态下也吃动物性食物。这里并没有绝对的道德原则，人类适当的肉食也并不违背自然规律。问题只在于“适度”与“过度”的界限。正是在这里，本书为我们提供了反思的充分根据和空间。

“自然之友”作为关注环境与生态保护的组织，向大家推荐本书，但对人类贪婪和馋嘴的天性不抱幻想。如果读过本书的人中有一部分受其影响，从此能够自觉地对自己的饮食有所节制，也就算达到了我们出版本书的初衷。

本书的出版，得到台湾“关怀生命协会”的大力支持，在此谨向他们表示诚挚的谢意。

1999 年 3 月

《动物解放》光明日报出版社 1999 年版

# 《与孩子共享自然》前言*

## 写在书前

爱美是人的天性，爱自然也是人的天性，自然是一切美的源泉。没有孩子会生来不爱树林、池塘、草地……，不爱野花和小鸟。如果他们漠然，那是现代都市生活对童心的扭曲。

爱动、爱嬉戏是孩子的天性，是社会交往的开端。孤独的孩子像失群的动物，心灵在受着折磨。

让孩子们，特别是城里的孩子们回到自然中去、重新亲近大地，带领他们在自然里做游戏，去体验人与人、人与自然以及自然本身原来应有的和谐与平衡，这不仅是为了环境教育，也是对稚嫩心灵的抚爱和陶冶。

做环境教育的老师一定爱孩子，更爱养育着地球上所有孩子的大自然。带着他们，去共享自然赐予我们的一切美、愉悦与安宁吧。在孩子心里播撒绿色的种子，将是我们对自然的最好回报！

自然之友　梁从诫

2000 年 4 月

---

* 这是一本对儿童进行环境教育的教师用书，原作者是美国环境教育专家约瑟夫·科奈尔，译者为“自然之友”“羚羊车”环境教育项目负责人郝冰。

# 《环球绿色行》（再版）前言*

新版《环球绿色行》是一本十分特殊，十分难得的自然保护读物，可说是中、外、古、今兼叙，图、文、情、知并茂。只有像唐锡阳先生和玛霞女士那样的经历、那样的学识和情操的人，才有可能写出这样的一本书。唐先生不是一位仅以自然为科研对象的学者，他把自然看作孕育了一切生命的母亲，不畏险阻，走遍全国、全球，到许多自然保护区考察，去领会母亲原本的美丽和后来受到的创伤；他不是一位倦于人世沉浮，转而寄情山水的诗人墨客，但他确实经历过社会最残酷的伤害和冷漠，却在大自然中找回了自己心灵和感情的依托与归宿，而且能够站在自然伦理的高度，对人类社会进行反思和批判；他不是专以奇风异景为题材的散文作家，却善于以生动、准确的文笔，把自然景物、人的感情和思考表述得引人入胜、隽永清新，读之不忍释卷。

在人生坎坷经历的背景下，作者以他们广博的视野、细致的观察和深刻的思虑，凝成了这部百科全书式的绿色读物。我想，它所要传达的信息，绝不是单纯的知识，也不仅是对自然的赞美，而最根本的，是要启发人们思考：在赋予人类以生命的大自然面前，我们究竟应当怎样做“人”。

感谢唐先生（和玛霞女士）将这部宝贵的作品作为礼物，赠送给“自然之友”。希望在他们的精神感召下，会有更多的朋友也像他们那样，身体力行地来探索做“人”之道，成为真正的自然之友。

“自然之友”会长　梁从诫

1997 年 12 月

---

* 《环球绿色行》，唐锡阳、玛霞·玛尔柯斯著，内蒙古人民出版社 1997 年版。

# 台湾的绿色朋友

因《林徽因文集》在台出版，2000 年 5 月上中旬我和方晶应台湾天下文化出版公司和《联合报》两位老总之邀，赴台访问。两位民间环保界朋友——台北“荒野协会”秘书长李伟文和高雄“环保妈妈”理事长周春娣得到消息，执意邀我们访问他们的团体和两处“国家公园”。

## “荒野协会”

我们的会员对“荒野”应不陌生。很多人都还记得《通讯》上李伟文的文章《爱，直到成伤》。不过，除了李伟文我曾在美国见过外，其他都是初次认识。走进他们的办公室，却有一种特别熟悉、亲切的感觉。所有的人都像老朋友一样热烈欢迎我们。尤其是他们的会长徐仁修，我们早已从《荒野挂历》上认识了这位台湾著名的荒野摄影家。摄影家毕竟就是摄影家，那摄影背心、那挂了满身的行头，那种朴实、潇洒的作风，看起来就像奚志农、杨欣一样熟习。“荒野”和“自然之友”在许多方面很相像，但在活动、运作上，比我们有经验，更成熟。他们有数万会员。几百位经过培训的志愿者，轮流带领公众到台湾各处自然保护区或一般郊野去欣赏和认识大自然。他们对本地生态、环境，野生动植物有相当的了解，在野外能够充当熟练的讲解员。他们的名牌都整齐地挂在办公室墙上，按各人选定的日程值勤。而公众则向“荒野”预约出游的日期，并要为此交纳一定的费用。

在“荒野”办公室里，到处都有会员自己用干花草、树枝和各种废弃物制作的可爱的装饰品，生意盎然。而最使我动心的是，那里有一间教室，每天晚上都有人来上课。他们解释说："荒野"上万名会员中，有许多学有专长的人，是他们宝贵的资源。他们就请其中一些专家来给会员讲课，内容并不限于环境和生态，而且还有外语、儿童教育、摄影知识、医疗卫生知识等等。大家可以选自己感兴趣的来听，而且要交一定的学费。听众十分踊跃，成为"荒野"凝聚会员的一个重要方面。

## 太鲁阁

5 月 12 日，我们夫妇在"荒野"会长徐仁修、秘书长李伟文和多位荒野志愿者几乎是"前呼后拥"的陪同下，从台北来到台湾东部的花莲，在机场受到花莲市政府官员的欢迎，随即到著名的"太鲁阁国家公园"参观。这处"国家公园"在台湾东部沿海，是从海中隆起的大理石岩体，最高处海拔三千多米，由于千百万年水流的切割作用，岩石形成深邃、曲折的沟谷。进入山峡，上窥一线青天，下临无底幽涧，天造地设、鬼斧神工，古树巨藤、葳蕤摇扬，猿啸鸟唱、蝶舞蜂营，万籁俱寂、水吟风听。我们一群自然爱好者静悄悄地沿着湍急的山涧信步走去，好像生怕打扰了寂静的山林。而使我们印象深刻的，不仅是那老天爷留下的奇妙风光，而更是这个公园的管理：一切都尽可能保留天然状态，极少"人工景点"，游人不少，却没有人喧哗嬉闹，更看不到乱丢的垃圾。

公园管理人员有着很高的专业素养和热爱自然的情怀。不论什么问题，都能引经据典，有条不紊地向你讲解。原来都是些在西方得过学位的专家。"荒野"的一位志愿者想掐一片叶子向我们解释路边一种草的特点，也要先向管理员请示。"不然我就违反了公园的规则，要受罚的!"看着这些敬业乐业、专家型的管理员，想到大陆许多"自然保护区"的现状，不禁暗抽了一口凉气。

夜宿公园员工宿舍，清晨竟被窗外一片鸟鸣吵醒。

面对沐浴在晨曦中的青山翠谷，我禁不住向公园管理处叶处长申请：“年年到太鲁阁作志愿讲解员，专给大陆游客当向导，怎么样?”只听见“荒野”的朋友们一片欢呼：“好哇!”

## 花莲　亚洲水泥厂

按照“荒野”朋友的安排，从太鲁阁回到花莲，便去参观一家水泥厂。我们心中好生纳闷：如此山清水秀的地方，怎么偏要去看乌烟瘴气的水泥厂？没想到在水泥厂不仅见不到乌烟瘴气，竟然也是水秀山清！进得厂门，主人先领着参观苗圃，津津有味地向我们解释一种他们的总工发明的，树苗根系不会盘卷，却能垂直往下发育的特制育苗盆。

在我们仍然没有弄清其奥妙时，便乘车盘旋到厂里开采烧制水泥用的大理石矿的山顶，而水泥窑就在这近千米山头的脚下。这是一座大理石山体，工厂从山上层层剥离石头作为原料。石料不用车运，而是通过一个巨大垂直竖井直接“跌落”到数百米山下，再经过密封的传输管道送往窑炉。然而，在山上除一小片作业面之外，却看不到在采石场常见的山体大片裸露着的惨白伤痕。原来，在他们像水平梯田那样一层层开采了石头后，马上在裸露的石头上复土并栽上那种根系垂直往下的树苗，借助于湿润的气候，这些树苗的根扎进石缝，很快成活，几年后便把山体裸露的“伤疤”盖住了。我们在工作面仰望几百米以上十几年前的采石点，竟然一片郁郁葱葱，几乎看不出那是早已被挖掉了的山头。在这里，从原料到成品，生产流程完全封闭，因此厂区空气清新洁净，像个公园。

厂长张英丰先生是一位少见的具有环境意识的企业家。为了不使采石点变成山体的“伤疤”，他竟然专门聘请了一位植物学博士黄瑞祥先生来给他当经理。几年来两个人便一道创造了这样一个水泥行业的奇迹。黄先生也是“荒野”会员，难怪他们要带我们来这里参观。

他们在大陆也投资办水泥厂，打算把这种理念和做法也移植过来。然而据他们说：“很难!”

我忽然想起昆明世博园里山边那片巨大丑陋的伤疤，最后竟然被人用涂了绿漆的水泥假岩石“成功”地遮盖了起来。这和当时试图用毒药灭杀滇池里的蓝藻一样，也许可以蒙蔽人们的视线于一时，但却永远不能蒙蔽自然！亚洲水泥厂留给我的启迪是：只要有那样的愿望和决心，人类在一定程度上弥补自己为大自然留下的伤痕，并不是完全无能为力。

临行前在花莲市的一个讲演厅里，为花莲的朋友们简要介绍了大陆的民间环保运动，并放映了带去的几张幻灯片。当看到小藏羚羊可可西里尸横遍野的镜头时，座中有的女孩竟哭出声来。

## 高雄“环保妈妈”

我们的下一站是高雄。这里最有影响的环保组织是周春娣领导的“环保妈妈”。这是近十年前由一批家庭妇女组织起来的邻里性环保团体。她们主要是向市民宣传日常生活中的环保知识，提倡不用一次性用品、不用有害环境的清洁剂、不鼓励孩子们吃麦当劳之类的“垃圾食品”。一到她们的办公室，主人首先赠给我们夫妇一人一个小布袋，里面竟是一双金属筷子和一个汤匙。这就是她们的理念。

在她们分散各处的站点里，轮流义务值班的主妇们都在代销绿色生活用品——无害洗涤剂、无毒化妆品、再生纸等等。用代销的少量赢利来维持团体的运作。我们还来到一个由她们一个分站“承包”的街心小公园，利用里面的儿童游戏设施来向孩子灌输环保意识。

在高雄又一位著名生态摄影家王庆华先生和多位环保妈妈的陪同下，我们参观了另一个著名的“国家公园”——垦丁（海滨）公园。在与大陆隔海相望的岸边，海风中主人们为我们唱起了《绿岛小夜曲》，我们夫妻则以《深深的海洋》回赠，最后同声一曲《长亭外，古道边》，更映出了大家难以割舍的手足亲情。

在高雄，我有幸与台湾最著名的作家、诗人余光中先生同台讲演、对话。讲题是《从人文到环保》，听众数百。我讲到，如果以作家韩韩和马以工《我们只有一个地球》的出版为标志，那么，台湾民间环保运动比大陆先行了十来年，在这方面，我们应当好好向台湾的同仁学习；但是大陆人口众多，地域辽阔，人均资源匮乏，地区发展水平悬殊，平均受教育程度不高，许多情况是台湾同行所不了解的。我们所面对的困难也要比海峡这边的朋友大得多。我举了藏羚羊和沙尘暴的例子。从会场专注的气氛、后来的提问和最后热烈的掌声中可以感到，两岸百姓彼此是完全能够沟通、相互理解和同情的。

绿色宝岛，绿色情。那确是一个让人难以忘怀的地方。

原载《自然之友通讯》2000 年第 2 期

# 共同的理念

1998年11月末至12月上旬，梁从诫应美国“中美关系全国委员会”之邀，与“地球之友”、“长春社”和“绿田园”等三个香港环境NGO以及（台北）“荒野保护协会”、“主妇联盟”和“环保妈妈”（高雄）等三个台湾环境NGO，共同在美国进行了为期两周的环保观摩旅行。

这次观摩，除环保界常去参观的某些环境教育中心和野生动植物保护地之外，还特别安排了参观路易斯安那州新奥尔良市郊区的石油化工厂区。那里远远望去也是一片乌烟瘴气，甚至被人称为“癌谷”。当地一些穷困居民，大都是一百多年前被解放的黑奴的后代，仍然居住在这些当年的大种植园，今天的化工厂附近，成为污染的直接受害者。一些基层的NGO，都是由这些居民中的积极分子所组织，为他们的切身利益而抗争的团体，即所谓的“草根”团体。一位支持他们的路州大学黑人教授甚至说：“那些宣传保护生态、保护野生动植物的都是些有钱人的环保团体，而我们这里的NGO却要为当地穷苦百姓的每日生存条件而奋斗！”

我们也参观了一所法律“诊所”，一批法律博士生在一位热心的律师带领下，专门无偿地为穷人打环保官司。其奉献精神确实令人感动。这使我看到了西方民间环保运动的另一面，令我深思。在中国，许多地方普通百姓受到环境污染危害程度远比我在新奥尔良所见严重得多，但他们的自我保护意识和能力却几近于零。然而，这是不能靠“救世主”来得到的，要靠他们自己的努力来争取。另一方面，我认为保护生态和野生动物、植物，在中国也绝非有闲者的业余爱好，它直接关系着亿万中国人的生存条件和后代的福祉。在这一点上，也许和那些家住绿荫花园，有钱到阿尔卑斯山或加勒比小岛度假的某些国外环保人士的想法确实有所不同吧。

绿色运动，无论在理念上还是实践中，在不同国家、不同地区和不同的人群中，都会显现出其千差万别。也许在我们投身这个运动的时候，首先就应当承认这种差别是一个客观存在，而根本不应该、也不可能求其一律。

初次和台湾民间环保团体接触，他们的真诚、热情和执著，给我留下了难忘的印象。真的，好像我们天然就有一种共同语言。他们的许多感受，无论是积极的还是消极的，对我来说竟是那么熟悉甚至亲切。而当他们谈起比如长江、黄河的环境、生态等，也是那么关注。他们的“荒野保护”和在家庭妇女中开展环保活动的经验，都很值得我们借鉴。在美国时，曾两次为北京电台“自然之友”栏目做热线广播，香港和台湾的同行成了我的嘉宾。热心听众还通过越洋热线邀请他们到北京访问，使他们兴奋不已。

为使大家能和我一样体会到台湾同行的情感与关注，我特选了台北“荒野保护协会”秘书长，一位以开业牙医为本职，却以全部业余时间从事环保活动的志愿者李伟文先生的两篇文章《爱，直到成伤》和《生命中的贵人》转载于后①。正像珍妮·古道尔②亲切地称我为她的“精神兄弟”一样，我也觉得李伟文是我的精神弟兄。也许有的朋友不同意他的人生哲学，但也正如他所说，我舍不得不把他的文章刊出来和大家分享。

原载《自然之友通讯》1998 年第 4 期

---

① 李伟文先生两文曾刊于《自然之友通讯》，并收入《为无告的大自然》。

② Jane Goodall 女士的中文名后来统一译为“珍·古道尔”。

# 给环境教育志愿者的几句心里话

我本人参加“自然之友”环境教育活动次数不多，算不上是个合格的教师，也许没有资格在各位面前说三道四。但有几句心里话，想在出发前和大家交流。

第一，我们一定要牢记，志愿者参与的环境教育活动，从来都是一种双向教育。特别是在农村，我们一定要虚心地向农民请教。我们既是老师，也是学生。要弄清一个地方几年来环境变化的原因，本地居民和环境的依存关系，哪些是因为他们自身的无奈，哪些是有权势的人强加给他们的；要了解他们的负担和种种日常的艰辛，也许并不那么容易。但如果我们用一种“城里人”的眼光、心态和语言去向本地人说教，其效果肯定不会好，甚至会引起一些人的反感。我们中也许有一些志愿者多年没下过乡了。我们一定不要忘记，农民是我们的衣食父母。今天城里人较为优裕的生活，在很大程度上靠他们的肩膀支撑着的。他们的孩子是我们的弟妹。我们要以平等的态度和他们交朋友。

第二，我们也许需要向孩子们传达一种忧患意识——如果我们任听溪流污染、水土流失、森林砍伐、草原退化……总有一天我们会变成无家可归的人。要让孩子们懂得，如果我们自己不来保护自己的家园，没有人会替我们来保护它。

第三，我们应当尽可能地把俭朴的观念传达给孩子。要让孩子们从小懂得，美好生活不等于无限的物质享乐。这种观念要在贫困农村普及，也许很难，但如果农村的孩子都向往城里“大款”的生活，那将是中国未来的一场灾难。

第四，我们的很多志愿者也许从未上过讲台，但这并不会妨碍你和孩子们的交流。只要我们能用平等的心态、平等的语气，用孩子听得懂的语言，把自己最想告诉孩子的话亲切地告诉他们，你就会赢得他们的心，他们就会信赖你。做孩子们的朋友，这是成为一个好老师的第一步。

2004 年 3 月 29 日

# 各民间团体在 GEF* 第二次成员国大会开幕式上的联合致词

尊敬的大会主席、副主席，
尊敬的各国代表团和 GEF 秘书处的成员们，
尊敬的各非政府组织（NGO）的代表们：

我是中国非政府环保组织“自然之友”的会长梁从诫。我荣幸地受今天与会的来自世界各大洲和中国的近 80 家 NGO 的委托，代表他们来向大会致词。

首先，请允许我用我自己祖国的语言，代表东道国的 40 多家 NGO 向各位表示欢迎。欢迎你们来到正在迅速发展中的中国，来到每天都在变化的北京，来参加 GEF 成员国第二次全体大会。

环保 NGO 的出现，在中国还是一个新生事物。十年前，在里约地球高峰会议上，大家还见不到一家中国的 NGO 与会，但是在今年的约堡峰会上，已经有十多个中国的 NGO 出席，而在今天这个会议上，更有了 40 多家中国的 NGO 参加，其中包括来自新疆、青藏高原、内蒙古，以及云南、贵州等西部地区的草根 NGO 组织。

当然，与中国这样一个人口和环境大国的地位相比，中国的环境 NGO 还刚刚处在起步阶段。但在不到十年中，中国的 NGO，特别是来自基层的、贴近百姓的 NGO，在动员和教育群众保护环境、倡导有利于环境保护的生活和消费方式、协助政府监督环境违法事件等方面，已

---

* GEF 即 Global Environmental Facility，全球环境基金。梁从诫受该组织委托，组织当时中国民间环保团体参加这一次大会。开幕式上，他代表中国各民间环保团体致词。

经取得了显著的成效，正在成为促进中国环境改善的一支重要的力量。我们的工作和努力，也越来越得到中国政府的理解和支持。

我们相信，中国环保 NGO 的成长和卓有成效的活动，对于全球的环境来说，也是一个好消息。我们期待着与中国政府、GEF 秘书处和全球 NGO 大家庭的同事们开展更多的合作，建立起更加密切的伙伴关系。下面我将宣读各国 NGO 的联合致词。

（梁按：以下这个致词，是在 GEF 大会正式开幕前的 NGO 预备会和磋商会上，经数十个来自世界各大洲的有代表性的 NGO 反复磋商、提出要点后，由阿根廷的 Liliana 等执笔，再经讨论后才最后定稿的。“自然之友”的梁从诫参与了这整个过程。各国 NGO 一致推举他作为东道国 NGO 的代表，来向大会宣读致词。因时间紧迫，致词稿没有来得及译成中文，梁从诫是用英文宣读的。以下的中文稿是梁在会后译出的，其文本可能与大会正式文件略有不同。）

主席、尊贵的代表和来宾们：

我谨代表参与全球环境基金活动的各种民间组织，包括环保 NGO、原住民组织、社区组织和青年组织，来向大会致词。我们代表全世界那些在 GEF 倡导的活动中受影响最深，也最能做出贡献的人群来讲话。

在我们 NGO 看来，在过去的十年中，不论是在政策的层面上还是项目的层面上，NGO 与 GEF 的战略伙伴关系都有所发展、深化和加强。我们注意到，根据 GEF 的公众参与政策，已经建立起一些强有力的原则和机制。我们期待着这一政策在全球、各地区和各国的实际推行中，能够继续改进。并吁请 GEF 各执行机构和各成员国政府也采纳类似的原则和机制。

在 GEF 创立十年后，世界可持续发展首脑会议向它提出了新的挑战——把消除贫困作为全球可持续发展的核心问题来看待。今天，我们心中最大的疑问是：GEF 将如何应对约翰内斯堡的“行动计划”？

它将怎样将消除贫困问题与全球环境问题有机地结合起来？GEF 是否能够更加重视某些环境问题的根源，如影响着环境状况的不可持续的贸易、投资和发展政策?

我们要特别提到小额资助项目执行的成功。在许多国家中，它促进了草根组织的行动。我们主张进一步推广这个项目，增加对它的资金投入，并在其管理中强化民间社会的参与和透明度。

我们欢迎 GEF 第三次增资的成功（编注：指 GEF 各资助国再次承诺新的资助款额），但认为它仍然不足以完成 GEF 所承担的任务。我们诚恳地要求对已有的和新增的重点领域——“永久性有机污染物（处理）”和“土地退化”项目的自愿的额外资助，以达到一个更适宜的增资水平。

在“斯德哥尔摩永久性有机污染物公约”的基础上，把“永久性有机污染物”作为一个新的重点领域，是一个有益的进展。我们呼吁那些还没有批准这项公约的政府，尽早予以批准。

我们也欢迎将土地退化作为一个新的重点领域。它提供了一个难得的机会，可以把三个重点公约相互协调起来。这个 GEF 实施项目的主要受益者，应当是那些因土地退化、气候变化和生物多样性不可逆转的丧失而受害最深的人们。（防治）土地退化项目成功的关键，是本地社区在项目实施的全过程中切实而全面地参与，并克服来自农业部门的政策性障碍。

为了帮助一些国家提高他们在实施生物安全公约方面的能力，并使本地原住民和社区得以全面参与实施过程，也要求有额外的财政来源。

可持续发展首脑会议同意，到 2010 年要大大减少生物多样性的丧失。为此我们要求 GEF 增加在这个重点领域中的资助总额，尤其需要侧重于保护生物多样性与消除贫困之间的连带关系。有生产效益的风景区和保护区，对于保护生物多样性具有关键意义。但其设计和管理必须有当地社区的参与，以保证他们取得自然资源的传统权利受到尊重和保障。

在利用和共享生物多样性所带来的利益方面，GEF 也必须支持国家的能力建设，并充分考虑各国的全面和有效的参与。我们也要求在生物多样性保护方面，应优先获得可持续的资助机制。原住民和本地社区应全面参与项目的设计，以使他们有充分表达意见的机会。

根据保护生物多样性公约和GEF的精神，在项目选择和确定国家重点方面，应特别注意保证公民社会的参与；要鼓励和支持NGO和原住民参与这个过程。具体地说，我们建议GEF的地区中心要通过具体的机制，如建立有公众参与的全国性咨询委员会，来进一步鼓励和帮助公众参与GEF的立项程序。在这方面，公众参与制定能源政策和私人投资计划都有十分重要的意义。

为了保证低成本、高效率和透明性，需要经常全面检讨和调整项目程序。在这方面，我们应当特别注意改进中型项目的实施（编注：GEF有一类项目，资助额度在100万美元左右，被称为中型项目，可由有能力的NGO直接承接并负责实施）。我们特别呼吁给予有资格的NGO以机会，使他们能直接获得这种项目，以提高这一重要计划的效率并降低其成本。

我们注意到具有进取性的配套资金政策。但鼓励GEF在评估NGO的非资金投入方面保持灵活态度，特别是在最不发达国家和小岛国家中。社区层次的技能、知识和时间投入应得到充分的估价。配套资金应被看作是为解决全局性环境问题与可持续发展项目争取额外资金的一个辅助手段，但不应成为项目执行中的一个障碍（编注：指不应将NGO是否能够从企业或其他渠道获得配套资金作为GEF是否给予资助的条件）。

我们也想强调，在解决环境问题时，很难明确区分全球和地方的利益。曾经有过许多关于成本增加（编注：指某些由政府承担的大型项目的管理成本太高，有的项目行政费甚至高达资助总额的20%）的讨论，但都没有结果。我们要求在GEF对可持续发展首脑会议结果的评估中，要对这个问题给予明确说明。

我们承诺，要继续加强我们与GEF和各自国家的政府——无论是资助国还是受资助国——的合作关系。我们承诺，要克服在所有层面上，特别是国家层面上公众参与的障碍。我们欢迎增加在国家层面上与政府对话的机会，并（使NGO）在国家层面上也能够真正成为GEF项目和目标的主人翁。

NGO大家庭很高兴能有机会向大会表明自己看法，并重申我们的承诺：要与GEF成员国及其执行机构结成伙伴关系，以应对全球环境问题向我们提出的挑战。

我也要代表参加这次大会的国际NGO，向会议的东道国表示真诚的谢意，感谢主人对我们的热情接待。

谢谢各位。

2002年10月16日　北京

原载《自然之友通讯》2002年第4期

# 1999年除夕北京人民广播电台“人生热线”周四专栏“自然之友”向听众的告别词

各位听众：

1999年的新年钟声即将敲响。20世纪的最后一年即将到来。由我主持的人生热线周四专栏“自然之友”，也将向各位告别。这个专栏从今年7月2号开播，到今天正好半年。从明年起，它将告一段落。在这半年里，“自然之友”专栏在传播绿色观念、普及环境知识、交流环保信息等方面发挥了一点作用，得到了不少的鼓励和赞许。我作为主持人，深深地感谢广大听众，特别是那些打来热线电话的听众，和许多不辞辛劳，半夜来到电台和我一同与听众进行交流的嘉宾。这些嘉宾中有学者、专家，也有普通的环保志愿者和大、中、小学的学生。我还要感谢关心这个栏目的“自然之友”广大会员和在播音室为我作热线传递和技术保障的同志们。没有你们大家的支持和参与，就不会有这个专栏。至于它的不足乃至错误，那都是主持人的责任，希望大家坦率地指出。

亲爱的听众：21世纪正在走近我们。在过去的一百年里，人类经历了重大的社会变革以及科学、技术和生产力的迅猛发展，同时也饱尝了各种天灾、人祸的磨难。人口的急剧膨胀和环境的全面恶化，是世纪之交摆在全人类，特别是我们中国人面前的重大课题和历史性挑战。我们中国人能不能圆满地解决这个课题，回答这个挑战，将在很大程度上决定我们民族在未来一百年中的福祉、命运和国际地位。环境保护决不仅是政府和专家的事，我们每一个人的生活，都是靠着这个环境来支撑的，因此，我们对于这个环境，也必然有着自己的一份责任。我们应当认识到：生活中的每一件小事——用一盆水、开一次电灯、用一张纸、寄一张贺卡、扔一个塑料袋、一个废电池、用一双一次性筷子、买一只野生鸟，等等，都会有它深远的环境后果。亿万人的警觉，会形成宏伟的力量，而亿万人的无知和漫不经心，也会给地球带来沉重的负担，乃至巨大的灾难。让我们大家都行动起来，为保护我们的生命之舟，为我们自己和子孙后代的幸福，而承担各自的一份责任，贡献各自的一份力量吧。在迎接 1999 年，并结束“自然之友”专栏的时刻，主持人愿意用这一段并不很轻松的话，来和听众们告别并共勉。

# 在2000年菲律宾雷蒙·麦格赛赛奖颁奖大会上的答词

尊敬的总统阁下，麦格赛赛家族成员、贵宾们、董事们、各位共同获奖人、女士和先生们：

我为被选为2000年雷蒙·麦格赛赛公众服务奖获奖人而深感荣幸。

我在大学时代读的是历史学，早年的大部分时间都在教育、学术和出版界工作。经常有人问我，为什么在我年近退休的时候，要选择环境保护作为一项事业来贡献自己的余生？答案很简单：这是一件对我的国家、我的同胞和我家庭的未来极端重要，而目前仍被大多数中国老百姓所忽视的事情。

在许多国家中，环境的恶化由来已久。但对今日中国来说，它却尤为严重，甚至是致命的。在中国数千年的历史上，其人口从来没有像今天这么多，以致人均占有的资源从来没有像今天这么少；其经济活动规模从来没有像今天这么大，而她借助科学和技术知识以改变自然的能力也从来没有像今天这么强。加之，对于千百万普通中国人来说，那种追求物质享受和舒适，甚至渴望成为“速成富翁”的冲动，也从来没有像今天这样强烈。人们很难想象，在这样的压力下，我们的自然资源和环境怎么能够永续地、健康地维持下去。

1993年，一群深怀社会责任感的知识分子为此聚集到了一起，讨论他们能为改变这种现状做点什么。这就是“自然之友”的开端。而我是其中的一个领头人。

我们是不是有什么现成的解决办法呢？没有。

然而我们却要尽力使人民意识到我们所面临的危险，认识到“泰坦尼克号”前面的冰山，并让他们想一想，我们应当一道来做些什么，以拯救我们共同的未来。这就是“自然之友”以推动公众环境教育为其宗旨的原因。我们很清楚，这将是一次群众性的启蒙运动，前面还有很长的路要走。我们的使命就是耐心地、持之以恒地在人们心中播撒“绿色的种子”，就如同农民在他们的田地里播种。因为我们相信，只有当人心变得更“绿”的时候，中国才能有一个绿色的未来。

从“自然之友”的四个发起人初次聚会至今，七年已经过去了。如今它已经有了遍布全国的近千名个人会员和超过3000名的团体会员。也许按照西方的标准来看，它还很小，但“自然之友”正在不断成长，正在成为中国最有影响的一个非政府组织。至少在环保领域里，它为中国带来了一种真正独立的声音。中国政府也发现我们是他们的一个盟友。作为“自然之友”会长，他们给了我多次奖励，并在2000年世界环境日前夕授予我“环境使者”称号，即担当一位社会监督员。目前，“自然之友”和我本人仍在不断地、警惕地关注着中国出现的一切环境问题。

很显然，如果没有我们在国内外一切朋友，包括麦格赛赛基金会，以及我的妻子和那些全心全意努力工作的“自然之友”会员们热情而坚定的支持，“自然之友”和我本人是不可能取得任何成就的。为此我邀请了“自然之友”办公室主任张继莲女士作为会员代表来到这里，以和我分享此刻贵基金会所给予我的这份殊荣。

这个奖对于我和“自然之友”无疑都是一个巨大的鼓舞。它也在提醒我，我们前面的道路依然漫长而困难。我将时刻不忘：一个良好的环境和可持续的发展，将不仅对于我祖国的未来必不可少，而且也将使我们的邻国和世界各国人民受惠。

谢谢。

2000年8月31日<br>宣读于马尼拉雷蒙·麦格赛赛奖颁奖大会<br>（原稿为英文）

附：

## 2000 年雷蒙·麦格赛赛公众服务奖对梁从诫的表彰状

“机器隆隆响，工厂冒黑烟”，这是毛泽东时代对中国工业化的典型描述。随之而来的蹒跚不前的经济增长却伴之以政治动荡和十亿人口对好生活的强烈追求。其结果，如梁从诫所说，“很少人来得及意识到天空、河流和湖泊已被严重污染；森林正在消失；草原面临沙化，而生物多样性在急剧减少”。梁认为，毛泽东的梦想导致了“一个环境灾难”。时至今日，在中国认识到这种灾难的人仍然不多，为此而行动起来的人则更少。作为中国第一个非政府环保组织的创始人和会长，梁从诫正在试图改变这种局面。

梁从诫，1932 年出生于一个杰出的知识分子家庭。当共产党在中国取得胜利的年代，他投身于教育和学术事业。在“文化大革命”期间到农村进行体力劳动。20 世纪 80 年代，他警觉于中国正在出现的环境灾难，开始研究这些问题并和那些熟悉国外迅速发展的环境运动的青年人展开讨论。1994 年，他获准成立一个以环境教育为宗旨的志愿者团体——“自然之友”。第一次会议有 60 人参加。

每一位参加“自然之友”的成员都要承诺，为中国环境贡献出自己的一份努力。梁把这些努力汇集成研讨会、教师培训班、讲演会，以及观鸟、植树和青年人的野营活动。他敦促中国的大众传媒着重报道生态事件，并请记者提供有关的新闻和可靠信息。他编写了新的教育材料并办了一个环境资料中心。同时，他批评了中国人的某些习惯如笼养野生鸟，并反对中国许多城市中出现的小汽车热（直到今天，梁仍在骑自行车）。

更具有争议性的是，梁从诫倡导了一场全国性运动，以制止对云南西北部一片森林的砍伐。那里是濒危的滇金丝猴仅有的栖息地。他还勇敢地揭露了并竭力制止对藏羚羊这种珍稀动物的大规模盗杀。这种动物身上像丝一般柔美的羊绒“沙图什”是世界上最昂贵的披肩的原料。

“自然之友”还开展了其他很多活动来揭露在四川、内蒙古等地发生的非法砍伐以及其他各种违反中国环境法规的事件。中国的环境法规范围广泛，但贯彻执行却往往不力。

在中国的政治体制下，梁使得中央对生态问题更加重视。他仔细地选择目标，并和某些全国的和地方的官员密切合作，尽量避免陷于那些执掌大权的地方政府所设置的困境。为了悉心保持“自然之友”的独立性，在中国公众急切关注的问题上，梁还发挥了非政府组织的批评性作用。不仅如此，他还为自己的国家树立了一个志愿者组织的新典范。

“自然之友”有约七百个（编者按：目前已近千个）交纳会费的会员，还有数千名学生社团的团体会员，并和国外许多有共同志趣的团体建立了联系。但它的资源还是有限的。68 岁的梁从诫仍是它的领路人。他始终关注自然，坚持原则并勇于直言。虽然他那著名的社会关系给了他某种声望，但他总是把注意力集中于问题本身和他人的努力，不愿突出自己。

中国的市民社会仍然年轻，它将在一个复杂的，富于冲突和变化的温床中发育起来。然而我们有理由感到乐观。梁说，在他接受的许多采访中，记者们问的最后一个问题常常是：“我能不能参加？”

董事会经投票选举梁从诫为 2000 年雷蒙·麦格赛赛公众服务奖获奖人，以表彰他在中国环保运动和新生的市民社会中所发挥的令人鼓舞的、开创性的领导作用。

由雷蒙·麦格赛赛奖董事会董事 Gelia T. Castillo 博士
于 2000 年 8 月 31 日在马尼拉颁奖大会上宣读

# 衷心感谢

## ——七十岁生日答谢会员和朋友

在我七十岁生日的时候，收到许多会员和朋友的电话、电子邮件和贺卡，还有人亲来向我祝贺。我和我老伴方晶谨向大家表示深深的谢意！

在我七十年生涯中，最有价值的也许就是这最后十年，即自然之友从酝酿到组建的这十年。但我深知，“自然之友”是大家共同努力的结果，这里面凝聚着无数会员和朋友的心血和智慧。没有大家，就不会有“自然之友”。

其实，在中国严峻的环境问题面前，我们所做的一切还是微不足道的。使我感到欣慰的，并不是我们做出了多少业绩，而是在做的过程中，我有幸结识了这么多的好人，这么多优秀的人！

古人云：人生得一知己足矣！现在，我在“自然之友”内外有这么多知己，难道不是人生的最大幸福吗？

谢谢大家给了七十岁的我这么多的快乐！

梁从诚　2002 年 8 月 4 日

# 寄语·忠告

# 给宋健先生的信

尊敬的宋健同志，您好！

我是民间环保团体“自然之友”会长，全国政协委员梁从诫。我首先要感谢您今年7月17日在第四次全国环保大会的闭幕词中提到并肯定了“自然之友”这几年在民间环保方面所作的一点工作。您的赞许对于我本人和“自然之友”的广大成员来说，是一个有力的鼓舞和鞭策。

鉴于目前我国国民的环境意识薄弱，我们认为，抓好环境保护工作的一个重要环节应是环保意识的普及。其中既要包括有关环保的科技知识，更需倡导一种新的“绿色”道德风尚。这正好是中国知识界可以有所作为的一个领域。普及的对象应以青少年为主，因为我们深信，我们的下一代若没有一种起码的绿色的心灵，中国也就不可能有一个绿色的明天。

考虑到我国可供青少年阅读，比较系统而又易懂有趣的环保科普读物还太少，“自然之友”和山西教育出版社在1996年初决定联合编辑出版一套这样的书。“自然之友”为此组织了一批具有较丰富的环境保护知识，同时又有较好文学素养的青年作者，经过半年多的悉心创作，完成了这部由五个分册、40万字、200多个故事、近500张图片组成的“绿五星”青少年趣味环保科普丛书。

目前，书稿已经杀青，山西教育出版社为此书的出版调集了全社最好的编辑组成了精良的编辑队伍，以对书稿从文字到图片做精细的编辑加工。力图将此书出版成一套知识准确、内容丰富、形式活泼、装帧精美的图书精品，该出版社和山西省新闻出版局已将本书列为1997年山西省争取中宣部“五个一工程”的重点书目，计划于1996年底印制完毕，1997 年初出版发行。

宋健同志，您是我国国家科委和国务院环保委的领导人。长期以来，您积极致力于我国环境保护和改善工作，在科技界和知识界德高望重，同时，您又是“自然之友”的一位热情的支持者。因此，在本丛书出版之际，我们诚恳地请求您担任丛书名誉顾问，并为其出版题词，以勉励广大青少年读者积极参与我国的环境保护事业，为我中华民族今后的可持续发展做出贡献。

相信在您的支持下，这套丛书将对普及我国青少年环保知识、促进中国的环保事业起到良好的作用。因书稿发排在即，如蒙惠允，恳请拨冗于最近期内将您的题词赐寄，以便赶寄山西制版付印。这里，我谨代表本书未来的广大小读者，预先向您致谢。

……

谨致

诚挚的敬礼！

1996 年 11 月 22 日

# 给吴江老的信

吴老：

来信及“提纲”稿收到。您想得很周到。我不是专门研究理论问题的，谈不出太多意见。

只冒昧地提两点供您参考：

第四点　恩格斯虽然在谈劳动是创造一切财富的源泉时也指出了劳动对象，即自然资源问题，但传统政治经济学仍然不承认未经人类劳动加工的自然物有价值。现在看来，这是不全面的。目前有人研究所谓“绿色会计”，大概就是想重新考虑如何计算自然资源的价值。一个思路是从反面来计算：以森林被砍伐，造成水土流失、耕地贫瘠化、水旱灾害等等所带来的损失，来计算森林（不是木材）的价值；以水体干涸或污染，以致不能当作水来使用所造成的损失（包括造成疾病所花的医疗费用和劳动力损失），来计算未经加工的天然水体的价值；还有空气，就更不必说了。记得当年上政治经济学时，老师专门以空气为例来说明，未经人类劳动加工过的，就无所谓价值，等等。

另据 2002 年 1 月 4 日《中国环境报》载新华社电：据中国环境与发展国际合作委员会生物多样性工作组估算，目前中国的天然植被每年的生态系统效益高达 11 万亿元。其中当前价值超过 4.7 万亿元，潜在价值超过 6.5 万亿元。

第八点　您提到“使人类的各种需求得到满足”。事实上当代社会已经出现了不是为满足需求，而是为满足欲望的消费，即消费主义。我为此下的定义是：为满足生存需要而消费，是消费；为满足“消费欲”而消费，是消费主义。当社会富足到一定程度，就会有越来越多的人把

“消费”当成一种生活方式或所谓“时尚”，为花钱而花钱，甚至是为炫耀而消费。结果势必造成大量资源的无谓浪费。曾有一位记者来采访，我同他谈到这一点。他大为赞同，说：我老婆就是，把买东西当成消遣。家里鞋已经多得穿不完了，可是一看见鞋就要买！然而全世界（包括敝国）的商家，甚至政府，就是在鼓励这种心理，叫作“扩大内需”、“促销”。这种消费主义的流行，将极大地、没有必要地加剧自然资源的消耗和环境的破坏，也进一步造成社会的不公和穷国与富国之间的不公。这方面，最坏的榜样是美国，而中国却在盲目地模仿。什么“豪宅”、“豪车”、“豪宴”、“豪华装修”、“豪华消费”，不是时下中国最时髦的语言吗？

另外还有两个问题，不在您这份提纲范围内，但我想提出来请您指教。

1. 所谓“允许一部分人先富起来”。这是个政策性声明。它的隐义是：另一部分人随后也将富起来。然而这后半句既没有理论根据，也没有政策保证。20 年来中国社会发展的实践也证明这种预期是虚假的。中国的贫富差距正在迅速拉大，据说中国的基尼系数已达 0.46，是世界第二高。这也许是社会发展的必然现象，但它符合一个社会主义国家的政治伦理原则吗？

2. “科学技术是第一生产力。”科学技术如果掌握不当，也可能是第一（人为的）破坏力。当今威胁着人类生存环境的全球变暖和温室效应问题、臭氧层空洞问题，都是近两百多年来人类科学技术发展所造成的。人类有史以来最大的人为灾难（战争且不算）——前苏联切尔诺贝利核电站事故，先后死了 35 万人，几十万人致残。比美国在整个二次大战中死的人还多；还有印度博帕尔化工厂毒气泄漏事故，死、残了那么多人和牲畜，这难道不都是人类科学技术所带来的灾难吗？只提科学技术的积极效用，不提其可能的消极后果，我以为是不全面的。会造成“唯科技主义”或“科技至上主义”，即以为科技本身能解决人类面临的一切问题。那其实是十分错误的。

我不是搞马列理论的，也不是共产党员。以上两点只是我自己读书和观察社会时想到的。说出来请您指点。

祝您在新的一年里

健康愉快！

2002 年 1 月 5 日

# 建议将守墓人佘老太太迁回先烈袁崇焕墓致刘淇书记*

中共北京市委书记尊敬的刘淇同志：

这几天，明末民族英雄袁崇焕的墓和祠经修缮重新开放，备受媒体关注，是一件受群众欢迎的事。但连续17代，已守墓372年的佘家佘幼芝老太太被迫迁离袁墓，却引起许多有识之士的严重质疑。

袁墓对国人的教育不仅在于袁崇焕本人的民族气节和他的冤屈，同时也在——甚至更在——佘家17代，近四百年忠贞不渝的守墓行为。这两者一同构成了中国人的气节传统，并一直同在袁墓中体现了出来。众所周知，当年若没有佘家，就不会有袁墓，而没有佘家守墓的事迹，袁墓也不会引起这么多人的瞩目。几百年来，这已成为一段不可能重复的，真实的传奇。现在，袁祠、墓虽被修葺一新，却把守墓人迁走了。袁墓本来所体现的中华人文精神，将从此变得残缺不全。许多人认为：失去了佘家守墓人的袁墓，将不再是原来的袁墓！即使在袁祠内为佘老太太设“工作室”，其意义也完全不能与住在墓旁的佘家相提并论。须

---

* 佘老太太，名佘幼枝。其上祖亦广东人，是明末另一名将，佘义士跟随袁崇焕多年。袁死后，佘义士含悲愤，偷取回袁氏人头埋自家院中。佘义士临终前嘱家人，他死后将遗体埋在袁身旁，并要求子女此后不许为官，不许回南方老家，世代为袁将军守墓。佘氏后代傍墓而居，代代相传，现已是第17代（即佘幼枝）历经370多年，“文化大革命”初期，袁墓惨遭破坏砸烂，“文化大革命”后，经佘幼枝及许多百姓不断呼吁要求，有关部门已将袁墓恢复，但佘幼枝及家人已被迁居他处，社会仍有使其回迁的呼吁。

袁崇焕（1584—1630），明广西藤县人，祖籍广东东莞。明朝末年自请守辽，筑宁远（今辽宁兴城）等城，屡次击退后金（清）军的进攻。后遭敌军反间，被思宗定为“叛国罪”，蒙冤被杀。死时年仅46岁，家人亦受株连。

知佘家17代并非受雇佣的看坟人，更不是现代意义上的讲解员或门卫“上班族”，而是自愿代代相传以身家性命保护袁墓的人。

我们在网上看到，一个美联社记者曾在袁墓前感叹道：我们美国立国才二百多年，而这家中国人守墓就已经守了近四百年，真了不起！

我们认为，在北京市强调要办“人文奥运”的时候，却办出了如此有损于中华人文精神的事，实在太不应当。

为此，我们强烈呼吁：尽快在袁墓内适当地点，为佘家后人修一处适当的，有现代卫生、取暖设备的，外观上与袁墓（袁祠）相谐调的住房。请佘老太太迁回来住。如果佘家有后，今后也当住在这里。如果佘家今后真的无人愿意继承这一传统了，也要将这处房子辟为佘氏家族纪念室。让我们的后代真实地了解，什么叫中国人的义胆忠魂。

我们强烈地希望，北京市委、市政府能认真考虑我们的要求。

此致

敬礼！

2002年12月2日

# 支持梁思萃同志的建议

最近读到1999年12月10日《北京科技报》一版文章“大气污染条件下应适当调整学校体育课内容”。作者梁思萃是学化学出身的环保界老同志，多年来对于大气污染及其对人体的危害有深入的了解和研究，离休后仍以高度的社会责任心关注着这个问题。当前，在我们尚不可能彻底解决汽车尾气污染问题，而且由于取代含铅汽油而出现了新的致癌物时，她提出为了保护青少年呼吸器官的健康，要避免让孩子在空气污染的环境中做大呼吸量运动，并建议教育主管部门据此适当调整中小学体育课程的要求和设置。

我认为这个建议符合国情，简便、可行和有效，完全赞同。在世界各地，大城市里的学生在乌烟瘴气的大街上练长跑的，可能只有我们中国一家。体育本是为了增强青少年的体质，如果因此反而给他们留下了健康隐患，将事与愿违，为下一代国民带来始料所不及的严重后果。

希望有关领导能认真考虑梁思萃同志的这一建议。

全国政协委员　政协人口、资源、环境委员会委员

民间环保团体“自然之友”会长

1999年12月15日

# 致中国人民大学学生社团“环境与发展协会”《绿帆》编辑部的贺信

人民大学“环境与发展协会”会员同学们：

得知你们即将出版自己的刊物《绿帆》，感到十分高兴。在你们发刊之际，我谨代表民间环保团体“自然之友”向你们和你校环发协会的新老会员表示衷心的祝贺。

你们自发地在大学生中开展环境宣传、组织环保活动，表明你们属于中国历史上第一代具有环境意识的大学生，这是一件具有深远意义的事。

百年来的中国历史证明，大学生不仅是全社会青年人中受教育程度最高、因而其科学、文化教养也最高的一个群体，而且也总是最具有人文关怀、社会责任感和参与意识的一个群体。中国知识分子“以天下为己任”和“位卑未敢忘忧国”的传统，在不同时期总是在大学生身上得到特别鲜明和生动的体现。

过去的一百年，灾难深重的中华民族走过了一条艰险曲折的道路，既取得了值得骄傲的胜利和成就，也留下了深重的创伤和无法解脱的历史包袱。在我们展望21世纪的时候，应当清醒地看到，至少从自然环境的角度说，我们民族的生存条件依然是非常艰难而险恶的。这是因为，与历史上任何时期相比，中国的人口从来没有像现在这样多（专家们曾一再警告：中国人口的极限是16亿，超过这一极限将是不可逆转的灾难，而中国的人口虽然已有所控制，却并没有，也不可能停止增长，正在趋向专家们预告的极限）；人均占有资源——包括淡水、森林、耕地、草原这些维持人类生存的基本资源——从来没有像现在这么少；我们经济活动——任何经济活动都必然要消耗和排放——的规模从来没有现在这么大；人类对环境和资源的破坏从来没有像现在这么严重；我国的自然灾害——水、旱、风、沙等等也从来没有像现在这样频繁；我们的生态环境从来没有这样脆弱；同时社会普遍表现的贪欲也从来没有像现在这么肆无忌惮。

1998 年夏中国发生了全国性的特大洪水。与洪水的搏斗及其胜利表现了人民的意志和我们的国力，但洪水本身却是我们对自然长期掠夺和破坏的后果，是自然向我们的报复和对未来的警告。

21 世纪前半将是你们这些在校大学生今后生活的主要时间舞台。你们将以自己未来的经历证明中华民族是不是有足够的自觉和智慧来化解这些危机，使她在与自然的和谐共处中得到生存和发展的合理机会；抑或是在“人定胜天”的迷信和自私的盲动中陷入更深的困境。这在很大程度上将取决于你们这一代人——你们今天和明天的认识、行为和你们对社会的影响。

我们已经没有时间等待，一切应当从今天做起。你们的社团和刊物《绿帆》是你们朝这个目标迈出的可贵的一步，所以值得祝贺。

在文字方面，希望《绿帆》能树立起一种朴实的文风，避免“绿色高调”和华丽而空洞的辞藻。高调常常掩盖着对实际问题的无知和无能，而辞藻华丽往往正是思想贫乏的症状。

愿《绿帆》办得大家都爱看！

1998 年 9 月 24 日

# 给会员白捷先的回信

白捷先会员：

收到你的来信。感谢你对“自然之友”发展的关心。你希望“自然之友”能在社会上更出名，有更多的人来响应它的号召，这种想法是可以理解的。但我认为和这个组织建立的理念有差距。

“自然之友”的最基本理念是志愿者精神。而真正的志愿者，是强调奉献，而不在乎回报的。它关注的是务实，而并不在意是否为自己扬了名，更不是为了图利。环境保护是亿万公众自己的事。“自然之友”的使命，就是通过我们的宣传教育，使公众认识到环保对每个人的重要性。只要他们认识到了，行动起来了，这个道理究竟是谁最先对他们讲的，并不重要。就像小学生学会了认字、算算数，一辈子受用无穷；但他们未必，也不需要一定记得他们小时候的语文、算数老师是谁一样。我们到农村去做环境启蒙教育，就是要在千百个孩子（也许还有他们的老师）心里种下这颗绿色的种子。而种子只能一颗一颗地播，道理要一遍一遍地讲，不可能谁振臂一呼，就会“全国河山一片绿”的。试看，就是“随地吐痰”这样一种明显的恶习，要想从大众习惯中根除它是多么难啊！

“绿色希望行动”的志愿者都把自己看作“只问耕耘，不问收获”的播种人，他们不是“作秀”，也不是精神失衡的心理病态者。目前我们的社会太过浮躁、浮夸。有人做一点事，甚至还没有做事，就先要大声鼓噪，唯恐人不知。我们大家反其道而行，悄悄地做点实事，为这个社会注入一点新鲜风尚，不是也很好吗？

出于上述这种理念，“自然之友”当然也不会去做什么广告活动，更谈不到去给产品当什么“形象代理”。“自然之友”是非赢利组织，如果去搞赚钱的活动，就没有资格再待在 NGO 圈子里，也就谈不到什么志愿者精神了。

至于去收养弃猫弃狗，那是需要专门的场地、设备、专业人员和大量资金的。那将是一种专门的机构。在任何城市，建立动物收养所都是要经过政府批准的。“自然之友”没有这种条件。但“自然之友”有一些会员成立了这样的收养机构。对于他们，“自然之友”是支持的。

“自然之友”所能做的，是告诫宠物豢养者：宠物也是一条生命，谁养了，谁就应当对这个生命负责到底。谁也无权把宠物仅仅视为一种“私有财物”，高兴时玩弄，一听说有病，就弃之如敝履。这正是人类的自我中心和自私心理的暴露。

“自然之友”正是因为一贯坚持踏实做事，不务虚名，反而得到了公众（包括传媒）的认可，多少有了一点知名度。我个人作为“自然之友”的领导人，也获得了国内、国际的多次奖励。这也反映了公众对一个民间组织的评价标准。我个人认为，这种评价是公允的。我个人最担心的，其实不是“自然之友”够不够有名，而是“盛名之下，其实难副”。我以为，“自然之友”的每一位会员，都应当以能够成为这样一个与众不同的，朴实而肯干的团体的成员而感到高兴。我不知你是否参加过“自然之友”组织的志愿活动，希望你今后多多参加。那是很快乐的。

这就是我对你的来信的一点回应。这些不仅是“自然之友”的建会理念，也是我自己做人的原则。很希望能得到你的理解和认同。

即祝　平安！

“自然之友”会长

2003 年 5 月 30 日

# 给周湘斌的回信

周湘斌老师：

来信收到。非常感谢，也很感动。你能从当前学校的状况中看到我们教育体制和教育方针的根本性缺陷，说明你的观察和思考都很敏锐、深刻。长期在这种体制下生活和工作，要做到这一点其实也不容易。

你的看法我当然都很同意。你说到学生在社会和某些老师的影响下，变得更自私，更具有掠夺性、尔虞我诈……这种一针见血的剖析使我惊心动魄。这么多年，我不在大学里工作，学生精神滑坡到了何种程度，我缺乏直接感受。我在大学教书还是50年代末的事，现在连我的学生有的都退休了。当前的大学生我基本上不了解。我老伴在中学工作多年，但中学生毕竟比这样的大学生要单纯得多。可如果大学生是这样的精神状态，我们还侈谈什么“精神文明”？而目前这种所谓的思想教育，除了教会学生怎样玩两面派、耍嘴皮子“包装”自己之外，又能起什么作用？

你们想用“人文讲座”来弥补学生精神上的空白，用心良苦。但你觉得有用吗？如果学生也不过视人文讲座为另一种类型的“知识”，来听讲只是为自己搞一点文化“门面装修”，那和物理、化学知识又有多少原则上的区别呢？真是让人焦虑啊！

你对我个人实在太过奖了。不敢当得很。我们上大学的时代有它另一面的局限性。其实，一个人最终走什么样的路，还得看他自己。我们这一代中有些人也是从历次“运动”（许多人整人，许多人挨整；挨整的有机会也去整人等等）中滚过来，脱了几层皮，总算良心未泯，才多少悟出些做人的道理来的。如此而已。

希望有机会能和你更多地交流。这封短笺，仅表示对你来信的谢意而已。

祝

顺利！

1996 年 12 月 2 日

# 给安徽省易静的回信

易静同志：

不久前我们确实收到过你的一封关于养狗政策问题的信。但是因为“自然之友”作为一个民间环保团体对这事也找不到答案，所以便拖延下来，没有及时给你回信，辜负了你的信任和期望，对此我们觉得不安，特向你表示歉意。

就我们所知，我国对于作为宠物的家养动物的畜养办法，并没有统一的法律规定，而只有对野生动物的保护条例。50 年代以来，我国某些城市对于养狗曾有过几次禁令，但各地规定并不一致，而且并未一贯执行。

最近几年，许多城市兴起了养宠物狗的热潮，某些观赏狗的价钱越炒越高，一只“名犬”可以卖到数万元。另一方面，我国大多数城市环境和居民的居住条件都不能适应养狗的要求，如：附近没有空地可以“遛狗”（狗是需要运动的）；居民楼隔音条件不好，一户养狗，四邻不安等等；同时我国基本上没有相应的法律法规，由于养狗引起的邻里纠纷，或恶犬伤人案件等，都没有适用的处理依据。在这种情况下，非养狗者对养狗者有意见，一些城市当局便采取了禁养和交费饲养的办法，对于被认为“非法”饲养的狗，采取了非常残忍的当场捕杀做法。我个人认为，目前关于城市养狗和其他宠物的管理办法很不完备和统一，也很不人道，而且缺乏法理学依据，需要改进。

从更宽泛的意义上讲，目前我国公众的社会文化心态和突然兴起的养宠物热潮也很不适应。在多数西方国家，公众对家养和野生小动物的态度在传统上是比较仁慈的。在城市公园里、广场上、校园里，乃至郊外公路上，经常可以看到许多野鸽子、野松鼠，甚至是野生狐狸和鹿，但从来没有人故意去伤害它们，还有人去给它们喂食；在公路上遇到野鹿，开车人总要放慢速度甚至停下，先让鹿通过。人们对家养小动物，不管是自家的还是别人家的，都怀有真挚的爱心，对别人对宠物的感情都很尊重，城市环境也较好，绿地空地很多，住房也不那么拥挤；此外，一般西方城市在饲养和管理家养动物方面都有比较健全的法律法规，还有与此相适应的社会服务行业，如动物医院、动物训练学校、走失或被遗弃小动物收容和招领、领养中心等。这些都构成了饲养小动物的必要条件。我个人认为，由于我国目前尚不具备这些社会条件，饲养小动物就成了纯粹的个人行为，既得不到法律承认，也难以得到舆论支持。而当局的罚款、高收费、捕杀等做法也就无以规范，得不到约束。这也是我个人虽然非常爱动物，但决心不养的根本原因。因为我知道，一旦有什么问题，我将没有力量来保护人类的这些不会说话的朋友，这会使我内疚的。

易静同志，从你的来信中，我可以猜出你大概有一只爱犬，而它正面临着被禁养的噩运。如果真是这样，那么，我只能非常抱歉地告诉你，虽然我对你十分同情，但对此我和你一样地无能为力，也提不出什么好建议。这也许不仅是你我个人的事，甚至也不仅是政府与养狗者之间的事，而是我国整个文化传统和社会条件与氛围所造成的结果。在一个有时连人的基本权利都得不到充分尊重和保障的社会里，谈动物的权利难道不是一种奢侈吗？

这也许是一封答非所问的回信。但我所能回答的，也就是这些了。再次请你原谅。

祝

你和你所关心的小动物平安，健康！

“自然之友”会长　梁从诚

# 给扎多的信

扎多同志：

得知你和一批关心西部环境生态的朋友正在筹建“长江源生态保护协会”，十分高兴。

我国西部，包括青海省大部地区，由于多年来的过度垦殖、过度放牧，目前生态环境已相当脆弱，并仍在进一步恶化。在西部大开发政策的推动下，如不能妥善地处理好开发与生态保护之间的关系，可能会使情况更为严重，从而违背了国家所制定的“可持续发展”战略方针。

几年来的经验证明，环境保护不能仅靠政府的政策、法令和专家们的科学规划，而同时必须得到广大群众的理解和自觉参与。在这方面，民间环保组织能够在教育公众和动员百姓方面起到独特的作用。如果你们的组织能够在当地政府有关部门的支持和帮助下建立起来，将对青海省，特别是治多县的环境生态保护工作产生深远的影响，那将不仅造福当代社会，也将惠及后代子孙，对国家西部大开发战略将是一大贡献。

我作为全国政协常委、全国政协人口、资源、环境委员会委员和民间环保团体“自然之友”会长，预祝你们的努力能在地方政府有关部门的帮助、支持下获得成功。预祝正在筹建中的“长江源生态保护协会”能够在不久的未来在青海省，特别是治多县的环境生态保护活动中发挥卓越的作用，成为政府环保工作的有力助手。

谨祝

青海省和治多县草肥水美、人民富裕幸福，扎西德勒！

全国政协常委

“自然之友”会长

2002 年 3 月 24 日于北京

# 给湖北省监利县小学生刘骜西的回信

潘谱仁先生并刘骜西同学：

由潘先生经全国政协转来的刘骜西同学的信和报告《小野鸭的呼唤》最近刚刚收到。我注意到你们的来信是 3 月份发出的，但是政协 6 月 7 日才转寄给我。所以至今才能给你们回信，请你们原谅。

骜西同学的报告写得很好，很有意思，说明你很关注保护野生动物。这使我很感动。其实，我并不是什么野生动物保护专家。我过去是做文化工作的，和野生动物不沾边。“文化大革命”期间，我下放在江西干校，还捉过野鸟吃呢！当时我几乎没有什么环境保护意识。我的环保意识是后来通过读书、看别人写的文章、听专家讲演等等才逐渐培养起来的。但是当我明白了中国环境问题的严重性之后，就觉得有责任为保护和改善环境做一些力所能及的事，而且首先应当从自己做起，从身边的小事做起。“自然之友”的会员们是一批和我有着相同认识的人，所以我们就在一起共同努力。

最近我们比较关心青藏高原上的一级保护动物藏羚羊，为当地反盗猎的林业警察捐赠了汽车和电台，使他们能够更有力地打击盗猎分子。我自己还到青海可可西里地区去参与销毁从盗猎分子手里缴获的藏羚羊皮。这些也许你们从电视中已经看到了。

骜西同学，关心和爱护野生动物，是每一个公民的责任，也是中国法律所要求的。但是，中国人吃“野味”的传统习惯是很不利于生态保护的。要改变这种传统，也许需要很多很多年，要做很多的教育工作。重要的是有了环境觉悟的人要持之以恒地坚持这种宣传教育工作，要敢于向传统陋习挑战。你现在是一个小学生，你应当准备一辈子都为带动周围的人爱护野生动物而努力。

我的体会是，环境保护事业不一定都是轰轰烈烈的，它要求千百万人在日常生活中一点一滴的努力和贡献，要求有千百万无名英雄的参与。一个国家、一个地区环境的改善，决不能只靠一两个“绿色英雄”。我们关心环境，并不是为了当英雄，否则心里的绿色就有可能“退色”。我希望你能成为一个心里的绿意永不消退，而且绿色越来越浓的环境卫士。

从你的报告中看得出来，你的活动得到了学校、老师、家长和同学的许多帮助。你要永远记住别人对自己的帮助，时时感谢他们。要明白，没有别人的帮助，你自己，一个三年级的小学生，是没有办法完成这样一个报告的，至少你不可能自己把它打印装订成册，也不可能拍这么多、这么好的照片。我作为“自然之友”的会长也和你一样，没有我们那么多会员和社会上的支持帮助，光靠我一个人，怎么可能做那么多事呢?

谢谢你给我寄来的报告和照片，但是也许你会对我的这封回信不大满意。我希望你把这封信留起来，等你初中三、高中三和大学三年级，甚至大学毕业后三年再来读一读，那时候，也许你会发现爷爷说的还是有点道理的。

1999 年 6 月 28 日

# 给扬子江游轮导游李格平

小李：

这次乘“扬子江乐园”号游轮游三峡，有你做导游，很愉快。你的导游水平很高，大家都比较满意。

我答应过，要把我当年初次来三峡后写的两篇东西寄给你一阅，为你今后的导游补充一点背景知识。也许会对你的工作有点用处。我个人以为，导游的知识面要越宽越好。要多一点文化，少一点商业气息。介绍景点，不能只限于民间传说、神话故事之类，要多一点科学内容。特别是对高层次的游客。不知我的看法是否符合你们旅游业的实际。

为节约资源，这封短笺和两篇文章都是用废纸打印的。请理解并支持。

祝　诸事如意！

“自然之友”

2001 年 10 月 14 日

# 给北京物资学院学生环保团体“清溪社”的信

□□□的同学们：

5 月 30 日到你校去给同学们讲演，受到大家的热情欢迎和接待，非常感谢。

回来后看了你们的礼品。对于你们的心意，我是领会的，但这件礼品，却恕不能接受。

我的通篇讲演围绕着一个主题：我们作为消费者，也要对环境状况的恶化承担责任。我向你们提倡简朴的生活和有利于可持续发展的消费方式。但你们作为对这场讲演的回赠，却正好违反了这个理念。

你们大概知道，“自然之友”办公室用的办公纸都是别的公司或出版社用过一面的废纸，我自己的名片也是印在这种废纸背面的。而你们这次赠送的东西，却是一件相当奢华的摆设（编注：一个长约 20 厘米的景泰蓝笔台，饰以金色蟠龙和嵌在龙体上的时钟、温度计和另外一只什么），既没有多大实用价值，也谈不到艺术品位。珠光宝气、华而不实，其实是很庸俗的。这种东西，摆在刚暴发的老板办公室里也许可以，放在我这个环保志愿者的桌上，而且说起来还是一个大学生环保团体的礼物，就太不相称了。

去年我去台湾，高雄的团体“环保妈妈”送的纪念品是一个手工小布袋，里面有一双不锈钢筷子和一把勺；在菲律宾，马尼拉的“环保之家”送我的是他们会员自己动手用枯枝和落叶粘贴而成的装饰画，朴实无华，给人以美感；在德国一个中学，孩子们送给参观者的礼物是他们用自己收集的废纸换得的再生纸小本。这几种俭朴的礼物，体现了环保理念，使我特别感动和珍视。我想这对你们也应当有所启发。

基于上述理由，为体现自然之友会员对环保要做到“真心实意，身体力行”的原则，现不得不将原物奉还给你们，并希望你们通过这件事认真想一想：究竟什么叫做“绿色消费”；作为消费者，我们能为保护环境做点什么贡献？

我想再次强调：我完全不想挫伤你们的感情，也完全理解你们原本的动机，只是你们的环保愿望和自己的生活脱节了。希望我们大家都能从这一事件中汲取教训。对于你们组织的成员的热情和诚意，我仍然衷心感谢。

祝你们的组织越办越好，同学们学业进步！

2001 年 5 月 31 日

**附：**

## □□□的回信

梁从诚先生：您好！

您退还的东西和信我们已经收到。刚收到退还的礼物时，我们很惊讶、不解。不知道我们做错了什么使您不高兴。但是见到您的来信，留给我们的只有羞愧。作为一个环保团体，整天高喊让人们如何环保，而在现实生活中却不注意自己的行为，语言与行动脱节，这是一个多么大的讽刺啊！其实，一直以来，环保团体都存在这个问题，但一直没有提出来。直到现在，您的一言一语，使我们不得不正视这个问题。收到信后，我们紧急召开了一个会议，宣读了您的来信。成员们对此反应强烈。许多同学进行了批评和自我批评。提出并检讨了自己在日常生活中不符合环保要求的行为，如经常使用一次性木筷、发泡饭盒等。最后，大家保证在日后的学习和生活中一定要身体力行，做一个真正的环保志愿者。

梁先生，您不仅给我们带来了一场精彩的环保讲座，而且通过这件事又对我们进行了一次深刻的教育，并使我们明白了一些做人的道理。

您退还的东西我们收下，并且将它和您的信永远保留下去，让成员们以后引以为戒。再次对您表示感谢。相信在我们的共同努力下，定会换来属于我们的蓝天净土。

祝您　身体健康，工作顺利！

全体成员

2001 年 6 月 12 日

# 给中华环保联合会的信

中华环保联合会秘书处　大鉴：

我是中华环保联合会副主席梁从诫。4 月 22 日，本人应邀出席了联合会的成立大会。

我要坦率地告诉你们，我对这次活动的印象很不好：铺张、浪费，出现了许多有违环保起码原则的事。对此，我深感遗憾。

这里，我仅举几个例子：

例一，你们的会议文件，不仅没有采用再生纸，也没有使用普通纸张，而是全部用铜版纸印刷。请问，你们用这样耗费资源、售价昂贵的高档纸张来印制会议文件，有必要吗？符合节约和环保的原则吗？再说，联合会今后的各种活动经费都将来自会员缴纳的会费，他们会同意你们以这种方式花大家的钱吗？

例二，你们为会议准备的豪华型晚宴，第一道菜便是鱼翅。我想你们不会不知道，虽然鲨鱼不属被保护动物，但由于截取鱼翅的方式过于残忍，许多环保人士都是拒吃鱼翅的。在当天下午由曲格平会长主持的 NGO 论坛上，曲老还特别讲了一个香港"地球之友"总干事吴方笑薇女士（也是联合会的常务理事）拒吃鱼翅，使他深受感动的故事。真没想到晚餐时还就上了这道菜，真是绝大的讽刺。

例三，当天晚上举行了以"人与自然的和谐"为标榜的大型演唱晚会。姑不论举办这种喧嚣、张扬、震耳欲聋的晚会对于传播环保理念究竟有多少积极意义，仅就你们的曲目单上列出的部分"战略合作伙伴"名单，就令人无法理解，因为其中竟然有众所周知的破坏中国森林生态的"金光集团"，而且在广告版面上还给了它特别显著的位置。如果我没有记错的话，联合会在筹备期间，当浙江饭店业协会出于环保理念抵制金光集团产品而反遭该集团起诉时，正是你们公开出面，声援了浙江饭店业协会。很难理解，就在几个月前还遭你们谴责的一个企业集团，怎么会突然成了你们的“战略合作伙伴”了呢？此中玄机，明眼人一望便知，无非是金光集团给了这台晚会一笔赞助罢了。但作为一个号称全国规模最大，“级别”最高的环保团体，你们的环保理念是几个钱就可以出卖的吗？如果你们视在环保界臭名昭著的金光集团为“战略伙伴”，那么，你们打算置曾经为支持浙江饭店业协会而声讨过金光集团的众多环保组织——它们大多现已成为联合会的团体会员——于何地？又将如何向报道过金光集团毁林事件的众多媒体交代？

作为联合会的“副主席”，我要郑重地告诫你们：今后还是以身作则，多做些实质上有助于推动公众参与环保的事，少搞点虚张声势的花架子，开展活动首先考虑是否符合环保原则为好。更不可为了几个赞助钱而出卖原则！要知道“榜样（无论是正面的，还是反面的）的力量是无穷的”。

请原谅我的坦率，但为了爱护这个新成立的环保组织，我不得不这样讲。所提各点不知联合会各位驻会领导以为如何？

顺致　敬意！

2005 年 5 月 6 日谨启

# 给深圳市环保局地球日纪念活动筹委会的信

深圳市　环保局
2002 年地球日纪念活动筹委会
王　煜先生

敬启者：

收到贵筹委会邀请函一份，谨表示感谢。

在我国人均自然资源日益减少，全球提倡“绿色消费”的呼声日高的情况下，本人不赞成以高消费方式纪念世界环境日。全国退耕还林每亩付给农民 70 元补贴（包括种苗费），而你们的活动每天仅住宿费就高达 600 元，4 天合 2400 元，相当于近 34 亩退耕还林的补助金，还不包括由组织者负担的就餐、宴请、交通、观光、娱乐等费用。我们如能用这些钱做一些更实际的环保项目，比如彻底整治一下罗湖那条污秽不堪的界河，以此来纪念世界环境日，是不是更有意义？

我建议：环保主管部门在搞任何活动时，都要首先考虑其方式是否符合环保原则；环保局自身应怎样为广大公众做出表率。

为了坚持个人的环保理念、言行一致，本人不准备参加你们主办的纪念活动。敬请见谅。

此致

敬礼！

全国政协常委、人资环委委员
“自然之友”会长

# 给女儿的信三封

1992年11月3日

我真恨不得一下子自己年轻40岁，能跟你一道去钻图书馆，去听课。我年轻的时候没好好念书。主观的原因是：一解放就沾染了“左”的思想，对文化知识有一种虚无主义情绪：“老一套，用不着了！”等我开始真正认识到自己太贫乏的时候，大量读书的机会和条件（精力、记忆力和大学图书馆）已经失去了。此外，一解放，我们的学习就受到严格的“导向”，基本上只认马列一家，其他的既不认，其实也没接触过，被禁锢而不自知。如果说学如行舟，那我当年只是在一条“运河”里航行，河是按人家的方向挖好了的，根本没见过大海是个什么样儿。所以我羡慕你。你一定要有信心、耐心。你的航行刚刚开始。一是刚到校才个把月，哪能马上立竿见影？二是读书得有一种“只问耕耘，不问收获”的态度。只要你在耕耘上尽了力，苍天是不会负苦心人的。

你说北京已经什么情调都没有了，说得真好。我很高兴你能很快嗅出美国文化中那些真正精华的东西。美国不少知识分子还常常认为自己国家太粗俗，要到欧洲去进行文化寻根、朝圣。而当今中国人却把真正的文化当成了垃圾，把真正的垃圾当成了文化。同时，身为华人的“洋”教授——者流，又在当众嘲笑中国知识分子：“脊梁骨都断了。”作为中国真正的知识分子，夹在这两者之间，是何等不幸！

1993年3月31日至4月1日

关于“第七个火烧”的问题，我倒认为七个都该吃。这不仅因为你不可能跳过前六个，直接就去啃最后一个，而且还因为它们每个都有自己特别的营养，不见得都能互相取代的。一个读书人一生所学过的知识，有相当部分后来可能会忘记，但他从这些知识中所提炼出来的智慧，却始终都在积累，成为他的终身财富。你明白这“知识”与“智慧”的不同吗？《不列颠百科全书》总编辑 Mortimer Adler 关于这个问题，在他为该社编的 *Great Books* 所写的前言 *The Great Conversation* 中有过极精辟的发挥。他把人的精神财富分为信息、知识、理解和智慧四个层次。他说，百科全书只能提供前两者，而后两者，即理解和智慧，却要通过阅读伟大的原著来获得。当然，我想，光读书还不行。没有真正的社会实践，一个人怕也无法获得真正的理解和智慧。——无论如何，艾德勒区分了知识与智慧，至少对于我是极富启发性的。确实有过许多例证：有一些满肚子特定知识的人，却显得缺少做人的智慧。智慧是要自己来提炼的。它必定贯穿于你学习的整个过程。——至今还有人愿意和我谈谈心，大概也不是因为我有哪些具体的知识，而是因为看我还多少具备某种理解力和智慧吧。——另外，我正在想：中国类书所摘抄的许多内容，是否应主要作为“智慧”而不是“知识”来理解？它不向你提供关于客观事物的具体知识，却强调你通过这些事物的性状、特征，可以“悟”出些什么人生哲理。这就是朱熹讲格物致知的“知”，即不是 knowledge，而是 understanding 和 wisdom，或者也可以叫做“智”。这里面主观的因素当然太多，也有牵强附会和模式化（stereotype）的问题，不过这大概就是所谓东方的“智慧”吧。

1993 年 5 月 3 日

我过去说过，类似的过程几乎每一代留学生都经历过，不是你一个人特别。但他们中凡是后来成功了的，都能最后咬牙熬过来，像你自己说的，蜕一层皮，精神上、文化上得到一种升华，获得一种带有全球意义、全人类意义的宽阔的眼界和胸怀。你精神上的祖国永远是中国，是中国文化，但你也要逐步地超越她的局限，用一种更客观、更冷峻的眼光来审视她，也审视世界其他的文化和社会。从某种意义上说，整个人类今天正在面临一个总危机，它既包括西方，更包括东方。单纯靠哪一种文明都无法使人类得到解脱，如果它终究还能解脱的话。当然不能对西方抱什么幻想，你出去本来也不是为了寻找最后的精神净土，而是去学习，去见世面，去长见识的。“世界公民”的概念也不是完全没有道理，这和一个人精神上的“根”并不矛盾。暂得不到知音，你就忍住寂寞吧。

# 回 忆

# 长 空 祭

抗日战争前期，我们家曾经同一批年轻的中国空军有过一段特殊的友谊。当时，我还是个孩子，但我记得他们；他们的一些事，父亲、母亲后来常常讲起，也深深地留在了我的记忆里。如今，近半个世纪过去了，这些飞行员的英勇事迹几乎不为人所知。不过，我相信，在那国家危急存亡之秋，曾以鲜血来换取民族生存权的人们，历史是不应该忘记的。

我的父亲梁思成是建筑学家，广东新会人。“七七事变”前在北平从事中国建筑史的研究；母亲林徽因，与父亲是同行，又是诗人和文学家。1937 年 7 月底，为了不愿见到日本侵略军的旗子插上北平城头，他们领着外婆、姐姐和我，匆匆离开了这座古城，往西南大后方撤退。战争刚刚爆发，人们纷纷“逃难”，沿途一片混乱。我们的旅程异常艰难，直到 10 月间，才辗转抵达长沙。不久，日本飞机第一次空袭长沙，炸弹落到离我们的临时住房只有十几米的地方，全家人死里逃生，行李却埋到了瓦砾堆下。

12 月初，我们又离开长沙，乘长途汽车往昆明去。当时，这种撤退全无组织，各人自找门路，没有任何团体、机关的安排照应。而内地的公路交通，更处在一种可怕的野蛮状态：破旧拥挤的汽车，在险陡狭窄的盘山公路上颠簸着；沿途停宿的荒街野店，臭虫虱子成堆，小偷土匪出没。沿海大城市来的人，没有一点勇气，是不敢踏上这条路的。父母虽然还年轻，身体却不算好，特别是母亲，早年得过肺病，经不住这样的艰苦跋涉，体力已经不支。

乘公共汽车晓行夜宿，几天以后，在一个阴雨的傍晚到达一处破败的小城——湘黔交界处的晃县。泥泞的公路两侧，错落着几排板房铺面，星星地闪出昏暗的烛火。为了投宿，父母抱着我们姐弟，搀着外婆，沿街探问旅店。妈妈不停地咳嗽，走不了几步，就把我放在地上喘息。但是我们走完了几条街巷，也没能找到一个床位。原来前面公路坍方，这里已滞留了几班旅客，到处住满了人。妈妈打起了寒战，闯进一个茶馆，再也走不动了。她两颊绯红，额头烧得烫人。但是茶铺老板连打个地铺都不让。全家人围着母亲，不知怎么办才好。我太小了，倒在行李包上，昏然入睡。

父亲后来告诉我，就在那走投无路的时刻，竟发生了一个“奇迹”：他忽然远远地听到，从雨夜中传出了一阵阵优美的小提琴声，全都是西方古典名曲！谁？会在这边城僻地奏出这么动人的音乐？“如听仙乐耳暂明”的父亲想：这拉琴的一定是一位来自大城市、受过高等教育的人，或许能找他帮一点忙？他闯进了漆黑的雨地，“寻声暗问弹者谁”，贸然地敲开了传出琴声的客栈房门。

乐声戛然而止，父亲惊讶地发现，自己面对的，竟是一群身着空军学员制服的年轻人，十来双疑问的眼睛正望着他。那年月，老百姓见了穿军装的就躲，可是眼下，秀才却自己找上了兵！父亲难为情地作了自我介绍并说明来意。青年们却出乎意料地热心，立即腾出一个房间，并帮忙把母亲搀上那轧轧作响的小楼。原来，他们二十来人，是中国空军杭州笕桥航校第七期的学员，也正在往昆明撤退，被阻在晃县已经几天了。其中好几人，包括拉提琴的一位，都是父亲的广东同乡。这一夜，母亲因急性肺炎高烧40度，一进门就昏迷不醒了。

我们家同这批飞行员的友谊，就是这样开始的。

1938年初，我们终于到达昆明。父亲所在的研究机关和西南联合大学也都陆续迁到这里，生活开始安顿下来。很快，我们就同晃县相遇的飞行员们又见了面。他们全都来自江浙闽粤沿海省市，家乡有的已经沦陷。二十岁左右的年轻人，远离亲人，甚至无法通信，在这陌生的边远城市，生活十分寂寞。坐落在郊区巫家坝机场的航校，训练生活枯燥艰苦。当时军队中的管理方法常激起他们的愤恨。那时，昆明的外省人还不很多，我们家就成了他们难得的朋友，假日里，总是三五成群地来这里聚会。恰好我的三舅林恒也是抗战前夕投笔从戎的航校第十期学员，不久也来到昆明。这一层关系更密切了我们家同这批年轻空军的友谊。

我的父母，性格开朗，待人诚恳热情，母亲尤其健谈好客。他们很快就成了年轻人的好朋友，被视为长兄长姐。飞行员们无处诉说的心里话，常常向他们倾吐。因为我们家的关系，他们和西南联大的一些教授，如张奚若、钱端升、金岳霖等也常有来往。有时，我们家同他们去郊游，泛舟五百里滇池，拉琴、唱歌、游泳，他们还偷偷地欣赏俊俏的船家姑娘，淘气地商量，要选出一个沈从文《边城》里的“翠翠”……

然而，战时后方的空气，毕竟严峻多于欢乐。空军部队里，充斥着无能和腐败现象。直到抗战初期，中国空军还是按照法西斯德国的体制来训练的，甚至教官都直接聘自希特勒的德国空军。这些地地道道的法西斯分子训练学员“无条件服从”，动辄用皮鞭抽打，有人竟被抽得满地乱滚，刚吃下去的饭都吐了出来。后勤部门的长官则盗卖零件、汽油，使地勤工作全无保证，飞机经常发生故障。最使他们焦虑和愤慨的，是由于当时政府的无能，使得中国空军的装备极端落后，远远不能同日本侵略者相匹敌。当时空军作战使用的，主要还是20年代的古董：一种帆布蒙皮、敞着座舱的双翼飞机，我记得飞行员们把它们叫做“老道格拉斯”。现在回想起来，大概是美国产的“道格拉斯O-2型”，这种老式驱逐机（当时称歼击机为驱逐机）又慢又笨，火力很弱，比日机的性能差得多。记得他们曾在我们家一面比划着，一面向大家解释，空战中为了抢高度，我机要“一圈一圈”地往上爬，而敌机却能够一下子就拉起来。如果我机幸而占了优势而一次俯冲射击不中的话，就很难再有攻击的机会，只能等着挨打了。当时，他们是多么希望早日得到美国或英国的新型驱逐机啊！什么“老鹰式75”，什么“旋风式”，经常是最让他们激动的话题，以致当年我作为一个孩子在旁边所一再听到的这些名称，至今还印在脑海里。

大约在我们到达昆明一年多以后，他们从航校毕业，成了正式的空军军官，将作为驱逐驾驶员，编入对日作战部队。毕业典礼在巫家坝机场举行。由于他们中没有任何一位有亲属在昆明，便决定请我的父母做他们全体毕业生的“名誉家长”，到典礼上去致词。那一天，我们全家都去了。父亲坐在主席台上，也致了词。记得典礼前，有人领着我们去参观正在装弹的飞机，有许多用“洋铁皮”焊成的模拟弹，里面灌上水，挂在机翼下面。讲话之后，毕业生们驾着那些“老道格拉斯”进行了飞行表演。当它们编队隆隆飞过机场上空，在跑道外投下的“炸弹”激起了一柱柱白色的水花时，我兴奋极了。但是，我当然不会想到，当父母看见他们的年轻朋友就要驾着这样的古董出征时，心里又怀着怎样苦涩的感情。

这时候，日机对昆明等地的空袭日益加紧。正式编入作战部队之后，他们难得休假，同我们见面的机会越来越少，而“跑警报”却成了我们的日常功课。不久，我们家又从城里疏散到了市郊农村。每逢日机空袭，我们就怀着忐忑的心情从村后小山坡上远远望着城里炸起的一柱柱黑烟、空中闪烁的银色小点和高射炮弹留下的朵朵灰云，还看到过不知哪一方的飞机拖着长长的黑烟坠落到地平线下。由于我们没有制空权，猖狂的敌机常常肆意低空扫射轰炸，有时就从我们的村头掠着树梢尖啸而过，连座舱里戴着风镜的鬼子都看得清清楚楚。

飞行员们偶然来到我们家，讲些战斗故事，还给我带来过一架用日机残骸上的铝熔铸的日本轰炸机模型和一颗敌机机关炮的弹头（里面没有炸药）。那模型上有个赛璐珞的透明炮塔，两个小螺桨还会转动。但我记得这时的气氛已和过去大不相同。谈起空战中我方的劣势和某些我们不认识的老飞行员的牺牲，他们是那样的严肃和忧愤，使人觉得，好像有什么可怕的事情将会发生。

果然，不久就传来了他们的噩耗。

那是从部队寄给我父亲的一封公函和一个小小包裹—— 一份阵亡通知书和一些日记、信件和照片等遗物。死者名叫陈桂民，是我们的飞行员朋友中第一个牺牲的。因为他在后方没有亲属，部队就把这些寄给了“名誉家长”。母亲捧着它们，泣不成声。他们当时还没有想到，这种做法后来竟会成为这支部队的惯例。

我至今仍然记得，说话带着浓重广东口音的陈桂民，是个爱讲故事的热闹小伙子，个子不高，方方的脸。他的战斗故事最多，也最“神”：一次，一架滑油箱被打漏的敌机向他俯冲射击，没有击中，却从他敞开的座舱上面淋下一阵乌黑的滑油，沾了他一头一面。他本来皮肤黝黑，这下子回到机场简直成了个黑人，地勤人员都笑了起来。还有一次，他说自己在空战中把子弹打光了，一架敌机却从后面“咬”住了他，“吓得我面都苍了！”（广东话，“脸都青了”。）讲到这里，父亲还开玩笑地问：“是你在飞机里照镜子，看见自己脸都青了吗”？但碰巧敌机也没有子弹了，两架飞机并排飞行，互相用手枪射击，手枪子弹打光了，陈桂民说，他决心把敌机撞下来，敌人发现了他的意图，靠着飞机性能的优势躲开了，他两次撞击都不成功，“急得我直掉眼泪”……

陈桂民的死，只是一连串不幸消息的开始。据我的回忆，随后牺牲的一位，名叫叶鹏飞，也是广东人。他个子瘦长，不善言谈。由于飞机陈旧失修，他曾经两次遇到机械故障，不得不弃机跳伞。那时，不少飞机是南洋华侨和各界同胞集资捐献的。他摔了两架，心情非常沉重，曾对着母亲落泪，说自己无颜以对江东父老。尽管父母一再安慰他，说这不是他的错，但他却发誓，决不跳第三次。不幸的是，这样的事竟真的发生了。在一次警戒飞行返航时，他的飞机又发生严重故障，当时长机曾命令他跳伞，他却没有服从，硬是同飞机一道坠落地面，机毁人亡，为了当时政府和军队的腐败无能，白白地牺牲了性命。他的死，使他的战友感到特别压抑和悲哀。

由于日机对昆明的轰炸越来越猛烈，1941 年冬，我们家随父亲所在单位再次从昆明迁往四川宜宾附近的一个偏僻的江村——李庄。从此，我们同这批空军朋友已难于直接来往，只有一些通信联系。然而，空军部队却仍在坚持他们的惯例。不久，小提琴家黄栋权的遗物也寄到了李庄。后来我曾听父亲说，黄栋权牺牲得特别壮烈，他击落了一架敌机，在追击另一架时自己的座机被敌人击中，遗体被摔得粉碎，以致都无法收殓。我们全家对于黄栋权的死特别悲痛，因为当初正是他的琴声才使我们同这批飞行员结下了友谊之缘的。他的死，像是一个不祥之兆。这时，母亲肺病复发，卧床不起，她常常一遍遍地翻看这些年轻人的照片、日记，悲不自胜。

这以后，又陆续有人牺牲。父亲为了保护母亲，开始悄悄地把寄来的遗物藏起，不让母亲知道。但是不久，她却受到一次更沉重的打击。刚刚从航校第十期毕业的三舅林恒（他们的训练基地后来迁到了成都）也在成都上空阵亡了。那一次，由于后方防空警戒系统的无能，大批日机已经飞临成都上空，我方仅有的几架驱逐机才得到命令，仓促起飞迎战，却已经太迟了。三舅的座机刚刚离开跑道，没有拉起来就被敌人居高临下地击落在离跑道尽头只有几百米的地方。他甚至没有来得及参加一次像样的战斗，就献出了自己年轻的生命。

父亲得到消息后，没敢立刻告诉母亲，借到重庆出差机会，背着她匆匆赶往成都收殓舅舅的遗体，掩埋在一处无名的墓地里。为了向外婆隐瞒这一不幸的消息，他把舅舅的遗物—— 一套军礼服，一把毕业纪念佩剑，包在一个黑色的包袱里，悄悄地藏到了衣箱的最底层。但后来老人家还是从邻居口中知道了真情。

面对着猖狂的日本空中强盗，当时后方的许多人曾寄希望于美国的援助，因为那是太平洋地区唯一有实力援助中国空军同日本较量的国家。然而，“中立”的美国却一年又一年地使中国的希望落空。直到1941年底，在“珍珠港事变”中挨了日本人痛打的美国被迫参战，情况才开始有所转变。然而，战争初期中国的老飞行员们已经为此付出了血的代价。1942—1943年前后，美国开始向中国提供P-40等新型驱逐机，并在印度等地为中国培训了几批新飞行员，中国空军装备上的劣势开始有所转变；同时，由陈纳德上校率领的美国志愿援华航空队，即赫赫一时的所谓“飞虎队”，也活跃了起来，配合着中国空军，逐渐夺回了西南地区的制空权。空军成了后方报纸上的英雄，“新一代”的中国飞行员也“神气”起来，有些人也学会了穿上全套美式军装，开着敞篷吉普，挟着“抗战女郎”招摇过市。但是，我们家认识的那批老飞行员，除了一位伤员林耀之外，到这时已全部殉国了！他们之中没有人死在陆上，个个都牺牲在惨烈的空战中。他们的遗体被埋葬在远离故乡和亲人的地方，“苍烟落照，一枕清霜”，从此湮没无闻。纪念着他们的，也许只有我们一家。自从陈桂民牺牲后，每年7月7日“卢沟桥事变”纪念日中午12点，父亲都要带领全家，在饭桌旁起立默哀三分钟，来悼念一切我们认识的和不认识的抗日烈士。对于我来说，那三分钟是全年最严肃庄重的一刻。可惜的是，由于年代久远，我今天已记不起更多的人和事。只有林耀除外。

林耀，澳门人，在同期飞行员里他年龄最长，也最沉稳。在其他飞行员和我三舅相继牺牲后，母亲待这个同宗的青年人更如亲弟弟一般。我们家搬到李庄以后，林耀常给父亲和母亲写来长信，母亲总是反复地读，并常说他是个“有思想的人”。大约是在1941年，他作战负重伤，左肘被射穿，虽然没有伤到骨头，却打断了神经。伤口愈合之后，医生又给他动了二次手术，强把神经接上了，但从此手臂不能伸直，而且出现严重的神经痛。医生知道他喜爱西方古典音乐，便劝他买一架留声机（这在当时是一种昂贵的奢侈品），用听音乐来镇静神经，同时进行各种恢复性锻炼。在疗养中，他开始用各种体育器械来“拉”直自己的左臂，这常常疼得他头上冒汗，但是他顽强地坚持着。最后，终于恢复了手臂功能，可以出院了。本来，他完全可以离开战斗第一线，甚至申请退役，但是他却硬是反复申请，终于回到了作战部队，还到印度受训，驾起了新型驱逐机。

他在归队之前，曾经利用短暂的假期，到李庄来看望过我们，在我家住了几天，这大约是在1942年的深秋。当时，抗日战争已进入艰苦的相持阶段，欧洲和太平洋战场上，德意日法西斯正猖獗一时，大后方人们的心情悲观忧郁。母亲被病魔击倒，困于床褥，痊愈无日；而林耀也正经历着同辈凋零的悲哀。他们在李庄简陋的农舍中重逢，那气氛很难说是欢乐的。他们常常秉烛长谈，或者相对无言，长时间地沉默。林耀带来了他的唱机和唱片，说他已经用不着了。这给我们那种“终岁不闻丝竹声”的生活多少增加了一点乐趣。他很有音乐修养，是我西方古典音乐欣赏的第一位启蒙老师。他给我们讲贝多芬怎样同耳聋症搏斗，一面放《第五交响曲》，一面喃喃自语：“命运又一次来敲门……”；他还讲过威伯的《邀舞》：“请求……拒绝；再请求……再拒绝；……答应了……跳起来了……”有一次，他说自己感冒了，带着我和姐姐跑到扬子江边，11 月的天气，竟跳到江中游起泳来，还说这是治感冒的好办法！不会游泳的我在岸上羡慕地看着他在水中沉浮，望见他左臂上露出粉红色长长的伤痕。

他归队不久，曾奉命到新疆乌鲁木齐（当时叫迪化）去接收过一批苏联援助的战斗轰炸机。飞回成都后，他又来李庄小住了几天。带给我们一张苏联唱片《喀秋莎》（还有他手抄的中文歌词），给我一把蓝色皮鞘的新疆小刀，还有一包我生平第一次吃到的哈密瓜干。他同父母谈了许多新疆见闻，包括红军、共产党什么的。可惜我这个五年级小学生当时听不大懂，只记得他说那种被称为“杜瓦丁”的苏式飞机设计不合理，有一个冷却用的水箱，还风趣地说：“天上有那么多风，不用风冷用水冷，打漏了怎么办?”这一次，除了《喀秋莎》，他还教了我一首《航空队员进行曲》，歌中唱道：“你听，马达悲壮地唱着向前！它载负着青年的航空队员，青年的航空员！”从那时起，每当我唱起或回想起这支歌，都会想起林耀，而且眼前总会浮现出巫家坝机场上空那一架架从白云边掠过的老式双翼飞机。直到解放后，我才从一个歌本上知道，这原来也是一首苏联歌曲。

这以后，林耀又“来”过一次。那是驾了一种什么新型教练机从昆明转场到成都，“路过”李庄，“顺便”到我们村头上超低空地绕了两圈，并在我家门前的半干水田里投下了一个有着长的杏黄色尾巴的通信袋，里面装了父母在昆明西南联大几位老友捎来的“航空快信”和一包糖果。

1944 年的秋天，我离开李庄到重庆读中学，一学期才回家一次。这以后林耀同家里有过什么联系，我不知道。就在这年秋天，日军发动了“南下战役”，衡阳在日军围困 47 天之后失守，接着是湘桂一带中国军队的仓皇溃退。第二年的春天，我回到李庄，母亲才告诉我，就在这次战役期间，在衡阳一带空战中，林耀失踪了。由于中国军队的溃败，他的飞机和遗骸始终没有找到。这一年的七月七日，我一个人在学校里，按照父亲的榜样，默哀了三分钟，为林耀，也为所有其他的人。这是我在抗战期间最后一次“七·七默哀”。就这样，在抗战胜利前一年，我们失去了最后一位飞行员朋友。林耀的最后牺牲，在母亲心上留下的创伤是深重的。她怀着难言的悲哀，在病床上写了长诗《哭三弟恒》。这时离开三舅的牺牲已经三年，母亲所悼念的，显然并不只是弟弟一人：

……
啊，你别难过，难过了我给不出安慰。
我曾每日那样想过了几回：
你已给了你所有的，同你去的弟兄
也是一样，献出你们的生命；
已有的年青的一切；将来还有的机会，
可能的壮年工作，老年的智慧；

可能的情爱，家庭，儿女，及那所有
生的权利，喜悦，及生的纷纠！
……
你相信，你也做了，最后一切你交出。
我既完全明白，为何我还为着你哭？
只因你是个孩子却没有留什么给自己，
小时我盼着你的幸福，战时你的安全，
今天你没有女儿牵挂需要抚恤同安慰，
而万千国人像已忘掉，你死是为了谁！

这首诗曾于 1948 年 5 月发表，现已收入人民文学出版社出版的《林徽因诗集》。

我的纪念写到这里本来可以结束了，但没料到这段往事后来竟有一个令人难堪的尾声。我的母亲早在1953年便去世了。“文化大革命”开始时，只有父亲、外婆和我的继母生活在一起。清华园中那些戴红袖章的暴徒们把父亲打成“头号反动学术权威”，并按“最高指示”踏上了“千万只脚”。父亲的住房几次遭到他们的洗劫。从我家一只几乎从不打开的箱底，他们翻出了那个久已被遗忘了的黑色包袱，发现了三舅那把镌有“名誉校长”蒋介石名字的佩剑。“梁思成还藏着蒋介石赠的短剑！”一时成了清华园中耸人的头号新闻。年老多病的父亲为此受到更残酷的批斗折磨，直到他1972年含恨长逝。母亲当年悲愤的诗句“而万千国人像已忘掉，你死是为了谁！”竟在这批人身上再一次得到印证。这历史的回声该有多么刺耳！

今天，时代毕竟不同。这段历史终于得以重见天日。虽然有些事我已记得不真，但相信那大轮廓是没有错的。如果今天还有人了解这些往事，能给予我的记述以补充、纠正，我将感激不尽。

1937年，我们家与这批飞行员在晃县邂逅时，他们不过二十来岁，如能活到今天，该也都年近古稀了。而他们真正的家长，也许始终不知道自己子弟最后牺牲的确切消息。这些老人，如今大概也都早已不在人间；至于飞行员们的弟兄姊妹，侄甥晚辈，是不是还有人记得他们呢？在那民族的生死关头，他们英勇捐躯，而青史上却没能留下名字。但我深信，烈士们的忠魂也一样融入了中华民族绵延的生命，而得以永垂不朽。

在抗日战争最艰苦的岁月中，为抗击敌寇而血洒长空的中国空军英烈们，人民没有忘记你们，安息吧！

原载《中华英烈》1986年第3期

**后记**

林耀侄儿林万晖老先生读到了本文后，曾来信与我取得了联系。他还保存着林耀当年寄回澳门给自己大哥的信，信中特别提到他与梁家的友情。林万晖先生为我提供了林耀牺牲的详细经过和地点，并告诉我，经他多年努力，林耀终于被政府承认为抗日烈士，他的名字也已被镌刻在南京的“航空纪念碑”上了。

本文发表不久，一位台湾朋友来访，读后很激动，当即复印带回台湾。1988 年 8 月 14、15 日，台湾“空军节”时，本文分两天被全文刊载于台湾《联合报》。当时，台湾报纸还极少发表大陆人士的文章。此后，我又收到过一位台湾“空军”老兵来信，说此文曾在台湾“空军”老人中引起轰动，说：没有想到大陆还有人纪念着我们！为此，甚至曾计划由一位退役的“空军中将”牵头，抗战时期的老兵们搞一次特别聚会。不幸，计划还未来得及实现，这位“中将”就突然病故了，事情只好作罢。但根据这位先生给我寄来的台湾出版的“空军烈士名录”，证明我所记得的这几位的姓名和牺牲经过基本符合史实。

2000 年 5 月，我和妻子方晶应邀访台，在台北《联合报》为我举办的一场讲演会上，我又提起此事。《联合报》社长张作锦先生当即叫人把 1988 年那份报纸复印件送到讲演会上给我。我举起文章，近八百听众的会场上，顿时掌声雷动。这使我再一次深信：中国人，毕竟血浓于水！

2001 年 4 月补记

# 天津婆墓志*

**植松祭母**

先母

王太夫人　桂荃　一八八六年生　四川广元人

戊戌变法失败后

先父　梁启超流亡日本　于一九〇三年娶

夫人为二妻　夫人秉性敦厚豁达　质朴勤俭

于　先父颠沛艰辛生活中与

李夫人共襄家务　情同姊妹　深受

先父及全家爱戴感激　夫人生子女

思永 忠 达 懿 宁 礼　而待思顺 成 庄如己出

其品德懿范　深泽后辈　蔚成家风

一九六八年　浩劫之中　夫人仅以其家世

横遭凌辱　受虐致死 尸骨无寻　儿等每念及此

恒疾首痛心 悲不能持　今几经周折

得植白皮松一株于　先父墓侧　代作坟茔

还其夙愿　慰其亡灵　并寄我后辈哀思

唯祈　夫人魂兮归来　苍松翠柏之中 得常伴

先父于冥冥　儿等望树涕泣　置碑以志其事

子思达 思礼　女 思宁 率后人敬立

---

* “天津婆”，即梁启超的第二夫人王桂荃。她陪同梁启超多年住在天津“饮冰室”的宅院中，他们的孙辈孩子们都亲切地称她为天津婆。

# 重刻林徽因墓碑记

母亲林徽因，1955 年 4 月 1 日病逝于北京同仁医院，终年 51 岁。北京市政府决定将林徽因葬于八宝山革命公墓，并将林设计的天安门人民英雄纪念碑碑座花圈浮雕的小比例刻样（送审样）置于林墓上，作为墓碑。墓体由梁思成设计。碑上方有隶书“建筑师林徽因墓”七字，系林徽因生前弟子，原清华大学建筑系莫宗江教授书写，无其他墓志。

大约在 1966 年，红卫兵闯入革命公墓，众多被诬为“叛徒”、“特务”的革命烈士墓被毁，林徽因作为“资产阶级反动教授”，墓也未能幸免：作为墓碑的花圈浮雕两侧边沿被砸掉，碑上方刻有墓主人姓名的石块也被砸碎，不知去向。

“文化大革命”结束，八宝山革命公墓管理处将各墓陆续修复，林墓碑顶石块也被恢复，但上面没有刻字，成了一座无名墓；浮雕被毁部分则依旧破损，无法复原。

80 年代初，姐姐梁再冰到八宝山扫墓时，曾向管理人员要求恢复墓碑文字，后者以公墓早已停止棺葬，石匠也已遣散为由，未予同意。当时“文化大革命”结束不久，人们心有余悸。姐姐对我说：要不然就算了，只要我们家里人知道，就让外人当它是一座无名墓吧。我也表示同意。但每次去扫墓，妻子方晶总以为这样“不像话”，应当及早与管理处交涉，恢复墓碑上姓名。否则再过若干年，当我们这一代人也陆续作古后，也许真的竟无人知道这座墓的主人是谁了。

经方晶几次催促，我于 2002 年 11 月为此写信给八宝山革命公墓管理处。不久即得到回音，同意恢复碑上文字。后又经双方就技术性细节进行磋商，并征求了梁再冰意见，各方意见达成一致。2003 年春节前，管理处如约将“建筑师林徽因墓”七个字用隶书重新刻在墓碑上。

自林徽因墓碑被红卫兵砸毁至此，已经过去了整整37个年头！

林徽因生前大概没有想过死后有多少人会纪念她，但无论如何，今天她总可以放心地安息了！想来中国不致再发生革命先烈被掘墓鞭尸的“革命”。果真再有，整个中华民族将同归于尽！

梁从诫

2003年2月16日扫墓记事

# 一本被耽搁了三十六年的书

在我们面前，放着一本印制精美的大书，红色包封上是一幅中国佛殿的立面图。翻开它，人们会看到一帧帧漂亮的建筑图版和照片。这就是四十年前由我国著名建筑学家梁思成教授用英文撰写并亲手为之绘制图版、由美国朋友费慰梅女士（即费正清夫人）编辑成书，最近由美国麻省理工学院出版社出版的英文学术著作——《图像中国建筑史》（*A Pictorial History of Chinese Architecture*, by Liang Ssu-cheng, ed. by Wilma Fairbank, The MIT Press）。它的出版，在中美学术交流史上，是一件值得庆贺的事。

这原是一本计划在1948年出版的书，却在1984年才同读者见面，是因为有着一段曲折的经历。

早年留学美国学习建筑的梁思成教授，从30年代开始，便投身于中国古建筑的研究工作，是以近代科学方法研究中国古建筑的先驱者之一。抗日战争前，他和自己的同事们，包括他的妻子，也是他最亲密的学术伙伴林徽因教授在内，在华北、华东各地对古建筑遗存做了大量调查、实测，从而基本上弄清了中国建筑在结构和风格上的奥秘。

在抗战时期最艰苦的日子里，梁思成蛰居于四川一个偏僻的农村中。这时，林徽因重病在床，他本人也有多种病痛缠身，生活十分困难。为了总结他们战前实地调查的成果，梁思成在林徽因的合作下开始撰写《中国建筑史》，而为了向西方读者系统地介绍中国古代在建筑方面的巨大成就，他们又决心通过图解和通俗的文字，来编一部英文的中国建筑史；其中不仅文字部分用英文撰写，而且全部图版都以中英文对照注释。他的设想得到了他们30年代的老友，专门从事中国历史和中国文化研究的美国著名学者费正清夫妇的热情支持。当时，后者正在重庆美国大使馆中工作。

梁思成夫妇在极其简陋的条件下，凭着一台老旧的英文打字机打成了这部书稿，并和他的助手莫宗江一道，为之绘制了几十幅精美的图版。他还为这部“图录”配了大量他在战前实地拍摄的古建照片。由于照片的底版已毁于1939年的天津大水（它们当时被存放在天津一家银行的地下仓库内），所以，这批照片也成了珍本。

抗战胜利后的1946年，当梁思成志在创办清华大学建筑学的时候，他收到了美国耶鲁大学的邀请赴美讲学。他随身带去了这部书的图版原稿、照片和文稿，拟请费慰梅女士协助他编辑加工，并计划尽快在美国出版。费慰梅欣然答应和他合作，但他们的工作还没有完成，梁思成就因为林徽因病重而不得不提前匆匆回国。行前，他把图稿和照片留在费女士处，随身带回了文稿以便作一次最后的修改，他答应费女士：一旦修改完毕，就将文稿寄回给她，以便与图片合拢出版。这些是1947年冬天的事。当时他们谁也没有想到，这部书从此竟被耽搁了近四十年，而他们两人此后也再没有机会见面。

梁思成回国后，由于忙于照料病人，一时无暇顾及出书的事。紧接着，北京解放，以后中美之间也就失去了联系，这部建筑史的图和文被分隔在大洋的两岸，谁也不可能再出版它。新中国成立后，梁思成和林徽因在北京的市政建设和建筑教育方面承担了大量重要的任务，这些情况，费慰梅在美国是不大了解了。她只是辗转听说，林徽因后来于1955年病逝。对于挚友的故去，她感到十分悲痛。

1957年，费女士突然间接得到梁思成带给她的一个口信，说他在教学工作中急需当年那批图版和照片，请费女士把它们寄到英国某地给一位C女士（这里我们姑隐其真实姓名），再由后者转寄给他。在中美尚不通邮的情况下，这也许是一个唯一可能的传递办法。于是费女士从哈佛大学图书馆的保险库中取出了这批她已存放了整整十年的珍贵文献，按地址把它们寄给了C女士，并附信说明了它们的重要学术价值，请她务必妥为转交。不久，她收到了C女士的一封回信，说是包裹已经安全收到，即将转寄中国。

时间又过去了20年。在这20年中，中国发生了种种事情，梁思成教授也在1972年那些阴霾的日子里含恨去世了。这些，费慰梅虽然得到了一点消息，但都不很清楚。直到1978年，趁一位朋友到中国访问清华大学建筑系的机会，她才捎来口信，表示对梁思成那本书后来的情况很关心。然而，建筑系当时的主任吴良镛教授的回答却是："既然如此，费女士为什么没有按梁思成的要求，把那批图片送回来呢？"听到这样的回答，费慰梅愕然了！她痛苦地意识到，这是一个多么可怕的误会，又是一个多么不幸的损失啊！虽然她寄来了当年与C女士来信往函的复印件，证明自己对于这批珍贵资料的遗失已没有责任，但她一想起两位曾为这本书费尽心血而已长眠地下的中国老朋友，仍无法解脱自己负疚的心情。她通过多方打听，但无论在北京还是伦敦，竟然都没有人知道当年的这位C女士是谁，现在何处。

在费女士几乎要陷于绝望的时候，她偶然想起一位英国朋友，是一个退休了的老外交官，他既同中国没有什么联系，也同建筑无关，但却是个热心助人的人。于是她给后者去了一封信，讲述了关于这批文献神秘失踪的经过，然后问道："你能不能为我扮演一次福尔摩斯的角色，设法查明这个C女士究竟是谁，现在在哪里？"

几个星期之后，她收到了来自英国的复信，一开始就学着那位"大侦探"破案后扬扬得意的口吻说："这太简单了，我亲爱的朋友！"原来他托人通过英国的建筑师登记处和建筑师协会，居然打听到了这位C女士的下落，得知此人现在已经移居新加坡了。

紧接着，费慰梅的信追到了新加坡。又是几个星期后，她收到了这样一封回信："亲爱的费夫人：承您还记得20年前的往事，至于您提到的图片，我想了又想，最后才发现，它仍在我书架顶上放着，没有拆封……"这位女士既无法对此作出能令人满意的解释，而且，似乎也无意立即采取行动来弥补自己20年来的失责。只是经过费女士整整七个月的严厉催促之后，她才在1982年夏天勉强把这批资料送回了北京，文稿和图稿总算又重新汇合了！

从1982年到1984年，费慰梅受清华大学建筑系的委托，重新担当起整理和编辑这本书并设法在美国予以出版的任务。她在清华建筑系林洙等同志的大力协助下，通过无数封飞越大洋的来往信函，对全书的文稿、图版和照片再次作了全面的修订、核对，并征集到热心于祖国文化事业的海外人士沈坚白先生等的财政支持，终于在1984年夏使这本书问世了。

美国评论界对这本书的反映是很好的。《纽约时报》以《一部经典作品获得了挽救》为题发表评论说："有时，人们对学术研究所作的努力是如此巨大和充满热忱，以致显示出一种深刻的精神方面的英雄主义。《图像中国建筑史》一书的经历就是一个例子。"评论赞扬它是"一部多彩的、奇妙的书"。香港《远东经济评论》则说这是一部"出版经过和本身都很不平凡"的书。

最近，费慰梅女士以75岁高龄又一次到中国访问。国庆节前后，她应邀在北京老年文物研究会和清华大学建筑系联合举行的报告会，以及北京国际协会为在京外国人组织的报告会上，先后两次作了幻灯讲演，介绍了她所了解的梁思成、林徽因的生平和学术事业，还生动地介绍了《图像中国建筑史》的编写出版经过，引起了中外听众的很大兴趣，受到了热烈欢迎。我国老一辈学者当年的心血，终于在太平洋的彼岸结出了硕果。这确是一本经历了漫长的岁月和遥远曲折的路程才得以问世的不寻常的书。费女士没有辜负他的中国老友的信赖和托付，这也是中美两国文化界之间久已存在的可贵情谊的又一个象征。

1984年10月北京

原载《读书》1985年第3期，署名：何知

## 图像中国建筑史（中译本）
## 译　叙

先父梁思成40多年前所著的这部书，经过父母生前挚友费慰梅女士多年的努力，历尽周折，1984年终于在美国出版了。出版后，受到各方面的重视和好评。对于想了解中国古代建筑的西方读者来说，由中

国专家直接用英文写成的这样一部书，当是一种难得的入门读物。然而，要想深入研究，只通过英文显然是不够的，在此意义上，本书的一个英汉对照本或有其特殊价值。

正如作者和编者所曾反复说明的，本书远非一部完备的中国建筑史。今天看来，书中各章不仅详略不够平衡，而且如少数民族建筑、民居建筑、园林建筑等等都未能述及。但若考虑到它是在怎样一种历史条件下写成的，也就难以苛求于前人了。

作为针对西方一般读者的普及性读物，原书使用的是一种隔行易懂的非专业性语言。

善于深入浅出地解释复杂的古代中国建筑技术，是先父在学术工作中的一个特色。为了保持这一特色，译文中也有意避免过多地使用专门术语，而尽量按原文直译，再附上术语，或将后者在方括号内注出（圆括号则是英文本中原有的）。为了方便中文读者，还在方括号内作了少量其他注释。英文原书有极个别地方与作者原手稿略有出入，还有些资料，近年来已有新的研究发现，这些在译校中都已做了订正或说明，并以方括号标出。在后面的英文原作上，用边码标出了各段文字在正文中相应的页码，以便使两个文本能够互相呼应。

先父的学术著作，一向写得潇洒活泼，妙趣横生，有其独特的文风。可惜这篇译文远未能体现出这种特色。父母当年曾望子成“匠”，因为仰慕宋《营造法式》修撰者将作监李诫的业绩，命我“从诫”。不料我竟然没有考取建筑系，使他们非常失望。今天，我能有机会作为隔行勉力将本书译出，为普及中国建筑史的知识尽一份微薄的力量，父母地下有知，或许会多少感到一点安慰。

先父在母亲和莫宗江先生的协助下撰写本书的时候，正值抗日战争后期，我们全家困居于四川偏远江村，过着宿不蔽风雨，食只见菜粝的生活。他们虽尝尽贫病交加，故人寥落之苦，却仍然孜孜不倦于学术研究，陋室青灯，发奋著述。那种情景，是我童年回忆中最难忘的一页。40 年后，我译此书，也可算是对于他们当时那种艰难的生活和坚毅的精神的一种纪念吧！遗憾的是，我虽忝为“班门”之后，却愧无“弄斧”之功，译文中错误失当之处一定很多，尚请父辈学者，业内专家不吝指正。

继母林洙，“文化大革命”中忠实地陪伴父亲度过了他生活中最后的，也是最悲惨的一段历程，这些年来，又为整理出版他的遗著备尝辛劳。这次正是她鼓励我翻译本书，并为我核阅译文，还和清华大学建筑系资料室的同志一道为这个汉英双语版重新提供了全套原始图片供制版之用，我对她的感激是很深的。同时我也要对建筑系资料室的有关同志表示感谢。

费慰梅女士一向对本书的汉译和在中国出版一事十分关心，几年来多次来信询问我的工作进展情况。1986 年初冬，我于美国与费氏二老在他们的坎布里奇家中再次相聚。40 年前，先父就是在这栋邻近哈佛大学校园的古老小楼中把本书原稿和图纸、照片托付给费夫人的。他们和我一道，又一次深情地回忆了这段往事。半个多世纪以来，他们对先父母始终不渝的友谊和对中国文化事业的积极关注，不能不使我感动。

本书译出后，曾由出版社聘请孙增蕃先生仔细校阅，在校阅过程中，又得到陈明达先生的具体指导和帮助，解决了一些专业术语的译法问题，使译文质量得以大大提高。在此谨向他们二位表示我的衷心感谢。

中国建筑工业出版社为了推动中国古建筑学术研究的发展和中外学术交流，不计经济效益方面可能受到的损失，决定以最佳印制质量出版这本书，这种精神在当今出版界已不多见，这些都令我感佩。

1991 年是父亲的 90 诞辰，本书能够在今年出版，更有其纪念意义。

这里我还须说明，尽管这本书基本上是根据作者原稿译出的，图版也都经重新制作，但我们还是参照了美国马萨诸塞州理工学院出版社的版式和部分附录。为此，我谨向这家美国出版社致意。

最后，我还要向打字员张继莲女士致谢。这份译稿几经修改，最后得以誊清完成，与她耐心、细致的劳动也是不可分的。

梁从诫　谨识

1987 年 2 月于北京

1991 年 5 月　补正

# 我是李庄镇中心小学1944年毕业生

我是李庄镇中心小学1944级毕业生，在中心小学读书只有短短四年，从8岁到11岁。已经过去60多年，许多事情都记不清了。

那时的校舍是一个四合院，教室是木结构，板墙瓦顶，很简陋，但教室后面有一个很大的操场。

小学设有自然课，并有很好的教学设备。我记得的就有马德堡半球和静电发生器，教我们自然课的是一位女老师，她用马德堡半球教我们懂得什么是“真空”，用静电发生器告诉我们电是怎样发生的，尽管当时李庄还没有电灯，普通百姓根本不知电为何物。我们这些小学生看得津津有味，我还记得老师让我们用绳子去把里面已抽成真空的马德堡半球分开，孩子们分成两队，像拔河似的各拉一半，结果却怎么也拉不开。这使我直观地知道了大气对物体的压力。

在中心小学时还发生了一件事使我终生难忘：有一年，我们学校的操场上来了一批刚被抓来的“壮丁”，在那里受训。我们常常跑去看新兵上操。一天，课间操的时候，操场的一角围了很多人，我也挤进去想看热闹。看见一个新兵在那里向一个当官的磕头，说自己家里有个老母亲，他被抓来，母亲没人扶养，会饿死的，求长官放他回去，救他母亲一命。但那个“长官”根本不理睬。突然间，这个“壮丁”从他们上操的步枪上摘下刺刀，大家还没看清楚，他就一刀剁向了自己的右手（后来我想他剁右手是因为开枪、拉枪栓都要用右手），顿时鲜血四溅，他的右手四个指头只连着一点皮。当时我想他大概以为，右手残废，不能打仗，长官就会放他回家吧。我不敢再往下看，赶紧跑回了教室。但第二天我再去操场，却看见他仍在那里，右手缠着些破布、破纸什么的（那时国民党士兵哪会有什么正规医疗），我不敢跟他说话。不知这个被抓来的“壮丁”最后的命运如何，但他那极度痛苦的面容和那只血淋淋的被剁的手，却永远留在我的回忆中。

另一件我记得的事，是很多同学夏天中午都会跑到江边去游泳。但学校老师为了安全，不准学生去游泳。下午上第一节课时，都要检查同学的头发，发现是湿的，就证明是去游过泳。处罚是打手板，而且是全班人人都要挨打，我这个当时还不会游泳的学生也得陪绑，伸出手来等着打。那感觉可不大好受。

我在李庄中心小学时，并不是一个成绩特别好的学生，考试很少得满分，也就是个中上水平。

1944 年，我从中心小学毕业后，因李庄那时还没有收男生的中学，只有一个宪群女中，我父亲决定带我到重庆去考中学。但我小学毕业时只有 11 岁，妈妈怕我还没有一个人独自生活的能力，让我在家休学一年，让我读古文，待我满了 12 岁，父亲才把我带到重庆。大概是父亲的决定吧，我考了两个当时在“大后方”非常有名，也极难考的中学：一个是重庆沙坪坝的南开中学，一个是贵州花溪的清华中学，都是上万人考，只取几百人的。但我居然两个中学都考取了。我至今认为，这不是因为我小学时成绩优越，或天资聪颖，而确是因为李庄镇中心小学的教学水平真的很高，以至我这么个中等生，居然也能在重庆这样的大都市考上名牌中学。

我真的应当感谢当年在中心小学教过我的老师们，可惜他（她）们的名字我已记不得了。如果他们还在世，应已是近百岁的老人，现在只能默默地祝愿我的老师们晚年平安、幸福。如果他们已不在世，也希望他们冥冥中知道，他们上世纪 40 年代，在李庄镇中心小学曾教过的一个名叫梁从诫的学生，至今还在纪念着他们！

# 北总布胡同 3 号

## ——童年琐忆

## 北总布胡同 3 号

北京东城，离原城墙根儿（今东二环）不远，有一条很小的，不起眼的胡同，叫北总布。

“一条枯枝影，青烟色的细瘦/在午后的窗前拖过一笔画”母亲 1937 年的这首诗，就是在北总布胡同 3 号那座美丽的小四合院中写的，这也是我出生的地方。

其实这么说并不准确。我是在协和医院出生的。接我来到这个世界上的，是林巧稚大夫。

60 年代，我偶然到协和看病，挂号处问：初诊还是复诊？我说：没在这儿看过病，但是在你们医院出生的。挂号处问了我父母的姓名和他们当年的住址，不到两分钟，竟然从窗口抛出一个大病历袋，里面是林巧稚用漂亮的英文手书为她的福建同乡林徽因作的接生的纪录，后面居然还有我的一只小脚丫印！

北总布胡同三号时代，我还是个幼儿。只记得那院子很大，有很多树。其中一棵芙蓉，夏天会开粉色像毽子似的花，我和姐姐叫它马缨花，有一股好闻的香味。60 年代我曾去寻访旧居，发现那院子其实并不大，但马缨花仍在，那香气仍十分熟悉。

但当年附近胡同里还有一种气味——墙旮旯的尿臊。当年城里很少有公共厕所，随地便溺是常事。跟大人出门坐在“洋车”上，总会闻见那股味儿。但多年后，偶然在某背静处又遭遇这种气味，竟然使我亲切地回忆起了自己的童年！

## 爹爹拿大顶　沈从文自转

梁家在这个四合院里的生活情景，我已没有多少印象。只记得冬天下大雪，我和姐姐在院子里堆雪人，爸爸（梁思成，我们叫爹爹）有一次带回一只小巴儿狗，起名 Bingo。我整天追着 Bingo 跑，它却似乎不大爱搭理我。

爹爹当年还很年轻。尽管曾因车祸左腿骨折并伤了脊椎，但他在学生时代体育功夫极好，臂力特强。个子虽然不高，却能跳过自己眉毛的高度。记得有一年夏天，爹爹忽然高兴，就在院里一张靠椅的扶手上做了一个徒手倒立，我羡慕极了。我后来曾和三姑梁思庄说起过这事，她笑着说，她年轻时在天津老家（饮冰室）有一次去叫二哥吃饭，刚好父亲正在屋里练“拿大顶”，三姑回来竟说：没看见二哥，只看见一条裤子倒挂在房顶下！

多年后，我听莫宗江教授说，1933 年他作为助手随父亲到山西应县考查著名的佛宫寺木塔。父亲想拍塔刹（塔尖上那根“天线”似的饰物）的近影，但没有望远镜头，只能爬上去拍。他竟背着相机，从塔最高一层的屋顶下钻出来，抓住刹上垂下的铁链，徒手攀上离地面 67 米的塔刹（天安门人民英雄纪念碑通高 34 米），一只手抓着铁链，另一只手拍照。当年只有二十几岁的莫教授告诉我，他站在地面仰观，出了一身冷汗。

另一件难忘的事，是一次沈从文到我们家。他是我父母最要好的朋友之一。可能因为都是搞文学的吧，母亲尤其喜欢他。那时他刚刚出版了《从文自传》。听见大人在说，我就问：“沈伯伯，什么叫‘自转’？”穿着一件长衫的沈从文站在院子里，把两臂伸开，原地打起转转来，说：“这就叫从文自转”！我在一旁傻笑。

妈妈还曾讲过一个我小时的趣闻：一次妈妈看见我，对人说：“快看，小弟这会儿多像拿破仑！”不料我竟大哭：“我不是破轮，我是好轮！”

抗战前我父母这样的知识分子生活是优裕的。50 年代初，父亲享受高级知识分子待遇，比抗战时期和解放前生活好了许多。我曾问他，以当时和抗战前比，哪时生活更好？父亲根据购买力换算了一下，结果是，战前我家实际生活水平，比解放初大约高十几倍！

那时我家有两位保姆，分别照顾我们姐弟、外婆和父母，还有专管父亲书房的“听差”、两个厨师，和专送我和姐姐上幼稚园和小学的“洋车夫”小王。父亲则自己开一辆1928型的雪佛兰汽车上班。

自1937年抗日战争开始我们离开北京后，小王和梁家人再没遇见过。直到“文化大革命”中，报载梁思成成了全国“头号反动学术权威”，因病重住进了医院，他才到医院找到了父亲。说：“老爷，我找你找得好苦哇！我惦记你们啊。我知道太太已经去世了，可没想到会在这样的情况下再见到您！”两位老人三十多年后的这次洒泪重逢，竟成了他们“主仆”间的永别。

**小耗子，上灯台**

不识字的保姆是我最早的文学老师。她教了我许多老北京儿歌。近七十年过去了，我仍然铭记心头：

“小耗子，上灯台。偷油吃，下不来。叽呱叽呱叫奶奶，奶奶老不来，叽里轱辘滚下来。”

“上轱辘台，下轱辘台，张家妈妈倒茶来。茶也香，酒也香，十八个骆驼驮衣裳。驮不动，叫马楞。马楞、马楞含口水，喷得小姐（儿）花裤腿（儿），小姐（儿）小姐（儿）你别恼，明（儿）个后（儿）个车来到。什么车？红轱辘轿车白马拉，里头坐着个俏人家。灰鼠的皮袄银鼠的褂（儿），对子荷包（儿）小针（儿）扎。”

“槐！槐！槐树槐！槐树底下搭戏台。人家的姑娘都来了，就是俺（们）家姑娘还不来。说着说着就来啦：骑着驴（儿），打着伞（儿），光着屁屁绾着髻（儿）。”

“背着包袱上西南，西南河北有大船。船来到，本姓张，张家地里出霸王。霸王草，霸王料，喂得大马小马欢欢跳。大马拴在梧桐树，小马拴在小庙门（儿）。庙门（儿）对庙门（儿），老张娶个好媳妇（儿），生个孩子叫五绳（儿），阴天下雨倒尿盆（儿）。”

这种十足土气、粗犷的儿歌，使我学会了欣赏韵律、百姓的情趣和幽默。他们终身伴随着我，滋养着我的心灵。多年后，我又把它们传给了自己的女儿。而留学的女儿暑假从美国归来，到北京郊区贫困农村去做实习教师，竟然又把它们传给了那里的孩子。“美国回来的大学生会去教孩子这种不入流的东西”，农村出身的本地教师竟狠狠地把她奚落了一顿！

还有一首，内容稍差，是住在后院的金爸（金岳霖）教的，可能也是他小时候学的吧：“鸡冠花，满院子开，大娘喝酒二娘筛，三娘倒在床上睡，四娘坐着不起来”，我和姐姐把它改成“金爸爸，满院子开……”，大人听了皱眉，我们却越唱越起劲。

北总布胡同时代父母双双风华正茂，没有后顾之忧。无论在古建研究，还是文学创作方面，都是他们的黄金时代。林徽因那些脍炙人口的诗文、梁思成那些有里程碑意义的古建发现，大都出现在这个时期。古建方面，30 年代初父亲和中国营造学社同仁发现的，建于辽统和二年（公元 984 年）的蓟县独乐寺观音阁，和卢沟桥事变发生的那个星期被父母和同事们发现的山西五台县豆村佛光寺大殿（建于唐大中十一年，公元 857 年），打破了日本学者久已散布的“中国已没有早期木构古建，要看唐代中国式木构建筑，得去日本”的鬼话！

母亲林徽因这时期的作品中，也充满了明快、平和、温馨的情调，反映了他们的生活和心情。这些作品几乎全都诞生于北总布胡同三号。

1987 年，我父母都已去世多年后，国家科委忽然给他们颁发了个“国家自然科学（一等）奖”。其中所列成就，绝大多数是他们战前这个时期的调研成果。想起父亲解放后的种种遭遇，最后落得个“大屋顶”的贬义绰号，我在代表家属致谢时不禁问道：“梁、林二人都是 1929 年留学回国的。如果他们 1949 年回国，能获得这个奖吗？”会场哑然。

**逃　难**

但是这种惬意的生活并非不受干扰。记得一天夜里，家里突然闯进几个人，其中一个是我五姑的男朋友 Arthur（张伟逊），他满脸是血，站在客厅电灯下面，样子可怕极了，外婆为他涂药包扎。给我留下了极深的印象。多年后我才知道那是燕京大学学生进城参加“一二·九”运动后续的“一二·一六”抬棺游行，Arthur 被军阀宋哲元的“大刀队”砍破了头。

卢沟桥事变，宣告了抗日战争的开始。父母从山西大同绕道平绥线赶回了北平。但当时谁也不能预料这场战争会打多久，会有多艰苦，甚至中国能不能赢。北总布胡同三号院里的气氛变了，连小孩子也能觉察出来。已经考入清华的三舅林恒决定退学，投笔从戎，报考了空军军官学校。清华大学师生已经开始向南方撤退。校园已成一座空城。就在这时，一位尚未南下的物理系教授突然想起，当时全国唯一的一块镭，竟被遗忘在实验室里了。他想到清华“铁杆”校友梁思成有汽车，决定请他帮忙。黄昏时分，两个人开车出城，冒着被日本和高丽浪人（政治流氓）打劫的危险，来到了静悄悄的清华园，从人去楼空的实验室里，抢救出了这件科学珍宝，最后被运到了昆明。

“七七事变”后不久，日军兵临北平城下。宋哲元的部队作出要抵抗的样子，战壕竟挖到了北总布胡同。我还依稀记得我家门口也垒起了沙袋。但没有两天，就成了一条空无一人的破土沟，“大刀队”们也不见了。

日本人进城了。父亲收到一个什么“东亚共荣会”之类的请柬。父母知道，除非当汉奸，北平已不可留。民族的气节使他们毅然抛下这个温馨的家，只拿了几只箱子和铺盖卷，带着外婆和我们姐弟，立刻出走，踏上了那前途未卜的、漫长的“逃难”之路。

他们也许没有料到，这一走就是九年。此时他们都年轻、健康、漂亮，回来时却都成了苍老、衰弱的病人。这是后话。

临行那天应是一个特别悲凉的场面，但我什么都不记得了。倒记住了在去天津的火车上，坐满了全副武装的日本兵，我们竟然和他们挤在一节车厢里。爹爹闭着眼在那里假寐，我却极有兴趣地在那里观察日本兵手里的“真枪”，一个日本兵冲我笑笑，还招招手。我就挨了过去。

他让我摸他的枪，正在我十分兴奋的当儿，只听见背后一声怒吼："小弟，回来!!"一回头，爹爹正怒不可遏地瞪着我。我不知道自己做错了什么，吓得半死，不敢再看那个日本兵，赶紧挤回妈妈身边。

就这样，我告别了北总布胡同三号。

## 长沙　韭菜园　教厂坪

梁家"逃难"最初一段路是怎么走的，我闹不太清。却知道当时因为战事平汉线北段不通，我们只能从天津坐海船（还记得是"圣经号"）到青岛，再转胶济线，经陇海线返回平（粤）汉线南下，大约在1937年11月初到达长沙。我记得这条路线，是因为后来在昆明上小学时，父亲教我和姐姐地理，要我们自己查地图，找出我们家从北京迁到昆明的路线。从此我便把当时国内几条主要铁路、公路和它们的交会点熟记在心了。

**被　炸**

在长沙，我们借住在火车站附近韭菜园教厂坪的一处内有天井的楼房里，房间前有走廊相通。当时北大、清华、南开三所大学已组建西南联大，教授们纷纷来到长沙。北京的熟人又在逃难路上相遇，今天我只能从妈妈给朋友们的旧信中，去理解他们当时的心情（见各版《林徽因文集》书信部分）。抗战初起，爱国知识分子们同仇敌忾，情绪激昂。大人们谈什么，我听不懂，但我却能感觉出那种振奋！我从小爱学父亲画图。这时在我的图画本上开始出现许多的飞机、坦克和什么别的武器，大都是我自己在纸上"发明"出来的。这些图画大部分一直被妈妈保存着，直到抗战胜利我们家返回北京时，才因为行李太多而被丢掉了。

然而，那场战争可不是"纸上谈兵"，它是真实而残酷的。

在我们到达长沙不久，大概因为旅途劳累和水土不服，我和姐姐都发起烧来。一天，忽然头顶上有飞机的声音，父亲后来告诉我们，他以为是苏联援助中国抗战的飞机到了，连忙跑到走廊上去看，却发现机翼上血色的鬼子徽记，而且从里面掉下来许多小黑点（那时的飞机都飞得很低）。我家紧邻火车站，那显然正是日机轰炸目标。这座初次经受战争洗礼的城市没有向市民发出任何警报。父亲冲进屋里，大喊一声：快跑，日本飞机轰炸！！一把从床上抱起姐姐，拉着外婆就往楼下奔；妈妈抱起我，随后冲向楼梯。极度惊吓的我牢牢地记住了这一瞬间的情景：爆炸震得地板颤，墙上的白灰像面粉一样倏倏洒落……我们刚冲到楼梯转弯处，又一颗炸弹爆在墙外，母子二人被震得从楼梯上飞到天井里，却奇迹似的没有受伤。至今我仍能听到那下雨般碎落的玻璃声，和满地五颜六色的碎玻璃（那栋房子装了许多彩色玻璃，在当时可能是很“气派”的吧。但我此后很长时间，一看到彩色玻璃就心悸）。我们冲出了旁门，往“圣经学院”的方向跑，那里有一间地下室。刚跑了几步，就听见一架日机俯冲的声音（那时飞机投弹是要先向地面俯冲的），父亲突然停下脚步，用手臂把一家人搂在一起。我后来才知道，他的意思是：要死就死在一起，免得剩下一两个太痛苦。但那颗离我们只有几十米的炸弹，却奇迹般地没有爆炸。

我们终于冲到了地下室，里面已经挤满了人，但只有我们一家真正经历了一场生死劫。房子没有了，当晚只能借住在别人家里。

第二天，父母带着我们回到废墟里去捡劫余的家当。我只记得自己最关心的是父母刚给我买的一套带打仗图案的积木，但最后好像没有找到。凭这一点，我想我有资格认为自己是一个真正的“战争受害者”，可以去向日本政府索赔，喊一声：“还我积木！”

### 义勇军进行曲

日本飞机开始轰炸长沙，大家也开始习惯于“跑警报”。后来这成了抗战时期人们非常熟悉的一门功课。“圣经学院”的地下室成了联大教授们经常“聚会”的地方。我记得那里有很多大木箱，是各校图书馆往大后方撤运的书。教授们横七竖八地坐在上面。有人提议利用躲警报的时间学唱抗日歌曲。早年的清华军乐队指挥、合唱队队员梁思成当仁不让地成了教练。那时大都不过三四十岁的教授们便在父亲的指挥下引吭高歌。第一支，也是大家唱得最起劲的一支，便是聂耳的《义勇军进行曲》："起来，不愿做奴隶的人们！把我们的血肉，筑成我们新的长城。"还有《救亡进行曲》："工农兵学商，一起来救亡，拿起我们的铁锤刀枪。走出工厂、田庄、课堂，到前线去吧，走上民族解放的战场"；"大刀向——鬼子们的头上砍去！"昂扬的歌声中，也有我和姐姐稚嫩的嗓音。我那时虽然只有五岁，但确实已经亲身体验过什么叫战争，什么叫死亡的威胁。大人们悲壮的爱国激情和民族危机感，随着歌声融进了我的血液。我是用一个"抗战孩子"的全部心灵在唱。

这段经历也说明了十二年后，中华人民共和国建国之初，父亲和张奚若伯伯等为什么要在第一届全国政协上共同建议：以《义勇军进行曲》代国歌——而且不要改动歌词——的历史原因。

今天，当我听见附近学校每周一早上例行公事地播放"国歌"，学生们无精打采地跟着哼时，总觉得是对这首歌的一种亵渎。他们哪里知道：当年就是在这首歌的激励下，曾有多少人用自己的血肉之躯捍卫了中华民族的生存，却没有机会看到胜利的到来！

年轻人不知道，老年人或许也已经淡忘。对于我，这是一种悲哀。

## 昆明　巡津街　止园

大约在 1937 年 12 月初，我们全家经当年的湘、黔、滇公路，乘长途公共汽车离开了长沙，往昆明去。

从母亲给沈从文的旧信上看到，在长沙暂住期间，我们一家曾去沈伯伯的故乡沅陵拜望他的兄弟。在我自己的记忆里，早已忘却那是什么地方，是谁的家。但我确实记得去过一个风景很美的地方，坐在一处带回廊的小木楼上，下面有碧绿的山和水。主人给我吃薄荷糖，我不喜欢那味道，但又不敢吐出来，留下了不快的印象。

湘黔路上，我们曾与一批中国空军学员邂逅于湘黔边界的晃县。多年前写过一篇《长空祭》详述此事，这里就不重复了。

一路上我记得的另一件事，就是在 1937 年 12 月 24 日（"平安夜”），长途车深夜抛锚在以土匪出没闻名的贵州“七十二盘”大山顶上。我不懂得害怕，只觉得脚冻得疼，妈妈抱着我和同车人摸黑走了很久山路，突然发现一处孤村，见到有昏弱的灯光从农户窗子里透出。我记得当时那种兴奋——“屋子里一定很暖和”——的感觉。

**这个女人会写字！**

1938年的昆明，还是个十分闭塞，却古色古香，异常美丽的边城。我家到昆明后第一个住处，是城南巡津街尽头处一座沿河的西式花园——“止园”（解放后曾改为“铁路医院”），里面有四季常绿的大片草坪、花坛和竹林。

刚到的时候，住处没有饭桌。母亲上街买了一张白木方桌，几个板凳，请木匠铺找“挑夫”送到家里。她要了一张纸，开始写地址。老板见状突然大喊（当然是地道的昆明腔）：“快来看哟，这个女人会写字！”妈妈身边立刻聚起一大群人，争看这个“会写字的女人”！她回来一面讲，一面笑不可抑。

就在这里，我第一次背起书包跟着姐姐上了小学，是一所叫“恩光小学”的本地学校，办在一所旧祠堂里。我上一年级，姐姐比我高三班。只记得老师很凶，动辄用教鞭（一块长条木片）打学生的手心，不管打谁，全班都怕极了。我个子小，又听不太懂昆明话，总是受同学欺侮，很不快乐。幸好还没挨过手心。

一天刚上课，一个同学郑重其事地走到讲台上，送给老师一根柄上雕了花的教鞭。我至今还清楚地记得那根精致的打人板的样子。他当着全班得意地说，这是他爸爸让他送给老师的。我知道，老师以后会用这根教鞭打学生，但一定不会打他。这是我生平第一次看到了一个“坏人”，而且第一次意识到，一个人可以坏到什么程度！从此我便像躲避恶狗一样地躲着这个同学。后来当我学到“谄媚”这个词的时候，第一个浮上心头的形象，就是那个学生站在讲台上给老师送教鞭的样子。

我和姐姐中午不能回家，妈妈给我们准备了饭盒和水果——两个橙子。但我们俩怎么也剥不开皮。因为课上要写大字，我们俩都是满手的墨。剥到最后，橙子算是剥开了，却成了两个黑球。我们姐弟不知道染了墨的橙子还能不能吃，着实“困惑”了半天。

还有一件使我终身不忘的事：一天，父亲非常严肃地对我们姐弟说：在学校里，任何时候也不准告诉别人我们的祖父是谁。我想他大概是不愿我们借祖父的名声来炫耀。后来这也成了我们做人的一项原则。

可能因为恩光小学太“原始”了吧，父亲后来决定我们转学到许地山先生办的“两广小学”。那所学校的老师好像不打手心。

**挨　打**

不久，我们离开了美丽的止园，搬到了巡津街九号，和一家姓汪的成为邻居。院子里有一只小猫，我和姐姐都非常爱它。有一天汪先生回家，小猫正睡在他们家门口。他喊了两声，小猫仍不动。这位先生竟然拎起小猫脖子上的绳子，抡起来就把它甩了出去，只听见小猫惨叫一声。我和姐姐愤怒已极，又不敢去骂这个大人，只能在背后诅咒他。最后姐姐决定我们要称他“汪小臊儿”。这大概是当时她所能想到的最狠毒的语言了！

姐姐比我大三岁，在我面前是个无所不知的人。一次父母买回一盒茶叶，上面有句广告词：“饭后一杯茶，清口腔，助消化。”我问姐姐什么叫口“腔”，怎么念？姐姐说：这个字念“空”，就是嘴里面空着的地方。我当然奉为经典，以后很多年，一直把“口腔”读作“口空”！

家里请了一位昆明郊区农村姑娘当保姆，她教我们唱昆明农村民歌：“大田头栽秧（那个）行对行，一对金鸡（那个）来相唱……”我们住的房间里有一面穿衣镜，她大概从来没见过自己全身在镜子里。一天父母不在，她便对着镜子，把裤子扯到大腿，一面乱蹦，一面口中大叫“唧，唧，呛公呛”！父母回来后说：“简直是个野人！”现在回想，那可能真是“养在深山人未识”的农家女首次面对“现代文明”的本能反应，应是个很有趣的社会学现象呢。

我们在昆明也进过电影院。那些黑白片是些什么，我全忘了。只记得银幕边上总有个人在大声说话。多年后，长我七八岁的张文朴（张奚若教授的长公子）告诉我，那是当年的“同声传译”——银幕旁，一位老兄坐在类似排球裁判的那种高脚椅上，操着标准昆明腔为原文电影做解说：“他们相爱了！”“他们拥抱了！”“他们接吻了！”有时还要为打斗场面喝彩：“好砣！”（昆明话：砣——拳头）间或还会喊一嗓子：“来碗米线，免红！”

也就是在这个院子里，我第一次挨了父亲一顿揍。

祖父当年参与了蔡锷反袁世凯的护国之役，昆明有不少人很崇敬他。一次，当年一个什么人的后代要来见我父亲。我听见父母在为这件事嘀咕：听说这位求见者生活比较窘迫，可能是想要点钱接济，我家当时也很困难，给，还是不给？

这话全被我这个六岁的孩子听进去了。

第二天，这位仁兄果然来到，宾主坐定。为了表示友好，他把我抱在膝上，亲切地问：“小朋友，你知道我是谁吗？”可能是想借此话题扯出老辈的关系，套套近乎。不料胸有成竹的我竟应对如流：“我知道，你是某某的儿子，你们家穷了，想来问爹爹要钱！”

自认为“回答正确”而扬扬得意的我，不曾注意父母和客人当时作何表情。只记得客人刚出门，父亲就把我痛揍了一顿！使我至今还觉得委屈。

不久，我们为了躲避日本飞机日益频繁的轰炸，搬出城到乡下去了。

## 麦地村和龙头村

大概是 1938 年秋天，我们离开了巡津街，搬到了郊外的一个极小的村子——麦地村，住在一所已经没有了尼姑的兴国庵里。父亲所在的中国营造学社，也在这所尼姑庵里开始恢复因战争爆发而被迫中断了的研究工作。

我仍能清楚地记得，尼姑庵的正殿里有尊“送子观音”。学社同仁把神像用麻布挡起来，就在神龛下泥土地面上搭起绘图桌，重新开始了他们的学术研究工作。

可是当年来庵里求子的农妇却不认这个账，照样来庵里烧香。一只小竹篮，里面一只活公鸡，几个粑粑，也许还有酒什么的。大殿里有外省男人在“办公”，她们就在院子里对着观音像把贡品一字摆开。把公鸡当场宰杀，把鸡血滴在酒碗里，烧上香，口中念念有词，一再磕头。我第一次看见杀生，害怕得很。

奇怪的是，这个原属出家人修行的地方，竟然还经常杀猪，或者说，这儿干脆就是村里宰猪的地方，后院里有一口专门烧水烫猪用的大锅。我第一次看杀猪当然更害怕，也更兴奋。“文化大革命”中我在干校帮厨，也干过给刚宰的猪开膛、整下水的活，居然也能泰然处之。自忖与儿时的这段经历有点关系。

**唐雎不辱使命**

《战国策》里这篇文章，是我学的第一篇古文，那时我不到七岁。妈妈当时大概自己正在读《战国策》。兴之所至，便用教我们姐弟的方式来表达她对诸篇文字的赞赏。后来多年，这几乎成了她读书的一个惯例。刚读了一年小学的我，识字不多。妈妈完全是用朗读的形式来教我们，一面读，一面讲解，一面表演。她扮演着唐雎，两眼一扬，厉声读道：“若士必怒，伏尸二人，流血五步，天下缟素，今日是也。挺剑而起。”接着一顿，突然柔缓、低沉下来：“秦王色挠，长跪而谢之曰：‘先生坐，何至于此，寡人谕矣！……”两千多年前一场历史剧，竟活生生出现在我们面前。兴国庵里这堂课，使我第一次体验到古文的美和生动，也体验到古代“士”的勇敢和气节。对我后来一生对中国传统审美意识的理解，起了奠基的作用。

兴国庵里有几株高大的树。每天黎明，会有不知名的鸟停在上面啼唱，声音婉转清丽，而且极其嘹亮，竟然会把我从梦中吵醒。可惜天一亮它们就飞走了，我从来没有看见过有如此歌喉的鸟儿长得什么样，想象中一定也非常美丽，有个长长的五彩尾巴。

庵的前面，是一片绿油油的蚕豆田，旁边是一条清清的小水沟。我和姐姐曾偷偷钻进蚕豆田，摘那些嫩蚕豆吃。我知道这是在偷吃“乡下人”的东西，是不能让大人知道的，有一种特殊的紧张和兴奋。但躺在田垄中，透过蚕豆的枝叶看高原黄昏天上的大星星，那种美，我至今不忘。

**天上鸢子飞**

麦地村时代，尽管工作条件简陋，父亲和营造学社的同仁仍在坚持科研工作。他曾和刘敦桢伯伯、助手莫宗江等到四川去调查过古建。他在途中曾寄给我和姐姐一封图文并茂的五六页的长信，记录了他们在四川坐滑竿旅行时听到的滑竿夫的号子。并用他最擅长的钢笔素描，勾勒出每个号子意味着什么样的路况。

例如：（前面的滑竿夫喊）“活摇活”，表示石板路面有石块不稳当；后面的应：“踩在中间莫踩角”（角，川音读“国”），表示知道了。父亲画两个滑竿夫踩着石板路在一前一后地走。

我现在仍记得的有：（过很窄的小桥时）（前）“单桥一根线”；（后）“好马射得箭”。画面：滑竿在过一座窄桥，后面注：“不明白，过桥和射箭有什么关系？”

（前）“左（或右）手一大排”；（后）“从头一二数起来”。画面：狭窄的山路边上有一大排人：背柴的、担菜的、挑箩筐的、担水桶的、背娃娃的等等。表示滑竿夫要注意，莫碰了人。

父亲在信里写道：有一次前面的滑竿夫看见路边有个女人，张口就喊：“右手一枝花”，后面的一看，是个麻脸，随口应答：“有点麻子还巴家”，并要我们去问妈妈，什么叫“巴家”。可是，父亲写道，有一回，前面的刚喊“左手一枝花”，路边的女人立即回嘴：“就是你的妈！”滑竿夫讨了个没趣。

父亲写道：“有一次，听见前面的喊‘天上鸢子飞’，我一看，天上没有什么鸟，心想天上有鸟和地上走路又有什么关系；这时，只听见后面的回答‘地上牛屎堆’。”他画了农村路上常见的几大坨牛粪。然后写道“小弟听见这个一定大笑”。我那时一听到屎、尿一类的事，总觉得特别可笑。

这封信我一直珍藏着，直到“文化大革命”才丢失。

几个月后父亲从四川回来了。刚到村口，妈妈就奔上去和父亲热烈拥抱、亲吻。事后我听见父母在说，有一位同事对此很不满，向他们暗示：当众亲吻有伤风化！父母对此一笑置之。

不久，我们又搬到了离此不远的龙头村。

**龙头村**

建筑师梁思成、林徽因一辈子只给自己盖过一栋房子，就在这昆明郊区偏僻的龙头村边。

大约在1939年，为了躲避日本轰炸，以傅斯年为所长的中央研究院历史语言研究所、以李济为院长的中央博物院，都从昆明城里迁到了远郊的龙头村。父亲领导的中国营造学社因需要利用他们的图书资料，也随之从麦地村迁来。可能人们都有长期抗战的思想准备吧，一些人在龙头村盖起了房子。我记得的有李济、西南联大教授钱端升和我们家。

但那是什么样的房子啊！土坯墙、三合土地面、窗上没有玻璃，糊着棉纸，外墙只用泥巴抹了一层。我家的房子共三间，还有一间耳房是金爸逃警报时住的。

那时候经常有空袭警报。我们在乡下听不见，却听得见飞机声。我们曾在房子后面的小山上，看见城里炸弹炸起的高高的黑烟，和高射炮在天上留下的一团团白烟。有一次还看见一架飞机拖着长长的黑尾巴落到了地平线下。爸爸铁青着脸，一言不发。我知道他们在想什么。我们在空军里有那么多朋友！

有一次，日本飞机到了龙头村上空，低到几乎能擦到树梢，声音震耳欲聋。父亲把我们姐弟死死地按在地上不让动。我清楚地看见了敞式座舱里戴着风镜的鬼子飞行员，我很怕他会看见我，并对我们开枪，感受到了死亡的威胁。

金爸在的时候老是坐在屋里写啊写的。不写的时候就在院子里用玉米喂他养的一大群鸡。有一次说是鸡闹病了，他就把大蒜整瓣地塞进鸡口里，它们吞的时候总是伸长了脖子，眼睛瞪得老大，我觉得很可怜。

**种　地**

新房子前有一片院子，父亲准备自己种些菜。他到村里的铁匠铺去打了一把锄头，而且还给我和姐姐各打了一把小的。我们高兴极了，给自己在院子里围出一小块，用小锄头锄了又锄。姐姐说种田要用大粪。刨了一个小坑，告诉我以后拉屎撒尿都得在这个坑里。我蹲在那里拉屎，又怕大人说，既害怕，又兴奋。第二天一看，屎都不见了。大概是让房东家的狗给吃掉了！我们整了半天地，但总也没有下种。父亲来一看，用他的大锄头刨了一溜坑，把玉米豆撒了进去。我没能亲自播种，觉得很委屈。但是几天后，玉米真的发芽了。看着玉米一天天长大，我们又兴奋起来。父亲把那些还没成形的小玉米棒子掰下来炒着吃，是我第一次吃到自己亲手种出的东西，有一种至今不忘的成就感。

妈妈为我们各买了一个硬皮“纪念册”。我就让每个大人都给我写。妈妈也写了。我记得她为我写道：“你的天性——动的人生，艺术。哪一天你负了它，你便负了你自己。”可惜我至今也不懂她的意思，也不认为自己有一个动的人生，更与艺术无缘。可能那是她对儿子的期望吧。如是，则我有负于她。

金爸给我写了一首打油诗：“梁家小弟有人夸，一枝细竹顶香瓜。米并纠缠分不了，两手摸来又去抓。”第二句形容我瘦、脑袋小；第三、四句是说我成天和猫咪和一只叫 Bingo 的小狗纠缠在一起。沈从文和卞之琳伯伯也给我写过。沈伯伯画了一栋怪房子和一株怪树。写些什么，我记不清了。他们写给我的东西，激发了我自己的“创作欲”，本书附的一张水彩画和自题“诗”。大概就是由此而产生的吧！

我从龙头村时代（小学三年级）开始看小说，战时书很少，我抓到什么读什么，我最喜欢《西游记》和《水浒》，看不懂《红楼梦》，《三国演义》总是读不下去。虽然勉强啃完了《精忠说岳》，但一直很不喜欢它。

从我们家再往村外走，不远就是邻近的瓦窑村。那里有不少陶器作坊。妈妈发现后，经常带着我们走过长满了高高的桉树的长堤，去看老师傅在转盘上用窑泥捋制各种陶盆瓦罐。她对师傅手下瞬间出现的美妙造型总是赞口不绝，大呼小叫地要师傅：快停！快停！但老师傅根本不睬这个疯疯癫癫的外省女人。不动声色地照样捋他的——痰盂！妈妈后来每次讲起，总是乐不可支。

六十多年后的今天，当我回想起这些早已沉积在记忆底层的往事时，忽然意识到：一个人的审美观也许就是在这种潜移默化中形成的。它未必能够洋洋洒洒地讲出来，多半只是一种本能。金爸曾告诉我：父母的老友，北大哲学系美学教授邓以蛰伯伯看到一张好作品时总是讷讷不能成言："你们看……呵？……这个，这个，呵，太那个……是吧？多那个……嗯！"金爸讲到这里，就会发出一阵钦佩和赞赏的大笑。我也相信，如果"美"可以用理论化的语言分析出什么一二三、甲乙丙的话，它大概也就不美了。父母对美和丑是那样地敏感，让他们直面丑的东西，对他们绝对不仅是心理上的，而且是一种生理上的折磨。至今每当我看到我以为美的东西，常常还会不自觉地想：爸爸妈妈如果能看到，该会多么喜欢；相反，当看到那些粗俗、浅薄、怪诞的所谓美术作品或丑陋不堪的"现代建筑"时，也总是会想到他们会不会为之作三日呕。

但我也有难堪的时候：解放初，在一位喜爱京剧的同学怂恿下，我非要妈妈去看一位著名武生的折子戏"三打祝家庄"。事后妈妈说：你是没看过杨小楼的戏，这种海派玩意儿实在入不了流！我的自尊心受到很大打击；也才意识到，在老一辈眼里，今天的京剧演出中，粗制滥造，假冒伪劣的东西大概也少不了。

由于日本飞机越来越猛烈的空袭，主管中研院和中博院的教育部下令，几个学术单位再次搬迁到四川西部的小镇李庄。中国营造学社也随着搬迁。

父母只在自己盖的房子里住了几个月，1940 年冬，又匆匆踏上"逃难"的道路往李庄去。

这一次，父亲因病不能同行，只有妈妈一个人"掮"着外婆和我们姐弟，和每人限定的 40 公斤行李，坐在大卡车的"槽帮"里自己家的铺盖卷上，颠簸了近两个星期，来到了扬子江尽头处那个人地生疏的小村。一到李庄她就肺病复发，她为此付出了生命中最沉重的代价——健康。

我和姐姐还来不及收获玉米，就离开了我们的“农场”。

二十多年后，我重返昆明，特地去寻访当年龙头村旧居。那所残破的土坯房居然仍在，成了生产大队的仓库，没有人住；那片玉米地也仍依稀可辨。妈妈却早已离开了我们。

## 李　庄

中研院历史语言研究所（简称“史语所”）包租的长途卡车拉着一车车的婆姨娃娃、箱箱笼笼，从昆明北上。经曲靖、宣威，进入贵州，再经威宁、毕节，进入四川；经叙永、泸州，再乘江轮到距宜宾30公里的李庄。宜宾是金沙江与岷江的汇合点，所以我说李庄是（扬子）“江尽处”。

这条路线，即使今天坐卡车拖儿带女跑一趟，许多人恐怕都吃不消，何况60年前！当年，没有父亲同行，这一路对于身体本来瘦弱的妈妈是怎样地艰苦，我简直难以想象。只记得到威宁县城，天已全黑，而车子在离城门几里处突然抛锚。人们既不能卸下行李掮进城，又怕行李留在车里被人抢劫，最后只好全车人留在卡车里过夜。而我又偏偏发起高烧，妈妈只好自己拖着一家人进城为我找医生。次晨听说，夜里狼群竟围着车厢嗥了半宿！

### 月亮田　大房子

在李庄，中国营造学社设在一个姓张的大户人家农舍里，当地人就叫做月亮田大房子。那是四川农村典型的篾笆抹灰房。几大间正房是父亲和同事的办公室，两边的耳房就是我们家和父亲同事们的住处。妈妈很快就病倒了，睡在一张行军床上。四川冬天很冷，却没有取暖设备，最多烧个炭盆。全镇又找不到一个医生和药店。高烧不退的妈妈苦不堪言。

我上小学四年级了。虽是战争期间，又属穷乡僻壤，但村里小学教学条件却相当齐备，说不定比今天许多农村小学的还要好。我第一次在这所学校里看到老师给我们演示静电集电器、电火花和马德堡半球，还看到旋转的七色板变成一片白！我参加了马德堡半球的“拔河”，第一次体验到自然的惊人力量。如果说我对实证性自然科学开始有了一点概念，李庄镇中心小学就是我的启蒙者。

但是我们家的情况却越来越差。天天只有糙米饭、茄子、豇豆、小瓜加辣椒。我总是觉得饿，曾去偷吃专为病重的妈妈留的蜂蜜，为此还挨过打。想想现在的孩子，恐怕喂他们蜂蜜都未必肯吃呢。

为了给妈妈治病，父亲自己学会了肌肉静脉注射。因为卫生条件差，我从本地同学那里传染了疥疮，浑身奇痒。抓到哪里，疮就长到哪里。父亲为了防止我睡着时乱抓，临睡前把我双手用纱布裹起来。但早上一看，纱布上满是血迹和疮口流出的脓水！我天天睡不好觉，又缺乏营养，身体变得很瘦弱，学习成绩也下降了。李庄没有医生，父亲在街上买了做鞭炮的硫磺，煮成水给我洗澡。使我浑身发出刺鼻的硫磺味。最后总算把我从疥癣虫的折磨下解救了出来。但我至今一嗅到硫磺味，还会联想起那段痛苦的经历。

家里买不起鞋，我就打赤脚或穿草鞋上学，还只能穿最便宜的稻草鞋。看见同学穿麻鞋，我特羡慕，却买不起。我的脚后跟被草鞋磨破化了脓，父亲叫我趴在椅子上，问我：怕疼不怕？我咬着牙说：不怕。他就咔嚓一剪刀，把一片坏死的肉生生给我剪了下去，然后往伤口上倒碘酒，痛得我眼前直冒金星！但我一声没吭。他只说了一句：“好孩子！”战争期间，梁思成大夫就是这样给他的妻子和儿子治病的。我们配合得很默契。

抗战前线传来的尽是坏消息，胜利遥遥无期。中国营造学社经费越来越少，同事们走的走、病的病，剩几位靠吃不饱的薪水勉强度日，爱妻已卧病几年，儿女都营养不良……我现在也难以想象父亲当时在承受着多大的精神压力。但在我们家里没有叹气声。父亲在母亲的帮助下，仍在用英文写他们的《图像中国建筑史》。一部 1928 年的打字机色带不能用了，就和莫宗江用中国墨和煤油自己“瞎”研制。闲时就教我和姐姐唐诗宋词：《琵琶行》《长恨歌》、“剑外忽闻收蓟北”、“王师北定中原日”、“可怜小儿女，未解忆长安”……记得一天晚上，父亲一面听着空军朋友留下的“呲啦，呲啦”响的老式留声机放着的古典音乐，一面在看书里的佛像插图，忽然自言自语地说：“听音乐，看雕像，真是人生一大享受！”

母亲虽饱受疾病的煎熬，也还是乐观地直面人生。她在病榻上给我们姐弟用英文读 A. A. Milne 的儿童诗《小熊温尼》，讲米开朗琪罗的事迹，让我们读屠格涅夫的《猎人笔记》并学着描写自然景色，还模仿劳伦斯·奥立维埃的语调，用她特有的“带点爱尔兰口音”的英语朗读《哈姆雷特》的台词。

应当说，我们家在李庄的生活是困苦的，但家里的氛围却“困而不苦”。

### 龙　子

龙（mɑng）子是我的狗。“龙”是古字，见于《诗经》。这一带四川农村，凡肥硕多毛的狗统称“龙子”，瘦狗统称“庄庄”。龙子在还在吃奶的时候就被它妈妈遗弃。我捡回来用米汤、稀饭一口一口喂养，最后长成了一只壮硕的大狗。

我每天去上学，经过邻村总有许多狗围上来连叫带咬，我特别害怕。后来我就带着龙子上学，走进邻村，龙子总是冲上去和野狗撕咬，我便乘机脱身。但我最喜爱的活动是和龙子上山。当时我们家很少有钱买肉，有时父亲听说镇上宰杀老水牛，水牛肉便宜，便去买来煮汤，给妈妈作为营养品。但煮过汤的水牛肉谁也嚼不动，我就向外婆讨来衲鞋底用的大针和麻线，把牛肉串起来晾干，当作“人猿泰山”的干粮。当我拿上自制的“长矛”，和空军叔叔林耀从新疆带给我的一柄真的小腰刀，叫上龙子上山去巡视我的“森林”时，就把这干牛肉挂在脖子上。可惜“泰山”也咬不动这种干粮，最后全都被兴高采烈的龙子吃掉了！

我到重庆上中学后，一次妈妈来信说，龙子因为咬了过路的老乡，被人毒死了。我躲在宿舍里偷偷地为这个亲密的朋友大哭了一场。

多年后，“文化大革命”期间，我在江西干校用同样的方式“拉扯”大了一只没断奶的小猫。用眼药瓶接一截自行车气门芯当奶瓶，给它喂奶。每天在地里干活，要好几次跑回宿舍“奶孩子”；小猫不会舐净自己，还得给它洗屁股。后来小猫成了伙房里的捕鼠英雄。离开干校时我也舍不得它，只是再不会有眼泪。

**剁手指的壮丁**

我的“森林”其实就是房后小山上的一片橘林和山边的竹林。山顶上还有一座半圮的碉堡，老乡告诉我那是当年防“红军”用的，可惜我那时连“红军”是什么也不懂。碉堡有两层，四面有射击孔，但是楼梯却坍了，我始终没有机会到神秘的楼上去看看。

我们刚到李庄的时候，当地的驻军叫“十八师”，是四川军阀刘文辉的部下。我所上小学的操场常被十八师用来练操。当时他们有一种卧射水冷式转盘机枪，每次都很威风地排列在队伍前面。多年后我看美国电影《战地钟声》，才知道那是一次大战时代的老古董。

每当有新抓来的壮丁五花大绑地被押进操场，我们就扒在教室后窗上张望。有一天，操场上人声鼎沸，我跟着同学跑去看热闹。只见一个新抓来的壮丁跪在一块石头前，把右手放在石头上，左手举着一把步枪刺刀，在那里哭喊：意思是他家里就一个老母亲，没有他，母亲就要饿死。一个扎武装带的军官走来走去不理他。突然，壮丁手一挥，刺刀就剁向自己的右手手指，顿时鲜血四溅。同学们吓得四散逃走。几天后，我又在操场见到这个壮丁，手上包着很多纸（大概根本没有纱布），用一块布吊在脖子上。我怯生生地问：“疼吗?”他不理我。后来听说，还是不准他回家。手指坏了不能放枪，就派他去喂马。

不久，听说“中央军”要来“接防”。十八师在我家所在的月亮田前面一片荒坟地上“打靶”演习了一场，大概是一种示威吧。随后就悄悄地沿江边往西撤走了。事后，我在靶场上挖到许多变了形的子弹头。我给部队“打扫战场”不止这一次，这次没有出事，后面的一次就没有这么太平了。

## 玩　具

战时的后方，日用品样样稀缺，更不要说儿童玩具了。从我家到昆明后，如果不算那把小锄头，我不记得父母给我买过任何玩具（但买过不少儿童读物）。

我的玩具大多是我自己做的。昆明麦地村时代，我就曾把两块木头钉在一起，为自己“制造”过一把“手枪”。

在李庄，我从自然课上学到了螺旋推进器的原理，便计划做一只类似橡筋螺旋桨模型飞机那样的会走的船。我用一块木板做了船身，把牙膏盒翻过来画上窗门做成船舱，用小钉在“船”边钉一圈，再用外婆的棉纱线联在一起，做成栏杆，用罐头筒铁皮剪成螺旋桨……唯独能提供动力的橡皮筋却找不到。战争时期，橡胶是紧缺战略物资，甚至连文具用橡皮筋也买不到。这时妈妈的一只热水袋因老化不能用了，我便捡来剪成细条代替橡皮筋……

我的船在门前的稻田里下水了。由老化的热水袋提供的动力，居然能让船“航行”了三四米之遥。我的成就感大概不下于当年轮船的发明者富尔顿！

自己动手，既是父母的教导，也是战时生活的需要。当时父亲让我每天吃一个卧（去壳水煮）鸡蛋。但帮我家做饭的农妇总是把蛋煮破，我很不高兴。父亲知道了，训斥我说：“你自己煮一次试试！”我试了几次，总是把蛋煮破，最后才掌握了成功的窍门。从此不再抱怨，还学到了一个做人的基本原则：要求别人做到的事，自己首先要能做到，否则便没有资格要求别人。这个原则我至今仍在努力恪守。

考进营造学社做练习生的罗哲文当年只有 18 岁，成了院子里的孩子头，成天领着我们一帮小孩弹玻璃球。一位“老夫子”不满意，写了两句打油诗：“早打珠，晚打珠，天天打珠不读书！”

父亲为了让营造学社同仁锻炼调查古建筑必不可少的爬梁上架的基本功，在院子里树下立了许多根大竹杆，要大家练习徒手攀援。我臂力当然不够，只能手脚并用，但爬得很快。因此经常在树上玩。一次一根树枝被我踩断，从树上倒栽下来，额头上摔出一个大血口子，昏迷了三天才醒过来。（至今额上还有一个隐约可见的疤痕，也把我的智商摔掉了大半！）当时父亲在重庆出差，把病中的妈妈吓坏了。

2000年除夕，我50年后第一次重返李庄。一位八十多岁的月亮田老住户，当着宜宾市市长，李庄镇党委书记等许多“贵宾”的面，指着我说：“我认得你哟，小时候不是成天挂在树上吗?”引起一场大笑。

**乌龟梁从诫**

当年的中央研究院历史语言研究所在李庄的另一个半山的村子——板栗坳。我的三叔，战前安阳考古发掘的领导人之一梁思永，父亲的朋友傅斯年、董作宾、石璋如等考古专家都在那里。我们常和父亲去看我三叔，偶尔母亲也坐滑竿上山去看他们。在那里，我对堆满他们办公室，刻着甲骨文的乌龟壳留下深刻印象，并听大人说，从龟壳文字可看出，其中有的是放生的龟甲。

不久，有人从集市上买回一只小乌龟，送给我当玩物。我忽发奇想：要在乌龟背上刻上“某年月日梁从诫放生”等字，然后把它放生，让它带着这些字到处游荡，岂不妙哉。我当时正在向莫宗江学刻图章，有一把雕刻刀。便把乌龟按在桌上，费了九牛二虎之力，歪歪斜斜地总算刻上了梁从诫三个字。兴奋之余，竟忘了刻其他字，急忙拿到水田边去放生。小乌龟一见到水，三窜两窜就钻进草丛不见了。我得意地去向父母报告：我给乌龟刻字放生了。父母问：“刻些什么字?”我说：“梁从诫。”父母笑得前仰后合，我却半天没弄明白那有什么可笑！

**中　学**

龟寿千年，这只乌龟如今不过几十岁，如无意外，应还在李庄的山野间遨游。但它的放生者却未能留在李庄。

不久，我小学毕业。因为李庄和宜宾都没有父母认可的中学，他们决定让我去重庆读初中。当时我只有11岁，妈妈怕我太小，不会照顾自己，把我留在家里读了一年古文，满12岁才离开李庄。当年要走三天水路，才来到重庆。重庆南开中学是战时后方首屈一指的中学，每年考生以万计。我居然稀里糊涂地考上了，使父亲非常高兴。但那是所国民党时期的“高干子弟”学校，我又瘦又小，营养不良，父母又是穷知识分子，在多是国民党高官子弟中很受歧视。当时，全体学生都要住校，军事化管理，到周末所有同学都回家。只有我无家可归，只能一个人在教室里流着眼泪给妈妈写信。这段经历，给我留下了不快的回忆。

读南开时，假期中我回过两次李庄。一次是我独自一人乘江轮走五天水路回去的。那是寒假，我带着自己的铺盖睡在甲板上的统舱中。旁边一个中年男子问我是干什么的，我答，中学生。我问他是干什么的，他先伸出两个指头，再做了一个八字手势，说：“我是专抓这个的。”我（重复着他的手势）问：“这是什么意思?”答：“廿八嘛!”问：“廿八是什么?”答：“共嘛!”我又问：“‘共’是什么?”答：“咳！共产党嘛。你这个狗日的龟儿子!”但他绝没想到，这个“狗日的龟儿子”居然会接着问：“共产党是啥子嘛?”这个小狗腿不再往下说了。在这个无知的娃娃面前，他确实讨了个没趣。而12岁的我，也确实不知道共产党是干什么的，为什么有人要专门去抓！回到家里问，才弄明白那是“穿草鞋打日本鬼子的游击队”。

但是不久我就遇见了一个“真的”共产党。

1945年8月15日日本投降了。那天我正好和父亲乘江轮“长虹”号从李庄返回重庆，船还未到重庆，停靠在江津码头过夜。我听见岸上汽笛长鸣，极其兴奋。而父亲却靠在船栏边望着江水长叹一声，说：“又要打内战了。我是忧从中来啊!”我不懂他的意思，但在举世欢庆的时候听他说了这么一句悲愁的话，给我留下了难忘的回忆。后来，我从妈妈1946年春给费慰梅的一封信中也看了类似的话，才知道那是当年他们共同的心情。

暑假后，父亲陪母亲到重庆来检查身体。当时医生告诉父亲，母亲一侧的肺已成空洞，将不久于人世。父亲没有告诉母亲，但母亲自己明白。两人相对无言，心照不宣。我寒假不再回李庄，陪妈妈住在重庆上清寺聚兴村中研院招待所。

母亲想念昆明，想念那里的老朋友。于是大家相约请她，她拼着性命，重访昆明。就在她再访昆明时，我在重庆却被学校动员去参加了一次反苏大游行。这是我生平第一次“自愿”的政治活动。事后兴奋地给正在昆明的妈妈写了一封长信，得意地详加形容。不料妈妈在回信中把我狠批了一顿，说我被国民党利用，根本不懂事。我还挺不服气。这是妈妈给我的少有的一封政治信，可惜我没有把它保存下来。

母亲回到重庆不久，便有一位女客来拜访她。她烫着发，穿着旗袍、高跟鞋，进门便自我介绍：“我是龚澎。”妈妈认出她是五姑战前在燕京大学的同学，到过北总布胡同，同她谈了许久。她走后妈妈对我说，你不是问什么是共产党吗？这就是个真正的共产党啊。我奇怪地反问：你们不是说共产党是穿草鞋拿枪打日本的吗？这个共产党怎么还穿高跟鞋，也没有枪呢？

父母的老友费正清、费慰梅夫妇当时正在重庆美国使馆工作，他们常来接母亲出去参加一些社交活动，帮助母亲多少解脱一点病痛的负担。后来我才知道，就在这个时期，费氏夫妇曾邀请父母到美国去长住、治病。但为了和自己的祖国一道“受苦”，他们谢绝了。

一次，费慰梅请妈妈参加一个美国使馆的招待会，妈妈把我也带去了。我发现自己是在场唯一的小孩，很不自在。这时有人把妈妈介绍给冯玉祥，妈妈指着我说，这是我儿子。冯玉祥又高又壮。我一见他就说：“我读过你的自传《我的生活》。”冯玉祥特别高兴，把又瘦又小的我抱在他宽大的膝上，和我攀谈起来。我当时居然还能背他自传里的一首白话诗《我》（就是今天山东泰山脚下冯墓上作为墓志铭的那首），使他大为惊奇。

1946 年 7 月 31 日，我们全家乘西南联大的包机，从重庆飞回北平。父母几乎是整整九年前离开北平的。战时他们几乎天天说：“等打败了日本鬼，咱们回北平……”。现在真的回来了，怕难免有“国破山河在，城春草木深”之感吧！

## 清华　新林院 8 号

对我来说，战争期间“回北平”已经成为“抗战胜利”的同义词。

我一下就爱上了这个我从小就日夜想念却又不记得的古城。我爱妈妈的诗。北京好像是她早期诗的一个天然的注脚：蓝天、白云、半圮的宫殿屋檐、鸽子绕着城头的角楼、护城河边驮煤的骆驼队……这些本是妈妈诗句的背景，一下子像在我眼前活了起来。

战争刚结束时的北京，衰败、残破。天安门城门和城楼墙皮剥落，檐下斗拱、梁柱彩画黯淡斑驳；故宫、中南海、太庙，游人寥寥、门可罗雀。但这衰败的外表，却掩不住这八百年古都的气势和灵魂。当年在北京城里游荡，有时竟觉得像直接走进了历史的长廊：从那阴森破败的大殿里，说不定会突然闪出个被幽禁的公主、废黜的王公，向你诉说那不为人知的宫廷秘史；从哪个宅门里会冒出一个老家人，为你讲述这大户的发迹、败落……胡同里每一个门礅儿、每一对残存的上马石、墙旮旯里半埋的磨盘、井圈，都在向你诉说着这古都的过去。但这不是废墟，而是个活生生的城市，这里的男女老少，说不准就是那些王公、老仆……的后裔！

战后父亲转到清华工作，创办了清华建筑系。我们家住进了清华教授宿舍——新林院 8 号。房子虽然漂亮，却没有取暖设备。入冬各家要自备大煤炉。我这个“半大小子”负责管两个炉子。得肺结核的妈妈特别怕冷，要用劣质煤保持两间屋子的温度，可不是好干的活。

清华的紧邻是燕京大学，我在燕大附中继续读初三。从重庆南开那种半军事化的严格管理中一旦解放出来，我就成了班上最调皮的学生之一。我的语文老师张茵陈经常当着全班训我：“不要跟梁从诫学，那不是个好榜样！”可是每当发作文本的时候，她又总是说：“这次的作文，又是梁从诫的最好”，还曾把我的作文拿到她也在那里任教的燕大中文系，读给大学生听。我至今不忘亦严亦慈的张老师对我的教诲。

我的三姑梁思庄是燕大图书馆负责人，表妹吴荔明也在附中上学。我每天在三姑家吃中饭，然后和表妹一道去学校。她的同班，住在隔壁的一个可爱的小姑娘，每天都过来找她一起上学。开始我们三个一道走，渐渐地，我发现表妹总是故意躲开，还在后面做鬼脸，偷着笑。我其实很得意，把自己想象成电影里的英雄，小姑娘是英雄忠实的女友。小姑娘去练琴，我总是耐心地在一旁等。春天来了，我在校园里采撷紫罗兰，扎成花束放在她的琴上，还在没人的时候偷偷吻她……一年后，我离开燕京附中，考入城里辅仁大学附中（今北京十三中），“英雄”便把他的“女友”忘了，再没回去看过她。直到20年后，当我已经历过政治上和感情上的种种坎坷，才有机会和她重逢、叙旧，也才知道我曾怎样深深地辜负了她。幸亏我还有机会弥补自己的过失，小姑娘终于成了我长相厮守、相濡以沫的白头伴侣，而且我们还有了一个可爱的女儿。

战后不久，内战爆发。反蒋的学运一浪高过一浪。一次燕大学生举行“反饥饿，反内战”罢课。我们附中同学（多数是燕京、清华教职员子弟）在我这个学生会主席的“领导”下，也宣布罢课，大家一哄而散。一个同学回到家里，家长问怎么回事，同学答：“反饥饿”，家长说：“饥饿？厨房里有牛奶，自己去喝！”但我们对那些打着大横幅徒步游行进城，和国民党军警对峙的大学生都很崇拜。

大学生游行反蒋，招来国民党特务痛恨。他们于是组织校园周边村里的老乡到校园里搞“反示威”。这些老乡，不是常到校园卖菜，就是在哪位教授家当过保姆、做过临时工的。到校园来“示威”，显得特别尴尬，在特务的吆喝下在校园里无精打采地游荡。我们家唯一被示威者“扫荡”掉的，是金爸在我们房后种的一片西红柿。大概是因为带有明显的“赤色”吧！

那时北京西郊没有公共汽车。我进城住校读书后，每周和几个清华孩子一道骑车进、出城。一次周末，听说清华被特务包围了，我们决定从清华南面小门进去。不料刚到南门附近，就见一帮来路不明、戴着墨镜的家伙在那里喊：“来了！来了！”吓得我们掉头夺路而逃。骑出去很远，见没人追来，才喘了一口气。最后我们绕到麦田里，从一处矮墙边连人带车翻墙，总算回到了家里。

1947 年冬，母亲住院做肾切除大手术，正在美国讲学并参与联合国大厦设计工作的父亲，特地赶回来照顾她。圣诞之夜，我和姐姐忽然接到清华梅贻琦校长的邀请，要我们姐弟到他们家过节。但是去后发现只有我们两个小“客人”，梅校长也不说话，我们显得十分拘束。不久，就听说梅校长从城内东单临时机场飞离了北京。他当时请我们姐弟，也许是有意借此向我们的父母表示告别吧？2002 年 6 月，我和老伴访问台北，应台湾“清华大学”老校长沈君山教授之请，到新竹“清华大学”参观，在沈老的亲自陪同下，得以拜谒梅老的陵墓。在父母生前极为敬重的这位老教育家墓前，我们深深地行了三鞠躬礼。

内战的形势急转直下，教授家的门下面，经常有人半夜塞进油印的解放军战报。

1948 年的冬天十分寒冷，但人们都在热切地期待着什么。终于，12 月 13 日夜间，从北面传来了隆隆的炮声。当时辅仁附中宿舍在北城一处破败的王府里，半夜里我和几个清华孩子爬在王府的假山上，静静地听着城外那时断时续的炮声，商量着明天怎样出城投奔“解放区”。第二天清晨，我们几个假也不请，径直推上自行车就要出校门。我们要走的消息不知怎么被人报告了这所天主教中学的德国神父，神父赶到校门口阻拦我们，说“城外很乱，共产党要抓人去运炮弹”等等。但我们执意要出城回清华，有“城外解放军”壮胆，竟敢当着我们平时怕得要命的神父，硬是闯出了校门。到了西直门，正好赶上燕京大学最后一趟出城校车。我们把自行车存到一个修车铺，就坐上校车到了已被解放军控制的海淀。我们“解放”了！

解放军开始包围北京，城门封锁。清华园在城里上学的孩子大部分被困在城内，只有我们几个在最后时刻逃了出来。解放军没有进入清华园，校门口一块铺板上贴了由刘导生签署的十三兵团政治部的布告，大意是：清华为我最高学府，要严加保护，军民人等一律不准入内骚扰。但是在张家口一线被击溃的国民党部队败兵，却沿着南口铁路源源来到解放军设在海淀的收容所，而解放军准备打北京的攻城器械——云梯、杉篙等，也一车车经过清华往城内方向运去。忧心忡忡的父亲每天看见，总是喃喃自语：“完了，完了。”我知道他担心的是一旦攻城，城里的百万居民、亲朋好友，和他视为第二生命的满城明清古建的安危。直到一天，解放军的参谋人员来到我家，要父亲在军用地图上标出需要特别保护的文物，他悬着的心才算放下一半。这个故事，现在已广为人知。然而，他自己和别人当时都没有想到，几年后，还是这同一批人，却把这同一颗心压碎在被下令拆毁的北京古城墙下。这是后话，这里暂且不表。

1949 年 1 月底，守城的傅作义终于接受了北京和平解放的条件，北京解放了。

清华校园里锣鼓喧天，整天都有人在大操场上扭秧歌。大学生组织起了入城宣传队，我们一帮中学生也要求参加。最后同意把我们作为一个独立的小队，编入法学院中队。当时各中、小队都以河流及其支流命名。法学院是“怒江中队”。在地图上找了半天，怒江有一条支流叫南棒河，于是我们便被命名为“南棒小队”，尽管这名字显得古怪，但能参加宣传队，每人还有一个红袖箍，大家仍很兴奋。队长是朱自清的儿子朱乔森。小队成立后第一件事就是练扭秧歌，我是鼓手兼讲演员。我生平第一次背着行李背包走进城；第一次十来个人围成一圈，蹲在地上从脸盆里舀熬白菜炖肉就小米饭吃；也第一次学着棉袄不穿进袖子，偏要半披在肩膀上！

我们的宣传队到各个学校和火车站，先是叮叮咣咣扭一通秧歌，然后我就开讲：“解放军是人民的子弟兵，不拿老百姓一针一线，更不是共产共妻！今天解放了北京城，明天就打到南京去活捉蒋介石！共产党在乡下打土豪分田地，在城里分阔人的钱给大家去做小买卖。”（!!）我的讲演被带队的大学生听到，认为严重违反党的城市政策，从此取消了我的讲演资格！

开学了，我们英雄般地回到辅仁附中，但不再住校，而是借住在一位清华教授在城里的一处空房里，每周和我最要好的两个同学一道骑车回清华。我们三人形影不离，被称为“三剑客”。

我们每次经过西郊白桥附近五塔寺一带，围城时解放军和傅作义部队对峙的战场，都很好奇。终于有一天三个人决定要到这尚未清理过的战场上去搜寻，看有什么被遗忘的好东西，心里想的当然是枪。我们三个不知好歹的亡命之徒，竟然闯进了那未经部队打扫过的真正战场。我们先是去刨一条被虚土掩埋了的战壕，摸到了一具尸体的腿，觉得很扫兴，便转移到一个地堡里去。不料一进去迎面又是一具尸体，而且头皮被野狗啃掉了一半，露出半个骷髅头，形象极其恐怖。三个人都装出不在乎的样子，在地堡里东张西望。我先发现正面射击孔有一根铁丝通到外面地下，便跑到地堡外找铁丝的下落，发现在一堆土下，把土刨开，底下竟露出一捆四五个六〇炮弹，中间一个手榴弹，铁丝正系在手榴弹的拴线上。我们两人捧着这枚士兵临时自制地雷，一个人轻轻解开铁丝，把手榴弹放在一旁，却把六〇炮弹当作战利品，捆在自行车后架上带回了家！

此后几个周末我都在家捉摸这几颗炮弹。经过仔细观察，硬是把引信卸掉并将全部零件解构，又把弹身里的火药像受潮的奶粉那样用筷子捅了出来。从此我对六〇炮弹的引爆原理了如指掌。

我把掏出来的炸药放在罐头筒里制造“焰火”。头两次试验很“成功”，蓝紫色的火焰窜起一米多高，好看极了。第三次却没有那么顺利。我把“焰火”带到燕大一个池塘边，想向包括我那个小姑娘在内的小伙伴们炫耀一番。没想到点火不久，罐头筒便轰然一声巨响，整个爆炸。三剑客都被洋铁皮扎进皮肉，我伤了七处，另一位“剑客”十三处，碰巧都未伤到面部。小伙伴们站得远，除了溅一身泥外，安然无恙。我们在我三姑的卫生间里咬着牙，互相用钳子先把肉里的铁片血淋淋地拔出来，再到校医室去包扎。这时燕大四面校门都已关闭，要抓这几个搞爆炸的歹徒。燕大校委主任陆志韦教授给我父亲打电话，要他来领人！父亲在回家的路上问我，在哪里卸的炮弹，掏的炸药？我说就在我的屋里。当时父亲和我住一屋，母亲在隔壁。父亲只说了一句：“你就不怕把你老爹老娘炸死?”再没有别的话。我感激父亲的理解，也许他在我这个年龄也会干出这种事来?但今天回想，不禁后怕。

1949年2月的一个周末，我们照例骑车出城回家。又是在今白石桥附近，遇上一批荷枪实弹的解放军战士，吆喝着不让我们在路上走，要掮着车到田里去。我们不禁破口大骂:“连国民党都不敢不让老百姓走大道，你们算是哪家的八路?!”我们扒在田里张望，解放军还大喊:“低头！低头！不准看!”但我们还是看见了长长的一队小卧车，往城里方向开去。

第二天，当时已经开始出版的《人民日报》头条大标题:“毛泽东主席昨日到京!”毛主席当然不知道，欢迎他入城的，还有三个掮着自行车扒在田里的中学生哩!

1949年的初春，我有了一个真正的女朋友，邻居的女儿。她的长辫子拖到腰下，有一双泉水般清澈的大眼睛。我们开始在玩伴散去后单独留下来，有说不完的话。那年4月下旬乍暖还寒时分，一个黄昏，我拉着她的手，悄悄在她耳边说了一声:“我爱你!”她在暮色中直视着我的眼睛，回答:“梁哥哥，我崇拜你!”她的吻直烫到我的心底，使我灵魂震颤。我真的恋爱了。

此后的生活道路，由于我的过错，未能与她一同走完。她后来英年早逝。但这刻骨铭心的初恋，永远是我一个最美丽、最幸福的回忆。

怀着对未来朦胧的憧憬，我终于踏上了成年之路，全然不知前面还有多少崎岖……

写于2002年夏　70岁生日前后

# 采 访

# 西北这么穷，为什么还要铺张？

西北地区许多基层文化站十分简陋，然而在接待全国政协群众文化调查组时，却车辆浩荡，饭菜丰盛。全国政协委员梁从诫疾呼——

“西北地区那么穷，为什么还要这么铺张？能不能省下搞接待的钱干点正事？”

全国政协委员、中国文化书院副院长梁从诫临离开宁夏时的一席话，令举座皆惊，久久思索。

梁从诫是作为全国政协群众文化调查组的成员到西北地区来考察的。自青海、甘肃考察到宁夏，看了许多条件十分简陋的基层文化设施。7 月 4 日与当地同志座谈反馈意见时，这位梁启超之孙、梁思成之子说：“我看了一路，至今还有一些问题想不明白。许多乡文化站和基层文化单位确实太寒碜、太可怜了。但我们能不能从各方面挤出一些钱来给他们一些支持呢？我们去时，有那么多陪同的人，动用了十几辆小车，浩浩荡荡。”

“我在想：这么一个规模不大的考察活动，是否要那么多人陪同？考察的和陪同的人是否都要坐小车？这里面有没有浪费？有没有可以节省的呢？文化站的人看到我们这样，心里会怎么想？我想他们心里会很不好受。文化站站长可能会在心里说，你们那么风光，坐着高级车又是录像又是拍照，可我们文化站破烂依旧。你们帮我们解决不了什么问题，还是不来的好！”

梁从诫这番话说得全场鸦雀无声。

稍一停顿，梁从诫接着说：“我们走过几个省，接待规格都很高。其实，我们是来工作的，并不需要多高规格的接待，也不需要顿顿大鱼大肉上酒上饮料。对西北地区的困难，我们都能理解。如果宣布我们只吃小米粥或最简单的饭菜，把钱省下来支援没钱的文化站，我们都会鼓掌支持的！”

梁从诫的话完了，全场寂静无声。没有人出面解释，也没有人回答他的问题。

原载 1995 年 7 月 9 日《光明日报》头版

**记者附言**

据了解，这次接待政协调查组与以往相比，并没什么过分之处。梁从诫委员所谈的这些情况，人们早已司空见惯，见怪不怪了。问题的严重性也正在这里。

梁从诫委员的话，令人思考：如何才算礼貌周到、热情有度？如何才能体谅基层的困难，真正办点实事？这恐怕是迎来送往活动中必须要解决的问题。接待活动要改进，但这种改进应自上而下来进行，既要靠领导同志严于律己，又要靠纪律和制度。

# 经历死亡

“自然之友”到内蒙古植树，我随同前往。采访结束，返京列车的包厢里，大家海阔天空地闲聊，话题转换了一个又一个。忽然有人问：“谁经历过死亡？”刹那的沉寂之后，“自然之友”会长梁先生讲了下面的故事：

那是在不久前，他从美国的丹佛到芝加哥，乘坐的是美国西北航空公司的飞机。这是一次夜航，凭借以往的经验，感觉飞机差不多快要降落时，他将目光透过窗子投向地面，渐渐地芝加哥的灯火已经扑入眼帘，几乎可以看得到机场跑道的航标灯了，机舱里的人们开始有了通常将要到达目的地的那种兴奋和躁动。

可是，不知为什么地面的灯火又变得模糊起来，无疑飞机又升高了。十几分钟过去了，机舱里弥漫开一种不安的气氛，这种情绪由内心显露在脸上，但是没有言语。人们企图从航空小姐充满笑容的面孔中，从她们镇定自若的举止中，否定那个可怕的预兆……

不知又过了多久，大家最终从机舱广播中听到了那个无可否认的事实——经过各种努力，飞机的前起落架无法放下，现在机组所能做的是将油箱里的油耗尽之后，准备主起落架也不放，让飞机“擦肚皮”迫降。这一令人战栗的消息，空中小姐以其平静的声音传达给每一个人。此后的片刻，人人内心都有一次骤然的紧缩，机舱里却死一般的沉寂。谁都明白，机身直接与跑道高速摩擦意味着什么……

机组人员告诉大家，乘客所能做的是：系好安全带，双臂交叉放在前座的靠背上，将头埋在两臂中间，把鞋脱掉，双脚轻松地放平，一旦飞机着陆尚还完整的话，机舱两侧的紧急通道会迅速打开，每个人不要携带任何手提行李，依次从通道滑下，然后一定要拼命地向外跑，以远离飞机。

一位空中小姐还特意走到梁先生身边，问他是否听懂了英语……

听故事的人不满足于这种情节的叙述，迫不及待地问：“你内心在想什么？”

是的，人们面对可能到来的死亡，内心在想什么？这是一个极其严肃而冷峻的问题。尽管平日在编辑部里开过玩笑：“假如半小时后地球将毁灭，那么现在你做些什么？”几乎所有的男人都说要好好吃喝一顿，而女人则渴望与家人在一起。但这毕竟是“假设的死亡”，当真的要“经历死亡”时，人又将想些什么呢？

梁先生告诉大家：“我一直在想我的脚。”这个回答太出人意料，又太令人失望了，但这毕竟是真的。

原来，梁先生乘机的那一天早晨，手提行李从朋友家出门时，一不小心将脚扭了一下，又酸又痛，走路都使不上劲儿，不要说像空中小姐要求的那样“拼命地向外跑”了。所以梁先生在最初的震惊之后，几乎所有的心思都在他的“脚”上，“怎么才能用这只跛脚跑得快？”这简直太不够壮烈，太缺乏悲剧感了！

可细想一想，其实这才是真正的对生存的渴望，只有这种强烈的渴望才能导引人们冷静地去关注可能有碍生存的细节。

当然，梁先生说在这同时也曾朦胧地想到，即便真的死了，也无所遗憾，因为他所经历的人生，让他满足了。一个朋友插话说：“除了死亡没经历什么都经历过了，那么面对死亡何不欣然领略。”这倒真是一种境界了。

“没想夫人和孩子吗？”

“没顾上！”

“没想留下什么话吗？”

“没有。”

“为什么？”

“因为我觉得我死不了！”

也许人真的是生有时，死有地。不该你死时，就是到了地狱的门口，阎王爷也不会给你开门。美国西北航空公司的那架飞机，在盘旋了将近40分钟之后，竟然鬼使神差地又将起落架平安放下了，梁先生便也无从检验他的脚到底能不能拼命跑了，心思也白费了，不过我想他宁愿这样。

当人们感到飞机的轮子实实在在地接触到陆地的一刻，一直是鸦雀无声的机舱里爆发出一阵非同凡响的掌声……

机长走出驾驶室，用美国人那种特有的幽默对大家说："今天，我好像不大方便再说那句'欢迎你们再次乘坐我们航班'的话了，但我还是要说，欢迎你们到芝加哥来！"

再看舷窗外面，跑道两边几十辆救火车、救护车正在严阵以待，车顶上的蓝紫色的报警灯仍在齐刷刷地闪着……"看来还真不是闹着玩的！"

给记者们讲故事，不是一件轻松的事。

"回家讲过这段经历吗？"

"当然。"

"是不是附加了点儿什么？"

"没有，如实道来。"

"您夫人怎么说？"

"那还用问，她说，看看是不是，心里根本就没有我！"

这时我竟想到一种解释："如果感情真的很深，那么一方珍惜生命，便是对另一方最大的负责，最实际的爱。"

梁先生点点头："可以这么说！"

原载1995年6月9日《光明日报》，记者肖彦
这次发表时梁本人略作修改

**梁从诫附记**

这位记者漏掉了很重要的一点：我当时告诉大家，通过自己这次的"生死考验"体会到，人在最危急的时刻，只可能想到与求生最紧密相关的事，而不大可能想到其他。这大概是人的生理和心理本能。由此，

我知道那些说什么在关键时刻脑子里会“浮现出”某某伟大形象、某某崇高理想，还有什么抽象的“爱”或其他政治抱负之类的话，多半是胡扯。当然，如果逃生无望，又不能即刻了结，却要慢慢等死，那是不一样的。这种经历我没有过，但记者追述了这个故事以后五年，我们读到了俄罗斯“库尔斯克”号核潜艇沉没时科列斯尼科夫中尉留下的遗书。那才是从容就义、英雄气概和爱，是一个真正意义上的悲剧！而我的那次经历，多半只能算是个喜剧吧，不然也不会在旅途中当成故事来讲的。

# 唱“绿色高调”的自然之友

## ——“自然之友”会长梁从诚接受《环境杂志》独家专访

宀传教育中，政府机构毋庸置疑起
力量也同样不可轻视。特别是近
用也越来越大，我刊经常能收到
非政府组织的活动邀请或简讯，
构作用到底如何？又是如何运
匕笔者采访了“自然之友”会
是，在长达近3个小时的采访
声打断，有时不得不依靠药物
己者，我也深深被梁先生这种
中，读者也能感受到梁先生

### 勘　误

本书第369页第一行“唱‘绿色高调’的自然之友”应为“不唱‘绿色高调’的自然之友”；第二行“——‘自然之友’会长梁从诚接受《环境杂志》独家专访”应为“——‘自然之友’会长梁从诚接受《环境教育》独家专访”。特此更正。

刂始人，您创办“自然之
友”

问题有很多人问过我。其实也没有什么戏剧性的原因，无非是中国的环境问题确实是越来越严重，这是有目共睹的。我比较关心社会发展情况，特别是80年代初，我正在办《百科知识》杂志，当时收到一篇投稿，文章提到乡镇企业有可能成为中国环境的一个大问题。可那时对乡镇企业是一片赞扬，农民可以离土不离乡，可以发财致富，很少有人想到，乡镇企业可能带来的环境污染。乡镇企业因为规模小，一般没有能力处理排放的废物，但是企业并不因为规模小而污染就轻，一个20～30人的小厂很可能会把一条河或湖给毁了。事实证明，淮河的污染很大一部分就是来自乡镇企业，特别是小造纸厂等。到90年代，我们曾有几个朋友在一起聊天，提到这些问题。并且，我们也都知道国际上环境保护很重视非政府组织（NGO）的作用，国外的NGO能起到很大的作用，大家觉得中国也应该有自己的NGO。当时全国政协正在开会，我与原国家环保局一位领导同组，于是我们找他，询问是不是应该成立NGO。他说作为个人，他特别赞成中国成立自己的环境NGO。他说，我们的确需要一个真正的NGO，但这只代表他个人，有了业内人士而且是高层领导的看法，这样就更坚定了我们要努力争取成立一个真正NGO的信心。

**记者：**对不起，插您一句话。您当时是不是退休了？

**梁从诫：**对。当时已经离开，不光是退休，且没有了“铁饭碗”，从1988年开始没有了退休金、公费医疗，什么都没有了。

**记者：**是因为要成立“自然之友”就不干公职了吗？

**梁从诫：**不是。我成立“自然之友”无非是想尽点公民的责任，这个社会，这个民族需要不同的渠道来推进环境保护，没有人做，我们就试试看，带个头。

**记者：**做第一个吃螃蟹的人？

**梁从诫：**有点这个意思吧。当时有一个疑问是，政府让不让？我们拟订了章程，先去国家环保局申请，当时还真遇到了问题。按规定一个领域里不能有两个同类组织。当时全国已有一个类似的组织叫环境文化促进会，后来我们只好找一个变通的办法。当时我已经是中国文化书院的成员，但它是研究中国传统文化的一个学术团体，经过一番说服，他们同意挂靠在文化书院之下，成立绿色文化分院，正式注册名称是中国文化书院绿色文化分院。因为这个名字不太让人一目了然，所以我们自己简称“自然之友”，我们的解释是我们主张善待自然，自称是大自然的朋友。

**记者：**请您谈谈你们组织的概况？做过哪些项目或活动？

**梁从诫：**我们的组织是一个会员制的团体，设有一个理事会，下面有一个办公室。我们主张从自己做起，愿意奉行自然之友的理念，就从你自己的生活中开始，不浪费能源、资源，过一种相对简朴的生活，不要去给环境增加负担。如我们提倡不使用一次性筷子等，当然这并不是一个教条，我们并不强求别人。理事会现在已有30多人，也有外地的。理事会下面有一个工作小组，相当于常务理事。会员来自各行各业，有家庭妇女、退休工人、下岗人员、个体户、出租司机等，我们这个楼的门卫也申请入会了。我们的宗旨是推行环境教育以提高公众的环境意识。公众环境意识的高低是影响中国环境状况的一个极其重要的因素。中国的环境状况，不仅取决于有没有一个高技术的环保科研队伍、一个强有力的管理机构（各级环保局）、一个非常完备的环保法律体系，还必须要有公众高度的环境觉悟、认识，否则将无济于事。如果工厂环保规章制度高悬于墙上，却偷偷排放超标污染物；如果有的人口头上热心于环保却大吃野味、大量使用一次性筷子等，那么全靠环保系统的工作人员去拣拾、管理，永远做不完。但是我们也在力所能及的范围内参与一些具体环境问题的解决。基本上是用宣传或者呼吁等形式。比较成功的像保护金丝猴活动。大约在1995年，当时我给姜春云副总理写信，另一位会员唐锡阳写信给宋健，呼吁不要砍伐滇西北天然林，经有关部门落实，下令当地禁止砍伐。但当地94%的财政收入靠木材，如果停止砍伐，马上就面临发不出工资的困境。最后中央决定，由云南省每年拨给1100万元的补贴，一个5万多人口的小县，一年1000多万的补贴应该是可以的。但是一段时间后，我们发现他们拿了钱还继续偷着砍，于是我们请中央电视台“焦点访谈”栏目去采访、曝光。最后一位副县长、县木材公司经理被免职，森林总算是不砍了，但是问题并没有根本解决。过去该地区经济很大程度上是依靠森林、木材，现在怎么办？后来我们建议是不是可以搞生态旅游？但这也未必就是完好的解决方式，有的地方生态旅游开展几年后就把那里的生态毁得差不多了。

**记者：**“自然之友”在全国有多少注册会员？入会条件是什么？

**梁从诫：**全国注册会员1000多。

**记者：** 坦率地说，这个数字有点让我意外，“自然之友”是全国第一家环保 NGO，并且成立已经 7 年，这说明了什么问题？

**梁从诫：** 我们流动性比较大，曾经注册过的会员有好几千。很多会员入会想参加活动，但是我们给大家组织的活动很有限。像一些环保群众活动，如种树、拣垃圾、大街上摆个桌子搞宣传等形式，我们也不想再多次重复，所以从这点来说，很难满足大家的参与感，有些人可能会觉得失望，与他们想象的相去甚远。这是事实，但是留下来的都是非常坚定的骨干。至于入会条件，基本没有条件。我们提倡一句话，叫做“真心实意，身体力行”。我们不去审查想入会的人员，相信申请人会的人都是想为保护环境做点实事。也有极个别的人引起我们的疑虑，他们要求发证明或会员证，我们没有会员证。我们的章程里有一条规定，任何人没有得到理事会的书面委托，不可以“自然之友”的名义到社会上活动，尤其不能搞集资活动，幸运的是到现在为止，还没有出现过这类事件。

**记者：** 您提倡的“不唱绿色高调，不做绿色救世主”，其含义是什么？

**梁从诫：** 这是我从自己的实践中逐渐悟到的。我觉得，近些年来，有的口号虽然具有鼓动性，能激发人们的意识，但我认为很虚，很难做到，口号谁都会喊。还比如，有的贫困地区，他们很穷，不得不砍树，如果我们说，你们不要砍树，不要这样、那样，为了子孙后代的幸福要绿化祖国等，光说一些大道理作用不大，饭都吃不饱，怎么能饿着肚子去环保。1996 年我第一次随大学生绿色营下去，我提醒他们，如果当地的老百姓说，你们这些城里人，家里有电灯、暖气、自来水、煤气，我们这只有大森林，那咱们换一换。我们住到你们家里去，你们到我们这儿来，看你们砍不砍。我想，没准我们比人家砍得还厉害，我们生活要求比人家高，这就是属于绿色高调的一种表现形式，所以不是靠几个口号喊喊就行，要实际。另外还有一种我们也不赞成，像百米长卷万人签名，大家承诺绿色生活，这些也都成为八股了。我说不当绿色救世主，就是不要到处指手画脚，以教师爷的姿态自居，很容易引起群众的反感。即使要教育人也要以平等态度，而不要舍我其谁，这就是我提出这两个口号的原因。要想人们接受你的宣传、劝告，必须把自己放在和公众平等的地位上，用一种合情合理的、老百姓能接受的方式。我不喜欢轰轰烈烈，当然在某种场合也能烘托一点气氛，引起群众的注意，但是原则上不能说教，不能指责别人。比如有的人说："人啊人，你们还想干什么?"当然他们是出于一种义愤。我不主张用这种口气说话，这也不是哪一个人的责任，说到底，我们人类从猴子过渡到人，就是以不断地从环境中索取为代价的，否则咱们就不会变成今天的人。

**记者：**作为一名环保主义者，身体力行毫无疑问会起到榜样和自我约束的作用，因此您坚持出门骑车，从不打车，上饭馆自备餐具等。但作为69岁高龄的老人，您有没有觉得有不方便的时候，会不会影响您的办事效率?

**梁从诫：**首先我需要纠正一下，我还是打车的，而且次数不少，至于自备餐具这是千真万确。再说出行，我很想出门不打车，尽量乘坐公交车或骑车，这样可以减少由汽车尾气排放带来的空气污染，但是目前北京或是全国很多城市公交系统还不十分完善。我曾经向有关部门建议，大力发展北京的公共交通，如果我们的公交系统快捷、便利、安全，那么很多人出门自然就会选择公共交通工具。要让大家选择污染少的交通工具就必须提供给他们一些选择。在美国纽约，大部分上班的人选择坐地铁或者是公共汽车，当然这些交通工具既准时也舒服，没有挤到动不了、摩肩接踵的地步。如果有这样快捷、便利的公交系统，特别是轨道交通，不受堵车的限制，还会大大减少空气污染，很多人会愿意乘坐公交车。如果北京的公交系统变得方便快捷，四通八达，我一定会尽量坐公交车。

**记者：**您从创办"自然之友"以来，获得过无数嘉奖和称号，如亚洲环境奖、菲律宾麦格赛赛奖等，您对这些荣誉的感受是什么？有没有名人效应的影响?

**梁从诫：**我觉得获奖最大的意义在于社会承认了我们，我从来不把这些奖看成是个人的奖，没有"自然之友"哪有我获奖一说。这几年我之所以在社会上能够产生一点影响只不过是组织了“自然之友”，没有其他的人辛辛苦苦做大量具体事情，我怎么可能获奖？所以我们获得这个奖是社会对“自然之友”的承认，这对我来说是最大的利益。至于名人效应，对这几个奖来说，好像跟这个家庭没有什么关系。比如菲律宾的麦格赛赛奖，菲律宾人恐怕都不知道梁启超是何人？我常说，名人之后有没有出息，还是靠自己，没有必然的联系，但总有很多人喜欢这么想。当然不能说没有影响，家庭给我的影响是他们要求我要有社会责任感，一个人活着不能只为了自己，这倒不是说他们向我说教，第一我根本没见过我祖父，我出生前他就去世了，我也不爱看他写的书，都是文言文；第二，我父母并不爱教训人，他们的生活、工作给了我耳濡目染的影响。就在我中学以前的生活环境里，不仅我父母，包括我周围的人，我小时候接触过的叔叔、伯伯都是学术界人士，他们之间的谈话、喜怒哀乐，对孩子来说都是一种无形的影响，我看到更多的是抗日战争期间，他们为政府的腐败而愤怒，为祖国的命运担忧。

**记者：**所以您看待社会与别人不一样。

**梁从诫：**可能。所以讲到家庭影响什么的，我只能说我的家庭给我带来的生活环境、氛围都产生了很好的早期教育作用。

**记者：**我曾经开过一次会，得到一条信息是，中国有关环保的非政府组织有 1000 多个，而美国有 10000 多个，我想这对于具有 13 亿人口，拥有 960 万平方公里且环境状况又非常不好的国家来说似乎比例不大。您觉得目前中国非政府组织发展的阻力是什么？政府与非政府组织的区别，就环保而言，到底在哪里？

**梁从诫：**第一，我对这个数字本身有极大的怀疑，我不知道这个数字从哪里来，我根本不相信中国有 1000 个环保 NGO，真正意义上，敢于提出和政府不同意见、不同声音的 NGO 有 100 个就不错。另外，美国是不是只有 10000 多个，我也怀疑。因为美国的统计也是很难，如果算上社区的话，恐怕不止 1 万。在美国小学生也能办 NGO。而且，在美国做 NGO 也不需要到政府登记。

**记者：**您怎么定义 NGO？政府与非政府组织对环保来说作用到底

有什么不同?

**梁从诚:**我也说不好非政府组织在中国的作用该怎么样，可以说是政府环保部门的一种补充、监督，或是一种另外的声音吧。但是中国这么大，13亿人口分布这么分散，土地又如此广袤，在这种情况下，光靠政府的作用是绝对不够的。我们非常需要NGO来推动我国的环保事业。特别是对政府起到监督批评作用的独立NGO。

**记者:**作为具有很高知名度的您，经常出国讲演和出席各种会议，并经常接待外国友人，您觉得跟国外非政府环保组织相比，区别在哪里?有没有遇到过外国同行。

**梁从诚:**关于第一个问题，当然中国的NGO和外国有区别，有的地方区别很大。外国NGO在社会上发挥很强的作用，如组织群众、向群众宣传，在监督政府、保护环境方面常常发挥很好的作用。像德国的那布，它是一个生态保护组织，在德国的影响非常大，以至德国政府在做重大环境决定，特别涉及生态问题时，一定要得到那布的认可。美国的环境NGO作用也很强。有一年，美国环保局局长来华访问时，团里有一个NGO的代表，环保局长在介绍时说到，他认为政府没有履行政府应该履行的责任，因此他起诉政府。但在政府组团的时候还是请他参加，这在中国恐怕是少见的。外国同行对我们确实是有很多不理解，他们常问你们为什么不这样做?为什么不那样做?你们应该抗议呀!你们要督促政府立法呀!这就是外国人对中国整个环境问题不理解。尽管我是NGO成员，但在外国人面前，我还有一个维护中国威信的责任，我在国外就批评过外国政府，在上海召开的全球财富论坛上也批评过国际大公司。

**记者:**您刚才提到的财富论坛上，是《财富》记者采访您吗?

**梁从诚:**不。我是那次论坛中国唯一的NGO代表。我是被邀请作为Speaker在大会发言，我说:“你们这些大老板们，都想在中国的市场上切更大一块蛋糕，为此你们要中国人习惯你们的产品、消费习惯，这样才会来买你们的产品、技术，如果中国人也像美国人一样，总想着该换一个什么新型号的汽车，买更大的房子;如果13亿中国人也进入这样一种状态，不仅中国的发展不可持续，全世界的发展都不可持续，到那时你们承担什么责任？美国人口现在是2亿6千万，1亿3千万辆汽车，两个人一辆车。中国如果也是这个比例的话需要6亿5千万辆，这是一个什么概念？现在全世界汽车保有量5亿4千万辆，中国的数量就要超过全世界的总和，那么全世界生产的汽油都供中国开车还不够，这不是开玩笑吗？在这种情况下，中国谈什么可持续发展。美国人均能耗是中国的14倍，如果折合成能源消耗作为个人单位的话，美国的人口要乘14，美国人应该是30亿人口，如果将中国人口也乘以14，达到美国的消费水平，有人算过，需7个地球供应中国，这当然是一种推论，但是情况就是如此。中国人如果都过美国人那样的生活，所有的耕地都用来修高速公路都不够。在这种情况下，你们承担什么样的责任？”我还到欧洲议会做过演讲，我说：“你们没有权利指责我们，说中国的 $CO_2$ 排放量世界第二，中国 $CO_2$ 人均排放量只有美国的1/8，难道你们坐汽车点电灯，我们就只配烧柴火点油灯？美国开国元勋华盛顿不是说过：“We all men are created equal”，人人生来平等，凭什么你们过这样的生活我们第三世界人就注定得过三等、五等公民的生活？你们没有权利指责我们。如果说要拯救地球，你们的责任比我们还重，因为你们是地球环境的第一破坏者，全世界温室气体、环境污染物质是谁积累的，是我们吗？现在都怪压在骆驼背上的最后一根稻草，前面的稻草都是你们堆上去的，充其量我们是最后的一根稻草。”说得全场哑口无言。很多留学生都起立鼓掌。

**记者：**现在北京申奥已经结束，中国终于获得了2008年举办奥运会的“钥匙”。您作为北京“奥申委”的环境顾问，还与北京地球村、北京市环保基金会等多家环保团体签字联合发布了（绿色奥运行动计划）。能否简单介绍一下计划内容，特别是和一般公众有关的部分？

**梁从诫：**大概意思是在自己的领域里面努力去为申奥做出一些贡献，我当时说我们搞环境教育，就努力把环境教育做好。这个计划只是这20个团体之间的承诺，没有对一般公众的要求。

**记者：**您作为全国政协人口、资源、环境委员会委员，向有关部门反映情况很容易，那么一般百姓较难将一些意见及时反映到有关部门，您认为对于他们来说，最好的渠道是什么？“自然之友”有桥梁的作用吗？

**梁从诫：**当然可以搭桥，但是我们不愿意成为一个好像是NGO的祖师爷那样，我们不想扮演这个角色，如果人家愿意，是不是请“自然之友”来搭桥，我当然很愿意，但我不能说，你们有意见都通过我来转达，每个NGO都是独立的。但是我理解国内目前还没有一个固定、完善的投诉和发表意见的渠道，一般老百姓的意见可能很难得到落实。

**记者：**中国政法大学王灿发教授建立了一个“环境法律救助热线”，这可能是一个有效的方法，那么类似这样的途径还是很缺乏的。

**梁从诫：**是的。但即使是有这么一个渠道，它的成功率如何？我曾经问过王灿发的一位同事，他们官司的胜诉率是多少？她说不高，受理的可能不少。这说明我们的环保法律体系不完全，一个很重要的原因就是怎么认证受到的伤害就是环境造成的，医学上没有一个专门机构来判断、确诊环境污染对疾病所起的作用。另外，就是责任人的认定。几年前，我认识一位朝鲜族的舞蹈家，她的房子外面有一个垃圾堆，后来逐渐变成一个非法的野垃圾站，成卡车的垃圾都往那倒，最后垃圾堆里的沼气侵入到她房里，厨房一点火，整个厨房爆炸，这个人浑身都烧黑了，人倒没死，烧成重伤。但是起诉后却不了了之，因为这个垃圾堆是无主的，谁也不承认对这个垃圾堆负责。乡里说，我们没有权利不准别人来倒垃圾，反正是互相推诿。最后，这位舞蹈家白白烧伤，连投诉的对象都找不到，她给我写信时，“自然之友”刚成立不久，我是爱莫能助。所以我觉得现在要打环境官司除了环境执法部门外，还必须有一整套支持体系，否则的话，很难办。

**记者：**还有的情况是即使知道责任人，比如说噪声扰民问题，受害者可能不知道正常的渠道，可能会跟民工直接产生一些摩擦，甚至是动起手来。

**梁从诫：**就在昨天，我们隔壁在施工，正好来了一位荷兰的客人，在这个屋子里根本无法谈话，整个楼都感到在震动。客人走后，我去找楼里的物业，告诉他们这是违反噪声法的。物业只好道歉，他解释说他们正在施工，天黑后看不见就无法施工了等理由。而在国外就可以投诉，不管是因天黑无法施工还是其他什么原因，如果有人违犯了法规就可以投诉，现在我们还难以做到这一点。

**记者：**在您创业的这7年中，您一定经历了很多事情，您觉得您取得的最大成绩是什么？遇到的最大困难是什么？

**梁从诫：**最大成绩是把一批真心关心环境的人聚集起来，一起做一些有意义的实事，我很为我们的会员骄傲，他们来自全国各地、从事不同职业，有的甚至就是种田的农民。他们有这种愿望，愿意付出时间、精力和财力来为保护我们共同的环境而出力，这的确表明人们的环境意识大大提高了。毫无疑问，我也遇到过不少困难，最大的难题恐怕还是来自社会，那就是一些人的不理解，有人说我们是神经病，甚至是哗众取宠；另外就是政府的支持还不够。

**记者：**您将来的打算是什么？“自然之友”未来蓝图将会怎样？

**梁从诫：**“自然之友”可以说是中国第一个环保NGO，比较早就成立的。我们经历了风风雨雨，我们只想把事做好、做扎实，毕竟很多事情都在摸索，像“羚羊车”这肯定是第一个，怎么能做得更规范、影响更大，还需要不断探究。还有一个项目是绿色希望行动，这个项目与中国青少年基金会合作。我们派去志愿者，经过培训，2～3人一组，到希望小学去，做些环境启蒙教育，包括老师的培训。同时，还做一些当地的环境状况调查，时间很短，只有两三天。我们选择从未或极少进行环境教育活动的学校。派去的志愿者并不是长期从事环境教育的教师，而是各行各业的志愿者，我们先对他们进行培训，把他们自己对环境问题的认识和经验告诉当地教师等。这个项目也是很新颖的。今年计划下去24个组，到24个希望学校。目前已经下去四五个组了，开学后还会陆续下去，这是一个很有意义的农村环境教育项目。农村环境教育很缺乏，也很需要。比如农村垃圾很多，而他们对垃圾危害没有概念。简单地说，下雨后垃圾被冲到水库或池塘中，水就受到了污染。这将直接危害到他们的身体健康，所以，农村的环境教育的确需要重视。还有就是培训大学生环保团体。告诉他们可在校园内宣传，在家属区做节水宣传，到中小学去做校外辅导员等。另外在教案、教材方面我们打算制作一些适合农村，不同地区特色的教材；制作一些生动、活泼的录像带、光盘、儿歌等。总之把环境教育做得更规范更有成效，推广我们以往的经验，使团体之间可以借鉴。我们并不想做多大、多轰动，还是那句话“不唱绿色高调，不当绿色救世主”。

我们也不想争当什么环保明星。传媒对我们的帮助很大，使我们的理念、经验能很快传播给广大群众。我们特别感激他们。但接受采访、“上镜”是手段，不是目的。这一点观众是看得出来的。你的心态是瞒不过观众和读者的。我们认为真正的环保志愿者应当是最真诚、最朴实、最富于奉献精神的人。

# 梁从诚：为无告的大自然流泪

50年前，他的父亲为保留北京古城墙奔走呼号。40年后，他为保护日益恶化的大自然创立了中国第一个民间环保组织——“自然之友”。

祖父是“戊戌变法”的重要角色梁启超。父亲是被誉为“国宝”之一的中国建筑史奠基人梁思成。母亲林徽因是品貌超群的一代才女。

他说，正是从他们身上继承了一种信念：一个人要有社会责任感。

1999年6月，全球《财富》论坛年会在上海召开。来自全球知名大公司总裁汇聚上海。对中国来说，这是世纪之交意义非凡的一次盛会。

第二天上午黄金时段，一位身份特别的中国人踏上大会讲坛。他一开口便忧心忡忡。他谈的是“经济发展与中国环保”。

那些经济巨头和他热烈拥抱。这是此次大会邀请的唯一一位非经济界人士。他的名片上印着两片相互依存的绿叶，边上写着一个平实的名字：自然之友。

纸片特别轻，甚至感觉有些粗糙。背面印着一行行略显歪斜的小字，上书“××印刷厂提醒您保护绿色环境”。显然，这张名片是用别人废弃的纸印的。

他就是梁从诚，中国第一个环境NGO（非政府组织）——“自然之友”的会长。

## “人应该有一种精神”

在这个不再崇尚英雄的时代，一种精神和气节也正从这个民族逐渐失落。当一些身影穿越滚滚红尘，孤独而决然前行，是否能让我们疲惫的记忆唤醒一些什么？

“人还是应该有一种精神，有一点追求。在这样一个时代，我们可以选择另一种生活。”梁先生沉缓地说。

他已68岁，但看起来要年轻十几岁。这几年，他和“自然之友”深交了一些平凡而执著的属于这个时代的英雄。他们的精神让他感动，让他时常血液奔腾，让他完全忘记老之将至。

“索南达杰死了，死在可可西里。他为保护野生动物死的。死得那么悲壮。我知道我该做什么了。”1996年1月6日，来自深圳的大胡子杨欣踏进“自然之友”，开始四处游说他的计划——一个关于保护长江源头的计划，在可可西里建立“索南达杰自然保护站”的计划。

杨欣早已是声名在外的长江征服者。索南达杰改变了他的人生轨迹。

1997年9月14日，“索南达杰自然保护站”终于落成。杨欣和全体志愿者班师凯旋。媒体静悄悄的，一家有关环保的报纸发了一张保护站的图片，下面加了一句不痛不痒的解说词。

梁先生愤怒了，他给总编辑打电话：“什么叫‘可望落成’？你知道保护站是怎么建起来的吗？”

他旋即给杨欣打电话：“你们到北京来，我给你们组织演讲报告会，咱们一个大学一个大学讲，一个大学一个大学卖书，卖书还钱！”

此时的杨欣，为了建保护站，已经债务累累。

一年前的春天，梁先生来到深圳，径直走进市长办公室。这位出身名门的书生教授，为了帮杨欣募集建站资金，不惜远道登门去化缘。

李子彬市长是清华毕业的，与梁先生多少有些渊源。

“李市长，你们深圳不简单，有人才啊。喝着珠江的水想着长江的事。杨欣是你们深圳人的骄傲，你们父母官得支持啊。”听完建站计划，李市长感动了。几天后，李子彬批给杨欣30万元。后来，因一些原因，杨欣只拿到20万。

为了筹款，杨欣硬着头皮写就《长江魂》。而后将书做抵押，借款向深圳厂家订货，要求货必须与中国南极站一模一样。

1997 年夏季，北京罕见的炎热。国家环保局会议室里，《长江魂》终于举行了首发式。会场里的气氛与外面的温度不相上下。

梁先生掏出一百元，交给杨欣："我买一本，就这个价！"

据说，标价 23 元的《长江魂》在那天被抬到了每本一百元。后来，人们戏称梁从诫"哄抬物价"。

在那个炎热的夏季，梁先生和杨欣等几个志愿者在首都高校不停地演讲、卖书。

3 年前，青海省治多县委副书记索南达杰为保护世界珍稀动物藏羚羊，英勇牺牲。妹夫扎巴多杰接过烈士手中的枪，重建队伍，并把它命名为"西部野牦牛队"。

"野牦牛队"因财力与物力不足，常常不是被困荒原就是让偷猎分子趁机脱逃，消息传到梁先生那里，他急忙发动"自然之友"全体会员支持"野牦牛队"。

梁先生邀请扎巴多杰到北京化缘，到各大学演讲。同年 10 月 6 日，他了解到英国是藏羚羊绒制品的主要经销国，便趁英国首相布莱尔访华前夕，致信布莱尔，请求帮助打击国际藏羚羊及其制品的非法贸易，保护藏羚羊。布莱尔访华期间，特意安排时间与梁先生共商计策。

1999 年春，在梁先生建议下，国家有关部门组织人员进入可可西里，发动著名的"可可西里 1 号"行动，严厉打击偷盗分子。这年 5 月，67 岁高龄的梁先生带着"自然之友"向"野牦牛队"捐赠的两部新型北京吉普和一部电台，到可可西里去看望反盗猎的健儿们。

在格里木，梁先生终于见到了"野牦牛队"那帮脸色黝黑、目光热烈却不善言辞的藏族小伙。梁先生有些哽咽地说："我们像是回家了。"话刚出口，这帮剽悍的康巴大小伙子竟然哇地哭成一片。看着这些在枪林弹雨酷寒中眉都不皱的汉子，梁先生也禁不住泪流满面。

几年来，"野牦牛队"在当地遭遇不少误解、冷遇、压制甚至诬陷，梁先生和"自然之友"总是及时伸出援助之手，给他们理解和温暖。

回程路上，梁先生乘坐的越野吉普不幸发生车祸。坐在前排的梁先生右肩脱臼，胸部挫伤。同行的几位“自然之友”成员也都受了伤。但没有人因此后悔。

## “事情总得有人去做”

梁先生的祖父是在戊戌变法、立宪运动中扮演重要角色的梁启超。父亲是被誉为“国宝”之一的中国建筑史奠基人梁思成。母亲林徽因是品貌超群的一代才女。

50 年代初，梁思成为保留古城墙大声呼吁。50 年后的今天，北京市政府决定重修古城墙。在古城墙遗址前，梁先生笑问官员：“你们敢在这里立一尊梁思成的铜像么？为了纪念一个失败的英雄？”梁先生认为自己从先辈身上继承了一种信念：一个人要有社会责任感。

当年，梁从诫从北大历史系读完研究生学业后便到云南大学任教。60 年代，被下放到江西“五七干校”。劳作之余，也曾以抓鸟逮蛇取乐。用他后来的理念对照，那是“干着破坏自然的勾当”。但也正是在那里，他第一次对土地有了感性认识，对自然产生了感情。

80 年代初，梁先生在《百科知识》杂志做编辑。一篇来稿引起他的注意。当时，改革开放的呼声在中国一浪高过一浪。中国的乡镇企业大步崛起。作者却在这一片热闹中看到了隐患。他尖锐指出，在促进经济发展的同时，规模不大、设备简陋的乡镇企业将成为新的污染源，成为影响环境，破坏环境的重要因素。

那份稿件使梁先生受到很大启示。他开始关注自己生存的环境，以及生活在这个环境中的一切生命。

7 年前，一个酷热的 6 月天。北京八里庄“玲珑园”一座荒废的古塔下，20 多个知识分子模样的人席地而坐，为日益严重的环境污染和生态破坏忧心忡忡。

这一天是 6 月 5 日——“世界环境日”。这群非专业环保人士要做一个大胆举动——成立中国第一个民间环保团体。

几经周折，1994 年 3 月，中国第一个民间环保组织——中华文化书院绿色文化分院在民政部注册登记。梁先生和朋友们喜欢称自己为自然之友。于是，“自然之友”就成了该组织的“爱称”。

梁先生担任“自然之友”会长。他首先将自己的积蓄拿出来，作为开始的活动经费。

“自然之友”没有经费来源，完全靠志愿者奉献。诚如梁先生所言，热衷于环保的都是有社会良知的好人。自私冷漠者不会关心。

1996年春，云南省德钦县打算对一片原始森林进行商业性砍伐。栖息其中的国家一级保护动物滇金丝猴危在旦夕。

云南省林业厅工作的奚志农得知消息，连忙向“自然之友”及媒体报警。梁先生随即写信给国务院有关领导，请求保护滇金丝猴。在中央和有关部门的干预下，滇金丝猴最后的栖息地终于保存下来。

1998年，克林顿访华期间，特意安排在桂林与中国民间环保人士讨论环境问题。梁先生将带来的礼物——奚志农拍摄的滇金丝猴母子照片送给克林顿。

克林顿饶有兴致地问：“这种金丝猴还有多少?”

“不足1200只。”梁先生说，“而且据我们所知，这是灵长类中除了人类之外唯一的红唇动物。”

克林顿认真地端详照片：“哦，那是我的表亲。”

全场大笑起来。

梁先生常说，我们“自然之友”的任务其实就是用自己有限的力量去支持、协助、监督政府的环保工作。我鼓励会员们积极工作，去发现问题。但他们越积极，风险也就越大，而凭我的力量又保护不了他们。

1998年长江洪灾后，一些不法分子无视法规，继续砍伐川西地区的天然林。当地“自然之友”会员向梁先生紧急汇报。后来，当地会员带领“经济半小时”记者深入密林。事后那位会员却不断遭到匿名电话威胁恐吓。

梁先生意味深长地说，事情总得有人去做。在中国搞环保必须做好付出代价的准备。

## “环保不是一件热闹的事”

1995 年 10 月 26 日下午 4 时。东京。日本新闻俱乐部。

梁从诚先生郑重地接过 1995“亚洲环境奖”。这是由日本每日新闻社和韩国朝鲜日报社 1995 年开始联合设立的国际环保奖。中国的“自然之友”是获得该奖的第一个中国民间环保团体。

梁先生在答谢词中说：“‘自然之友’成立只有一年多，与中国面临的严峻的环境问题相比，我们所做的太微不足道了。这次荣幸获奖，与其说是对我们取得成绩的奖励，不如说是在提醒我们，前面还有很多重要的事情在等待我们去努力。”

几年前，梁先生来到宁夏考察。

在干旱的沙漠地里，他看见一对姐弟俩手提破铁筒，用小耙子四处挖发菜。晒干后，卖几分几毛钱。这便是维持一家的生计。

挖发菜对草原是致命的威胁，但梁先生实在不忍心责备他们。那个小男孩，除了眼眶和嘴的周围是白的，整张脸就像一个黑壳子。在这严重缺水之地，他们长大至今大概没洗过脸吧。梁先生的心痛了。

“每当面对这样的境况，我总是说不出话来。我能说什么？我们这样一个民间环保组织能为他们做什么？太无力了。对那些连最基本的生存都难以为继的人们谈环保，我有一种负疚感。”

正因为对中国国情有切身了解，梁先生和同行者们给“自然之友”确定的行动宗旨是：

不唱绿色高调，从身边一点一滴做起。以环保教育为主，提高公众，尤其是青少年的环境保护意识。

“环境就像一个大家庭，政府环保部门就像主妇。生活在大家庭里的每一分子如果不管不顾，环境是搞不好的。其实我们也没有能力来收拾，只是呼吁大家共同来促进这件事而已。”梁先生经常这样形象地比喻中国环保。

两年前，梁先生来到严重缺水的河西走廊。在一家国营大厂厕所门口，自来水哗哗流成河，进厕所都要踩着砖头才能趟过去。使梁先生愤怒的是：全厂上下竟然没有一个人来过问这件“小事”。

“环保只有变成百姓的自觉意识、自觉行为，才真正具有意义。”

与某些人心目中轰轰烈烈的绿色壮举比较起来，梁先生和“自然之友”们平常所做的都是看来微不起眼的事儿：拒用一次性筷子、不乱丢废电池，留下洗衣裳的水冲马桶，给孩子们举办环保夏令营，组织观鸟小组，出版环境教育读物，到城乡学校进行巡回环保宣传等等。

几年前，年近90的日本治沙专家远山正瑛和儿子远山正雄千里迢迢来到中国内蒙古恩格贝沙漠植树，从此把那里当成了家。当梁先生听说至今没有中国志愿者去参加植树时，深为震动。“这太不像话了！别人不去，我们‘自然之友’不能不去。”

从此，自费买树苗、自费几百元去恩格贝沙漠植树成了“自然之友”组织的固定节目。

5年前，梁先生应邀到一家国家机关演讲。那天，只去了5个人。梁先生平静地说，如果我能在你们5个人心中种下绿色的种子，我就很欣慰了。如果环保这个工作一呼百应，那也就不用我们来做了。正因为它不被关心，被遗忘，所以我们才要来做，并把它坚持下去。

女会员谢蕾，大学毕业后回到广西，搞了一个绿色团体，会员已有几百人。她写信给梁先生：梁老师，当年参加大学生绿色营，在我心里播下了一粒种子。现在这粒种子已经变成一片小树林。

如今，“自然之友”已有800多名个人会员和几十个会员团体。

对络绎不绝前来采访的中外媒体，梁先生总是动情地说：“不要写我个人，写环保吧。写写那些志愿者们，他们默默无闻地做事。他们那么可爱。7年前，我们只有几十个人，现在，我们有成百上千个志同道合的朋友。是‘自然之友’使我们走到了一起。他们让我感到幸福。”

### “像我这样的人多到得不了奖就好了”

在整个采访过程中，梁先生难得舒展笑容。只是偶尔一笑，便天真地像个孩子。

这位当初对环保知之不多的历史学家，如今，三句不离环保现状。他有些悲观。为日益恶化的生态环境，为国人越来越物质化的生活理念。

他特别怀念逝去年代里那种“士”的精神气质，那种知识分子的人文情怀。

抗战时期，在四川农村那样贫寒的境况下，母亲却经常给儿子讲米开朗琪罗，讲贝多芬。让年幼的儿子与她一起读《猎人笔记》，体会俄罗斯美丽广袤的大自然。父亲教儿子画画，一起做各种玩具。在那种艰难岁月里，父母亲完成了《中国建筑史》等扛鼎之作。

“印象中，我们的生活总是充满文化上的追求。物质生活虽然极度贫乏，精神上却很富足。”

可这个时代，还有多少人愿意享受那样简朴丰厚的生活？

“是不是大把大把花钱、有汽车住洋房就是人类的幸福生活？还是说你的幸福生活可以有另外一种理解？物质上简朴一点，精神上丰富一点，有没有可能？”梁先生激动起来。

其实，想过好日子，本无可厚非。但若不择手段，不顾及别人，甚至不惜以破坏、践踏生态环境为代价，则是对自然的一种犯罪。

去年，在《财富》论坛上，梁先生质问台下那些全球经济巨头：

“你们纷纷来到中国，无非是想在中国这块大蛋糕上切更大的一块市场份额。可是，如果十几亿中国人都过上你们那种生活方式，中国的资源能支撑得起吗？按 1990 年官方统计，中国人均能耗只有美国的 14 分之一。如果现在中国要达到美国 1990 年的生活水平，把全世界的能源供应中国都还不够。这，不仅是中国的灾难，也是世界的灾难。你们想过要承担什么责任没有？”

台下报以寥落的掌声。

或许，当今的人类就像坐在“泰坦尼克号”上，你有一等舱的乐趣，我有二等舱的活法。突然有一天撞上冰山，停也停不下来，拐也拐不了弯。大家只能同归于尽。

孔子曰：天，何言哉！

面对无语无告的大自然，有论调说，经济要飞速发展，环境破坏是必须付出的代价。梁先生为此忧心。

“一个国家在发展经济的同时，只有注重对环境的保护，才能保持发展的可持续性。经济发展与环境保护完全可以协调一致。否则，那种短视行为必遭到自然的惩罚。结果是得不偿失。”

作为全国政协委员，梁先生每年都要提出关于保护环境方面的提案。今年政协会上，他对西部开发提出异议，警醒以免重蹈历史上因“大”字而带来的深刻教训。他呼吁，西部开发要特别珍惜利用当地的水土资源，有多少水开发多少……虽然一些提案遭到冷遇，但梁先生称要“立此存照”：历史会看到，中国在保护环境方面并不缺乏有识之士，并不缺乏良计良策。

去年，在北京，梁先生以民间环保组织领导人身份获得“地球奖”。他在获奖词中说：“什么时候，像我这样的人多到得不了奖就好了！”

今年，“自然之友”又开展了“羚羊车”流动环境教学活动，并和青基会合作，开始了在农村开展基础环境教育的“自然之友绿色希望行动”。一批批“自然之友”的志愿者正在踏上提高全民环境意识，展开公众环境教育的第一线。所有这些，都使梁先生感到欣慰。

原载2000年8月号《香港商报·知识与命运杂志》，作者：攀妮

**附：**

本文作者曾将其初稿交梁从诫审阅，以下是梁的一段答复：

“……请不要随意编造具体情节。无中生有、凭想象敷衍，是记者大忌。写东西首先要做到诚实，不知道的就是不知道。什么（《百科知识时期》）‘一遍又一遍读来信，每次心灵都受到震撼’；什么林徽因和梁思成商量好了要跳扬子江；什么‘骄傲地认为自己继承了祖父、父母的信念’……什么弹弓打飞禽，洞里抓蛇……我什么时候说过这些？写报道不是写小说。我很不赞成那种溢美之词和虚构的细节！凡被我删去的词句段落都是不实或不确的，请不要再用。我注意到你大概没有读过我过去写的东西，这也很遗憾。写一个人，却不读他本人的文章，这恐怕不行。”

# 译 文

# 冰川和海冰受到气温升高的威胁*

到2020年，乞力马扎罗山上的积雪将可能只有在老照片上才能看到了；而到2030年，美国蒙大拿州的冰川国家公园里的冰川也可能不复存在。到本世纪中叶，到了夏季，北冰洋洋面可能再没有冰。由于近几十年来地球气温的上升，地球表面覆盖的冰开始融化，其速度正在加快。

2002和2003年，北半球记录到很低的冰覆盖率。最新的卫星数据表明，北极变暖的程度，在20世纪90年代比80年代更甚。现在，北冰洋的冰每十年大约要融掉15%。早年探险家们一直在寻找的所谓西北通道，可能会从他们当年的美梦变成我们今天的噩梦。北极冰的消失可能会改变大洋洋流模式，从而引发全球气候模式的改变。

在地球的另一端，南极海洋里靠近南极洲的浮冰，自1950年以来大约缩小了20%。与此同时，记录到当地气温自1950年以来大约上升了2.5摄氏度。

已经存在了万千年的南极的冰盖正在碎裂，被命名为B-15的世界最大的一座冰山，据测量其面积大约为10,000平方公里，相当于半个新泽西州，其“玫瑰冰盖（Ross Ice Shelf）”在2000年3月崩坍了；2002年5月，它又崩掉了约30公里宽，200公里长的一块。

在南极的其他地方，拉森冰盖大部分已瓦解，缩减为原先规模的大约40%。

随着1995和2002年拉森冰盖A和B相继崩蚀后，原先由这片冰盖支撑的陆基冰川的融蚀速度也加快了一倍。

与海冰和沿岸浮冰的融化不同，陆地上冰盖的融化会造成海平面的

---

* 原文作者：（美）雅涅·拉森（Janet Larsen），地球政策研究所。

上升。根据“政府间气候变化研讨会”最新的估算，本世纪内冰川的加速融化已使海平面上升了0.1~0.9米的数据可能还要往上调。

在格陵兰，有一个相当于三个德克萨斯州大小的被冰覆盖的岛。岛上原先很稳定的冰川目前正在加速融化。岛西南部的杰考莎文（Jakobshavn）冰川是岛上内陆冰盖的排水通道，现在正在迅速萎缩，其萎缩速度四倍于20世纪大部分时间。目前格陵兰每年要融失约51立方千米的冰，足够使全球海平面上升0.13毫米。如果格陵兰所有的冰都融化了，将使全球海平面上升7米！全世界大多数沿海城市将被淹没。

喜马拉雅是仅次于南极和格陵兰之后世界第三大冰库。在过去30年中，喜马拉雅的大部分冰川都在萎缩，在过去的十年中，雪线在令人吃惊地升高。珠穆朗玛峰的冰川的下限在曾经最早的登顶者Edmund Hillary和Tenzing Norgay的登顶营地，而现在已经比他们1953年登山时后退了5公里。不丹一侧的冰川则以每年30~40米的速度在后退，尼泊尔境内的情况也差不多。

当冰川融化时，水会迅速注入冰川湖，造成泛滥的危险。一支国际科考队曾经警告：按目前冰川的融化速度，喜马拉雅地区至少有44处冰川湖的湖岸将有可能在短短5年之内溃决。

冰川本身储存了大量的水。世界一半的人口靠的是来源于山脉的水。或是山上淌下的雨水，或是融冰。在有些地区，冰川是长年性水源；在其他地区，融冰是旱季主要水源。简单地说，冰川加速融化意味着有更多的水注入河流，而一旦冰川消失，旱季河流水量将减少。

喜马拉雅冰川是亚洲七条主要河流的水源——恒河、印度河、布拉玛普特拉河、萨尔温江、湄公河、扬子江和黄河，从而为世界大量人口的常年供水做出了贡献。仅在印度，注入恒河水系的冰川融水就在维持着5亿人口，包括德里和加尔各答居民的用水。从1955到1990年，中亚天山山脉的冰川就缩减了近30%。在干旱的中国西部地区，由于冰川的萎缩，至少影响了供水量的10%。

热带冰川主要集中在南美安底斯山脉北麓。在1998至2000年之间，横亘秘鲁的Quelccaya冰峰西侧的Qori Kalis冰川的退缩速度加快到每年155米，比此前三年的速度快了3倍。在今后的20年内，这座冰峰有可能整个消失。

Antizana冰川——厄瓜多尔首都基多一半的用水要靠它，在最近8年中后退了90米。到1998年，玻利维亚La Paz附近的Chacaltaya冰川的总储水量由于融化，比1940年的储量少了7%。再过10年，这条冰川可能会整个消失，使La Paz和邻近的城市Alto的150万人口失去其重要的水源和能源。

非洲的冰川也在消失。在20世纪中，非洲大陆的山脉冰川的规模已缩减到只有原来的三分之一。几内亚的乞力马扎罗山上的冰峰，自1998年以来已缩减了33%强。到2020年，它可能完全消失。

在西欧，自1850年以来，冰川的长度已缩小了近40%，其体积则缩小了不止一半。如果地球气温仍然按目前的速率增长，阿尔卑斯山脉和法国与西班牙交界处的比利牛斯山脉上的冰川在近几十年内可能会消失殆尽。在曾创下高温纪录的2003年夏季，某些瑞士冰川后退了近150米，这是前所未有的。由于这一地区的风俗与冰雪有着紧密联系，联合国环境规划署曾经警告，高温可能会摧毁那里群众性的滑雪业，并影响那里的文化特征。

在加拿大境内洛矶山脉中的Banff，Yoho和Jasper国家公园里的冰川，并不因为附近的美、加国境线而停止融化。在美国蒙大拿州的冰川国家公园中，自1850年以来，三分之二以上的冰川已经消失了。如果气温仍持续上升，到2030年，其余的冰川也将不复存在。在过去的30年中，阿拉斯加的平均气温增高了3摄氏度，是全球平均增温的4倍。阿拉斯加所有的11座有冰川覆盖的山脉，其冰川都在萎缩。自20世纪90年代中期以来，阿拉斯加的冰川正以每年1.8米的速度变窄，其速度是此前40年的3倍。

在过去的25年中，全球气温平均增高了0.6摄氏度。同期，海冰和冰川的融化都显著增加了。在本世纪内，全球气温可能会增高1.4~5.8摄氏度。而冰融将会进一步加速。这一切将取决于我们今天要选择一个什么样的能源政策。

梁从诫译　2004年春节

# 中国正在取代美国，成为世界资源最大消费者

虽然长期以来美国在世界资源消费中总是独占鳌头，但是当中国的经济“大跃进”时，这种情况已在迅速改变。后者正一个接一个地超越美国，成为各种资源的消费大户。

在五种基本食物、能源和工业商品——即粮食和肉类、石油和煤炭、钢铁的消费方面，除了石油，中国已经全面超越了美国。在粮食方面，中国去年消费了3.82亿吨，远远超过了美国的2.78亿吨；在三种主要粮食作物中，这个世界第一人口大国在小麦和大米的消费方面都居榜首，只有玉米紧随美国之后。

尽管吃汉堡包被形容为典型的美国生活方式，2004年中国却进口了6400万吨肉类，大大超过了美国的3800万吨。美国进口的肉类，在牛肉、猪肉和禽肉的搭配方面较为均衡，而中国却以猪肉为主。确实，世界上半数的猪都到中国去了。

钢，这个工业发展的指标性原料，中国的消费居高不下，其数量已两倍于美国。2003年，中国消费了2.58亿吨钢，而美国为1.04亿吨。当中国人口开始城市化，当这个国家进入发展的建设阶段，开始建造成千上万的工厂和高层住宅以及办公楼时，钢的消耗达到了任何国家都前所未见的水平。（数据见 http：//www. earth-policy. org/Updates/Updates45_ data. htm）

至于石油，美国仍然牢牢占据消费首位，其消费水平为中国的三倍，即2004年每天2040万桶，中国同年则是每天650万桶。但从1994到2004年，美国的石油用量只增长了15%，而同期中国这个工业巨人的用量却增长了一倍。最近其石油消费量已超过了日本，成为仅次于美国的世界第二大石油消费国。

看中国的能源消费，还必须考虑到煤炭，它占了中国能源需求的三分之二。中国每年要烧掉8亿吨煤，而美国是5.47亿吨。考虑到中国煤炭的使用远超过美国，再加上迅速增长的石油和天然气，显然中国迟早会成为世界二氧化碳排放大户。加上美国，世界将会有两个给气候添乱的国家。

除了钢以外，中国在其他金属如铝和铜的消费方面也超过了美国而位居第一，而且与居第二位的美国的差距越来越大。

在其他关键领域，如化肥，主要是氮肥和钾肥，中国的用量是美国的两倍，2004年的数字是，中国4120万吨，美国1920万吨。为了生产粮食而使用化肥，目前中国远居世界之首。

在中国的消费经济中，几乎所有东西——从电子产品到汽车的销售额都在猛增，电子产品的爆炸性增长尤为惊人。1996年，中国有700万部手机，美国有4400万部，而到2003年，中国猛增为2.69亿部，而美国只有1.59亿部。其结果是，中国已从传统的有线电话时代一跃而进入了移动电话时代。

中国的个人电脑使用也开始起飞。虽然起步较晚，但2003年其数量已跃升为3600万台，同年美国为1.9亿台。但考虑到中国的电脑用户每28个月翻一番，这个拥有13亿人口的国家超过美国，只是迟早的事。后者只有2.97亿人口。

至于家用电器，如电视和洗衣机，中国早已遥遥领先于美国。例如，到2000年，中国已有3.74亿台电视，而美国只有2.43亿台。电冰箱也许是家用电器中最昂贵的，到2000年，中国的产量已超过了美国。

在主要消费品中，只有汽车，中国仍落后于美国。到2003年，中国有2400万辆汽车，仅及美国2.26亿辆的十分之一。但在过去的两年中中国汽车销售额翻了一番，其步伐正在加快。

这场竞赛还远未结束。中国个人的年均收入为5300美元（肯定有误，译者），只有美国年人均收入38,000美元的七分之一。中国离美国的人均消费水平还远着哩。例如，虽然中国在肉类进口方面高居世界首位，但中国年人均肉类消费只有49公斤，而美国是127公斤。当中国人的收入以创世界纪录的步伐增长的时候，他们所使用的食物、能源、原材料和日用品也将日益增长。

中国目前正在大量进口谷物、大豆、铁矿石、铝、铜、铂、磷、钾，石油和天然气、木材和纸浆，以及为了其垄断世界的棉纺工业所需的棉花。这种大规模的进口，使中国处于世界原料贸易的中心。中国贪婪的胃口不仅使商品，而且也使航运的价格上涨。

这个新的工业巨人对原料和能源的需求形成了中国的外交政策与安全计划：和资源富国如巴西、哈萨克斯坦、俄罗斯、印度尼西亚和澳大利亚建立了战略关系，就石油、天然气、铁矿石、铝土矿和木材签订了长期贸易协定。这样的战略联系在诸如巴西这样的国家受到欢迎，因为中国被看作是一种可以与美国的影响相抗衡的力量。

中国超越美国成为一个消费大国，应被视为在中国演变为一个世界经济领袖的道路上的另一个里程碑。中国的高额国内储蓄和与美国的巨额贸易出超只是其经济力量的两个较易看到的表现。现在是中国和日本在购买美国的国库券，使美国得以运行其历史上最大的赤字财政。

美国这个世界上最大的债务国，现在要严重依靠中国资金来担保其迅速增长的债务。一旦中国决定要将其富余资金向他处转移，或作为国内投资，或投向世界其他地方的油、气或矿产资源的开发，美国的经济就会遇到麻烦。

中国已不再是个发展中国家了。中国正在成长为经济超级大国，一个正在写世界经济史的国家。如果说上个世纪是美国世纪的话，那么，这个世纪看来就是中国世纪了。

## 译者点评

L·布朗注意了中国的消费总量，这当然是个值得严重关切的问题，但总量具有不可比性。中国的人均消费量仍远低于美国。美国仍然是世界第一消费大国，也是第一浪费大国。在人均消费量方面，中国永远不可能，也没必要和美国相比。据《人民政协报》2005 年 2 月 19 日报道：目前中国人均 GNP 只有高收入国家的二十七分之一；中国经济的现代化水平与美国等发达国家相比，年代差在 100 年左右。有专家估算过：如果 13 亿人口的中国要达到美国的人均能耗水平，就需要 4 个地球。那是在做梦！

中国在基本资源方面的总消耗量惊人，但这些消耗物尽其用了吗？据统计，中国产生的 GDP 总额只占世界的 3.3%，却消耗了世界三分之一的钢材和煤炭，二分之一的水泥；中国生产同产值的能耗是美国的 5.5 倍，德国的 7.5 倍，日本的 11.5 倍！

“高能耗，高物耗，高污染，低产出。”这样的生产模式，谈什么“世界经济超级大国”！布朗是只见其一，未见其二啊。

译者读此文后最深的感触是，中国如此大量的能耗和物耗，只创造出这一点点产值，本身就是极大的浪费，而且由此造成了大规模污染。如此大的资源消耗，靠本国肯定是不够的，而依靠外国供应，经济上划算吗，政治上安全吗？中国要想真正成为经济强国，首先要学会集约型生产，努力提高经济的质量，否则是没有希望的。

原载《自然之友通讯》2005 年第 2 期

原文作者：莱斯特·布朗（地球政策研究所）

# 污染、耕地与社会冲突*

当耕地和水越来越稀缺，而对这些基本资源的争夺日趋紧张的时候，可以预期会有越来越严重的社会冲突，尤其是在穷困和被剥夺的人群和富裕的人群之间，以及不同种族和宗教的人群之间。随人口增长而来的，是支撑生命的基本资源人均额度的下降。这种下降已使越来越多的人的生活水平降到了基本需求线以下，这可能导致人们无法想象的社会紧张，并演变为广泛的冲突。

全世界的谷物种植面积，从 1950 年的 5 亿 9 千万公顷增长到 1981 年的历史最高峰 7 亿 3 千万公顷，到 2004 年，下降为 6 亿 7 千万公顷。虽然世界人口在继续增长，但适合于生产粮食的土地却在减少。

世界人口的增长，使人均粮食作物面积减少了一半。从 1950 年的 0. 23 公顷减为 2000 年的 0. 11 公顷。这片稍大于十分之一公顷的地面不过相当于美国有钱人郊区别墅的半栋房子那么大。人均粮食耕地减半这种情况，使世界农民养活每年增长的七千多万人口越发困难。如果人口增长的势头照目前这样下去，而粮食耕地面积不变的话，到 2050 年，人均粮食耕地面积将降为 0. 07 公顷，甚至不到 2000 年的三分之二。

人均耕地面积减少不仅威胁到人们的日常生活，而对主要靠地力衰退的耕地来维持的社会来说，它已直接威胁到人们的生存本身。随着人均耕地下降到生存需求线以下，人与人之间的关系便日趋紧张。非洲的撒哈拉地区，是撒哈拉大沙漠与南部更为繁茂的森林地带——从东面的苏丹一直延伸到西面的毛里塔尼亚——的隔离带。这里是世界人口增长

---

* 摘自莱斯特 · 布朗《不堪重负的地球——在水位下降，气温上升时代的食物安全问题》一书第二章。

最快的地区之一，也是冲突最频仍的地区之一。在战乱不止的苏丹，在北方的穆斯林与南方的基督徒长达20年的持续的冲突中，有两百万人丧生，四百万人流离失所。2003年开始的在苏丹西部达弗尔地区信伊斯兰教的阿拉伯牧驼人与黑人自耕农之间的冲突反映了这种紧张关系的升级。政府军队支持阿拉伯人的武装，他们对非洲黑人进行灭绝式的屠杀，要把他们从他们的土地上赶出去，或把他们送进难民营。迄今已经有14万人被杀害，25万人在难民营中死于饥饿和疾病。

在尼日利亚，一片比德克萨斯州大不了多少的地方，挤了一亿三千万人口。这使每年有35,100公顷的草原和耕地退化为沙漠。尼日利亚的牧民和农民之间的冲突是一场求生存的斗争。如2004年6月《纽约时报》所报道的，“近年来，当荒漠化扩展，树木被砍伐，而牧民和农民的人口都在增长时，对土地的争夺只会越演越烈”。

不幸的是，牧民和农民的区分常常恰好也是穆斯林与基督徒的区分。对土地的争夺会因宗教问题而被强化，再加上一大批无所适从却拥有武器的年轻人，从而形成一种《纽约时报》所谓的“易燃混合气”，“在富饶的尼日利亚中部地区（Kebbi州）激起一股失控的暴力活动。教堂和清真寺被夷为平地，邻里反目成仇，仇杀成风，以致最后政府不得不强制实行紧急状态法”。

在马里北部，牧民和农民之间也出现了类似的分裂。《纽约时报》指出：在那里，“刀棍已被（苏式）卡拉什尼柯夫冲锋枪所取代，随着土地的沙化和人口的增长，以黑人为主的农民和Tuareg族以及Fulani族牧民之间的竞争日益尖锐，双方的火气都越来越大。这种分歧，归根到底，是为了争生存权，也是两种生活方式之间的斗争”。

水，也是日益增长的紧张气氛的原因之一。虽然常有人谈到国家之间就水源问题发生的冲突，其实，最尖锐的冲突还是发生在其人口的需求超过了水井可持续的供水量的那些国家的内部。地方上为争水而引发的骚乱在中国或印度这样的国家中日益频繁。在城市和农村对水的竞争中，城市当然很容易取胜，为此农民经常被剥夺了他们的灌溉用水，从而也丧失了他们的生计。

预计2050年地球将新增的30亿人口将主要是在那些地下水位已经下降，水井已经干涸的国家，那不是解决经济增长和政治稳定的秘诀。在那些已经井枯河干的国家中，人口的持续增长可能导致尖锐的贫水局面，即当地的水已无法满足人们的基本需求。要扭转这种局面，只能靠迅速降低人口增长的速度。否则它所导致的政治动荡可能使恐怖主义也相形见绌。

# 编后语

中国文化书院倡议组编的文化书院《师道师说：中国文化书院导师文集》第二辑，其中包括梁从诫。书院委托本人做从诫文集的编选人。我从来没有独立地做过书籍的编辑，再加时间紧迫，使我对此深感诚惶诚恐。

从诫生前仅正式出版过一本著作，那已是十几年前的事了，那里面基本不包括他在本世纪写的一些文章。我总希望有更多的人能读到他的文字，更清楚了解一个有家庭家传的人，是怎样认识和对待家庭和自己的，一个可尊可敬的普通人是怎样度过自己有意义的一生的。所以，我虽然不是没有顾虑，但还是接受了中国文化书院的托付，尽最大努力，希望能把文集编成读者爱读、读后不能忘怀的书。

在编此书的过程中，我得到许多人的鼓励、支持和帮助，对此我从内心感激不尽。文化书院的王守常、刘若邻和江力，总是耐心地指点，给以信任和鼓励，从不催要；“自然之友”的康雪，提供不少从诫当初在办公室写的文章资料，还带病在炎热的夏日送到家里；从太原回家探亲度假的姚雅欣，用了整日的时间，帮助核对各种资料的编码和出处，并对具体的编辑和选题安排提出宝贵意见和建议。我们的女儿梁帆，在我基本完稿之后，为我做了最后的审读，使其更加完善可读。当然不会忘记，在我家附近的图片社的宗丽军，在大量的资料复印与光盘内容设计和使用上，多次给我耐心的技术帮助。

如果读者能喜欢这本拙编的文集，首先是因为从诫的文字和他为人的内在力量。完成这本文集也是我对从诫最深的思念和最永恒的纪念。

方　晶

2014 年 7 月 28 日

# 总后记

时间过得真是很快，《九秩导师文集》好像就是昨天的事情，转眼间，今天就要忙《八秩导师文集》的编选出版了。

三十年间，我们一些导师进入了历史，尤其可痛的是，在2014年的9月9日晚9时，我们的创始院长汤一介先生，在教师节前夜，在院庆前夕，永远地告别了我们……

为了筹备中国文化书院院庆三十周年的节日，我们翻阅着一张又一张泛黄的照片，查阅着一条又一条昨天的消息，看着先生们熟悉的笑脸，回忆着如梦如烟的往事，我们的情感沉浸在历史的记忆里，我们如同要回家的孩子，寻找着我们的“大先生”，那个“可以领我们回家的人”。

孔子云：三十而立。

面临而立之年的“中国文化书院”，依然“脚踏大地，仰望星空”，三十年来，我们为“理想、梦想、现实与历史责任”而努力着，追求着，坚持着，我们不曾放弃过自己，力争做好中国文化传统的守望者努力推动中西文化的对话。

这套《八秩导师文集》，比起《九秩导师文集》而言，似乎更容易执行，那些按九十岁为标准，如果今日健在都已百岁的老人，很多先生都已经成为历史的过往，其子女后人，其学生弟子的寻找，也真的不是一件容易的事，而书院同仁坚持努力，有三年余，方有十五卷《文集》的问世。

《八秩导师文集》，如同另起炉灶，过程艰辛，不必细言。自定议之日，依然延续《九秩导师文集》之定位，献礼“中国文化书院建院三十周年”，同期出版的还有《中国文化经纬丛书》20卷、《中国文化书院大事记》等，不揣浅陋，以“家底”示人，与海内外学术界文化界同仁分享，其高义并非能简单地说，我们希图助力“中华民族文化的伟大复兴”……

三十年的生命历程，三十年的尘烟往事，我们仅以神圣的虔诚的名义，用我们的心、汗水、泪水，献给母院——永远的“中国文化书院”三十岁的生日，并以孩子们的名义，向先贤致敬，向先生致敬，向未来致敬！

《八秩导师文集》能够刊行，特别要感谢东方出版社的鼎力支持。也要感谢江力同志，这套文集的编辑历经两年，他从约稿、审定、编辑，做的工作最为辛苦。

谢谢为这套丛书著者付出辛劳、作出贡献的家属、亲友及学生们！

王守常

2014年12月12日